REPENSAR
A RESSURREIÇÃO

Outras obras do autor publicadas por Paulinas:

• *Autocompreensão cristã e diálogo das religiões*

• *Do Terror de Isaac ao Abbá de Jesus: por uma nova imagem de Deus*

• *Esperança apesar do mal*

• *Repensar a Cristologia: sondagens para um novo paradigma*

• *Repensar a Revelação*

Andrés Torres Queiruga

REPENSAR A RESSURREIÇÃO

A DIFERENÇA CRISTÃ
NA CONTINUIDADE DAS RELIGIÕES E DA CULTURA

Dados Internacionais de Catalogação na Publicação (CIP)
(Câmara Brasileira do Livro, SP, Brasil)

Torres Queiruga, Andrés, 1940-
  Repensar a ressurreição : a diferença cristã na continuidade das
religiões e da cultura / Andrés Torres Queiruga ; tradução Afonso Maria
Ligorio Soares, Anoar Jarbas Provenzi. – 2. ed. – São Paulo : Paulinas,
2010. – (Coleção repensar)

  Título original: Repensar la ressurrección : la diferencia cristiana
en la continuidad de las religiones y de la cultura
  Bibliografia.
  ISBN 978-85-356-1324-7

  1. Jesus Cristo – Ressurreição 2. Religião e cultura 3. Ressurreição
I. Título. II. Série.

10-03880   CDD-236.8

Índice para catálogo sistemático:
1. Ressurreição : Doutrina cristã 236.8

2ª edição – 2010

1ª reimpressão – 2017

Título original da obra: *REPENSAR LA RESSURRECCIÓN* —
La diferencia cristiana en la continuidad de las religiones y de la cultura
© Editorial Trotta S.A. 2003 – Ferraz, 55 – 28008 Madrid.
© Andrés Torres Queiruga, 2003.
© Engracia Vidal Estévez y María Guillén Olivera, 2003.

Direção-geral:	*Flávia Reginatto*
Editora responsável:	*Vera Ivanise Bombonatto*
Tradução:	*Afonso Maria Ligorio Soares*
	Anoar Jarbas Provenzi
Copidesque:	*Cirano Dias Pelin*
Coordenação de revisão:	*Andréia Schweitzer*
Revisão:	*Ana Cecilia Mari*
Direção de arte:	*Irma Cipriani*
Gerente de produção:	*Felício Calegaro Neto*
Capa:	*Telma Custódio*
Editoração eletrônica:	*Sandra Regina Santana*

*Nenhuma parte desta obra poderá ser reproduzida ou transmitida
por qualquer forma e/ou quaisquer meios (eletrônico ou mecânico,
incluindo fotocópia e gravação) ou arquivada em qualquer sistema ou
banco de dados sem permissão escrita da Editora. Direitos reservados.*

Paulinas
Rua Dona Inácia Uchoa, 62
04110-020 – São Paulo – SP (Brasil)
Tel.: (11) 2125-3500
http://www.paulinas.org.br
editora@paulinas.com.br
Telemarketing e SAC: 0800-7010081

© Pia Sociedade Filhas de São Paulo – São Paulo, 2004

A meus pais,
María Queiruga Fernández
e Andrés Torres Calviño.
A ressurreição, esperança única.

E a uma já longa série de pessoas muito queridas;
as últimas: Daniel García Ramos,
Blanca Souto Jiménez,
María Boado Chaves
e Carlos Casares Mouriño.
A celebração de seus funerais
demonstrou-me que as idéias deste livro
podem reavivar a fé e alimentar a esperança.

Sumário

PREFÁCIO DA EDIÇÃO BRASILEIRA 13
PRÓLOGO 17
PRÓLOGO DA SEGUNDA EDIÇÃO ESPANHOLA 19

CAPÍTULO 1
A RESSURREIÇÃO: ENTRE A FÉ E AS INTERPRETAÇÕES 21

A tarefa de fundo 21
    Entre a vigilância e a suspeita 21
    Entre a fé e as interpretações 24
    Uma hermenêutica conseqüentemente teológica 26

O enquadramento histórico 29
    Um longo caminho já percorrido 29
    Uma mudança de paradigma 31
    O trabalho do tempo 33

Por uma abordagem renovada 34
    Necessidade, legitimidade e globalidade da mudança 34
    Vetores de fundo no processo reflexivo 35
    Buscar uma visão global e coerente 36

CAPÍTULO 2
A RESSURREIÇÃO EM SEU CONTEXTO ORIGINÁRIO 39

Por uma posição atualizada do problema 39
    A necessidade de uma mudança global e estrutural 39
    A coerência teológica da mudança 43

Necessidade de uma leitura não fundamentalista 44
    O caráter dos textos 44
    A classificação dos textos 48
        A tradição formulária 48
        A tradição narrativa 50
    O significado dos textos 52

A ressurreição no contexto neotestamentário 55
Entre a gênese intencional e a configuração acabada 55
A ressurreição dos mortos em geral 57
A ressurreição de mortos individuais 62
O marco lingüístico e conceitual 68

Volta aos textos pascais 71
Entre o criticismo e a reação apologética 71
Deixar que o "objeto" nos ensine 73

CAPÍTULO 3
A RESSURREIÇÃO NA COMPREENSÃO ATUAL 77

Os critérios: valor salvífico, significatividade e coerência 78
A preservação do valor salvífico 78
A significatividade no contexto atual 81
Uma questão de fundo: o "sentido", prévio à "verdade" 86

Coerência teológica: a ação de Deus 92
O dilema da abordagem tradicional 93
A superação do "deísmo intervencionista" 96
A ação de Deus na ressurreição 100

Coerência teológica: a revelação de Deus 103
Fim da revelação como "ditado" 103
Origem e verificabilidade da revelação 105
A revelação de Deus na ressurreição de Jesus 108

A integração cristológica 112

CAPÍTULO 4
NASCIMENTO E SIGNIFICADO DA FÉ NA RESSURREIÇÃO 117

O comum religioso na diferença bíblica 118
A vida para além da morte nas religiões 118
Ressurreição bíblica e imortalidade grega 121
Ressurreição e reencarnação 125

Os pressupostos próximos da diferença cristã 131
Uma posição correta do problema 131
Uma experiência não milagrosa, mas nova e real 133
O caso paradigmático dos irmãos Macabeus 138

A ressurreição de Jesus como referência cristã 140
Intensificação e individualização 140
Jesus ressuscita em pessoa, e com ele continua sua causa 143

A ressurreição de Jesus como ruptura do mito 145
Distinguir para unir 145
O trabalho interno do texto: desmitização radical contra mito formal 146
O exemplo das aparições 147
A crucificação como "exaltação" 149

Como se chegou à fé na ressurreição 152
Lugar, sentido e níveis da pergunta 152
A crucificação como "dissonância cognitiva" 154
O horizonte escatológico como contexto 159
O caráter definitivo da figura de Jesus 162

A morte de Jesus como lugar da revelação definitiva 165
A cruz como limite desmitificador 165
Os fatores concretos da configuração definitiva 169
Um fator peculiar: realidade e sentido das aparições 172

Síntese 174
Releitura dos textos: o exemplo do sepulcro vazio 174
A verdade da interpretação 178

CAPÍTULO 5
RESSUSCITADOS COM CRISTO 185

"Se não há ressurreição dos mortos,
então Cristo não ressuscitou" (1Cor 15,13) 185
Buscando uma nova coerência 185
Cristo, "primogênito dentre os mortos" (Ap 1,5) 191
"Ressurreição da carne" e "parusia" 194

A verificabilidade da ressurreição 197
Significado e importância da questão 197
A ressurreição e os "mestres da suspeita" 199
A fundamentação antropológica 201
O problema da coerência epistemológica 207
Do "testemunho" à "maiêutica" 211

Reenfoque hermenêutico 216
O diálogo com as religiões e com a cultura 217
Realismo encarnado ante entusiasmo "gnostizante" 218

A existência à luz da ressurreição 221
A ressurreição e o problema do mal 221
Seguimento e vida eterna 226
Práxis histórica e esperança 231
Ressurreição e esperança para o mundo 235

CAPÍTULO 6
JESUS, O PRIMOGÊNITO DOS DEFUNTOS 241

Nossa relação com Jesus morto e ressuscitado 241
O problema 241
A relação pessoal com Jesus, o Cristo 243

A relação com Cristo, modelo da relação com os defuntos 246
Relação com os defuntos e "comunhão dos santos" 246
Vida bem-aventurada e relação interpessoal 247
A veneração dos "santos" 249

O núcleo da liturgia funerária 250
Necessidade de repensar a celebração 251
Celebração da morte e ressurreição 252
Lázaro como exemplo simbólico 253

O sentido concreto da celebração 255
Celebrar "com" o defunto, não "pelo" defunto 255
A Deus não precisamos nem "convencer" nem "aplacar" 256
Liturgia para a nossa salvação 259

EPÍLOGO
A FÉ COMUM NA DIFERENÇA DAS INTERPRETAÇÕES 263

A tarefa atual 263
O comum da fé 263
A inevitável diversidade da teologia 264

A gênese da fé na ressurreição 265
A ressurreição no Antigo Testamento 265
A ressurreição de Jesus no Novo Testamento 266
O novo na ressurreição de Jesus 267

O modo e o ser da ressurreição 268
  Considerações prévias 268
  O "sepulcro vazio" 269
  As aparições 271
  "Primogênito dentre os mortos" 274

As conseqüências 275
  Ressurreição e imortalidade 275
  Ressuscitados com Cristo 276
  Jesus, "o primogênito dentre os defuntos" 278

Consideração final 280

BIBLIOGRAFIA 283

ÍNDICE ONOMÁSTICO 301

ÍNDICE ALFABÉTICO-REMISSIVO 309

Prefácio da edição brasileira

Afonso Maria Ligorio Soares[1]

Desde o meu primeiro contato com o pensamento de Andrés Torres Queiruga, há mais de quinze anos,[2] a experiência de ler um novo livro de sua lavra é sempre a mesma, e reedita a já distante sensação original: aí está alguém com quem podemos entabular um diálogo franco, respeitoso e sem falsas concessões. O que permeia a reflexão deste autor é uma busca incessante do sentido histórico das idéias, principalmente daquelas teológicas. Busca que se traduz em volta obediente (*ob-audire*) à Tradição para redizê-la, na liberdade e no diálogo com a cultura, nas categorias deste tempo.

Já o disse em outra oportunidade[3] e aqui repito: em fases delicadas como a que vive hoje o cristianismo institucional, quando dilemas enormes se colocam diante dos cristãos modernos, e, ao mesmo tempo, ventos restauradores sopram de maneira preocupante nos meios eclesiásticos, é sempre um alento poder mergulhar em produções de alto quilate, cujo escopo seja oferecer, na gratuidade, uma fé que venha ao encontro dos questionamentos atuais.

O público brasileiro poderá comprová-lo mais uma vez, com este novo lançamento do prestigiado teólogo galego. Um sucesso editorial na Espanha,[4] que se destina a ser, doravante, referência obrigatória entre nós. Desta feita, o alvo escolhido foi a experiência cristã da ressurreição. Certamente, não foi empresa fácil encarar tema tão espinhoso. Os reducionismos de plantão, que liquidam rapidamente a dialética, estão sempre à espreita para descansarem, seja no racionalismo que nada vê além, seja no fideísmo que nem sequer enxerga o problema. É por isso que o autor se esforça, logo de início, por salientar a necessidade e a profundidade da mudança paradigmática advinda com a Modernidade. Destaca também a impossibilidade de encetar o necessário diálogo se não se admitir, por princípio, a liberdade das tentativas teológicas em esclarecer o significado da fé comum, bem como o inevitável pluralismo de seus resultados.

---

[1] Professor Associado do Departamento de Teologia e Ciências da Religião da PUC-SP e do Instituto de Teologia da Diocese de Santo André. Autor de *Interfaces da revelação*: pressupostos para uma teologia do sincretismo religioso (São Paulo, Paulinas, 2003). Estudioso do pensamento de Torres Queiruga, é tradutor de várias de suas obras.

[2] Descoberta que resultou na tradução e apresentação ao público brasileiro de sua obra magistral: *A revelação de Deus na realização humana* (Paulus, 1995).

[3] SOARES, A. M. L. "Prefácio". In: TORRES QUEIRUGA, A. *Do terror de Isaac ao Abbá de Jesus* (Paulinas, 2001, p. 8).

[4] A 1ª edição, lançada em fevereiro de 2003, esgotou-se em pouco mais de quatro meses. A presente edição brasileira já sai atualizada com os pequenos acréscimos e correções da segunda edição espanhola.

Ao aceitar mais este desafio, o autor não evitou a árdua tarefa que despontava pela frente. Reviu, com a conhecida erudição, as discussões histórico-críticas acerca da origem e do modo como foi explicitada e consolidada a experiência cristã da ressurreição; esforçou-se por oferecer uma compreensão, o mais clara possível, do conteúdo desta fé e, por fim, elucidou suas conseqüências para a nossa vida aqui e no além. "A ressurreição de Jesus", assevera Torres Queiruga, "significa uma mudança radical na existência" e "supõe a comunhão plena com Deus".

Ademais, o tema deste livro não é aleatório nem, muito menos, fruto de um empreendimento isolado. Quem vem acompanhando a trajetória deste nosso *irmão de idioma e esperanças*, poderá comprová-lo facilmente. Cada novo trabalho que traz a público é, de fato, uma ocasião a mais para confirmar a extrema coerência de seu inteiro projeto teológico. O verbo *repensar*, que intitula algumas de suas obras mais significativas — em dobradinha com outro de seus prediletos: *recuperar*[5] —, bem poderia ser uma espécie de senha de acesso à preocupação central de seus escritos: devolver às pessoas o frescor do primeiro amor, ao colocá-las em contato com a experiência originária da fé. Por uma feliz coincidência, é também *Repensar* o título da coleção que acolhe o presente livro entre nós.

Neste caso específico, *Repensar a ressurreição* retoma e conecta pelo menos três trabalhos anteriores. O artigo seminal que deu suas bases, e que já aparecera em *Repensar a cristologia*,[6] partilhava da idéia de que só se encontra a divindade de Jesus em sua humanidade. Em *Recuperar a criação*,[7] fomos convidados a abandonar a visão de um Deus intervencionista para assumir, na liberdade, nossa posição de co-criadores. Em Jesus revelou-se, em plenitude definitiva, aquilo que Deus estava sendo desde sempre: o "Deus dos vivos"; e será graças ao destino de Jesus que os discípulos reformularão a fé que já tinham na ressurreição.

Finalmente, a obra que me parece fundamental para compreender os desdobramentos ulteriores do pensamento queiruguiano: *A revelação de Deus na realização humana*.[8] Já ali ficara claro que a primeira experiência a permear todo o seu projeto é a de estarmos todos, a humanidade inteira, mergulhados no amor desmesurado de um Deus que se nos dá sempre, e plenamente. Toda cultura, toda tradição religiosa é uma autêntica e verdadeira tentativa de resposta a quem primeiro nos amou. E seu amor não se exaure, nem mesmo quando (e se) a nossa resposta for negativa. Ainda assim — e para dizê-lo à moda de Juan Luis Segundo, um dos primeiros,

---

[5] Aliás, o próprio autor já afirmou, em outras ocasiões, que *Recuperar a salvação* (Paulus, 1999) continua sendo, de certo modo, o seu livro preferido, por conter, *in nuce*, o programa de sua teologia, sempre em busca do verdadeiro rosto de Deus como salvador.

[6] Paulinas, 1999.

[7] Paulus, 1999.

[8] Na realidade, na base deste primoroso trabalho, encontram-se fortes ecos de sua tese doutoral — *Constitución y evolución del dogma*; la teoría de Amor Ruibal y su aportación (Marova, 1977). Obra de imenso fôlego, que o próprio autor admite, com razão e sem falsa modéstia, não ter recebido, na época, a atenção que merecia e ainda merece.

entre nós, a chamar a atenção para a reflexão de Torres Queiruga —, teria sido vitorioso o projeto divino de criar autênticos interlocutores e não meros robôs programados para servi-lo.

A segunda intuição presente em sua abordagem da revelação, e que qualifica a nota original daquela obra, consiste no reconhecimento da palavra revelada como "maiêutica histórica", a saber, como "palavra que ajuda a *dar à luz* a realidade mais íntima e profunda que já somos pela livre iniciativa do amor que nos cria e nos salva". Nada de nosso podemos dar, afinal, mas tão-somente tornar evidente, com o testemunho comunitário, aquilo que já pertence de direito a todo ser humano. A maiêutica, entretanto, é histórica; pois, afinal, "a revelação se realiza incorporando em si a carne e o sangue do esforço humano".

O que se ganha em humanização, portanto, ganha-se em revelação. E o que se ganha ao bem compreender esta última resulta em esclarecimento da origem da fé na ressurreição. Se não for um meteorito, só se pode descobrir a revelação transcendente na realidade humana e histórica de Jesus de Nazaré e no contexto religioso e cultural no qual viveram ele e seus discípulos. Só assim o problema da ressurreição não permanecerá "como um penhasco isolado no mar da teologia", mas "deverá integrar-se como membro vivo na conexão dos mistérios entre si".

Isto posto, convém oferecer um par de sugestões para leitura. Como nos bons livros, que primam por comunicar e não por esbanjar erudição, o epílogo com que nos brinda o autor é um ótimo resumo. Breve e claro, será segura orientação à medida que se avançar no estudo de cada capítulo. Outrossim, chamo a atenção sobre o valor pastoral e vivencial do último capítulo, verdadeira lição de uma teologia que não se contenta com o necessário momento teórico, mas atravessa o umbral da práxis e da espiritualidade que a alimenta.

Enfim, o que mais dizer sem tirar do leitor o prazer de saborear por si mesmo a engenhosidade da proposta do autor? Arriscarei um testemunho. Torres Queiruga nos solicita, logo nas primeiras páginas, que ao menos suspendamos o juízo antes de acompanhá-lo até o fim do trajeto. Decidi conceder a ele essa gentileza e, posso assegurar, o resultado foi extremamente gratificante. Boa leitura!

Prólogo

Se a morte é a certeza, a imortalidade é a esperança: tenaz afirmação da vida contra o fim implacável, pensamento (possível) da filosofia perante o problema capital, crença (universal) da religião diante da obscuridade do que não faz sentido. A ressurreição é a forma concreta que, em continuidade com a tradição bíblica, essa esperança assumiu no cristianismo. Forma intensa e preocupação central, alimentada sem dúvida pelo tremendo drama da morte que matou seu Fundador.

De fato, converteu-se em ponto nevrálgico, que não se toca jamais sem suscitar cautela e ainda sem levantar suspeitas. Por isso, sobretudo desde a entrada da crítica bíblica, a ressurreição tem estado no foco da atenção e no centro da polêmica. Uma polêmica que se aviva cada vez que aparece uma nova tentativa de crítica, revisão ou atualização. Os últimos tempos, até há pouco — e não se pode excluir nem amanhã nem depois de amanhã —, constituem uma prova viva, às vezes, dolorosa.

Mas não seria bom nem teologicamente produtivo deixar-se arrastar ou fascinar pelo movimento da superfície sem perceber a corrente de fundo que o produz. A fé, para ser viva, necessita de uma contínua atualização, pois somente assim deixa de ser teoria abstrata para se converter em experiência efetiva. E a ressurreição, justamente por seu caráter central, necessita disso com especial intensidade: somente quando repensada e revivida de novo, em cada etapa histórica, pode desdobrar seu dinamismo de vida e sua força de esperança.

Em todo caso, essa é a intenção deste livro. Seu nascimento não obedece de forma alguma a qualquer afã polêmico. Trata-se antes, por assim dizer, de um parto necessário. Brota, com efeito, de uma necessidade íntima, longamente sentida: a de pensar esse profundo mistério, enfim tão antigo como a humanidade, nas precisas coordenadas de nosso tempo e de nossa sensibilidade cultural. Não é a primeira vez que o abordo, tanto no nível teórico — *Recuperar a experiência da ressurreição* (1982) — como no plano mais diretamente vivencial — *A vida eterna: enigma e esperança. Na morte de minha mãe* (1989). Mas essas abordagens parciais estavam pedindo uma consideração global, orgânica e, na medida do possível, sistemática. Consideração esta que, por sua vez, postula ser integrada em sua demarcação natural: a de um tratado cristológico, do qual já adiantei alguma coisa em *Repensar a cristologia* (1996) e em alguns ensaios posteriores; o tempo dirá se chega a ver a luz.

Além disso, esta tentativa enquadra-se em uma preocupação mais global: a de repensar paulatinamente os grandes temas da fé, levando a sério e com a máxima conseqüência possível a mudança de paradigma cultural operada a partir da entrada da Modernidade (uma Modernidade que, certamente, não pode mais ser ingênua, mas sim modesta e profundamente autocrítica). Por isso o livro contará com os pressupostos de certa forma já elaborados em outras obras. Pressupostos que afetam sobretudo, por um lado, uma nova visão do processo revelador e a profunda unidade — e até mesmo identidade — entre criação e salvação; e, por outro, a visão correspondente de um Deus que, em seu amor, revela-se sem limite, preferência ou exclusão e que em sua ação renuncia a todo intervencionismo, com um respeito fabuloso à autonomia de suas criaturas.

Os problemas hermenêuticos assumem, portanto, uma importância capital, que não era possível eludir (mesmo com o risco de acabar sendo excessivo o espaço a eles consagrados). O livro visará a explicitar o indispensável em cada ocasião; mas o leitor ou a leitora, se tiverem ocasião e vontade, farão bem em confrontar com mais pormenores as referências oferecidas. Em todo caso, atrevo-me a pedir-lhes que, na hora de julgar esta tentativa, procurem entrar em sua lógica de conjunto e captar em sua integridade a "figura" daí resultante. Outras tentativas de estilo distinto e com diferente preocupação estão, felizmente, à disposição de qualquer pessoa interessada. Essa é a sorte, e também o risco irrenunciável, do pluralismo legítimo. Como a casa do Pai comum, também a teologia tem "muitas moradas": é privilégio e responsabilidade de cada fiel escolher aquela que acredite ser a que melhor possa compreender sua fé, alimentar sua esperança e realizar sua vida.

E agora somente me resta a longa seção dos agradecimentos.

Em primeiro lugar, pelo auxílio em minha luta, às vezes quase heróica, por reunir a máxima informação possível dentro de uma cruel carência de bibliotecas à mão. Além daquelas de minha cidade (Instituto Teológico Compostelano e Universidade de Santiago de Compostela), na Espanha, pude aproveitar das de Comillas e Granada; em breves viagens ao exterior me ajudaram principalmente os ricos recursos das livrarias e bibliotecas de Munique e de Roma; devo mencionar de maneira especial a Biblioteca do Congresso, em Washington, onde Georgette M. Dorn, Iêda Siqueira e meu infatigável amigo de infância Manuel Pérez me acolheram sempre com generosidade impagável. Manuel Santos e Fernando Domínguez, respectivamente de Tübingen e Freiburg, atenderam sempre com paciente amizade meus pedidos de livros e fotocópias. O Instituto Ramón Piñeiro, de Santiago, auxiliou-me em algumas tarefas lingüísticas.

Finalmente, quero recordar aquelas pessoas amigas que, tendo lido o manuscrito, estimularam-me e ofereceram críticas e sugestões: Xosé Alvilares, Xosé Boado, Anselmo Borges, Eloy Bueno, Pedro F. Castelao, Maica Cavanillas, Santiago del Cura, Agustín Díaz, Paco Etxeveste, María Guillén, Julio Lois, Arximiro López, José Antonio Pagola, Pedro Panizo, Victorino Pérez Prieto, Francisco Prieto, Zildo Rocha, Salvador Toro, Julio Trebolle, Engracia Vidal, Glória Viero, João Vila-Chá, Claudia Vilar (que também confeccionou o índice onomástico) e María Pilar Wirtz. Suas sugestões, suas observações e suas críticas, embora me caiba a responsabilidade última pelo que escrevi, animaram-me a escrevê-lo e a publicá-lo.

ANDRÉS TORRES QUEIRUGA

Prólogo da segunda edição espanhola

De maneira um tanto surpreendente para um livro teológico de considerável extensão e com uma abordagem rigorosa, a primeira edição esgotou-se em pouco mais de quatro meses. Em tão curto lapso de tempo nem houve, ainda, ocasião para discussões mais profundas (ao menos não chegaram a meu conhecimento). Mas já foi o suficiente para recensões amigas de acolhida generosa e, principalmente, para numerosas cartas que, da Espanha e América Ibérica, me mostraram um agradecimento tão espontâneo como caloroso. Para um livro teológico, que sem renunciar ao trabalho do conceito quer chegar também ao coração e à vida, não há muito mais a esperar: isso constitui não apenas uma golfada de ânimo para o autor, como também traz algo de "verificação" para o exposto na obra. Obrigado.

Embora tivesse tempo de revisar algumas monografias aparecidas até então — como a de R. Swinburne ou a monumental de N. T. Wright (resenhadas na bibliografia) —, não encontrei motivos para mudanças relevantes. Em conseqüência disso, esta segunda edição sai unicamente com alguns, muito poucos e leves, retoques estilísticos e com a correção dessas erratas que encontram sempre um jeito para grudarem por aí, apesar do cuidado posto tanto pelo autor como pela editora e por alguns amigos generosos.

Andrés Torres Queiruga

Capítulo 1

A ressurreição:
entre a fé e as interpretações

"Ese Cristo não ressuscitou, a nossa pregação é sem fundamento, e sem fundamento também é a vossa fé" (1Cor 15,14). A evocação destas palavras tenciona, logo de entrada, colocar diante da reflexão a suma gravidade e transcendência do tema que se pretende abordar. Trata-se de uma questão central, de uma verdade nuclear, que afeta o cerne da oferta cristã de sentido. Por isso, desde sempre, tocar o tema da ressurreição equivale a pôr o pé reflexivo em terreno sagrado. Algo que somente se pode fazer com sumo respeito e que, ainda assim, alerta a vigilância da fé, para que não aconteça que esta, como o apóstolo adverte pouco depois, se converta em "mera ilusão" (v. 17). Se, além disso, o que será tratado não se reduzir a uma simples repetição do já dito e consabido, resulta inevitável a suspeita de que a mudança de compreensão na forma possa converter-se em negação de fundo. A advertência paulina continua ressoando cada vez que uma proposta teológica procura abrir os moldes do já estabelecido: "Como podem alguns dentre vós dizer que não há ressurreição dos mortos?" (v. 12).

A tarefa de fundo

Entre a vigilância e a suspeita

Em princípio, pois, a vigilância é legítima e a suspeita tem seu sentido. O problema está, como sempre, na oportunidade e na medida. São Paulo vai ao núcleo; e basta ler a incrível vivacidade e originalidade desse capítulo 15 da Primeira Carta aos Coríntios, para perceber que ele parte de uma atitude criativa. Coloca em alerta, para não perder o essencial; mas dissente e critica, afim de abrir novos caminhos para a inteligência da fé e a fecundidade da vida.

Nem sempre sucede assim. Quando se repassam as últimas discussões no campo da teologia, a impressão que dá é justamente o contrário: o que é secundário passa ao primeiro plano, e a repetição do passado parece extinguir toda criatividade diante do futuro. Tende-se com demasiada facilidade a interpretar a diferença como negação; a mudança na forma, como aniquilação da substância; a transformação na teologia, como anulação da fé. Assombra, e muitas vezes escandaliza, comprovar a distância astronômica entre a postura real de um autor e as simplificações de seus críticos ou expositores. Trata-se de um exercício em que nem sequer em alguma ocasião convidaria o leitor. Aludamos, como ilustração, a dois exemplos significativos.

O primeiro vem do âmbito da teologia evangélica, a propósito da proposta renovadora de Willi Marxsen. Com ela, como ele mesmo adverte de maneira expressa, "de nenhum modo" pretende "tirar a fé de ninguém", nem sequer "desorientá-lo"; ao contrário, o que procura é, na medida do possível, "conduzir as pessoas a uma compreensão da fé", pois "somente quem compreende sua fé e consegue comunicá-la aos outros de forma compreensível tem condições de dar uma resposta quando é perguntado por sua fé".[1] Pode-se até mesmo ver, como o autor afirma logo de entrada, que o ponto de partida está na proposição "Jesus ressuscitou" e que "neste ponto reina unanimidade absoluta" tanto nos fiéis como nos teólogos; que as diferenças nascem apenas quando se trata de averiguar "em que consiste isto?", pois, nesse caso, convém distinguir entre "o que se diz e o que com isso se pretende dizer".[2] É possível, em seguida, comprovar como, depois de ter discutido e esclarecido os mal-entendidos, Marxsen explica que, com a expressão "o 'assunto Jesus' segue em frente" (*die Sache Jesu geht weiter*), jamais pretendera anular a realidade da ressurreição; pelo contrário, dita expressão deve sempre vir unida à idéia de que, diferentemente de tantos grandes homens do passado, Jesus continua vivo, que "ele vem também hoje".[3] Finalmente, encontramos o esclarecimento de que sua insistência em que não basta falar de um acontecimento externo, mas que nisto deva sempre estar implicada a experiência de fé, não significa que a ressurreição seja "produzida por minha fé", e sim que ela "é antes uma realidade que precede a minha fé". Trata-se, pois, de um *extra nos*, isto é, de algo que possui "em si" sua própria consistência diante da mera subjetividade; entretanto, convém manter viva a consciência da necessária apropriação por nossa parte, para que se torne significativo e salvador "para nós", isto é, que "este *extra nos* é sempre uma realidade experimentável unicamente em seu *pro nobis*".[4]

O leitor poderá ou não estar de acordo com a sua interpretação, e até mesmo terá direito de dissentir e não aceitá-la. Mas se tentou realmente compreendê-la, talvez se assombre com o teor de muitas exposições que dela se fazem, se não da maior parte. Alguém que somente dê atenção a estas, sem uma leitura direta, terá a impressão de que Marxsen *anula* a realidade da ressurreição, convertendo-a "em uma reflexão secundária e prescindível"; que o milagre real é tão-somente a fé e "não a ressurreição de Jesus em si mesma"; que a fé "tragou a ressurreição";

---

[1] *Die Auferstehung Jesu von Nazaret*. Gütersloh, 1968. p. 17. [Trad. cast.: *La resurrección de Jesús de Nazaret*. p. 33.]

[2] Ibidem, pp. 17-18; tradução, p. 34.

[3] *Die Sache Jesu geht weiter*. Gütersloh, s. d. p. 1.

[4] Ibidem, p. 75.

que "Marxsen nunca esclarece que o próprio Jesus existe em pessoa e que está em questão algo mais que uma causa impessoal e incorpórea".[5]

O segundo exemplo pertence ao âmbito católico, e pode ser aludido mais brevemente. Chega pela mão de Rudolf Pesch, um teólogo que, dando por pressuposta a *fé* na ressurreição real de Jesus, procura tão-somente explicar de maneira distinta o *modo* como no Novo Testamento *se chegou* a ela. Pensa, com efeito, que a vida histórica de Jesus interpretada à luz de toda a tradição bíblica ofereceu aos apóstolos um fundamento suficiente que não precisa das "provas" pós-pascais, isto é, do sepulcro vazio e das aparições do Ressuscitado (se bem que, mais tarde, concederá um lugar de maior destaque às aparições).[6]

Mais uma vez, a proposta poderá convencer ou não. Aliás, é muito provável que qualquer leitor crítico alegre-se pelo fato de uma revista tão prestigiosa como a *Theologische Quartalschrift*, de Tübingen, ter tomado a iniciativa de publicar seu texto, colocando a seu lado outros de conhecidos teólogos que tomam posição diante dela. Todavia, não é menos provável que esse mesmo leitor observe com estranheza algo que a esta altura, passadas quase três décadas, venha a ser ainda mais chocante: a dura incompreensão e uma espécie de contida violência desqualificadora que se observa nas respostas de homens por outra parte ordinariamente compreensivos, como Walter Kasper ou Martin Hengel.[7] Não é de estranhar a reação ferida e igualmente indignada do autor. Da mesma forma que se agradece a atitude distinta — algo que o próprio Pesch não deixa de notar — de seu professor Anton Vögtle, o qual, discordando em pontos importantes, nunca questiona nem a fé do autor nem a legitimidade de sua tentativa enquanto tal.[8]

E vem a ser triste constatar como essa atitude, que passa da discussão das idéias teológicas à acusação no terreno da fé, continue sendo produzida cada vez que aparece uma proposta

---

[5] O'COLLINS, G. *Jesús resucitado*. Barcelona, 1988. pp. 97-99 (cf. pp. 96-103). Poderiam ser citadas outras referências. Escolho esta por ser especialmente significativa, de um autor sério e de uma obra valiosa, além de mais equilibrada e geralmente respeitosa na exposição dos demais.

Veja, ao contrário, a abrangente *apresentação* que J. Rovira Belloso faz da tradução castelhana de *La resurrección de Jesús de Nazaret* (op. cit., pp. 9-21); ou a penetrante e sugestiva interpretação, em alguns aspectos bastante crítica, que oferece A. Tornos, "Reflexiones sobre la fe en la resurrección desde perspectivas de teología sistemática", 1998, pp. 70-77. Veja também, já muito antes, a exposição sintética, embora cuidadosa, que fizera P. Schoonenberg, *Un Dios de los hombres*, Barcelona, 1972, pp. 179-190.

[6] "As visões do Ressuscitado — que eu considero, corrigindo minha opinião anterior, suficientemente asseguradas como acontecimentos da história — eram visões nas quais Jesus apareceu às testemunhas como Filho do Homem..." ("La genèse de la foi en la résurrection de Jésus". Paris, 1982. p. 73). Uso a tradução de X. Alegre em sua breve mas também abrangente apresentação: "Perspectivas de la exégesis actual ante la resurrección de Jesús", 1998, p. 58.

[7] Veja *Theologische Quartalschrift* 153 (1973) 201-283.

[8] Cf. VÖGTLE, A. & PESCH, R. *Wie kam es zum Osterglauben?* Düsseldorf, 1975.

REPENSAR A RESSURREIÇÃO

nova: sucedeu não apenas no caso mais extremo de Gerd Lüdemann[9] ou no certamente ousado de John Dominique Crossan,[10] mas também antes, no de Edward Schillebeeckx, que se vê obrigado a constatar que "é de deixar qualquer um perplexo" a leitura de tais coisas,[11] e mais recentemente no caso de Hansjürgen Verweyen, que vem sendo objeto da mesma "reprovação".[12]

Entre a fé e as interpretações

A evocação de tais episódios não pretende ser uma tomada de posição favorável ou contrária às famosas opiniões: aqui não há outra finalidade senão a de chamar a atenção sobre a gravidade do problema e convocar a um cuidado extremo na hora de emitir juízos.

Uma coisa é a *realidade* da fé que se tenciona compreender e outra muito distinta é a *interpretação* por meio da qual se realiza a tentativa. Realidade e interpretação não são, sem dúvida, independentes; nem se pode negar que determinadas interpretações possam chegar à negação da realidade que pretendem esclarecer. Mas convém refletir muito antes de chegar a um diagnóstico desta possibilidade extrema, sobretudo quando se trata de teólogos responsáveis. De outro modo, facilmente se cai na armadilha terrível de identificar a fé com a *própria* interpretação da mesma ou, em todo caso, com a interpretação recebida até esse momento (que, por outra parte, quase nunca é nem tão evidente nem tão unitária como parece se apresentar).

Como com acerto observa Vögtle, ninguém — tampouco os críticos — está aqui livre de pressupostos ou "implicações sistemáticas". Por isso, ele conclui:

> Na medida que o esforço histórico-científico por esclarecer o *como* do nascimento da fé pascal permite esperar algum êxito, somente pode ser interpretado como uma "luta em busca da melhor argumentação no assunto" (R. Pesch, p. 283). Certamente, essa luta exige uma disponibilidade honesta para questionar os "preconceitos" e permitir corrigi-los.[13]

---

[9] Ele se queixa de que suas teses eram "apaixonadamente rechaçadas em círculos que viam na impugnação da ressurreição corporal de Jesus uma traição ao Evangelho", quando, na verdade, ali se tratava de compreender "o que se deve entender realmente por 'ressurreição'" (LÜDEMANN, G. & ÖZEN, A. *La resurrección de Jesús*. Madrid, 2001. p. 9; na p. 10, o autor faz um elenco das reações diante da primeira edição — "científica" — de sua obra).

[10] Cf., por ex., COPAN, P. (ed.). *Will the real Jesus pleas stand up?* Grand Rapids, 1988. W. L. Craig chega a afirmar: "John Dominic Crossan é, pois, um bom exemplo dos teólogos contemporâneos que aceitaram a crítica modernista da religião, mas que não conseguem se decidir, segundo a frase de Don Cupitt, a 'despedir-se de Deus'" (p. 174).

[11] *En torno al problema de Jesús*. Madrid, 1983. p. 109; na p. 125 constata o enlace com a polêmica contra Rudolf Pesch.

[12] *Botschaft eines Toten?* Regensburg, 1997. p. 58.

[13] Op. cit., p. 37 (grifo meu). A citação de Pesch remete a seu trabalho na *Theologische Quartalschrift*. Trata-se, além do mais, de um princípio elemental de toda a hermenêutica: quase produz rubor evocar as reflexões de H. G. Gadamer a tal respeito.

Além disso, nunca é demais recordar que as atitudes intransigentes, se não justificáveis, ao menos são compreensíveis, posto que, em geral, reproduzem uma síndrome bem conhecida, que aparece de modo especialmente virulento quando são questionados, de algum modo, os fundamentos religiosos. Como já há muito tempo observara Merleau-Ponty, normalmente "se chama ateu todo pensamento que desloca ou define de maneira distinta o sagrado".[14] De ateu foi acusado Sócrates,[15] e de ateus foram repetidamente acusados os próprios cristãos.[16] A resposta de são Justino vem a ser muito significativa a respeito: "Somos chamados ateus; e reconhecemos ser ateus em relação a esses supostos deuses, mas não em relação ao Deus sumamente verdadeiro".[17]

Por isso seria ingênuo pensar que essas acusações sejam sempre insinceras ou que necessariamente nasçam da má vontade. Normalmente, elas respondem a uma preocupação religiosa genuína em momentos de profunda transformação. A história oferece inúmeros exemplos: as idéias novas, ao questionar o universo cultural anterior, geram angústia diante da impressão de que tudo se derruba. Daí as reações apologéticas (às vezes — convém reconhecê-lo — reforçadas pela atitude muitas vezes "adolescente" e totalitária das propostas renovadoras). Recordemos, por exemplo, os protestos em razão da entrada do pensamento aristotélico na teologia medieval, que acabaram levando nada menos do que à condenação póstuma de muitas proposições de santo Tomás de Aquino, ou às muito mais fortes e angustiadas reações suscitadas pela aparição da crítica bíblica a partir do Iluminismo, que tanto atraso e tantos sofrimentos causaram na exegese católica.

Não é leviano pensar que no problema da ressurreição esteja sucedendo algo parecido. Nela se toca, como já foi dito, num ponto central, tanto que Karl Barth pôde dizer que a "ressurreição dos mortos" equivale a "uma reescritura (*Umschreibung*) da palavra 'Deus'".[18] Por outra parte, em sua abordagem, as tentativas de renovação são solidárias de uma comoção muito profunda, que afeta a própria base da teologia. Comoção que se foi fazendo sentir numa espécie de ondas sucessivas, desordenando radicalmente os parâmetros dentro dos quais era interpretada.

---

[14] *Éloge de la philosophie*, citado por G. Morel, *Problèmes actuels de religion*, Aubier, Paris, 1968, pp. 178-179, que faz importantes considerações a esse respeito. Henry de Lubac disse igualmente: "A humanidade imagina que perde Deus cada vez que abandona um sistema de pensamento" (*Sur les chemins de Dieu*. Paris, 1966. p. 207).

[15] "Eu penso que os deuses existem e não sou de modo algum ateu (*átheos*)" (PLATÃO. *Apologia de Sócrates* 26 c).

[16] Cf. o estudo clássico de A. Harnack, "Der Vorwurf des Atheismus in den drei esrsten Jahrhunderten", in TU 13, Leipzig, 1905, pp. 8-16. Cf. também J. M. Castillo, *Símbolos de libertad*. Teología de los sacramentos, Salamanca, 1981, pp. 89-90, e *Los pobres y la teología*. ¿Qué queda de la teología de la liberación?, Bilbao, 1997, pp. 198-199.

[17] *Apol. I*, 6 (PG 6, 336). Podem ser vistos muitos mais dados em M. Cabada, *El Dios que da que pensar*, Madrid, 1999, pp. 554-555.

[18] *Die Auferstehung der Toten*. 4. ed. Zollikon/Zürich, 1953. p. 112.

A onda mais imediata foi talvez o impacto produzido pela *redescoberta da escatologia*, enquadrada ela mesma na profunda revolução da teologia dialética.[19] Talvez mais intimamente ainda, enlaça com a *renovação da cristologia*, em que a ressurreição, de uma espécie de apêndice "milagroso" com funções apologéticas, passa a ser compreendida como intimamente implicada no mistério concreto da humanidade e da vida de Jesus de Nazaré. Em um plano mais remoto, mas com decisiva influência, está a *nova leitura da Bíblia*, que, ao romper de maneira irreversível o literalismo das narrações pascais, postula uma hermenêutica muito mais cauta e realista. Finalmente, como envolvente radical está nada menos que a *mudança da Modernidade*, que, anulando o pano de fundo mitológico da cosmovisão antiga, exige uma remodelação profunda tanto do imaginário como dos conceitos mediante os quais se representa e se pensa o mistério da ressurreição.

Um mínimo sentido histórico permite-nos ver que, sob pena de perder toda a sua inteligibilidade e de se tornar literalmente incríveis, as interpretações têm de ser renovadas de maneira radical ao entrar no novo contexto. E isso supõe que, forçosamente, tinham de acabar questionando muito seriamente a visão anterior. Isto permite compreender a reação espontânea de defesa e até mesmo de rechaço por parte dos que sentem ameaçada a fé tradicional. Mas, ao mesmo tempo, sensibiliza para a armadilha que aí pode se esconder: em nome da fé, defender uma teologia caduca; e em nome da tradição, cerrar as portas do futuro. O aludido exemplo da crítica bíblica mostra-o de forma bem clara. E mais de uma vez as novas propostas poderiam parafrasear são Justino, dizendo que, efetivamente, são "atéias" com respeito às concepções anteriores, mas não são de forma alguma com respeito ao verdadeiro e profundo sentido da ressurreição.

Quando menos, é óbvio que, em princípio, têm direito a serem propostas como hipóteses legítimas; e que, em todo caso, abundam as desqualificações sumárias ou, mais ainda, as acusações de negação da fé. Na nova situação, o legítimo para todos e o único caminho para a honra dos teólogos e o bem da teologia somente pode consistir, como dizia Rudolf Pesch, na busca "da melhor argumentação no assunto".

Uma Hermenêutica conseqüentemente teológica

Na realidade, o que já se disse acerca deste ponto seria suficiente. Mas existe uma matização que talvez não seja demais esclarecer. Ela obedece a uma suspeita de caráter geral e, pessoalmente, não fez mais que se confirmar a mim com o estudo do problema concreto da ressurreição. Trata-se de levar a sério a *integridade do trajeto hermenêutico*, fazendo-o chegar desde o trabalho pela elucidação do sentido original da fé até o esforço por encarná-lo no contexto atual.

---

[19] Pode-se ver a apresentação já clássica de H. U. von Balthasar, "Escatología", 1961, pp. 499-518; e de forma mais ampla, J. Moltmann, *Teología de la esperanza*, Salamanca, 1968, pp. 45-122 [ed. bras.: *Teologia da esperança*, São Paulo, Editora Teológica, 2003]; G. Greshake, *Auferstehung der Toten*, Essen, 1969, pp. 52-133; G. O'Collins, *Jesús resucitado*, cit., pp. 55-89, que se centra em Barth e Bultmann; B. Forte, *Teologia della Storia*, Torino, 1991, pp. 295-309.

Em outras palavras, impõe-se-nos avançar de maneira expressa e consciente desde o trabalho exegético de *reconstrução do sentido no passado* até a aplicação teológica de sua *recuperação no presente*.

Ao não fazê-lo com toda a conseqüência, elaborando com cuidado o último trecho do caminho, corre-se o perigo de se incapacitar para reconhecer como assimilável *hoje* a integridade do sentido descoberto pelo trabalho crítico. A razão está em que, uma vez rompido o *sentido literal*, que se mostrava solidário com o contexto cultural do passado, pode surgir a impressão de que com ele se torne nulo o *sentido do objeto em si mesmo* (para não complicar a exposição, neste parágrafo usarei "sentido" e "significado" praticamente como sinônimos). Dizendo-o de maneira concreta e com um exemplo óbvio: pensemos em alguém que, durante muito tempo, venha identificando "ressurreição" com "revivificação de um cadáver". Quando o trabalho exegético lhe diz que tal não é assim, que um ressuscitado não é um cadáver que se levanta para retomar uma vida igual ou parecida à anterior, três coisas podem suceder:

1) que você julgue tal afirmação como (hiper)crítica e equivocada, recusando-a porque falseia o sentido da Escritura e nega a fé na ressurreição;

2) que você aceite o resultado da exegese e reconheça o novo significado; entretanto, ao não encontrar para ele um sentido compreensível e realizável no contexto atual, julgue que com a derrocada do sentido literal tenha caído o sentido como tal, e que, portanto, deixe de crer na ressurreição;

3) que você aceite o novo significado descoberto pela exegese e, reconhecendo-o como verdadeiro, procure recuperá-lo mediante uma interpretação atualizada que o torne verdadeiramente significativo e vivenciável no contexto da cultura e sensibilidade atuais.

O exemplo concreto — "ressurreição" como "revivificação" — pode ajudar, porque em sua própria rudez permite ver bem a estrutura do problema. Hoje cabe considerar como adquirida para a teologia a possibilidade efetiva de realizar, com relação a ele, os três passos: por não aceitar o primeiro — perda do sentido literal — sente-se a necessidade de parar no segundo, negando a fé na ressurreição. Mas convém recordar que, até há muito pouco tempo, a própria teologia não era muito clara a respeito e que ainda hoje muitos cristãos continuam interpretando a vida ressuscitada — como também as aparições e o destino do corpo de Jesus ressuscitado — como uma espécie de prolongamento da anterior vida normal; e, se não fosse assim, parecer-lhes-ia que não crêem na ressurreição.

Não obstante isso, a situação pode mudar, quando a transformação do significado é mais profunda; por exemplo, quando se trata do problema da tumba vazia. Se a derrocada do sentido literal significasse também que o cadáver de Jesus permaneceu no sepulcro, é possível dar o último passo, reinterpretando de maneira significativa e coerente as narrações e, portanto, mantendo *hoje* a fé na ressurreição; ou, pelo contrário, isso significa abandonar a fé nela? Como é bem sabido, aqui a unanimidade desaparece, de sorte que a interpretação marca uma divisão profunda entre os teólogos e os próprios fiéis.

Pois bem, é neste ponto que surge o alerta. Se o significado da ressurreição elaborado pelo estudo crítico apresenta-se como "novo", é justamente porque não coincide com o significado corrente e aceito na teologia tal como se está praticando. Isso coloca o intérprete diante da tarefa de reelaborar a compreensão do *conceito* atual de ressurreição, isto é, de construir teologicamente um conceito novo que responda aos parâmetros da cultura contemporânea. Mas este passo pode ser descuidado, sendo dado, de maneira espontânea, por pressuposto que o conceito usual de ressurreição seja teologicamente normativo. E então surge o problema: o significado crítico (que em seu terreno, graças à exegese, *já* está verdadeiramente atualizado) se contrapõe ao conceito normal (que *ainda não* está teologicamente atualizado, ou pode não estar). O resultado fica assim ameaçado, porque então, ao ter de escolher entre o significado novo e o conceito obsoleto, o intérprete pode sentir-se obrigado a negar o próprio conceito de ressurreição.

Nada mais distante da intenção destas páginas que estabelecer uma contraposição ou rivalidade entre exegese e dogmática, pois foi sobretudo o trabalho exegético que permitiu a esta enfrentar o perigo quase endêmico de ficar prisioneira de concepções abstratas, sem contraste atualizado com a experiência original, ou de heranças históricas que, legítimas em seu tempo, impedem uma verdadeira compreensão no nosso. Aqui se trata de chamar a atenção sobre dois aspectos muito importantes.

O primeiro refere-se à necessidade de levar bastante a sério o *caráter construto* de todos os conceitos teológicos. Existe, com efeito, uma tendência à "sacralização", que propende a vê-los como algo concluído e acabado, que é preciso dar por suposto como tal, deixando-o intocado e sem crítica interna possível. Então, os conceitos herdados seriam algo fixo, de sorte que haveria de se pensar *a partir* deles e não pensar também *neles*: como se fossem somente um final e não também, e sempre, um começo (para dizê-lo parafraseando o famoso título com que Karl Rahner apresentava este problema para a cristologia em geral, ao considerar o Concílio de Calcedônia).[20]

(De passagem, convém indicar que, no processo do repensamento cabe também a alternativa extrema de mudar, com o conteúdo do conceito, sua própria *denominação*. É o que propõem, por exemplo, Hansjürgen Verweyen, afirmando que "ressurreição" constitui hoje uma "metáfora perigosa",[21] quer dizer, uma espécie de "traição semântica",[22] e Marie-Émile Boismard, na convicção de que essa palavra, "em termos estritos, atualmente já não tem valor".[23] Em princípio, não se pode negar esta possibilidade; mas, no caso concreto da ressurreição, particularmen-

---

[20] "Chalkedon — Ende oder Anfang", 1954, 3-49; em tradução reelaborada, este trabalho pode ser conferido em *Escritos de teología*, Madrid, 1965, v. I, pp. 169-222, com o título "Problemas actuales de cristología".

[21] "'Auferstehung': ein Wort verstellt die Sache", 1995, pp. 105-144, principalmente pp. 114-120; mais tarde o autor fará algumas matizações. Falarei disto mais tarde (cap. 4, "A verdade da interpretação").

[22] Expressão sugestiva de P. F. Castelao, *El trasfondo de lo finito. La revelación en la teología de Paul Tillich*, Bilbao, 2000, p. 173: "Chamo 'traição semântica' ao fato de que certas categorias conotam um primeiro significado totalmente oposto ao que o autor pretende dar e resistam à correção crítica à qual são submetidas. A categoria 'trai' e tergiversa a intenção semântica de seu usuário...".

[23] *¿Es necesario aún hablar de "resurrección"?* Bilbao, 1996. p. 144.

te, creio ser mais fecundo conservar a palavra e renovar o seu conceito, pois tenho a convicção de que uma reinterpretação lúcida pode, ao mesmo tempo que marca a diferença, manter a continuidade conservando melhor a enorme riqueza com que se foi carregando na história.)

O segundo aspecto remete ao problema da intencionalidade da Escritura em si mesma. Ela constitui a *expressão* fundante daquela experiência e daquela realidade cuja compreensão é buscada. Mas bem por isso não se identifica nem com a experiência nem com a realidade, senão que constitui o meio *através do qual* é possível chegar a elas. Não se trata, pois, como já foi dito, de copiar sua *expressão*, mas antes de se apropriar da *realidade* que ela procura expressar. E isso somente é possível fazer com os meios atuais, os quais não têm mais de coincidir nem com os da Escritura e, portanto, nem é preciso ir buscá-los nela.

(Sobre esse aspecto particular, despertou minha atenção um amigo que, depois da leitura do manuscrito deste livro, teve a impressão de, em alguns trechos, eu pretender ler nos textos conceitos ou intenções expressas que não estavam neles. Tive de esclarecer a ele que, efetivamente, não estavam ali e que a exposição não pretendia tal coisa. A convicção que, na realidade, anima toda a reflexão — e peço ao leitor que a tenha muito em conta — é que através dos textos torna-se possível recuperar uma *intencionalidade objetiva* que permite expressar e compreender a ressurreição com conceitos que, sem estar neles, constituem *hoje* o melhor modo de compreender e expressar a realidade que eles tentaram expressar com os conceitos de seu tempo.)[24]

O enquadramento histórico

O problema é certamente complexo e sua realização efetiva constitui sempre uma tarefa longa e delicada, que necessita da colaboração da inteira comunidade teológica. Não obstante isso, não se trata de algo remoto ou impossível.

Um longo caminho já percorrido

Na realidade, quando a consideração se levanta um pouco sobre as discussões mais pormenorizadas, torna-se evidente que a mudança já aconteceu numa medida bastante considerável, a ponto de afetar até mesmo as posições mais conservadoras. Ter isso em conta é sumamente ilustrativo, porque não apenas torna palpável seu caráter inevitável, como também alimenta a esperança; e, sobretudo, relativiza o alcance de muitas discussões que, à primeira vista, poderiam parecer transcendentais.

---

[24] Sobre todo o problema, com especial referência à categoria de "mundo aberto pelo texto" (P. Ricoeur), faço maiores precisões em *A revelação de Deus na realização humana*, São Paulo, Paulus, 1995, pp. 366-372.

Talvez nada faça apreciar melhor a magnitude da transformação do que a simples consideração da *extensão que se concede a seu estudo*. Enquanto ocupa hoje, no mínimo, um capítulo fundamental em qualquer cristologia, para não falar das extensas monografias que lhe são dedicadas sem cessar, há pouquíssimos anos estava reduzido ao mínimo imaginável. Uma citação de Gerald O'Collins permite-nos constatá-lo com eficácia:

O manual estândar de cristologia de Jesús Solano, *Sacrae theologiae summa* (3 v., Madrid, 1956), era tão fiel à preocupação de Calcedônia pela encarnação que esta obra de 326 páginas dedicava menos de uma página à ressurreição. As anotações de Bernard Lonergan para suas aulas de cristologia na Universidade Gregoriana revelavam idêntica "obsessão" com a encarnação. Constituíam um total de 546 páginas, todavia não incluíam mais que algumas notas sem grande incidência (425-427) acerca da ressurreição.[25]

E quando se põe atenção nos conteúdos, as diferenças continuam sendo abissais. A começar pela mais óbvia da *derrocada da leitura literal*. Hoje não é mais possível tomar ao pé da letra nem o caráter espetacular das narrações nem a exatidão de seus pormenores; sobretudo se impõe reconhecer a impossibilidade de fazer com que as diferenças concordem, e nem sequer é cabível negar as contradições entre os diversos escritos, aliás óbvias até mesmo para a leitura mais superficial.

Solidário com essa leitura está o fato de que hoje praticamente nenhum teólogo ainda fala da ressurreição como "milagre", no sentido de acontecimento empiricamente verificável para usos apologéticos. A ponto de o normal ser não considerá-la um acontecimento "histórico", sem que isso implique, como é óbvio, a negação de sua *realidade* (uma realidade, entretanto, somente acessível e pensável em outra ordem de considerações).

A transformação é ainda mais radical e, como se verá, mais instrutiva quando se chega a um tema tão central como o do *sepulcro vazio*. Enquanto até outro dia, por assim dizer, ainda se insistia quase que unanimemente em que negar sua realidade equivalia a negar a fé na ressurreição, hoje são muitos, mesmo entre as abordagens mais cautas, os que abandonam de maneira expressa essa insistência, ou bem porque não admitem o fato ou, quando menos, porque reconhecem que sua negação não tem por que pôr em perigo a fé no Ressuscitado. As recentes monografias de Hans Kessler, Franco Giulio Brambilla, Thorwarld Lorenzen e Michel Deneken, para aludir tão-somente a abordagens claramente moderadas, são folgadamente eloqüentes a esse respeito.[26]

---

[25] *Jesús resucitado*, cit., p. 37; em nota indica acerca de Lonergan: "Estas anotações, intituladas *De Verbo incarnato*, foram ditadas em 1961 e utilizadas até, pelo menos, 1964". Insiste nestas mesmas idéias K. B. Osborne, *The resurrection of Jesus*, New York/Mahwah, N.J., 1997, pp. 7-9. Cf. uma boa exposição do processo tradicional em F. Schüssler Fiorenza, *Foundational theology. Jesus and the Church*, New York, 1985, pp. 5-12.

[26] KESSLER, H. *Sucht den Lebenden nicht bei den Toten*. 2. ed. Düsseldorf, 1987 (1. ed. 1985, trad. cast.: *La resurrección de Jesús en el aspecto bíblico, teológico y pastoral*, Salamanca, 1989; citarei sempre a edição alemã, por estar atualizada); LORENZEN, Th. *Resurrección y discipulado*. Salamanca, 1999 (original inglês: 1995); BRAMBILLA, F. G. *Il crocifisso risorto*. 2. ed. Brescia, 1999 (1. ed. 1998); DENEKEN, M. *La foi pascale*. Paris, 1997.

Esta transformação é particularmente esclarecedora, porque, ao se produzir de maneira tão rápida e num ponto tão sensível, mostra bem quão perigoso e injusto pode ser apressar-se a confundir *fé e teologia*, acusando de negar aquela quando simplesmente se está discutindo esta. Sem querer prejulgar neste momento a questão, será que alguns autores não deveriam tornar-se mais cautelosos, quando, mesmo admitindo essa mudança com respeito ao sepulcro vazio, se apressam com demasiada facilidade a reproduzir as afirmações ou acusações anteriores com respeito às *aparições*?[27]

Uma mudança de paradigma

Seja como for, mais do que se deter em considerações subjetivas, interessa, sem dúvida, analisar o alcance objetivo daquilo que transparece aqui. A importância e a progressão das mudanças enunciadas não são mera casualidade, mas obedecem a um amplo e geral processo de fundo. Na realidade, não é difícil ver que nascem de uma autêntica *mudança de paradigma*. E quando uma tal mudança sucede, impõe-se reconhecer que a mutação não afeta apenas, nem sequer principalmente, este ou aquele pormenor: o que se move é o inteiro marco de referência; e o que se precisa é uma remodelação na estrutura do conjunto. E isso implica a redistribuição dos distintos elementos que entram na compreensão e sua necessária atualização dentro dos referentes da nova cultura.

Proceder assim não significa desatender a advertência paulina — embora nunca seja demais tê-la em consideração — de não se acomodar à "figura deste mundo". Trata-se de algo mais elementar e ineludível: manter viva a experiência cristã na mudança da história, esforçando-se por entendê-la e expressá-la em categorias inteligíveis e "realizáveis" para a cultura de cada tempo. Também os fiéis e as fiéis atuais têm o direito e a obrigação de seguir a advertência petrina: "[...] estai sempre prontos a dar a razão da vossa esperança a todo aquele que a pedir" (1Pd 3,15).

É, porém, compreensível que uma mudança dessas características representa, por força, um processo de enorme complexidade, que, como para a própria ciência mostrou Thomas S. Kuhn,[28] gera fortes resistências espontâneas e que, antes de ser aceito, necessita vencer numerosas tentativas de sair da estrada mediante meras "acomodações" do anterior. Daí necessitar tempo não apenas para ser aceito, como também para ir impondo sua reformulação e fazer sentir a amplidão de suas conseqüências. Além disso, dado o emaranhado relacional em que se encontram os distintos elementos do conjunto, é natural que sejam produzidos desajustes temporais

---

[27] Ver, por exemplo, a consideração diferenciada que H. Kessler imprime com relação ao sepulcro e às aparições na conclusão de seu influente livro (pp. 486-501).

[28] Cf. Kuhn. Th. S. *A estrutura das revoluções científicas*. 3. ed. São Paulo, Perspectiva, 1990; e as precisões que faz na obra posterior, *¿Qué son las revoluciones científicas? y otros ensayos*, Barcelona, 1990.

entre eles; de forma que, enquanto alguns entram rapidamente na dinâmica da mudança, outros, talvez por sua grande importância ou simplesmente por sua forte carga emocional, oferecem maior resistência.

Esse desajuste explica a atitude desigual que se observa diante das diferentes questões. E esclarece igualmente a estranha sensação de ver como, em certas ocasiões, os princípios são aceitos, embora suas conseqüências sejam negadas, ou se aceitam algumas conseqüências e se neguem outras que, todavia, estão em situação idêntica ou parecida. Sucede, sem dúvida, entre os diversos autores, muito desiguais na hora de aceitar a mudança; e sucede igualmente, não poucas vezes, no pensamento de um mesmo autor.

Subjetivamente, essa desigualdade é compreensível, mas objetivamente pode vir a produzir uma clara impressão quer de incoerência, quer de falta de coragem na hora de tirar as conseqüências das próprias premissas. Pode acontecer, por exemplo, que se reconheça a não literalidade das narrações, e, apesar disso, se esteja argumentando com base nesse pressuposto; pode ser que se reconheça de maneira expressa que a ressurreição não constitue um acontecimento milagroso e, não obstante isso, postule-se para ela a necessidade de provas empíricas. Como veremos de forma mais pormenorizada, este aspecto é central na hora de avaliar a evidência histórica do sepulcro vazio e das aparições.

Nestas circunstâncias, as discussões de pormenores, sendo necessárias, quase nunca vêm a ser suficientes. A razão disso é que tendem a cair na armadilha das acomodações, sem entrar na *mudança de perspectiva*, de forma que as árvores das minudências impeçam de ver o bosque do conjunto. Algo que aparece com evidência em muitas *discussões exegéticas*. Talvez, repito, nada como elas tenha contribuído tanto para a busca de uma nova compreensão, e delas continuem chegando ininterruptamente novas incitações. Não obstante isso, mais de uma vez se tem a impressão de que as diferenças e discussões dos pontos concretos carecem de verdadeira relevância para a visão global.

Ocorre até mesmo que, à medida que se avança na leitura dos distintos autores, as repetições dos temas e das discussões podem, às vezes, parecer inúteis ou mesmo tornarem-se tediosas. Conforme vai destacando Anton Vögtle, com modesta honestidade, ao longo de seu meticuloso estudo, a discussão tende a chegar a um ponto em que se reconhece que uma determinada proposta "pode muito bem" ser verdadeira; mas, no final das contas, revela-se "tão pouco verificável quanto refutável".[29] E mesmo quando se obtém um resultado comum, nem sempre o tema discutido influi verdadeiramente na compreensão do conjunto.

---

[29] *Wie kam es zum Osterglauben?*, cit., p. 67, a propósito da "visão" de Paulo, mas o repete igualmente a propósito de outras questões.

O trabalho do tempo

Nesse sentido, tenho a impressão de que convém dar um voto de confiança ao decurso temporal. É, por exemplo, ilustrativo o caso de muitas questões exegéticas. A simples retrospectiva de alguns poucos anos mostra como propostas que ontem "escandalizavam", ou que até mesmo eram condenadas oficialmente, hoje são assumidas com toda a naturalidade. Algo que não afeta somente questões tão superadas como a autoria do Pentateuco ou mesmo dos próprios evangelhos, mas que toca questões mais fundamentais, como, por exemplo, as narrativas da infância, os milagres da natureza, a pluralidade das cristologias neotestamentárias e, certamente, a literalidade das narrativas pascais ou a autenticidade do final de Marcos (tão relevante para a questão).

Não é temerário afirmar que, à vista da recente história da exegese, é muito provável que propostas que hoje pareçam impossíveis de ser assumidas dentro de alguns anos encontrem uma acolhida espontânea, ou, quando menos, um acordo generalizado; e não será raro que discussões que, no atual período de transição, se apresentam como fundamentais acabem perdendo toda e qualquer relevância.

Nem sequer se deve descartar a hipótese de, talvez, estar reservada às mais próximas gerações a possibilidade de tirar, com toda a naturalidade, as conseqüências do novo paradigma. As palavras que Raymond E. Brown disse algumas décadas atrás a propósito do problema exegético em geral têm seguramente hoje, a propósito de nosso tema, uma validade ainda mais óbvia: "[...] somente agora encontramos uma geração de teólogos católicos que foram alimentados durante seus primeiros estudos numa aproximação crítica da Bíblia, em vez de acomodá-la em uma idéia tardia, tendo que desaprender muito de sua primeira formação".[30]

Não se trata, é claro, de converter esta circunstância num pretexto que dispense do trabalho atual. Mas, com certeza, isso pode servir para tirar algumas lições interessantes que ajudem a tratar a ressurreição de um modo que situe o estudo de seu mistério à altura das exigências de nosso tempo. E, em todo caso, não será demais recordar que, talvez, nada se encaixe melhor com o espírito deste tema do que a disposição a "morrer" para certos preconceitos, talvez queridos, mas que hoje se revelam ineficazes, a fim de "ressuscitar" para uma nova concepção verdadeiramente viva. Disse-o com energia H. A. Williams:

> E isto é em si mesmo uma experiência de ressurreição agora, de ressurreição e da morte que tem de precedê-la. A morte, neste caso, é a morte das certezas familiares e infantis. A ressurreição consiste em nosso ser elevados a uma primeira e, sem dúvida, fugaz olhadela a um mistério não manipulável.[31]

---

[30] Brown, R. E. "And the Lord said?". *Theological Studies* 24 (1981) 3-19, especialmente p. 3.
[31] *True resurrection*. 2. ed. London/New York, 2000. p. 8; cf. pp. 8-9.

Por uma abordagem renovada

Necessidade, legitimidade e globalidade da mudança

Seja como for, as reflexões anteriores têm uma função importante na economia do livro, pois elas marcam de maneira decisiva tanto a sua concepção como o seu propósito. Concretamente, são três as convicções que alimentam sua preocupação e marcam seu dinamismo de fundo.

A primeira, que também é a mais óbvia, aponta para a *necessidade da mudança*. Ou, talvez seja melhor dizer, para a necessidade de prosseguir uma mudança que, longamente iniciada, continua sua caminhada diante de nossos olhos, como demonstra "a surpreendente abundância de trabalhos recentes sobre a ressurreição".[32] A evocação do caminho percorrido e a insistência na profundidade da mutação em curso nos permitem ver que se trata de uma tarefa que, de nenhum modo, pode ser dada por terminada. Restam muitos problemas por resolver, e convém que estejamos abertos à novidade, sem nos fecharmos às novas perguntas nem aos possíveis questionamentos das idéias recebidas.

A segunda convicção refere-se à *legitimidade* da empreita, uma vez esclarecido seu justo nível, que é o da teologia, isto é, o da "fé que busca a inteligência". Isto significa que convém manter clara a distinção dos planos, sobretudo na hora de julgar as novas tentativas. As mudanças na "inteligência", conforme o que já se disse, não equivalem, sem mais, à mudança na "fé", mas antes, ao menos em princípio, tão-somente ao *modo* de compreendê-la.[33] E uma abundante e nem sempre gloriosa experiência histórica mostra com toda a clareza que nem o medo do novo nem o imobilismo teológico constituem a melhor defesa da vida de fé. Como já ensinara a parábola evangélica, enterrar os talentos pode parecer, no início, a melhor maneira de conservar a rica experiência que se nos entrega; mas é óbvio que, desse modo, não se lança uma semente, mas acaba-se enterrando um cadáver.

Finalmente, a terceira convicção — e, neste contexto, talvez a principal — apóia-se na evidência do *caráter global e estrutural do problema*. O que está em jogo não são ajustes de pormenor, mas a reestruturação do quadro inteiro da compreensão. E isso significa que a saída já não passa pelo desenvolvimento linear e homogêneo da compreensão anterior (que, além do mais, tampouco era unitária, nem muito menos). O que se impõe, ao contrário, é enquadrar todo o problema no seio de uma profunda mutação cultural, de modo que dentro dela vá-se configurando uma nova "figura" da ressurreição, que (para usar a terminologia balthasariana) permita perceber sua "glória" e torne acessível sua "evidência".

---

[32] MOINGT, J. *L'homme qui venait de Dieu*. Paris, 1993. p. 355.

[33] Cf. as justas e sensíveis observações que A. Tornos nos faz, atendendo sobretudo ao *pluralismo* atual (op. cit., pp. 63-67).

Seja-me permitido insistir neste terceiro ponto, pois, particularmente, tenho a impressão de que nele se anuncia uma das tarefas mais urgentes para o conjunto da teologia e, sem dúvida, para um enfoque adequado de nosso problema. Desde a entrada da Modernidade, a reflexão teológica, questionada por todas as partes, viu-se forçada a dispersar a atenção e dividir os esforços. Como foi indicado, o que se movia era a totalidade do paradigma cultural, mas, como é lógico, a movimentação era sentida em pontos singulares, ao ritmo das necessidades concretas. Desse modo, as questões abriam-se em frentes díspares, sem mostrar, na maioria das vezes, nem os vínculos que as uniam entre si, nem sua conexão estrutural com o paradigma que se estava questionando. Dito de outra maneira: sua abordagem não nascia da consciência de uma necessidade "sistemática", mas era ditada pelas urgências do momento.

O resultado foi que, ordinariamente, as questões chegaram até nós por acumulação meramente fática, sem consciência de seu caráter orgânico e sem uma abordagem verdadeiramente planificada. Daí a forte dissimetria em sua atualização e, sobretudo, a impossibilidade de uma verdadeira coerência com respeito à situação de cada uma na estrutura do conjunto. Assim, torna-se, em geral, muito difícil conseguir aquela inteligibilidade da fé que, conforme o próprio Vaticano I, deve nascer "da conexão dos mistérios entre si".[34] No caso da ressurreição, em virtude da dificuldade, da complexidade e da gravidade do tema, esta carência deixa-se sentir de um modo especial.

Um dos propósitos deste livro é justamente o de contribuir para o esforço de buscar essa necessária conexão, procurando avançar rumo a uma visão global que esteja muito atenta à sua coerência. O foco principal da atenção não se dirigirá, pois, ao pormenor exegético nem ao dado histórico. Tê-los-á em conta, naturalmente, na medida do possível, e, felizmente, hoje existem valiosas monografias que facilitam a tarefa. Mas procura-se-á, antes de tudo, enquadrar o estudo da ressurreição no movimento conjunto da teologia, tal como hoje está, de fato, sendo reconfigurada. Tanto a consideração de fundo como o processo expositivo estarão decisivamente marcados por esta preocupação. O título escolhido — *Repensar* a ressurreição — não é, obviamente, alheio a este propósito.

Vetores de fundo no processo reflexivo

Seria supérfluo, portanto, insistir em que a consideração pretenda situar-se de maneira muito consciente numa *leitura não fundamentalista* das narrativas pascais. Algo que, além do mais, com maior ou menor conseqüência, fazem praticamente todos os tratados atuais. Dando isso por suposto, a abordagem atenderá a três vetores fundamentais.

Em primeiro lugar, esforçar-se com o máximo cuidado por levar em conta a *nova situação da cristologia*. Uma cristologia concreta e realista, que, na compreensão do mistério de Cristo,

---

[34] *DS*, n. 3016.

não busca o extraordinário e milagroso, como se Jesus de Nazaré fosse tanto mais divino quanto menos humano pareça. Ao contrário, buscará a divindade *em* sua humanidade,[35] isto é, no modo — certamente peculiar e específico — de realizá-la dentro do realismo e das condições de nossa história. Partirá, pois, do assombro diante de seu mistério, mas tentará aproximar-se dele não como de algo estranho e separado, mas como de algo profundamente solidário com o nosso, conforme o princípio fundamental magnificamente enunciado pelo Vaticano II: "O mistério do ser humano só se ilumina de fato à luz do mistério do Verbo encarnado".[36]

O segundo vetor parte da *nova consciência da criação*.[37] No sentido de se afastar com energia da visão intervencionista de um Deus que trabalha à base de ingerências pontuais ou ações categoriais, interferindo na causalidade intramundana. Na aparência superficial, essa visão parece exaltar a onipotência divina; na realidade, acaba convertendo Deus em uma causa — muito grande, aliás — entre as causas do mundo. O que implica a intenção de levar a sério, e com plena conseqüência, a assunção, hoje comum, de não considerar a ressurreição como um "milagre", que como tal seria suscetível de provas empíricas.

O terceiro vetor apóia-se no *novo conceito de revelação*.[38] Uma revelação de caráter "maiêutico" e não autoritário, isto é, que não se aceita por um mero testemunho externo (embora este seja necessário), mas que ajuda a "dar à luz" o mistério que nos habita a todos. De sorte que, ao manifestar o que a todos afeta, de algum modo a revelação se oferece à verificação na experiência atual: cremos porque, de alguma maneira, comprovamos que o que manifesta a revelação coincide com a verdade profunda de nosso ser enquanto habitado por Deus. Este conceito tem incidência clara e imediata na discussão atual, muito influída pela pergunta acerca da origem da fé na ressurreição. Procuraremos, contudo, mostrar a íntima solidariedade deste vetor com os anteriores, dos quais recebe luz e aos quais, por sua vez, ilumina, aprofunda e potencializa.

Buscar uma visão global e coerente

Devido, talvez, à própria avalancha de questões suscitadas pela nova situação, as discussões revestiram um caráter por demais imanente, enredado excessivamente nos problemas intrateológicos, sem que se explicitasse com suficiência sua profunda implicação nas coordenadas da cultura geral. A complicação, a diversidade e até mesmo a dispersão das abordagens têm aí sua explicação mais provável. Há já muitos anos, falando da impossibilidade de articular entre si

---

[35] Procurei explicar-me com mais pormenores em "La apuesta de la cristología actual: la divinidad 'en' la humanidad", 2000, pp. 15-63.

[36] *Gaudium et spes*, n. 22.

[37] Procuro fundamentá-la de forma mais pormenorizada no livro *Recuperar a criação*, São Paulo, Paulus, 1999 (original galego, *Recupera-la creación*, Vigo, 1996).

[38] Remeto, principalmente, a meu livro já citado *A revelação de Deus na realização humana*.

as narrativas pascais dos evangelhos, Karl Barth sentenciou: "é um caos",[39] e recentemente Geza Vermes fala de um *puzzle*.[40] Algo semelhante poderia ser dito da reflexão teológica neste ponto.

Por isso, uma das tarefas importantes de hoje consiste em introduzir um pouco de ordem nesse caos, ordenando e hierarquizando os problemas. Tal não é fácil, mas com o que quer que se consiga com maior clareza significará aqui um importante avanço. Não apenas para o problema em si, que é o principal, mas também para a sua melhor localização no conjunto teológico, ajustando sua perspectiva.

A dificuldade está, naturalmente, em encontrar um bom *princípio ordenador*, que permita escapar da simples acumulação fática das questões e, ao mesmo tempo, manter a fidelidade à intencionalidade genuína desta difícil questão. Jon Sobrino,[41] da mesma forma que, entre outros, Jürgen Moltmann[42] e Kenan B. Osborne,[43] sem tematizá-lo explicitamente, remontou ao princípio e partiu das *três perguntas fundamentais de Kant*: que posso saber?, que devo fazer?, que me é concedido esperar?[44]

Creio que é um bom caminho, pois não resta dúvida de que nessas perguntas se reflita algo muito essencial da busca e das inquietudes da cultura moderna. Ao mesmo tempo, sabemos muito bem que, no nascimento das mesmas, emerge igualmente uma forte *carga crítica*: na realidade, punham em questão a cultura do mundo anterior em seu conjunto. Por isso, vem a ser sugestivo confrontar as perguntas com a negação ativa que, diante da resposta cristã, levantaram os três "mestres da suspeita".

De fato, é curioso — e, talvez, significativo — que, mesmo sem pretender uma correspondência total, caiba divisar certo paralelismo entre as três perguntas e as suspeitas dos três pensadores. Seja como for, com respeito à ressureição a correspondência mostra-se verdadeiramente esclarecedora. Freud, com sua suspeita psicológica, remeteria à primeira pergunta: "que posso saber?". Marx, com a sua suspeita sociológica, remeteria à segunda: "que devo fazer?". Nietzsche, com a sua suspeita do ressentimento, à terceira: "que me é dado esperar?".

---

[39] *The faith of the Church*. A commentary on the apostle's creed. Londres/Glasgow, 1958. p. 92.

[40] *The changing faces of Jesus*. New York/London, 2000. p. 182.

[41] *Cristología desde América Latina*. 2. ed. San Salvador, 1977. pp. 206-220. [Ed. brasileira: *Cristologia a partir da América Latina*. Petrópolis, Vozes, 1983.]

[42] *El camino de Jesucristo*. Salamanca, 1993. p. 330. [Ed. brasileira: O *caminho de Jesus Cristo*; cristologia em dimensões messiânicas. Petrópolis, Vozes, 1993.] Em nota, ele nos remete a seu trabalho "Esperanza en la resurrección y praxis liberadora", in *El futuro de la creación*, Salamanca, 1979, pp. 125-143 (a redação original é de 1972), onde, apesar de tudo, a idéia não aparece com clareza.

[43] *The resurrection of Jesus*, op. cit., pp. 13-25, que desenvolve mais tematicamente a questão.

[44] Eis o famoso texto que concentra essas três perguntas em uma quarta, que, segundo Kant, as resume: "O campo da filosofia nesta significação cosmopolita pode ser reduzido às perguntas seguintes: 1) Que posso saber?; 2) Que devo fazer?; 3) Que me é dado esperar?; 4) Que é o ser humano? A primeira pergunta é respondida pela metafísica; a segunda, pela moral; a terceira, pela religião; e a quarta, pela antropologia" ("Logik." In: Weischedel, W. (org.). *Werke*. Frankfurt a. M., 1968. *Werke in 12 Bände*, v. 6, pp. 447-448).

Caso se tenha em conta que não é muito difícil ver que já em Paulo é possível encontrar o tríplice rastro dessa preocupação, tornar-se-á evidente que estamos diante de um enfrentamento profundo — ao mesmo tempo que, de algum modo, necessário e prometedor — deste problema central da fé. Uma tarefa, repito, que a teologia atual não enfrentou ainda de maneira (suficientemente) expressa. Onde mais se trabalhou foi na confrontação crítica global com a pergunta por Deus: o problema do ateísmo. Mas este absorveu de tal maneira a atenção que os demais problemas a ele ficaram sujeitados. A ressurreição, em concreto, era algo ulterior, algo especializado já dentro do problema geral. Não obstante, reconhecendo isso, fica evidente que ela pertence — ou deveria pertencer — a um dos conjuntos mais sensíveis de qualquer confrontação pormenorizada.

Confesso que minha intenção ao iniciar a obra era precisamente organizar sua exposição seguindo o fio das três perguntas, e, seguramente, o leitor ou a leitora não terão nenhuma dificuldade especial para detectar que sua presença marca profundamente o desenrolar da reflexão.[45] Mantê-la, porém, de maneira estrita teria sido forçar um tanto artificialmente a estrutura. A pergunta teórica — "que podemos saber?" — impôs, com efeito, seu forte predomínio. Não em vão foi nela que sobrevieram os principais problemas e onde persistem as maiores dificuldades. Ao menos na amplitude expositiva, não pude evitar que ela levasse a parte do leão. Espero, contudo, que não tenha sido em detrimento, mas a serviço das outras duas: "que devemos fazer?" e "que nos é permitido esperar?".

A tentativa vem a ser longa e difícil, talvez sobrecarregada em demasia por uma intensa preocupação hermenêutica. Esta obedece à busca desse difícil equilíbrio entre a liberdade da teologia e a fidelidade à tradição. O resultado não pretende, embora eu o desejasse, ser igualmente acertado e convincente em todos os seus pontos. O que, ao contrário, pretende, com toda a decisão, é ser uma oferta para um diálogo renovado que, desde uma "fé que busca sua inteligência", ajude na melhor compreensão e vivência deste mistério, ao mesmo tempo obscuro e glorioso, ao mesmo tempo novo e enraizado nas origens mais remotas e profundas da história humana.

Nesse espírito, e já pensando na visão de conjunto, atrevo-me a fazer aos possíveis leitores e leitoras desta obra o pedido que Spinoza fazia aos seus no Comentário da proposição XI da 2ª parte da *Ética*: "Aqui, com certeza, os leitores duvidarão e virão muitas objeções a seu espírito; peço-lhes que avancem a passos lentos comigo e que não formulem juízos antes de terem lido tudo".[46]

---

[45] De fato, já havia adiantado estas idéias em um trabalho que as desenvolve com certa amplitude: *Recuperar la experiencia de la resurrección*, Sal Terrae 70, 1982, pp. 196-208. Retomei-o, com algumas modificações significativas, no capítulo 5 ("Recuperar hoje a experiência da ressurreição") de meu livro *Repensar a cristologia*: sondagens para um novo paradigma, São Paulo, Paulinas, 1999 (ed. original: 1996), pp. 153-172. As modificações deixam-se sentir também neste livro: apesar de não ser excessivo, o tempo transcorrido desde a primeira redação não passou em vão.

[46] *Ética demonstrada según el orden geométrico*. Ed. de A. Domínguez. Madrid, Trotta, 2000. p. 86.

Capítulo **2**

A RESSURREIÇÃO
EM SEU CONTEXTO ORIGINÁRIO

Uma vez apresentado o problema em sua globalidade e aludido o significado funda-mental que — de diferentes perspectivas e com peculiaridades específicas — todas as teorias tencionam esclarecer, abre-se o amplo e complexo espaço das explicações mais pormenorizadas. A insistência das reflexões anteriores era dirigida a ressaltar, por um lado, a necessidade e a profundidade da mudança introduzida pela nova situação cultural posterior à Modernidade; e, por outro, o estatuto de maior liberdade e o inevitável pluralismo das explica-ções *teológicas* que procuram esclarecer o significado mais concreto da *fé* comum.

Das três perguntas que a reflexão deve atender cabe agora enfrentar a primeira: que podemos saber da ressurreição? Não há por que ser considerada a mais importante, pois, no final das contas, ela está a serviço das demais, relativas à práxis e à esperança da fé. Porém, ao mesmo tempo, não se pode negar que dela depende, numa medida de fato decisiva, a resposta que se puder dar a estas. E, sobretudo, não podemos ignorar que é nela que, primariamente, se fazem sentir a radicalidade da mudança e a urgência de uma nova compreensão.

Nesta pergunta refletem, pois, com especial intensidade as dificuldades do problema. Daí a necessidade de proceder de maneira escalonada, tentando, antes de tudo, colocar em evidência as linhas fundamentais de sua estrutura tal como se nos apresenta no novo contexto cultural. Daí também sua divisão em dois capítulos: neste se abordará o problema em seu con-texto de origem; no seguinte, tentar-se-á interpretá-lo no contexto atual.

POR UMA POSIÇÃO ATUALIZADA DO PROBLEMA

A NECESSIDADE DE UMA MUDANÇA GLOBAL E ESTRUTURAL

Por pouco que a reflexão considere as discussões mais pormenorizadas, descobre logo uma dificuldade — para não dizer, uma contradição — fundamental: a que nasce do choque entre a renovação produzida pela nova leitura crítica do texto bíblico e a persistência das velhas abordagens nascidas da leitura liberalista anterior. Nenhum teólogo responsável leva hoje ao pé da letra as narrativas pascais; não obstante isso, a maior parte dos estudos giram em torno dos problemas particulares herdados de quando se dava por suposta sua literalidade. O resultado é que *muda a compreensão dos pormenores*, mas *permanece a estrutura da abordagem*.

Seria, sem dúvida, cegueira não ver os avanços efetuados nas discussões, a ponto de se poder afirmar que não apenas Boaventura ou Tomás de Aquino, mas mesmo um teólogo da primeira metade do século XX, ficariam literalmente desconcertados e até horrorizados se pudessem ler as abordagens atuais, mesmo as mais conservadoras: sentiriam revolvidas quase todas as suas certezas relativas a pormenores da questão e negada a maior parte dos fatos que davam por seguros. (O leitor poderá comprová-lo lendo, por exemplo, os artigos do *Dictionnaire de théologie catholique*, a obra clássica e "avançada" da década de trinta.)[1] Não obstante isso, e apesar desse avanço, a discussão não consegue remodelar totalmente a abordagem em seu conjunto: os tratados escolares e a maior parte das monografias continuam, em grande medida, presos no carril marcado pelos tratados anteriores.

Desse modo, por um lado, as questões não avançam numa frente conjunta, mas, isoladas entre si, cada uma caminha em seu ritmo particular; e, por outro, ficam separadas da renovação global que se produziu — ou se está produzindo — na teologia em geral e na cristologia em particular.

Os *estudos pormenorizados* são indispensáveis, e nunca agradeceremos a contento a flexibilização e a liberdade intelectual que deles nasceram e continuam nascendo para a teologia. A entrada da crítica bíblica foi, nesse sentido, um passo enorme e necessário. Mas falta em boa medida o segundo: levar a sério a necessidade de que esse avanço deva inscrever-se em um novo paradigma, pois tão-somente dessa inscrição lhes pode vir sua significação atual. Discutir, por exemplo, de maneira separada, a questão do sepulcro vazio e a das aparições, como se aí se tratasse de problemas com estatuto histórico e epistêmico distinto, não carece de total legitimidade e talvez seja inevitável para o avanço mais especializado do assunto. Entretanto, a discussão permanecerá manca, enquanto os resultados não se integrarem numa tentativa de compreensão consciente de que *ambos os problemas*, sejam quais forem suas diferenças, nascem para nós do fato de estarem narrados, pensados e compreendidos a partir de uma mesma visão do mundo, que já não é a nossa.

Uma visão que Rudolf Bultmann — em que pesem os possíveis exageros, que não devem ser tomados como desculpas para eludir o problema básico[2] — demonstrou, de forma irreversível,

---

[1] Principalmente A. Michel, "Resurrection des morts", *DThC* 13 (1937) 2.501-2.571.

[2] Digo algo a esse respeito, insistindo em que não se deve "despachar" com demasiada facilidade sua proposta", em *Fim do cristianismo pré-moderno*, São Paulo, Paulus, 2003 (ed. original: 2000), pp. 25-29. Cf. as exposições matizadas de I. U. Dalferth, *Jenseits von Mythos und Logos*, Herder, 1993, pp. 132-164; C. Ozankom, *Gott und Gegenstand*, Paderborn, 1994, pp. 121-170; e, principalmente, de K.-J. Kuschel, *Geboren vor aller Zeit?*, München/Zürich, 1990, pp. 154-222.

como "mitológica". Notemos que dizer *mitológico* neste contexto não equivale de nenhum modo a uma desvalorização global desse conceito, hoje justamente reivindicado em sua significação profunda.[3] Significa unicamente que as representações cosmológicas — e o modo da atuação divina nelas[4] —, que outrora podiam ser aceitas com naturalidade, hoje se mostram simplesmente incompreensíveis e *justamente* inaceitáveis. Por isso, não se trata, sem mais, de "eliminar seus enunciados mitológicos, mas de interpretá-los",[5] conservando o seu valor simbólico (Bultmann fala de valor "existencial", e, logicamente, aceitar a proposta fundamental não nos obriga a seguir toda a sua hermenêutica).

O que, com efeito, se pretende dizer aparece com toda a evidência quando se pensa, por exemplo, na interpretação de muitas enfermidades como posse demoníaca ou na "ascensão" como subida física para o céu (exemplos estes que pertencem a uma *idêntica* visão de mundo).[6] Algo que se mostra igualmente óbvio com respeito a certas narrativas pascais, enquanto nos aprecatamos de que um corpo ressuscitado não pode comer uma comida material ou que, se não oferece resistência para atravessar as paredes, tampouco pode oferecê-la ao apóstolo Tomé para que o apalpe...

---

[3] Inútil repetir aqui a abundante bibliografia, mil vezes citada. Cf.: CASSIRER, E. *Filosofía de las formas simbólicas*. México, 1971. 3 v.; ELIADE, M. *El mito del eterno retorno*. Arquetipos y repetición. 4. ed. Madrid, 1982; Idem. *Imágenes y símbolos*. Ensayos sobre el simbolismo mágico religioso. Madrid. 1989; GURSDORF, G. *Mito y metafísica*. Buenos Aires, 1960; RICOEUR, P. *Finitude et culpabilité*. Paris, 1960. v. II. La symbolique du mal; Idem. *Le conflit des interprétations*. Essais d'herméneutique. Paris, 1969; KIRK, G. S. *El mito*. Barcelona, 1970; SCHUPP, F. *Mythos und Religion*. Düsseldorf, 1976; HÜBNER, K. *Die Wahrheit des Mythos*. München, 1985; SCHMID, H. H. *Mythos und Rationalität*. Gütersloh, 1988; BLUMENBERG, H. *Arbeit am Mythos*. Frankfurt a. M., 1990. Em castelhano, oferecem boas sínteses L. Cencillo, *Mito, semántica y realidad*, Madrid, 1970; C. García Gual, *La mitología*. Interpretaciones del pensamiento mítico, Barcelona, 1987; J. Martín-Velasco, *Mito*: conceptos fundamentales del cristianismo (C. Floristán e J. J. Tamayo, orgs.), Madrid, 1993, pp. 827-837; C. M. Acevedo, *Mito y conocimiento*, México, 1993; J. A. Estrada, *Dios en las tradiciones filosóficas*. Madrid, 1994. v. I, pp. 29-47; X. Pikaza, *El fenómeno religioso*. Curso fundamental de religión, Madrid, 1999, pp. 303-333; J. M. Mardones, *El retorno del mito*, Madrid, 2000.

[4] Cf., por ex.: "O pensamento mitológico entende a ação de Deus na natureza, na história, no destino humano ou na vida interior da alma como uma ação que intervém no curso natural, histórico ou psicológico dos acontecimentos: rompe este curso e, ao mesmo tempo, entrelaça os acontecimentos. A causalidade divina insere-se como um anel na cadeia dos acontecimentos, que sucedem uns aos outros segundo um nexo causal. [...] A idéia da ação de Deus, como ação não-mundana e transcendente, somente pode deixar de ser equívoca, se a concebemos como uma ação que tem lugar não entre as ações e os acontecimentos mundanos, mas no interior deles" (BULTMANN, R. *Jesucristo y mitología*. Barcelona, 1970. pp. 84-85).

[5] "A este método de interpretação do Novo Testamento, que procura redescobrir seu significado mais profundo oculto por detrás das concepções mitológicas, eu o chamo *desmitologização* — termo que não deixa de ser sobejamente insatisfatório. Não se propõe a eliminar os enunciados mitológicos, mas antes a interpretá-los. É, pois, um método hermenêutico" (ibidem, p. 22).

[6] É, por exemplo, bastante instrutivo ver como os Padres se faziam perguntas muito concretas acerca do papel dos anjos na Ascensão do Senhor: quando não se pensava na "auto-elevação" ou em elevação pelo Pai, os anjos ou o levavam nas costas ou o seguiam em cortejo (cf. WINLING, R. *La résurrection et l'exaltation du Christ dans la littérature de l'ère patristique*. Paris, 2000. pp. 223-301, especialmente pp. 251-253).

É compreensível que tais exemplos já possam hoje vir a ser um tanto "crassos". Mas basta pensarmos que, há pouquíssimas décadas, uma boa parte da teologia ainda não havia feito a "descoberta" de que a ressurreição de Jesus não era o "revivescimento" de um cadáver retornando a esta vida (como poderiam ser, se levadas ao pé da letra, as "ressurreições" de Lázaro ou da filha de Jairo). Hoje, certamente, quase nenhum teólogo[7] — embora, infelizmente, não se possa dizer o mesmo de muitas versões populares — pensa assim; mas é seguro que esse *esquema imaginativo não* subjaza em muitas das abordagens atuais, herdadas justamente de um tempo em que se pensava desse modo? Até mesmo os melhores comentários exegéticos produzem, muitíssimas vezes, uma estranha impressão ao comentar na prática, com um tom realista que não admitem na teoria, grande parte das cenas.

Mas não são tão-somente os pormenores que pedem para ser resgatados de seu isolamento e integrados em seu contexto global. Também o *contexto neotestamentário* em si mesmo exige, por sua vez, ser contextualizado. Em duas direções fundamentais.

A primeira — que, felizmente, começa a ser bem atendida nas abordagens mais recentes — refere-se ao *horizonte contemporâneo* dos próprios textos. Ao da tradição veterotestamentária, antes de tudo. Mas também ao do helenismo, que, tanto em sua simbiose judaico-helenista como em sua pressão como cultura diferente, poderosa e protagonista, impregnou de forma tão profunda a experiência, a mentalidade e a teologia desde as quais foram elaboradas as narrativas pascais. As complexas narrativas de herança/continuidade com o Antigo Testamento e com o judaísmo contemporâneo, os esforços por superar o perigo gnóstico e o diálogo com o mundo mítico do helenismo são, por exemplo, fatores muito importantes: sem tê-los em conta, dificilmente cabe uma interpretação correta do que pretendem dizer os textos neotestamentários.

A segunda direção é a mais decisiva, pois remete à necessidade de, finalmente, integrar tudo isso no *horizonte atual*. E isso significa transpor e retraduzir a inteira compreensão do problema, de modo que o significado fundamental da ressurreição torne-se hoje intelectualmente compreensível e vitalmente realizável. Exigência, por um lado, óbvia, pois a "fusão de horizontes" (Gadamer) é condição indispensável de toda a compreensão do antigo. Mas, por outro, muito árdua, porque à enorme profundidade da mutação soma-se o caráter do "assunto": difícil em si mesmo por sua transcendência; e, ademais, transmitido numa conceptualização pré-crítica, solidificada por sua antiguidade e, de algum modo, intangível por sua sacralidade.

Mas seria equivocado ver em tudo isto uma espécie de infidelidade ao Novo Testamento. Na realidade, trata-se do contrário: de algo que não apenas seus autores praticaram, inculturando energicamente sua tradição bíblica no mundo helenístico, mas que, como bem observa Martin Karrer, é postulado pelo seu próprio estilo:

---

[7] Existem, não obstante isso, exceções, como a de N. T. Wright, que, apesar de sua enorme erudição e de sua inegável agudez, chega a afirmar que, ao menos em algumas ocasiões, uma câmera de vídeo poderia registrar as aparições do Ressuscitado ("The transforming reality of the bodily resurrection", 2000, p. 125). Vamos nos ocupar disso com mais pormenores nos últimos capítulos.

Ao Novo Testamento interessa menos o desenvolvimento realista da ressurreição. É verdade que suas fórmulas e suas narrativas apontam na direção de uma experiência. Mas, nos pormenores da mesma, o Novo Testamento é justificadamente parco. Unicamente diz e difunde aquilo que é necessário para a finalidade teológica. Não impõe forçadamente nenhuma determinada teoria acerca do marco histórico. Concede ao pensamento liberdade para admitir sugestões individuais e atuais das posições — em conflito mútuo — dos últimos decênios.[8]

A coerência teológica da mudança

Felizmente, isto não é peculiar da ressurreição, mas afeta o conjunto da teologia, que, embora com atraso global e retrocessos restauracionistas, há mais de dois séculos tem-se empenhado nessa tarefa.[9] Aí justamente nosso problema concreto encontra uma *ajuda* importante, que, ao mesmo tempo, equivale a uma *chamada* ineludível: a de incorporá-la no novo movimento de conjunto, aproveitando a luz que lhe chega dos avanços realizados nos distintos campos. De modo que não apenas sairá ganhando a compreensão da ressurreição em si mesma, mas também contribuirá para a coerência da teologia em seu conjunto, escapando do perigo de constituir, ao menos em certos aspectos, um resto heterogêneo e anacrônico.

É claro que o problema da ressurreição não pode ficar como um penhasco isolado no mar da teologia, mas deverá integrar-se como membro vivo na "conexão dos mistérios entre si". É óbvio, por exemplo, que somente adquirirá seu verdadeiro sentido caso se integre na nova configuração da *cristologia*, que já não busca manter sua especificidade visando à separação e mesmo à negação do humano, mas sua máxima e mais autêntica realização: não a diferença por si mesma, mas a diferença-na-identidade. O mesmo pode-se afirmar de temas como a nova visão da *ação de Deus* e da *revelação*. Em outra perspectiva não poderá ignorar o novo *diálogo das religiões*, também elas preocupadas com o destino definitivo da pessoa humana.

Para quem esteja minimamente familiarizado com os estudos acerca da ressurreição, o mero enunciado destes pontos permite-lhe apreciar que, na realidade, a exigência neles expressa não representa algo desconhecido para as considerações atuais. É, com efeito, evidente que, de forma mais ou menos explícita e com maior ou menor eficácia conforme os autores, esta preocupação está trabalhando as reflexões em curso. Haverá ocasião de indicá-lo com mais pormenores no próximo capítulo.

Era, contudo, importante recordá-lo, porque essa presença, por não ser sempre devidamente explicitada, não deixa que se sinta toda a sua eficácia. Como já foi dito, normalmente a sobrevivência e a distribuição das questões tal como chegam da abordagem tradicional faz com que esses fatores permaneçam como *membra disiecta*, sem conseguir integrar-se de maneira plena e coerente numa

---

[8] KARRER, M. *Jesucristo en el Nuevo Testamento*. Salamanca, 2002. pp. 95-96.

[9] Nesse sentido, é bastante ilustrativo o itinerário que Hans Küng faz da história do cristianismo, atendendo justamente às mudanças de paradigma: *El cristianismo: esencia e historia*, Madrid, 1997 (se bem que, particularmente, não creio que a "pós-Modernidade" represente um paradigma novo com relação à Modernidade, mas antes um episódio importante em sua configuração ainda em marcha).

nova visão de conjunto. Uma empresa difícil, que seguramente não será possível atingir no curto prazo. Mas, uma tarefa necessária, à qual não é possível renunciar, caso a teologia da ressurreição pretenda estar à altura dos próprios pressupostos, tal como se vão configurando na atualidade.

A presente reflexão não pode, evidentemente, ter a pretensão de chegar a tal resultado. Parte, não obstante isso, da convicção de que somente nessa direção é possível um avanço real, sob pena de reduzir a teologia a um aborrecido e fatigante somatório de novos matizes para a eterna repetição dos mesmos argumentos.

Necessidade de uma leitura não fundamentalista

O caráter dos textos

Dos tempos pré-críticos herdou-se uma leitura espontaneamente *concordista* das narrativas bíblicas em geral. Causa assombro, por exemplo, comprovar como, durante séculos, a teologia não se pôs o problema das diferenças inconciliáveis, não digamos da teologia dos evangelhos, mas até mesmo de dados mais óbvios e concretos. E quando não se tinha outro remédio senão notá-los, dada a sua franca inconciliabilidade, tendia-se, por diversos procedimentos, a apagar a diferença, acudindo principalmente ao recurso de que uns contavam coisas que outros omitiam; em última instância, quando isto não era possível, concluía-se como Agostinho: "Mas é uma tarefa pesada mostrar como os quatro evangelistas não se contradisseram acerca da ressurreição de Cristo naquilo que todos contam sem omitir".[10]

Foi necessário o choque brutal da constatação de Albert Schweitzer,[11] mostrando a impossibilidade de escrever uma vida de Jesus, para que esse alerta elementar passasse a formar parte da reflexão teológica expressa. (E ainda assim, para se ter uma idéia da enorme dificuldade da mudança, basta ler hoje as reflexões de um homem tão erudito e honesto como Marie-Joseph Lagrange. Fundador da Escola Bíblica de Jerusalém, conhecia as razões da nova exegese e ele mesmo é autor de uma ampla obra "crítica", que levou as autoridades romanas a afastá-lo por um tempo da direção da Escola. Apesar disso, ele continua fazendo das narrativas evangélicas e, concretamente, da ressurreição uma leitura concordista, totalmente inverossímil, que, no fundamental, não se afasta daquela que faziam os antigos Padres da Igreja.)[12]

---

[10] *Sermo* 240 (PL 38, 1130-1131). Cf. *De consensu evangelistarum* (PL 34, 1041-1230). Tomo a referência de R. Winling, *La résurrection et l'exaltation du Christ*, op. cit., pp. 134-137. Nas pp. 130-137, ele estuda o recurso em outros Padres, como Eusébio e Ambrósio.

[11] *Geschichte der Leben-Jesu-Forschung*. 4. ed. Tübingen, 1984 (a 1. edição, com título um pouco diferente, é do ano 1906. [Trad. cast.: *Investigación sobre la vida de Jesús*. Valencia, 1990.]

[12] Leia-se, para comprová-lo, o capítulo final de *L'évangile de Jésu-Christ*, Paris, 1928. Acerca de sua meritória e, apesar de tudo, pioneira obra, cf. P. Benoit, *El padre Lagrange al servicio de la Biblia*, Bilbao, 1970.

Nesse sentido, as narrativas da ressurreição são paradigmáticas. De fato, a forte repercussão da disputa acerca do Jesus histórico teve origem neste ponto, em virtude do escândalo que provocou o texto de Hermann Samuel Reimarus (1694-1769), publicado depois de sua morte por Lessing,[13] apontando as "contradições evidentes" dos textos[14] e interpretando-as como engano consciente por parte dos discípulos. E embora a acusação de engano consciente não resista hoje a qualquer crítica séria, não se pode negar que, se em algum ponto dos evangelhos as diferenças saltam aos olhos, é precisamente aí. Em contraste com a "sólida armação de tradições comuns" próprias das narrativas da Paixão,[15] na Páscoa tudo parece díspar. Vale a pena expô-lo com as palavras de Joachim Jeremias, um autor particularmente moderado e realista:

Além do mais, o quadro é muito variado. Primeiramente, naquilo que se refere às *pessoas*. O ressuscitado aparece algumas vezes a um só indivíduo, outras vezes a um casal de discípulos, outras vezes a um pequeno grupo, e outras a uma enorme multidão. As testemunhas, quase sempre, são homens; mas também há mulheres; são membros do grupo mais íntimo de discípulos, outros são seguidores como José e Matias (Atos 1,22s), e também céticos, como o mais provecto do grupo familiar (1Cor 15,7 [refere-se a Tiago, o irmão do Senhor]); pelo menos em um caso, trata-se de um adversário fanático (v. 8). [...] A diversidade de cenários é tão grande como a diversidade de pessoas: a cristofania acontece algumas vezes ao ar livre, outras vezes em uma casa, repetidas vezes (Jo 20,14-17; Mt 28,9s; Atos 7,56) diante das portas da cidade santa, logo outra vez dentro de Jerusalém, numa aldeia judia, à beira do lago de Genesaré, na região montanhosa da Galiléia, e uma vez também fora da Palestina.[16]

Se aproximássemos a lupa de observação mais um pouco, apareceriam ainda outras tantas diferenças. De modo que, se o que se pretende é obter uma descrição ou uma seqüência unitária do que é narrado, tanto o quadro geral[17] como suas variações pontuais impedem quaisquer tentativas de síntese. Recordemos a expressão de Karl Barth: nessa perspectiva, o resultado "é um caos".

---

[13] Podem ser vistos, principalmente, seu texto "Über die Auferstehungs Geschichte", in: G. E. Lessing, *Werke*, Darmstadt, 1976, Bd. 8; e a exposição que A. Schweitzer faz na obra citada na nota anterior; e, sobretudo, P. Hoffmann, "Die historisch-kritische Osterdiskussion von H. S. Reimarus bis zu beginn des 20. Jahrhunderts", 1988, pp. 16-22.

[14] Sublinha dez "contradições totalmente evidentes" entre os diversos evangelistas. Cf. a enumeração em P. Hoffmann, op. cit., p. 19.

[15] JEREMIAS, J. *Teología del Nuevo Testamento*. Salamanca, 1974. v. I, p. 347.

[16] Ibidem, pp. 347-348: introduzo no texto as citações que aparecem como nota. Reproduzo aqui a nota 4, referente a Paulo: "A falta de Maria Madalena (Jo 20,14-18) ou das duas Marias (Mt 28,1.9s) na lista de seis membros de 1Cor 15,5-8, poderia ser explicada pelo fato de que não se aceitava o testemunho de mulheres. Também se poderia explicar a falta de José e de Matias (At 1,22s) — em suma — se pensarmos que estivessem incluídos entre os 500 irmãos mencionados. Mas deixamos de lado os discípulos de Emaús (Lc 24,13-35), os sete do lago Tiberíades (Jo 21,1-14) e Estevão (At 7,56)".

[17] Seria bom que o leitor fizesse, alguma vez, a comprovação mediante uma sinopse dos evangelhos. Podem ser vistos dois bons quadros em G. Theissen e A. Merz, *El Jesús histórico*, Salamanca, 2000, pp. 535 e 541. Para sua comodidade, apresentamos logo a seguir, à p. 47 deste livro, a sinopse oferecida pelos referidos autores.

Por isso seria um mau recurso buscar uma saída "intermediária", acudindo, por exemplo, a *concordismos* ou a distinções artificiosas para salvar os maiores trechos possíveis de literalidade. Como já disse bem Xavier Léon-Dufour, um dos pioneiros na renovação destes estudos: "uma leitura atenta dos textos lança um desafio a quem pretenda fazer concordar as diversas narrativas tanto no tempo como no espaço".[18] Evidentemente, por mais acribia que se ponha, "se os textos são tomados como notícias protocolares, suas exposições não podem ser harmonizadas".[19] Juan Luis Segundo assinala agudamente como, ao chegarem os evangelhos a este ponto, "a sinopse desaparece",[20] simplesmente porque é impossível.

Sucede assim até o ponto de, quando os próprios estudos especializados tentam, de algum modo, preservar essa ótica, procurando, por exemplo, fixar os "fatos" narrados ou estabelecer sua sucessão cronológica, não restar praticamente nenhuma questão de certa relevância na qual não se chegue a soluções contrapostas. Com efeito, o resultado é sempre parecido: não se rechaça a hipótese proposta, mas tampouco se pode demonstrá-la: no final das contas, não cabe afirmar, a não ser dogmaticamente, nem sequer a segurança de uma postura. Por isso, alguns autores, sem necessidade de ocultar suas preferências, optam, nas questões principais, por oferecer ao leitor as razões e as contra-razões.[21]

---

[18] *Resurrección de Jesús y mensaje pascual*. Salamanca, 1973. p. 24. Também ele, da mesma forma que Jeremias, faz um pequeno elenco: "Caso se afirme que as aparições tenham ocorrido primeiramente em Jerusalém (Lc, Jo), depois na Galiléia (Mt, Jo) e, finalmente, de novo em Jerusalém (At), como explicar, por um lado, que a menção aos discípulos seja fixada na Galiléia, onde estes devem ver o Ressuscitado (Mt 28,7 = Mc 16,7), e, por outro, que o próprio Ressuscitado prescreva aos discípulos que permaneçam em Jerusalém até receberem o dom do Espírito Santo (Lc 24,49)? Não se terá de renunciar a atribuir qualquer valor topográfico a esses dados? Caso se pretenda fixar o tempo em que tiveram lugar as diferentes aparições, o resultado é que ele entra em conflito consigo mesmo. Afirma, por uma parte, que as aparições duraram muitos dias, exatamente quarenta (At 1,3), e, por outra, parece datar a ascensão no mesmo dia de Páscoa (Lc 24,51). O Espírito Santo é anunciado como um dom futuro (Lc 24,49; At 1,4), quando (de fato) foi outorgado por Jesus a partir do dia de Páscoa (Jo 20, 22)" (ibidem, pp. 24-25).

[19] KREMER, J. "Die Auferstehung Jesu Christi". 1985. p. 186.

[20] *El hombre de hoy ante Jesús de Nazaret*. Madrid, 1982. v. II, t.1, p. 253. [Ed. bras.: *O homem de hoje diante de Jesus de Nazaré*. São Paulo, Paulinas, 1985.] Cf. também: Idem. *La historia perdida y recuperada de Jesús de Nazaret*. Santander, 1991. pp. 316-320. [Ed. bras.: *A história perdida e recuperada de Jesus de Nazaré*. São Paulo, Paulus, 1997.] Essa última obra, "cujo conteúdo material (com relação à primeira) — como o próprio Segundo adverte (p. 347) — é substancialmente o mesmo", atualiza e sintetiza alguns aspectos.

[21] Tal a obra citada de Theissen-Merz, pp. 523-560; principalmente pp. 546-548: aparição em primeiro lugar a Pedro ou a Maria Madalena; pp. 548-552: sepulcro vazio ou não. No primeiro caso, alguns autores consideram "mais verossímil" a tradição da protofania experimentada por Madalena. Com respeito ao segundo, afirmam: "Os métodos histórico-críticos não permitem demonstrar nem rechaçar a historicidade da narrativa sobre o sepulcro vazio" (p. 552). Recordemos, no mesmo sentido, a frase de A. Vögtle citada no cap. I, "Uma mudança de paradigma": uma determinada proposta "pode muito bem" ser verdadeira; mas, no final das contas, revela-se "tão pouco verificável quanto refutável".

A RESSURREIÇÃO EM SEU CONTEXTO ORIGINÁRIO

Sinopse das aparições pascais – Texto comparativo dos quatro evangelhos*

Evangelho de Mateus	Evangelho de Marcos	Evangelho de Lucas	Evangelho de João
27,62-66: Guarda do sepulcro 28,1-8: O sepulcro vazio: • Um anjo rola a pedra do sepulcro na presença das mulheres. • As mulheres espalham a mensagem, embora sentissem medo e alegria. 28,9-10: Aparição a três mulheres (entre elas, Maria Madalena): • Encargo de anunciar o ocorrido aos discípulos. 28,11-15: O engodo dos sumos sacerdotes. 28,16-20: Aparição ao grupo dos onze: • Mandato para ir em missão, batizar e ensinar pelo mundo afora.	16,1-8: O sepulcro vazio: • O sepulcro está aberto e ali encontram um anjo que comunica a elas a mensagem pascal. • As mulheres correm e, por medo, não dizem nada a ninguém. 16,9-20: Conclusão secundária de Mc. 16,9-13: Aparições individuais: • Aparição a Maria Madalena. Incredulidade dos demais. • Aparição a dois discípulos. Incredulidade dos outros. 16,14-16: Aparição em grupo aos onze: • Joga-lhes no rosto sua incredulidade. • Mandato para ir em missão, batizar e ensinar pelo mundo inteiro. + 16,17s: Confirmação da fé mediante sinais: • Expulsar demônios. • Falar em novas línguas. • Pegar serpentes com as mãos. • Tomar veneno sem sofrer mal algum. • Curar os doentes. + 16,19: Jesus sobe ao céu e se senta à direita de Deus.	24,1-12: O sepulcro vazio: • O sepulcro está aberto: dois anjos anunciam a mensagem pascal relembrando as palavras de Jesus. • As mulheres anunciam a mensagem, mas se deparam com a incredulidade de dos "apóstolos". • v. 12: Pedro corre para o sepulcro (falta D it). 24,13-35: Aparição aos dois discípulos de Emaús. *Anagnórisis*-motivo; instrução a partir da Escritura. 24,36-49 Aparição ao grupo dos apóstolos: • Constatação da realidade do Aparecido mediante o tato, a visão das mãos e dos pés, e a comida. • Instrução a partir da Escritura. • Mandato missionário. + 24,50-51: Ascensão ao céu a partir de Betânia.	20,1-10: O sepulcro vazio: • Maria Madalena vai sozinha ao sepulcro. • Corrida dos dois discípulos: Pedro chega ao túmulo depois do discípulo amado. 20,11-18: Aparição a Maria Madalena: Motivo da *anagnórisis*; instrução dos apóstolos sobre a ressurreição de Jesus. 20,19-23: Aparição aos discípulos em grupo: • Realidade do Aparecido (portas fechadas): vêem as mãos e o lado (*pleurá*, 19,34). • Mandato de fundar igrejas, envio, recepção do Espírito Santo, poder para perdoar pecados. + 20,24-29: Aparição a Tomé: superação da dúvida. + 21,1-14: Aparição junto ao lago de Genesaré. + 21,15-23: É anunciada a Pedro a direção da Igreja, o martírio e sua relação com o discípulo amado.

* Extraído de G. Theissen e A. Merz, *El Jesús histórico*, Salamanca, Sígueme, 2000, p. 541. [Ed. bras.: *O Jesus histórico*: um manual. São Paulo, Loyola, 2002. pp. 518-519.]

As diferenças são, com efeito, tão profundas e radicais, que Joachim Jeremias salienta, com razão, que não podem ser devidas a meras circunstâncias na elaboração das tradições ou às refundições nos processos da redação: elas têm de se fundar *na natureza mesma* do acontecido.[22] A intenção de chegar ao que ocorreu de fato não pode, pois, ser literal e direta: apenas permite ser buscado, adivinhado e reconstruído *através* dos textos em que se apresenta. Uma olhadela às distintas monografias — cujo número "aumenta espantosamente"[23] — mostra, em seguida, a difícil complexidade das análises e a enorme riqueza dos matizes. E uma vez que entrar em pormenores não pode ser nossa tarefa aqui, convém procurar as linhas fundamentais que organizam essa variedade, para ver se assim é possível ir esclarecendo a estrutura da compreensão.

Procederemos passo a passo, realizando primeiro uma classificação esquemática dos textos, que vá abrindo sua verdadeira intenção e possibilite situá-los melhor em seu contexto cultural.

A classificação dos textos

Justamente por sua variedade e complexidade, cabem classificações muito distintas, sem que nenhuma delas possa ter a pretensão de ser exclusiva nem exaustiva. Aqui seguirei, por sua clareza, a que me oferece Gerd Theissen,[24] completando-a em seu caso com outras contribuições. Ele começa distinguindo *dois tipos de tradição:* a formulária e a narrativa.

A tradição formulária

Aparece nas epístolas, nos discursos do livro dos Atos e nos sumários da Paixão. Sua existência é reconhecida por todos. Mas é interessante e sugestiva a divisão que Theissen faz dentro dela entre enunciados sobre o *acontecimento* em si mesmo e enunciados sobre a *experiência* e o *conhecimento* acerca daquele. De per si, estes dois tipos de enunciados aparecem de forma independente, embora em um processo ulterior se combinem também em enunciados mais desenvolvidos, que justapõem "morte", "ressurreição" e "aparição". Assim, em 1Cor 15,4-5: "[...] foi sepultado e, ao terceiro dia, foi ressuscitado, segundo as Escrituras; apareceu a Cefas e, depois, aos Doze".

---

[22] Op. cit., pp. 348-351.

[23] HOFFMANN, P. *Die historisch-kritische Osterdiskussion von H. S. Reimarus bis zu beginn des 20. Jahrhunderts*, cit., p. 1.

[24] THEISSEN, G. & MERZ, A. Op. cit., pp. 532-543. Omitirei no texto as referências concretas que não forem indispensáveis. Terei também especialmente em conta a H. Kessler, *Sucht den Lebenden nicht bie den Toten*, 2. ed., Würzburg, 1995.

1) *Os enunciados sobre o acontecimento* falam da ressurreição e da morte. São de três tipos:

a) O primeiro é a *fórmula de ressurreição:* "Deus ressuscitou Jesus dos mortos".[25] Existe praticamente unanimidade em considerá-la como o núcleo mais antigo da tradição. Nota-se tanto pela "falta de toda a titulação cristológica"[26] como por seu caráter estritamente teológico: Deus é o sujeito que atua, ressuscitando Jesus.

b) Distintas são as *fórmulas mais complexas*, com dois ou mais membros, que, em alguns casos, podem colocar Jesus como sujeito de seu "ressuscitar" ou "despertar". São variadas: a) as que combinam morte e ressurreição: "Jesus morreu e ressuscitou" (1Ts 4,14; cf. 1Cor 15,3-4; 2Cor 5,15); b) as que combinam entrega e ressurreição: foi "entregue por causa de nossos pecados e ressuscitado para nossa justificação" (Rm 4,25); c) as que combinam "despertar" e posto glorioso: "Por ele, tendes fé no Deus que o ressuscitou dos mortos e lhe deu a glória [...]" (1Pd 1,21; cf. Ef 1,20).

c) Existe ainda uma tradição autônoma presente nos *sumários da paixão*, que têm por sujeito o Filho do Homem, que será executado (*apokteino* na passiva: "será morto") e ao terceiro dia ressuscitará (*anistamai*, intransitivo): "E começou a ensinar-lhes que era necessário o Filho do Homem sofrer muito, ser rejeitado pelos anciãos, sumos sacerdotes e escribas, ser morto e, depois de três dias, ressuscitar" (Mc 8,31; cf. 9,31; 10,33-34).

2) *Os enunciados sobre a experiência e o conhecimento pascal*, que são próprios de Paulo, por ser ele o único que refere por escrito, na primeira pessoa, a própria experiência. O curioso é que, mesmo assim, as três referências que faz têm características diferentes, com três modalidades:

a) Enunciado de *revelação (apokalypto)*. Pode ter por sujeito Jesus — "[...] o Evangelho pregado por mim não é de natureza humana, pois não o recebi nem aprendi de uma instância humana, mas por revelação de Jesus Cristo" (Gl 1,11b-12) — ou Deus: "[...] tinha me posto à parte desde o ventre materno. Quando então ele me chamou por sua graça, e se dignou revelar-me o seu Filho [...]" (Gl 1,15-16a).

b) Enunciado de *aparição (ofze* + dativo: deixar-se ver/ser visto por alguém):[27] "[...] por último apareceu também a mim [...]" (1Cor 15,8).

c) Enunciado de *conhecimento (gnosis)*, que aparece expresso de maneira indireta: "É assim que eu conheço Cristo, a força da sua Ressurreição [...]" (Fl 3,10; cf. 3,8-11). O "conhecimento de Cristo Jesus" transforma e plenifica a valorização da vida.

---

[25] Com variantes: 1) Deus diretamente como sujeito: "Deus ressuscitou a ele/a Jesus dos mortos" (Rm 10,9; 1Cor 6,14; 15,15); 2) Deus enunciado como particípio: "Aquele que ressuscitou a ele/a Jesus dos mortos" (Rm 4,24; 8,11a.b; 2Cor 4,14; Gl 1,1; Cl 2,12).

[26] KESSLER, H. Op. cit., p. 111.

[27] Sobre a problemática e a importância desta expressão será falado mais adiante.

A tradição narrativa

Aqui não aparece mais a mera confissão ou proclamação do fato e da experiência, mas de sua explanação narrativa. A variedade é, por conseguinte, grande e se apresenta em narrações diversas. Há coincidência em assinalar duas correntes principais: os relatos de aparições e os relatos do sepulcro vazio. Originariamente independentes entre si, mais tarde acabaram sendo associados como aparições junto ao sepulcro vazio.

1) *Relatos de aparições.* Neles podem ser distinguidos dois tipos:

a) Aparições de *mandato* ou *missão*: "Foi-me dada toda a autoridade no céu e na terra. Ide, pois, fazer discípulos entre todas as nações [...]" (Mt 28,18b-19a; cf. Mt 28,16-20; Lc 24,36-49; Jo 20,19-23).

b) Aparições de *reconhecimento (anagnórisis)*: Jesus manifesta-se inicialmente de forma desconhecida, e é reconhecido no processo da narração. Um exemplo típico é representado pelo episódio dos discípulos de Emaús (Lc 24,13-31); pertencem igualmente a esse tipo a aparição a Maria Madalena (Jo 20,11-18) e aos discípulos junto ao lago de Tiberíades (Jo 21,1-14).

2) *Relatos do sepulcro vazio,* com fortes variações segundo os distintos evangelhos. Quanto a seu valor teológico, as diferenças são maiores que no caso das aparições. Algo que apareceu com clareza já nos primórdios da discussão atual: desde os que, como Hans von Campehausen, lhes concedem prioridade no desencadeamento dos acontecimentos da Páscoa,[28] até a postura mais corrente daqueles que, como H. Grass, priorizam as aparições.[29] É importante notar que se dá hoje quase unanimemente como segura a proveniência unitária das distintas versões: Mateus e Lucas dependem de Marcos (16,1-8), que, por sua vez, parece provir de uma fonte pré-marcana; discute-se se a narração joanina (Jo 20,1-13) também vem daqui (seja do pré-Marcos ou do conjunto sinótico) ou se representa uma tradição independente.[30]

3) *Textos alusivos.* Embora — seguramente por não se tratar de referências diretas — Theissen não os estude, existem outros textos que podem ser levados em consideração. Sua significação reside justamente em que, apesar de falarem do destino de Jesus depois de sua morte, ou de a ele aludirem, não acodem, pelo menos de maneira explícita, à categoria da ressurreição. Não falam, com efeito, nem de sepulcro vazio nem de aparições, mas centram-se na expectativa da vinda iminente do Filho do Homem, agora glorificado no céu. Edward

---

[28] "Der Ablauf der Osterereignisse und das leere Grab" (1952), 1960, pp. 48-113.

[29] *Ostergeschehen und Osterberichte* (1956). 4. ed., Göttingen, 1970.

[30] F. Neirynck, "John and the synoptics. The empty tomb stories", *New Testament Studies* 30 (1984) 161-187, defende o contato. A ele se une J. D. Crossan, *The birth of christianity*, New York, 1999, pp. 565-566 [ed. bras.: *O nascimento do cristianismo.* São Paulo, Paulinas, 2004], que foi elaborando uma postura matizada, porém decidida, neste ponto concreto (cf. a explicação às pp. 111-114). A independência é defendida por R. E. Brown, *The death of the Messiah*, New York, 1994, 2 v., pp. 40, 92-93, e P. Hoffmann, "Auferstehung Jesu Christi (NT)", *TRE* 4 (1979) 478-513; aqui: p. 498.

Schillebeeckx, que lhes concede bastante importância, usa a denominação de "cristologia do *Maranatha*" ou "cristologia parusíaca",[31] e chega a considerá-la como "a mãe de todo o cristianismo".[32] John Dominique Crossan, mais radical, afirma que, "desde a tradição dos ditos [*common sayins tradition*], passando pela *Quelle* [*Q Gospel*] e o *evangelho de Tomé* até a *Didaqué*, esta tradição da vida (de Jesus) não mostra nenhuma evidência de conhecer alguma narração da paixão-ressurreição".[33]

Não interessa entrar agora nos pormenores da discussão,[34] e, como Edward Schweizer indica a propósito da *Quelle*, é preciso contar até mesmo com a possibilidade de que esse tipo de documentos possam ter nascido de uma comunidade que "junto a ela (a essa teologia) anunciavam a morte e a ressurreição de Jesus".[35] O importante é ver a enorme flexibilidade e o amplo espectro de variação com que se compreendia e se tencionava anunciar o destino pós-morte de Jesus de Nazaré. Porque é justamente na abertura desse espaço que se situa para nós a tentativa de uma compreensão atualizada e realista.

---

[31] Cf. *Jesús; la historia de um viviente*. Madrid, 1982. pp. 374-393; *En torno al problema de Jesús*. Madrid, 1983. pp. 99-102.

[32] *En torno al problema de Jesús*, cit., p. 100 (sublinhado no original). Resumo seu pensamento neste ponto em: *El proyecto cristológico de Edward Schillebeeckx*, 3. ed., 1996, pp. 92-98 (cf. também: *Repensar a cristologia*. Paulinas, 1999. pp. 59-151).

[33] *The birth of christianity*, cit., p. 572. [Ed. bras.: *O nascimento do cristianismo*, Paulinas, 2004.] Prescindindo do evangelho de Pedro, S. Schulz insistirá em que "a tradição pré-marcana [...], à diferença de 1Cor 15,3ss [...], não conhece nenhuma aparição do Ressuscitado" (*Die Stunde der Botschaft. Einführung in die Theologie der vier Evangelien*. Hamburg, 1976. p. 141).

[34] À parte os lugares indicados, podemos ver indicações sintéticas e com a bibliografia fundamental em G. Theissen e A. Merz, *El Jesús histórico*, cit., pp. 46-48, 56-61; W. Schmithals, "Evangelien. 5.4 Die Spruchsammlung (Q)", *TRE* 10 (1982/1993) 620-623; A. Tuilier, "Didache", *TRE* 8 (1981/1993) 731-736. Para uma avaliação contrastada dos aspectos mais discutidos/discutíveis, cf. as visões contrapostas de J. D. Crossan, *The birth of christianity*, cit., principalmente, pp. 95-120 e 363-368, e J. P. Meier, *Un judío marginal*, Estella, 1998, v. II, pp. 131-182. (Ed. bras.: da Imago.)

[35] SCHWEITZER, E. "Jesus Christus. I Neues Testament", *TRE* 16 (1987/1993) 671-726; aqui: p. 697). Ele diz isso de maneira mais explícita em *Jesus, das Gleichnis Gottes*, 2. ed., Göttingen, 1996, p. 19, onde afirma: "De nenhuma maneira estou convencido da existência de várias comunidades no tempo primitivo, que se distinguiam essencialmente entre si com diferentes evangelhos". Também E. Schillebeeckx afirma: "O esquema abaixamento/exaltação, à primeira vista, não precisa necessariamente conhecer (nem negar) a ressurreição" (*Jesus*, cit., p. 475). Na nota correspondente, 51, discute diferentes teorias acerca da relação entre ambos os conceitos: nega a primazia cronológica da exaltação, mas nega igualmente que derive da ressurreição. Algumas páginas mais adiante, dirá que ambas as palavras *originariamente* representam o mesmo conteúdo 'objetivo' (*inhaltlich*): 'viver em Deus'" (*Jesus*, cit., p. 477).

Visão sintética sobre os gêneros e formas dos textos de Páscoa*

ENUNCIADOS SUMÁRIOS (GERALMENTE FÓRMULAS)		TRADIÇÕES NARRATIVAS	
Enunciados sobre o acontecimento	Enunciados sobre o "conhecimento"	Relatos de aparições	Tradição sobre o sepulcro
fórmula do despertar: ho Theós autón égeiren ek nekrôn / Deus o despertou dentre os mortos (Rm 10,9 e passim). Deus é sujeito.	*fórmula de revelação: apokalypsai ton uion en emôn* / Deus se dignou a revelar seu Filho em mim (Gl 1,16). A seguir, vem o mandato.	*relato da conversão de Paulo:* At 9; 22; 26.	
fórmula de morte e ressurreição: *Iesoús apézanen kai anéste* / Jesus morreu e ressuscitou (1Ts 4,14). Cristo como sujeito.	*enunciado de aparição: ofze* + dativo de pessoa / apareceu / deixou-se ver (1Cor 15,5-8); em seguida, vem o anúncio.	*aparições com mandato:* Mt 28,16-20; Lc 24,36-49; Jo 20,19-23.	
sumários da paixão: Mc 8,31 e passim. Sujeito, o Filho do Homem.	*enunciado de conhecimento: gnôsis Iesoú Christoú* / conhecimento de Jesus Cristo (Fl 3,8). Em seguida, vem a inversão de todos os valores.	*aparições de reconhecimento: anagnórisis,* Lc 24,13ss; Jo 20,11-18 (Jo 21,1-14). .	*tradição sobre o sepulcro vazio:* Mc 16,1ss par.: relato de rapto com tema típico do cadáver desaparecido.

O significado dos textos

Com efeito, a variedade dos textos não somente impede uma leitura literalista, que evita tomá-los como fontes históricas no sentido atual, mas exige que sejam examinados em sua intenção genuína, tendo em conta os diferentes gêneros literários que põem em jogo. John Alsup o expressa bem, quando indica:

> A análise histórico-tradicional atravessa o muro da redação até os primitivos primórdios cristãos, em que estas tradições têm sua origem. As perguntas mais excitantes da atual investigação neotestamentária são: Que podemos saber acerca da forma e da intenção específica que se expressa nessas tradições que estão para além do muro redacional? Onde e como foi a origem das tradições da ressurreição? Deram base para elas as notícias dos testemunhos oculares?[36]

---

* Extraído de G. Theissen e A. Merz, *El Jesús histórico*, Salamanca, Sígueme, 2000, p. 535. [Ed. bras.: O *Jesus histórico:* um manual. São Paulo, Loyola, 2002. pp. 512-513.]

[36] ALSUP, J. "Auferstehung. I In den Schriften des NT". *Evangelisches Kirchenlexikon* 1 (1986) 309-313 (aqui, p. 310). O autor apresenta aqui um excelente resumo de sua investigação em *The pos-resurrection appearance stories of the gospel tradition*, Stuttgart, 1975. Esta investigação, com a anterior, de C. H. Dodd, "The appearances of the Risen Christ", 1957, pp. 9-35, supôs um avanço no esclarecimento histórico-formal das aparições (cf. HOFFMANN, P. *Die historisch-kritische Osterdiskussion*, cit., pp. 2-3).

A possível resposta a tão graves perguntas somente pode ser procurada a partir do conjunto da consideração. Agora interessa, antes de tudo, pôr às claras a estrutura fundamental do questionamento, como lugar hermenêutico onde hão de incidir os diversos dados e as diferentes perspectivas. Convém, sem dúvida, proceder a passos progressivos.

A primeira coisa que salta aos olhos diante de uma leitura serena é a *firmeza* e a *sinceridade da convicção* que se expressa em textos tão plurais e diferentes. Uma convicção que não se apresenta como arbitrária, inventada ou fantástica, mas que pretende referir-se a algo real, pelo qual até se está disposto a dar a vida. Desde a situação atual da investigação crítica, falar de mentira ou de engano consciente somente pode ser compreendido ou, como no caso de Reimarus, pela surpresa inicial diante da descoberta das enormes divergências nos textos depois de tantos séculos de leitura literalista, ou, como em certas posturas atuais, pela polêmica apaixonada na luta entre crítica da religião e apologética da fé.

O problema não reside aí, evidentemente. Deve ser buscado, em vez disso, na diástase ou distância entre a *firmeza subjetiva* da convicção e a *flexibilidade objetiva* dos textos nos quais se expressa. Porque, enquanto aquela é unitária, esta, como foi visto, rompe-se não apenas até a incompatibilidade nas pessoas, nos lugares e nos tempos, mas, em certos casos, chega até mesmo a beirar a contradição. Tal como ficou indicado, tentar uma unificação dos textos, tomando-os como descrições nas quais as palavras conservem sua referência normal, resulta totalmente impossível. Por isso, em sua prática totalidade, as considerações atuais abandonaram esse caminho, pois somente pode levar a um concordismo artificioso que desacreditaria simultaneamente a teologia e a fé que pretende explicar.

A unificação tem de ser buscada em um nível mais profundo, que procure compreender esses textos como mediações lingüísticas de uma *intenção* que os suscita, de um *significado* que tenta expressar-se através deles. Daí o caráter *simbólico*, narrativo e mesmo parabólico da linguagem empregada, que aponta mais além de sua literalidade: por isso acentua a dimensão *expressiva* (como confissão de fé) e a *pragmática* (como chamado para a renovação da vida).

Conforme foi sublinhado, o que assim se expressa é, em seu plano primeiro e mais seguro, uma *convicção*. A isso alude a afirmação, bastante corrente desde Bultmann — mesmo entre aqueles que não seguem suas teorias —, de que o ponto firme aonde chega a investigação histórica é "a fé pascal dos primeiros discípulos".[37] Até mesmo com conseqüências tão drásticas como a de Joachim Gnilka, que termina as 318 páginas de sua investigação sobre o Jesus histórico com apenas e tão-somente duas — e não completas — sob o título de "epílogo pascal".[38]

Esta sinceridade subjetiva da convicção é muito importante, pois sem ela careceria de sentido toda a investigação ulterior. É óbvio, porém, que não basta, pois, por si mesma, não garante a existência de um fundamento *objetivo*; e, mesmo que se supusesse tal fundamento,

---

[37] "Neues Testament und Mythologie". In: *Kerygma und Mithos*. 3. ed. Hamburg/Volksdorf, 1954. p. 46.

[38] "Österliches Nachwort". In: GNILKA, J. *Jesus von Nazaret*. Freiburg, 1990. pp. 319-320.

não se esclareceriam nem sua natureza nem tampouco suas características precisas. Daí que surja a necessidade de abrir um segundo plano, que pergunte pelo *fundamento* objetivo da mesma.

Pergunta que, desse modo, se converte na preocupação decisiva, com uma dupla direção: 1) *que foi* que suscitou essa convicção? e 2) por que esta precisa acudir a tais *meios expressivos?* Porque, de per si, e colocando-se no caso limite, essa convicção poderia ser devida a uma alucinação acreditada em boa-fé. E, se não se tratar de uma alucinação, as causas podem ainda ser diversas: desde visões realistas com ou sem contato físico, passando por fenômenos imprecisos, como audição e/ou percepções luminosas, até uma dedução de fé fundada no destino de Jesus contemplado à luz da tradição bíblica e da experiência vivida atualmente.

Como se sabe, estas possibilidades não são arbitrárias, e, de fato, cada uma delas conta com defensores na reflexão teológica.[39] Em princípio, nenhuma pode ser descartada *a priori*, da mesma forma que nenhuma pode se apresentar, sem mais, como indiscutível. A razão está em que a divisão não obedece a nenhum capricho, mas nasce da própria índole dos textos, que não permitem uma leitura ingênua nem uma interpretação unívoca.

Esta circunstância explica um fenômeno até certo ponto curioso e, sem dúvida, significativo. Enquanto a investigação move-se na *análise dos textos* em si mesmos — no estudo de seus gêneros, das relações que guardam entre si e com a cultura ambiental, das dependências genéticas ou dos destinatários imediatos —, os avanços são notáveis e, às vezes, espetaculares: basta que se observe a riqueza das investigações recentes, e não cabe descartar ainda novidades importantes, sobretudo graças ao estudo de novos textos e aos novos enfoques socioculturais (por exemplo, na chamada *third quest* ou "terceira busca").[40] Pelo contrário, quando se enfrenta a questão de interpretá-los em seu *significado real*, os avanços são mais difíceis e os acordos resultam muito mais escassos.

Esta constatação tem relevância para nosso propósito, pois aponta para uma distinção necessária em todo o processo hermenêutico de textos antigos, mas que neste caso convém fazer de maneira muito clara e expressa. Interessa, com efeito, distinguir com sumo cuidado entre, por um lado, o que os textos significavam no *contexto em que foram escritos* e para o qual estavam destinados e, por outro, o que podem significar no *contexto atual*. Do primeiro se ocupa, de maneira direta, o trabalho exegético: como já foi dito, e apesar de suas dificuldades, é aí onde são produzidos os maiores avanços. O segundo não é independente, posto que constitui seu prolon-

---

[39] Ver um documentado e exato itinerário em P. Hoffmann, *Die historisch-kritische Osterdiskussion*, cit. Mais brevemente, em G. Theissen e A. Merz, *El Jesús histórico*, Salamanca, 1999, pp. 17-30.

[40] James H. Charlesworth fala de uma nova etapa a partir da década de 1980: em lugar da "busca do Jesus histórico", estaríamos em outra "novíssima busca", mais realista e mais atenta a novas frentes, que ele caracteriza como a "busca *acerca* de Jesus". Cf. *Jesus within judaism*. New York, 1988. Uso a tradução italiana: *Gesù nel giudaismo del suo tempo alla luce delle più recenti scoperte*, Torino, 1994, principalmente pp. 25-48. Cf. também: THEISSEN, G. *Colorido local y contexto histórico en los evangelios*. Salamanca, 1997. pp. 11-34; THEISSEN, G. & MERZ, A. *El Jesús histórico*. Salamanca, 1999. pp. 17-34. Às pp. 27-29 falam da *third quest*, considerando-a a quinta e última etapa no processo.

gamento necessário; não tem por que ser alheio ao exegeta, mas representa mais especificamente a tarefa da teologia fundamental e da dogmática, e mesmo da filosofia da religião,[41] pois a elas corresponde, de maneira direta, a atualização do significado para o tempo presente.

Deixando, como se indicou a princípio, este assunto para o próximo capítulo, ocupamo-nos agora do primeiro.

A ressurreição no contexto neotestamentário

Entre a gênese intencional e a configuração acabada

Como as pessoas dos primeiros séculos entendiam as narrativas pascais, quando, em geral, as escutavam na liturgia e na catequese ou quando, em casos excepcionais, liam-nas por sua própria conta? Não parece temerário responder que, segundo todos os indícios, tomavam-nas ao pé da letra, pois o ambiente cultural era perfeitamente receptivo para essa compreensão das manifestações do Divino na vida humana. As próprias discrepâncias nos textos — tão evidentes *depois* dos avanços da crítica bíblica — passavam desapercebidas em uma leitura espontânea e cordial, embora muito distante das atuais preocupações. Aparições de defuntos e glorificação de mortos importantes, divindades que morrem e ressuscitam... faziam parte do ambiente religioso da época. As possíveis dificuldades para o anúncio cristão podiam vir unicamente das características especiais com que se anunciava a ressurreição de Cristo (basta recordar o episódio do Areópago). Mas não da compreensão dos textos em si mesmos.

Nesse sentido, a consideração poderia deter-se aqui, e passar ao capítulo seguinte acerca de como essas narrativas podem ser lidas no contexto atual. Mas seria uma solução demasiado drástica. Porque, mesmo que os antigos não o advertissem, os próprios textos levam a marca de uma clara distinção entre dois momentos decisivos em sua redação. Porque, se em sua *configuração acabada* formam um conjunto narrativo que vinha a ser compreensível e assimilável, no que diz respeito à sua *gênese* mostram que houve um período — longo, de bastantes décadas — em que seu significado não era um todo acabado, mas um processo em construção, uma busca daquilo que se tencionava compreender e expressar.

Pois bem, isso significa que se abre aí um *espaço intermediário de enorme importância hermenêutica*. Tal como nos chegaram, os textos já apresentam uma configuração concreta, mas esse espaço indica que tal configuração teve necessariamente de ser construída com base nos recursos expressivos de seu tempo e dentro de seu próprio marco de referência cultural. E este significa que no próprio seio da expressão textual se anuncia uma *diferença* entre o que se tencio-

---

[41] Acerca deste último, cf. M. Fraijó, "La resurrección de Jesús desde la filosofía de la religión", pp. 9-32; H. Verweyen, *Botschaft eines Toten?*, Regensburg, 1997, presta especial atenção a este aspecto.

na dizer (em princípio, com validez universal) e o modo concreto com que se diz (por força, submetido às condições de seu tempo). Em outras palavras, os próprios textos tornam presente uma distinção fundamental entre o *significado real* que veiculam e a *configuração cultural* através da qual o apresentam.

Estudar, pois, a gênese dessa configuração resulta, assim, um caminho necessário para aceder ao significado real. É o modo de evitar a recaída em uma leitura literalista, que hoje se mostraria incompreensível. Por isso são para nós tão alheias muitas das, por outra parte, sutis e profundas disquisições clássicas. Por exemplo, quando Tomás de Aquino e o próprio Francisco Suárez, tomando ao pé da letra as palavras de Paulo — "pois a um sinal de comando, à voz do arcanjo e ao som da trombeta de Deus" (1Ts 4,16) —, ao contrastá-las com as de João — "[...] todos os que estão nos túmulos ouvirão sua voz [...]" (Jo 5,28) —, discutem se o que, no "final dos tempos", ressoará do "céu" (Jo 5,28) será uma trombeta real ou antes — como eles concluem — a voz do próprio Cristo.[42]

Por sorte, e de maneira curiosa, a distância cultural que impõe a tarefa é também a que, longe de dificultá-la, torna mais fácil a sua realização. Com um exemplo simples, já mencionado, compreende-se bem: ninguém pode, no presente, interpretar ao pé da letra — mesmo quando, por uma suposta fidelidade bíblica o pretendesse — a narrativa da Ascensão, pois os conhecimentos científicos mais elementares nos mostram que um corpo que se elevasse no ar por cima das nuvens não poderia viver nem, muito menos, chegaria a nenhum "céu". Todavia é precisamente essa impossibilidade que nos obriga a buscar por detrás do texto a intenção real que, por meio dele, procurava expressar-se (foi importante, por exemplo, compreender que sua relevância no livro dos Atos deveu-se, em boa parte, à necessidade de Lucas estruturar as etapas da história da salvação).[43]

Nessa busca transtextual do significado da ressurreição é indispensável evocar os numerosos fatores, tanto religiosos como culturais, que incidiram no processo da compreensão e na lenta e plural elaboração dos textos. Entretanto, mais que se deter — e, talvez, perder-se — nos pormenores, o que interessa é indicar as linhas fundamentais, procurando organizá-las em certa progressão. Algo já em boa medida possível, porque, graças às novas investigações, os dados fundamentais começam a ser bem conhecidos, ao menos com relação ao propósito central: delimitar o contexto inteligível em que se inscrevem os textos.

---

[42] Vale a pena ler estas e outras discussões do mesmo tipo, tal como as expõe, por exemplo, A. Michel, "Résurrection des morts", *DThC* 13 (1937) 2.501-2.571 (aqui, pp. 2.553-2.554).

[43] Sobre todo o problema da elaboração textual, como "construção do Ressuscitado", é extraordinariamente rica e instrutiva a obra de M. Sawicki, *Seeing the Lord*, Minneapolis, 1994, passim. Acerca do caso concreto da ascensão, cf. o estudo clássico de H. Conzelman, *El centro del tiempo*. La teología de Lucas, Madrid, 1974. Sobre esta peculiaridade lucana, cf. G. Lohfink, *Die Himmelfahrt Jesu*, München, 1971; idem, *Die Himmelfahrt Jesu*. Erfindung oder Erfahrung?, Stuttgart, 1972.

Nesse sentido, também aqui será conveniente proceder de maneira gradual, distinguindo o que se pensava: 1) acerca do destino dos mortos em geral, 2) acerca de certos casos particulares, e 3) acerca de Jesus de Nazaré.

A ressurreição dos mortos em geral

A primeira evidência é constituída, naturalmente, pelo ambiente geral ou, dito na expressão de Ricoeur, pelo *croyable disponible* naquele tempo. Tudo mostra, com efeito, que não somente os autores do Novo Testamento, mas o próprio Jesus, participavam, neste ponto, das idéias do judaísmo daquele ambiente.[44]

Estas idéias não estavam ainda muito esclarecidas, pois a sorte dos defuntos foi sempre, em Israel, um tema muito difícil e de muito lenta maturação. A ponto de que, somente no conhecido trecho do livro de Daniel — "A multidão dos que dormem no pó da terra acordará, uns para a vida, outros para a eterna rejeição" (Dn 12,2) —, portanto, já muito próximo do tempo de Jesus, encontra-se "o único texto absolutamente indiscutível da ressurreição no Antigo Testamento hebraico".[45]

Nem sequer todos partilhavam desta crença. Por um lado, é muito provável que, "em amplos estratos da população da Palestina e da diáspora, estivesse então estendida unicamente a antiga representação de uma existência dos mortos como sombras no sheol".[46] Por outro, ela era rechaçada por um grupo tão influente e instruído como o dos saduceus. Algo que, ao que parece, faziam também certos judeus helenizantes (os "ímpios", contra os quais polemizam o livro da Sabedoria e o de Henoc Etíope).[47] Existiam, ademais, à parte daquela do sheol, representações alternativas como: "descansar no seio de Abraão", que ainda aparece na parábola do pobre Lázaro (Lc 16,30). Ulrich B. Müller, que sublinha isto, conclui com prudência: "Em todo caso, as representações doutrinais sobre uma ressurreição geral dos mortos, tal como aparecem depois do ano 70 d.C. [...], não podem ser consideradas como representativas para o judaísmo primitivo".[48]

---

[44] Como estudos gerais, cf. P. Hoffmann, *Die Toten in Christus*, Aschendorff/Münster, 1966, 58-174; G. W. E. Nickelsburg, *Resurrection, immortality, and eternal life in intertestamental judaism*, Cambridge, Harvard University Press, 1972; G. Stemberger, *Der Leib der Auferstehung*, Rome, 1972; P. Volz, *Die Eschatologie der jüdischen Gemeinde im neutestamentlichen Zeitalter*, Hildesheim, 1966; A. Díez Macho, *La resurrección de Jesús y la del hombre en la Biblia*, Madrid, 1977; A. Rodríguez Carmona, *Targum y resurrección*, Granada, 1978; e os trabalhos de H. C. Cavallin e R. Martin-Achard, citados a seguir. Uma boa ambientação, mais exeqüível, é oferecida por U. Wilckens, *La resurrección de Jesús*, Salamanca, 1981, pp. 105-133, e S. Sabugal, *Anástasis*, Madrid, 1993. pp. 9-66; N. T. Wright, *Jesus and the victory of God*, Minneapolis, Fortress Press, 1996; U. B. Müller, *Die Enstehung des Glaubens an die Auferstehung Jesu*, Stuttgart, 1998.

[45] STEMBERGER, G. "Auferstehung. I/2 Judentum". *TRE* 4 (1979/1993) 441-450 (aqui, p. 443).

[46] KREMER, J. "Auferstehung der Toten in bibeltheologischer Sicht". p. 60. (O autor oferece uma síntese bem sucinta em: "Auferstehung. IV Im Neuen Testament". *LfThK* 1. 3. ed. 1993. pp. 1.195-1.198.)

[47] KREMER, J. "Auferstehung der Toten...". cit., p. 61: que cita Sb 1,16-2,9; Henoc Etíope 102-103.

[48] *Die Enstehung des Glaubens an die Auferstehung Jesu*, cit., p. 55.

Quanto aos membros da comunidade de Qumrã, os textos não são nem muito numerosos nem muito explícitos, de modo que alguns não a dão por segura.[49] Seja como for, não cabe aqui excluir opiniões como a de Émile Puech, que se inclina decididamente pela afirmação de que tal fé não apenas é confirmada nos textos,[50] mas na própria disposição dos sepultamentos.[51] A aceitação é, ao contrário, geral nos escritos apocalípticos.

Em todo caso, torna-se cada vez mais clara, universal e decidida, depois da queda de Jerusalém no ano 70, que supôs o triunfo da concepção farisaica. A ponto de, a partir de então — seguramente como fruto da polêmica com os saduceus —, sua confissão passar a fazer parte da oração diária que todo israelita, incluídos mulheres, escravos e crianças, deve recitar três vezes ao dia, pela manhã, na primeira hora da tarde e ao pôr-do-sol.[52] Constitui justamente a segunda das Dezoito Bênçãos (*Shemoné Esré*): "Bendito és, Senhor, porque fazes viver aos mortos".[53]

Este avanço na crença, que acaba impregnando toda a vida, era perfeitamente natural, pois se vinculava em plena coerência com a visão de Deus.[54] Assim, ao longo de todo o *Antigo Testamento*, Iahweh aparece como "senhor da vida e da morte" (cf. Dt 32,39; 1Sm 2,6), que, cada vez com maior clareza, mostra-se, portanto, capaz de "aniquilar a morte" (Is 25,8) e de "libertar do sheol" (Os 13,14). E, sobretudo, aparece como o Deus da Aliança, com uma fidelidade inquebrantável que não abandona seus fiéis. Fidelidade salvadora, que se tornará cada vez mais patente na piedade dos Salmos (aqueles que já foram chamados de "salmos místicos"):

---

[49] "Em que medida os membros da comunidade de Qumrã esperavam a ressurreição dos mortos, é discutido. A partir dos textos não se pode demonstrar com segurança sua fé em uma ressurreição futura" (KREMER, J. "Auferstehung der Toten...", cit., p. 61). Coincide com ele G. Stemberger, op. cit., p. 445 (ambos com a bibliografia fundamental). Para uma visão sintética dos textos, cf. F. García Martínez em: G. Aranda Pérez, F. García Martinez, M. Pérez Fernández, *Literatura judía intertestamentaria*, Estella, 1996, pp. 65-87: "Literatura de contenido escatológico [en Qumrán]".

[50] "Mesianismo, escatología y resurrección en los manuscritos del mar Muerto", pp. 275-283. O autor sintetiza aqui suas investigações: *La croyance des esséniens en la vie future*, Paris, 1993, 2 v.

[51] "Mesianismo, escatología y resurrección en los manuscritos del mar Muerto", cit., pp. 283-285.

[52] Para uma visão geral, cf. H. Küng, *El judaísmo*, 3. ed., Madrid, pp. 324-331. Mais resumidamente, em: *Credo*, 5. ed., Madrid, 2002, pp. 99-123.

[53] SCHÜRER, E. *Historia del pueblo judío en tiempos de Jesús*. Madrid, 1985. v. I, p. 591. Ele faz notar que, em sua recensão babilônica, não constam dezoito *herakot*, como sugere seu nome (*smwnh 'srh*), mas dezenove. Nesta versão, a segunda bênção diz assim: "Senhor, tu que és todo poderoso para sempre, fazes os mortos viverem. Tu és poderoso para ajudar, tu que sustentas graciosamente os vivos, que fazes os mortos viverem por tua grande misericórdia, sustentas aos que caem, curas ao enfermo, libertas ao cativo e manténs fielmente tua palavra aos que dormem no pó. E quem como tu, Senhor, de obras poderosas, e quem pode se comparar contigo, Rei, que dás a morte e a vida, e prestas auxílio para se levantar. E tu és fiel para dar vida aos mortos. *Bendito és, Senhor, que dás vida aos mortos*". A versão palestinense, mais antiga, é mais breve: "Tu és poderoso e humilhas o soberbo, o forte e julgas o violento, vives para sempre e ergues os mortos, fazes soprar o vento e envias o orvalho, dás sustento aos vivos e fazes os mortos viverem; em um momento fazes com que brote nossa salvação. *Bendito és, Senhor, que fazes os mortos viverem*" (ibidem, p. 595).

[54] Referindo-se ao texto de Daniel, G. Stemberger diz: "Uma representação tão impregnante e afirmada com tanta naturalidade teve de ter uma pré-história em Israel" (op. cit, p. 444).

"No entanto, estou sempre contigo [...]" (Sl 73,23; cf. 16,5.9-11; 49,16; 117,2; 118,1-4)[55] e na pregação dos profetas: "Teus mortos, porém, reviverão! Seus cadáveres vão se levantar! Acordai para cantar, vós que dormis debaixo da terra! Pois teu orvalho é orvalho de luz e a terra expulsará do ventre os defuntos" (Is 26,19; cf. Ez 13,1-14; Os 6,1-3). Finalmente, aparecerá, com evidência irreversível, como "experiência de contraste" diante da perseguição dos justos na crise macabéia, que dá origem à impressionante confissão dos mártires macabeus (2Mc 7).

Sejam quais forem as possíveis influências externas, a investigação mais recente[56] demonstra que, em todo caso, foram sempre secundárias diante da lógica intrabíblica apoiada nessa visão de Deus. Lógica que culmina nos *evangelhos*, em que a promessa do Reino e da vida eterna se dá por suposta com total naturalidade. Remonte-se, como parece, ou não ao próprio *Jesus* o fundamental da disputa com os saduceus (Mc 12,18-27),[57] a conclusão liga-se justamente, levando-a a sua culminação, à concepção teológica do Deus fiel a sua aliança para além da própria morte: "Ele é Deus não de mortos, mas de vivos!" (v. 27).

Porém, junto a esta firme e progressiva afirmação, não é menos significativo o fato de que entre os que admitiam a ressurreição havia ainda lugar para *grandes diferenças* e numerosas questões irresolutas, todas elas com reflexos nos textos do Novo Testamento: "Algo sobre o qual certamente — como, com razão sublinha Jakob Kremer — chamou-se muitas vezes a atenção nos últimos anos, mas que, de nenhum modo, encontrou sempre suficiente atenção nas explicações dos textos neotestamentários".[58]

Assim, não havia consenso acerca da existência ou não de um juízo posterior à ressurreição; nem acerca da pergunta, muito vinculada a esta, de se ressuscitariam todos ou tão-somente os justos.

---

[55] Com a evocação do comentário a este Sl 73, seja-me permitida uma recordação em homenagem a padre José Alonso Díaz, meu professor de Escritura, a quem tanto devo, por iniciar-me muito cedo em uma leitura nada fundamentalista e sim realisticamente espiritual da Bíblia. Cf. seu livro: *En lucha con el misterio*. Santander, 1966 (principalmente pp. 85-89).

[56] É sintomática a comparação entre duas enciclopédias evangélicas de muitíssimo prestígio. G. Lohse afirma que o avanço obtido nos séculos III-II "não pode ser explicado apenas por evolução de princípios (*Ansätzen*) dentro do AT; mas antes devem ter influído elementos iranianos, que aqui encontraram um terreno disposto a acolhê-los" ("Auferstehung. IV Im Judentum". *RGG* 1 (1957/1986) 694-695 (aqui, p. 695). Ao contrário, G. Stemberger observa: "Do ponto de vista histórico-religioso remetia-se antes, com facilidade *(gern)*, a fontes extrabíblicas (antes de tudo, persas) da fé na ressurreição. Hoje se é significativamente mais reservado" ("Auferstehung", cit., p. 444; sublinha como única e secundária influência a fé cananéia na vegetação: Os 6; Is 26).

[57] Vejam as apreciações discrepantes de J. Kremer, "Auferstehung der Toten in bibeltheologischer Sicht", cit., pp. 53-56, que afirma, e de G. Stemberger, "Auferstehung", cit., pp. 451-452, que se inclina pela negativa. Cf. uma boa exposição sintética do estado da questão em J. Gnilka, *El evangelio según san Marcos*, Salamanca, 1986, v. II, pp. 182-190. Para uma discussão pormenorizada, cf. J. P. Meier, *A marginal jew*, New York, 2001, v. III, pp. 411-487, onde o autor opina que a composição, cuidadosamente estruturada, pertence a apenas um autor (pp. 430-431) e crê que a história básica remonta ao próprio Jesus (pp. 433-434, 443). Também ele insiste em não distinguir demasiadamente entre ressurreição e imortalidade (p. 479, nota 122).

[58] KREMER, J. "Auferstehung der Toten in bibeltheologischer Sicht", cit., p. 66; cf. pp. 66-76.

Dos próprios evangelhos depreende-se a evidência de numerosas disputas — sobretudo entre fariseus e saduceus — sobre as formas e os modos da existência ressuscitada. Formas e modos que, em geral, tendiam a ser concebidos de um modo excessivamente material,[59] até o ponto de aqui os saduceus se enraizarem para seus ataques. O próprio Jesus — ao menos segundo a visão de Mc 12,18-27 — também se distanciou expressamente destas concepções.[60]

A isto é preciso adicionar o fato de maior relevância cultural desse tempo: o intenso processo de *helenização*, com um efeito de homogeneização cultural que alcança em cheio também a Israel. De tal maneira que se pode concluir um estudo sobre essa etapa afirmando: "Todos estes fenômenos da piedade popular helenística encontram-se também, de forma parecida ou com modificações, no judaísmo contemporâneo, não somente da diáspora, como também da Palestina". E dentro disso, igualmente: "O culto helenístico dos heróis e mortos tem uma analogia na veneração popular às tumbas dos Patriarcas e dos Profetas".[61]

Mas talvez seja ainda mais importante para a nossa reflexão um fenômeno de enorme carga significativa: a partir dessa época, aparecem juntas, e sem qualquer preocupação de serem mediadas em uma síntese coerente, uma visão que parte do *dualismo* grego corpo-alma e outra que parte da antropologia *unitária* da Bíblia. Apoiando-se em numerosas referências a Fílon, a Flávio Josefo e a escritos tardios, como o Quarto Livro dos Macabeus (escrito muito pouco antes de Cristo), Jakob Kremer observa que essa atitude não era "percebida como contraditória" nem significava a "aceitação da antropologia grega, sobretudo da platônica".[62] É especialmente importante sua conclusão, e por isso merece ser citada por extenso, dada a sua relevância:

> A pluralidade das representações da ressurreição e sua freqüente mescla com a aceitação de uma alma imortal, que, contudo, não é pensada como incorpórea, permitem a conclusão: decisivo para os autores destes textos é o anúncio de uma nova existência dos mortos, totalmente devida a Deus. O pensamento judaico-apocalíptico de uma "ressurreição", bem como o conceito greco-dualista de "alma imortal" possuem, com respeito a este anúncio, tão-somente uma função explicativa, representativa (*veranschaulichende*). Esta conclusão da análise de muitos textos do judaísmo primitivo supõe uma importante confirmação da observação, feita já em Paulo, nos autores da Igreja primitiva e até mesmo em Jesus, de que à representação da ressurreição dos mortos sempre corresponde unicamente uma função auxiliar.[63]

---

[59] Cf., por exemplo: STRACK, L. & BILLERBECK, P. *Kommentar zum Neuen Testament aus Talmud und Midrash*. 1926. v. III, pp. 473s; 1928, v. IV, p. 1.175; e a exposição sucinta, embora rica, de G. Stemberger, "Auferstehung. I/2 Judentum", cit., pp. 446-448.

[60] Um amplo estudo dos diferentes grupos e de suas idéias pode ser visto em E. Puech, *La croyance des esséniens en la vie future*, Paris, 1993, v. I, pp. 201-242.

[61] HAUFE, G. "Religiosidad helenística popular", pp. 108-109.

[62] "Auferstehung der Toten in...", cit., p. 71; cf. pp. 71-76, que remete, principalmente, aos estudos de H. C. Cavallin, "Leben nach dem Tode im Spätjudentum und im frühen Christentum I. Spätjudentum". *ANRW* II 19:1 (1979) 240-345 e R. Martin-Achard, *Résurrection (AT, Judaïsme)*: DBS X (1985) 437-487.

[63] KREMER, J. Op. cit., p. 76.

Essa relevância aumenta de maneira considerável quando se trata de compreender o que pode ter sido a pregação e a mentalidade do próprio *Jesus*. Diretamente, não é essa a principal preocupação neste momento do discurso, pois, como já se disse, não se trata agora de compreender propriamente o que pensava Jesus da ressurreição, mas o que os demais pensaram acerca da ressurreição de Jesus. Mas não resta dúvida de que existe certa circularidade: o que Jesus disse e pensou nós recebemos já por meio da primeira teologia cristã; mas esta, por sua vez, estava decisivamente marcada pela pregação de Jesus.

Pois bem, à medida que os evangelhos nos permitem perceber, a distinção entre as representações e o significado que, através delas, se expressa aparecem aqui com especial vigor. É surpreendente, por exemplo, observar que a "ressurreição" não constituía para ele um tema central, seguramente devido à iminência da espera escatológica. A centralidade, pelo contrário, corresponde ao "reinado de Deus", com a conseqüente urgência da chamada à conversão, e provavelmente também ao tema da "vida (eterna)". Não obstante isso, este fato não equivale, sem mais, a uma ausência. Jakob Kremer, depois de assinalar que isso "foi afirmado muitas vezes nos últimos tempos", observa que tais juízos "necessitam ser examinados".[64]

Com razão, porque, embora a *palavra* falte nos sinóticos (com exceção da disputa com os saduceus),[65] não por isso deixa de estar muito presente o *sentido* fundamental que nela é indicado. São, com efeito, numerosos os ditos de Jesus que demonstram como central em seu pensamento o pressuposto de uma *existência real* depois da morte: assim, quando afirma que a rainha de Sabá e os habitantes de Nínive, no dia do Juízo, "se levantarão com esta geração" (cf. Mt 12,41-42; Lc 11,31-32); ou quando anuncia que muitos "tomarão lugar à mesa no Reino dos Céus" (Mt 8,11; Lc 13,28); ou na sentença, tão viva, de que aquele que escandaliza alguém deve cortar fora sua própria mão, pois é melhor "entrares na vida tendo só uma das mãos do que, tendo as duas, ires para o inferno, para o fogo que nunca se apaga" (Mc 9,43.45; Mt 18,9); ou no aviso de temer antes de tudo a aquele "que pode destruir a alma e o corpo no inferno!" (Mt 10,28). Não menor é o realismo implicado na parábola do rico epulão e o pobre Lázaro (Lc 16,19-31). E já se aludiu à importância da disputa com os saduceus.

A conclusão é clara: embora nem sempre seja possível estarmos seguros de que estas afirmações correspondam literalmente ao Jesus histórico,[66] não resta dúvida de que delimitam um pano de fundo genuíno, que remonta a ele e vem a ser central em sua mensagem. Dessa forma, até mesmo um autor tão reservado neste ponto como Paul Hoffmann pode concluir: "Em coincidência com expressões da apocalíptica sua contemporânea, a tradição de Jesus compartilha, portanto, a espera da ressurreição dos justos e dos pecadores, e a entende como volta à vida de toda pessoa".[67]

---

[64] Ibidem, pp. 50-51.

[65] A frase de Lc 14,14: "Receberás a recompensa na ressurreição dos justos", não parece original.

[66] Para as questões exegéticas sobre pormenores, cf. J. Kremer, op. cit., pp. 51-52, com a bibliografia fundamental.

[67] HOFFMANN, P. "Auferstehung. I/3 Im Neuen Testament" *TRE* 4 (1979/1993) 450-467 (aqui, p. 451).

A ressurreição de mortos individuais

Justamente o caso de Jesus, porém, com sua excepcional singularidade, está pedindo uma análise ainda mais concreta. Uma análise que não se refira unicamente à ressurreição dos mortos em geral, mas que atenda também aos casos excepcionais, isto é, ao destino pós-mortal de indivíduos ou grupos de indivíduos de especial relevância religiosa.

Nem sempre se prestou atenção expressa a este aspecto, que, não obstante isso, mostra-se de enorme alcance para compreender o significado da ressurreição de Jesus. Hoje mudou o clima neste sentido. O justificado rechaço que provocaram os excessos comparatistas da Escola Histórica das Religiões[68] não impede hoje uma atenção mais equilibrada a partir das novas tentativas de compreensão, sobretudo a partir dos novos estudos sobre o ambiente e a literatura do período intertestamentário, como foi notado de maneira vivaz a propósito da polêmica suscitada por Rudolf Pesch,[69] que remetia à proposta de Klaus Berger.[70]

Na busca de uma compreensão contextualizada e abarcante, vale a pena proceder mediante uma espécie de círculos concêntricos, que se vão aproximando progressivamente do caso concreto de Jesus.

É o caso, então, de começar referindo-se *ao mundo religioso geral*, porque é evidente que a morte sempre teve suma importância em todas as religiões. Dentro dela, recebeu uma atenção especial o culto aos heróis e a outros mortos por algum motivo relevante; até o ponto de que, desde Evémero de Messina (ca. 340-260 a.C.) — daí "evemerismo" —, se tenha tentado ver neste culto a própria origem da religião.[71] Se bem que é conveniente limitar-se aqui a aquele âmbito com o qual a Bíblia, tanto no Antigo como no Novo Testamento, teve contato mais direto.

Nos primórdios do século XX, James Frazer renovou o interesse pelo tema com seu estudo acerca dos "deuses que morrem e ressuscitam".[72] Houve exageros, de modo que a tese de que esses mitos "tivessem influído na notícia do Novo Testamento acerca da morte e ressurreição

---

[68] Cf. as apresentações gerais de H. Schlier, "Religionsgeschichtliche Schule" *LThK* 8 (1963) 1.184-1.185; HEMPEL, J. "Religionsgeschichtliche Schule". *RGG* 3 (1961) 991-994.

[69] "Zur Entstehung des Glaubens an die Auferstehung Jesu", cit., pp. 222-226.

[70] *Die Auferstehung des Propheten und die Erhöhung des Menschensohnes.* Göttingen, 1976. pp. 15-40.

[71] Cf. a apresentação de E. E. Evans-Pritchard, *Las teorías de la religión primitiva*, Madrid, 1991; GOLDAMMER, K. "Euhemerismus". *RGG* 2 (1958/1986) 731.

[72] FRAZER, J. G. *The golden bough* (especialmente v. 3 — *The dying God*. 3. ed. 1912). Cf. a apresentação geral — muito crítica e reservada — de J. Z. Smith, "Dying and rising Gods", em: M. Eliade (org.), *The encyclopedia of religion* 4 (1987) 521-527; G. Bertram, *Auferstehung I (des Kultgottes)*. Reallexikon für Antike und Christentum 1 (1950) 919-930. Mais sintético, com importantes indicações bibliográficas, cf. H. Wissmann, "Auferstehung I/1 Religionsgeschichtlich", *TRE* 4 (1979/1993) 442-443. Para notícias mais gerais, pode-se ver: S. Croato, "La esperanza de la inmortalidad en las grandes cosmovisiones de Oriente". *Concilium* 60 (1970) 17-29; S. Sabugal, *Anástasis*, cit., pp. 12-15. Para uma visão ampla, cf. F. Nötscher, *Altorientalischer und alttestamentlicher Auferstehungsglauben* (1926), reed., Darmstadt, 1970, com o importante *Nachtrag zum Nachdruck* de J. Scharbert (pp. 349-401; com bibliografia exaustiva).

de Jesus (panbabilonismo) já não se discute mais hoje".[73] Parece, ao contrário, que, tomadas com rigor as notícias, cumpre concluir que "apenas posteriormente ao cristianismo (*nachchristlich*) surge aquele tipo de deus que morre e ressuscita, que antes era tido como modelo da cristologia".[74] Mas uma reflexão atenta ao processo da conceptualização das experiências da fé pode e deve interessar-se por tornar explícito esse riquíssimo pano de fundo de idéias, imagens e expressões.

Não é, com efeito, inevitável cair nem em excessivas deduções de filiação doutrinal nem em comparatismos fáceis e apressados, para reconhecer que também aí existe uma fonte de representações, conceitos, ritos e vocabulário que, por seu comum "ar de família", podem *ajudar* a perfilar o marco lingüístico e conceitual em que foi formada a visão bíblica do destino pós-morte. Mitos como os de Osíris, no Egito, de Dummuzi (Tammuz), na Babilônia, de Baal, no mundo cananeu, tiveram uma intensa presença na cultura religiosa. As ressonâncias mais ou menos claras da dialética entre morte e vida do ciclo natural (morte/inverno-vida/primavera), que em todos eles se deixam sentir, reviverão ainda em muitas explicações da ressurreição nos Padres da Igreja.[75]

Neste mesmo âmbito e em íntima relação com ele, está a intensa vivência dos *mistérios*. Estes constituem certamente um mundo literalmente "misterioso", no qual restam ainda muitas incógnitas por desentranhar. Mas não se pode ignorar seu profundo e prolongado contato com o cristianismo. Sejam de origem grega, como os de Elêusis, Dionísio, Orfeu ou os mistérios da Samotrácia; sejam de origem oriental, como os de Adônis, Mitra, Attis e Cibele ou os de Ísis e Osíris, todos aludem, de algum modo, ao misterioso destino da vida e da morte. Na atualidade, estamos longe das derivações e dependências de Richard Reitzenstein, de Wilhelm Bousset ou mesmo de Alfred Loisy; mas certa afinidade e uma inegável (inter)influência entre eles e o cristianismo dificilmente pode ser negada. Pelo menos, é algo que se pode considerar "demonstrado quanto à recepção de determinadas expressões da linguagem dos mistérios", do mesmo modo que de certos ritos e símbolos iconográficos.[76]

---

[73] VON SODEN, W. "Auferstehung. I Sterbende und auferstende Götter". *RGG* 1 (1957/1986) 689-690 (aqui, p. 690). Também K. Lehmann, *Auferweckt am dritten Tag nach der Schrift*, Freiburg Br., 1969, remete a este juízo; embora centrada no problema do "terceiro dia", oferece uma documentadíssima exposição deste problema (pp. 193-200).

[74] THEISSEN, G. *Die Religion der ersten Christen*. Gütersloh, 2000. p. 95, nota 19.

[75] Cf., por ex., as análises de C. Walker Bynum, *The resurrection of the body in western christianity, 200-1336*, New York, Columbia University Press, 1995, principalmente pp. 22-27; indica a confluência com a metáfora da semente: "Em nenhum período ou abordagem cristã da ressureição abandonou inteiramente a metáfora paulina da semente" (p. 6). Para uma visão global da ressurreição nos Padres, cf. R. Winling, *La résurrection et l'exaltation du Christ dans la littérature de l'ère patristique*, Paris, 2000, pp. 326-330.

[76] PRÜMM, K. "Mysterien". *LfThK* 7 (1968) 718-720; a citação está na p. 720. Este artigo é uma excelente síntese de um bom conhecedor (cf. sua obra *Der christliche Glaube und die altheidnische Welt*, Leipzig, 1935, 2 v.). Cf. também uma boa apresentação em G. Haufe, "Los misterios", in: J. Leipoldt, W. Grundmann, *El mundo del Nuevo Testamento*, Madrid, 1973, v. I, pp. 111-140, que assim conclui seu estudo: "Nossa exposição deve limitar-se aos mistérios principais que, de alguma forma, nos são conhecidos; mas também a imagem destes é fragmentar, um fato que exclui tanto a sobrevalorização como a subvalorização dos cultos mistéricos no marco religioso do cristianismo primitivo" (p. 113).

Mais afins, entretanto — até o ponto de se ter chegado a falar de derivação direta por parte da Bíblia —, são as idéias *zoroástricas* acerca da ressurreição depois da morte. Idéias que já aparecem no *Avesta* e que se irão esclarecendo e afirmando com o tempo. De fato, mais tarde "a mitologia iraniana da ressurreição de todos os mortos reflete a reunião dos ossos dispersos e a sua revivificação".[77]

Tudo isso deixou marcas nesta tão ampla matriz cultural representada pelo *helenismo*, em que — numa muito vivaz e recíproca influência de assimilação e resistência — o imaginário bíblico da ressurreição acabou forjando-se definitivamente. Dentro dele, na cultura extrajudaica a coloração é, sem dúvida, mais claramente mitológica e fantástica do que na Bíblia, sempre ancorada em seu realismo histórico.[78] Mas o certo é que, nessa cultura, existe uma intensa preocupação não apenas pela morte em geral, mas também aparecem narrações que "sabem de indivíduos que, depois da morte, voltaram de novo à vida e apareceram às pessoas".[79] Uma breve alusão permite apreciá-lo facilmente.

No século V a.C., Heródoto fala de certo Aristéias, que, depois de morrer, apareceu a um desconhecido e, quando a família foi buscá-lo, não encontrou o corpo.[80] E de Apolônio de Tiana, no século II d.C., conta Filóstrato que profetizou a seu discípulo Damis onde lhe apareceria depois de morto "vivo, segundo creio eu; mas ressuscitado dentre os mortos, segundo tua opinião";[81] mais ainda, no final de sua vida, enquanto se defende perante o imperador, desaparece da sala e aparece durante quarenta dias a seus discípulos, fala com eles e os convence de que não é um fantasma; depois entra no templo e é alçado ao céu; mais tarde, aparece ainda a um jovem para convencê-lo da imortalidade da alma.[82]

Naturalmente, não interessa entrar na discussão da veracidade desses relatos, claramente lendários, nem sequer discutir, no caso de Apolônio, as mais que prováveis influências da

---

[77] Wissmann, H. "Auferstehung I/1 Religionsgeschichtlich", cit., p. 443 (que remete a *Bundahišn*, cap. 30). Cf. Widengren, G. *Die Religionen Irans*. Stuttgart, 1965 (que recolhe o fruto de suas numerosas investigações). De forma mais sintética, ver: C. M. Edsmann, "Auferstehung. II Auferstehung des Menschen, religionsgeschichtlich. 4 In der iranischen Religion", *RGG* 1 (1957/1986) 691; G. Lanczkowski, "Iranischen Religionen", *TRE* 16 (1987/1993) 247-258 (com bibliografia); M. Eliade, *Historia de las ideas y creencias religiosas*, Madrid, 1978, v. I, pp. 319-349, principalmente pp. 347-349, que oferece uma boa síntese; no tomo IV podem-se ver alguns textos.

[78] Cf. Theissen, G. *Die Religion der ersten Christen*, cit., pp. 94-98, onde oferece uma síntese atualizada de toda esta problemática, apoiando-se sobretudo nas análises de D. Zeller, "Die Mysterienkulte und die paulinische Soteriologie (Röm 6,1-11)", pp. 42-61, e "Hellenistische Vergaben für den Glauben an die Auferstehung Jesu?", pp. 71-91.

[79] Lorenzen, Th. *Resurrección y discipulado*, Salamanca, 1999, p. 161. É dele que tomo as referências que seguem.

[80] Cf. *Herodotus*, editado e traduzido por A. D. Godley, Cambridge (Mass.), Harvard University Press, 1963, v. 2, livro 4, §§ 13-15, pp. 212-217. Algo semelhante é contado por Luciano de Samosata, no século II, de um homem de confiança que havia visto um tal Proteu vestido de branco depois de morrer (cf. as referências em Lorenzen, op. cit., p. 162, nota 8).

[81] *Vida de Apolonio de Tiana*. Madrid, 1992. l. IV, § 41.

[82] Todos estes dados aparecem no livro VIII: ver as referências em Lorenzen, op. cit.

literatura cristã.[83] Importa sublinhar a presença ambiental de uma mentalidade capaz de produzir, ler e aceitar este tipo de narrações, pois torna patente o marco compreensivo no qual, apesar de suas importantes diferenças, se inscrevem os relatos evangélicos.

Tanto mais quanto que esta mentalidade vincula-se muito intimamente com uma tendência vigorosa no *judaísmo tardio*. Nele, com efeito, como bem mostra a literatura apócrifa e pseudo-epigráfica, foram assumindo grande importância as numerosas tradições acerca de uma série de figuras religiosas, que depois da morte vivem, de algum modo, elevadas e glorificadas. Dos mártires macabeus se diz: "seguros de que em Deus não morrem, como também não morreram nossos patriarcas Abraão, Isaac e Jacó, mas vivem em Deus" (4Mc 7,19).[84] A alusão espontânea aos patriarcas indica quão conatural se havia feito a idéia, que aparece igualmente nos escritos apocalípticos em referência a Baruc, Esdras e Moisés. A literatura de Qumrã confirma amplamente esta mentalidade,[85] que, como já se falou, torna-se presente nos próprios evangelhos (recordemos: "[...] o Deus de Abraão, o Deus de Isaac e o Deus de Jacó![...]" [Mc 12,26]).

A relevância deste dado vê-se reforçada pelo fato de acabar confluindo com uma profunda e muito estendida convicção ambiental referente aos *profetas*, que, assassinados pelos homens, são reivindicados por Deus. Trata-se de uma arraigada convicção teológica e de uma verdadeira estrutura mental: os homens matam, mas Deus "resgata" ou devolve à vida. Algo decisivo para a nossa reflexão, pois já constitui o último círculo emotivo e conceitual em que nos é possível inscrever a configuração do relato especificamente cristão.[86]

---

[83] Se bem que convém notar que hoje "a antiga opinião de que Filóstrato teria escrito "para rivalizar com os Evangelhos... e que pretendia destronar o cristianismo, esteja superada"; a rivalidade veio mais tarde, assim como, mais tarde ainda, veio o fato de converter isso em profecia de Cristo e, sob o nome de Balinas, em santo (HOHEISEL, K. "Apollonius v. Tyana". *LfThK* 1. 3. ed. 1993. pp. 831-832. Cf., igualmente, BIGELMAIR, A. na edição anterior: *LfThK* 1. 2. ed. 1957. pp. 718-720).

[84] Tomo a tradução de M. López Salvá em A. Díez Macho (org.), *Apócrifos del Antiguo Testamento*, Madrid, 1982, v. III, p. 149. Cf. 13,17: "Se assim padecemos, nos receberão Abraão, Isaac e Jacó, e nos louvarão todos os nossos antepassados" (ibidem, p. 157. Kremer dá a citação de forma equivocada, como se fosse: 17,13).

O mesmo é dito acerca dos patriarcas em geral (*Testamento de Leví* 18,14. Cf. a tradução de A. Piñero nos anteriormente citados: *Apócrifos del Antiguo Testamento*, Madrid, v. V, 1987, p. 61) e de outros em concreto no *Testamento de Benjamín* 10,6: "Então vereis a Henoc, Noé e Sem, Abraão, Isaac e Jacó ressuscitados [usa *anístemi*], à direita, cheios de júbilo" (ibidem, pp. 156-157). Também Filón de Alexandria diz que Abraão vive com Deus (*De Sacr.* 5). (Para estes dados, cf. J. Kremer, *Auferstehung der Toten...*, cit., pp. 130-131.)

[85] Cf., por ex., A. F. Segal, "Il Cristo risorto e le figure di mediatori angelici alla luce di Qumran", pp. 315-340, que assinala a intensa presença destas idéias nos escritos paulinos (pp. 329-337) e até mesmo nos evangelhos (pp. 338-340). Com relação ao nosso tema, o autor tira expressamente a seguinte conclusão: "A partir do momento em que Jesus morreu como mártir, as expectativas de sua ressurreição viriam a ser normais no âmbito de alguns grupos judaicos" (p. 338).

[86] Sobre tudo isso, pode ainda ser vista a rica informação oferecida por K. Berger, *Die Auferstehung des Propheten und die Erhöhung des Menschensohnes*, cit., pp. 15-22, com as notas.

Porque essa estrutura teológica culmina e alcança talvez sua máxima manifestação com o caso mais relevante, que é também o melhor e mais universalmente conhecido: o de João Batista. Porque com ele já entramos no espaço dos próprios evangelhos e contemplamos a interpretação do destino pós-morte de um homem intimamente relacionado com Jesus. O episódio é bem conhecido:

> O rei Herodes ouviu falar de Jesus, pois o nome dele tinha-se tornado muito conhecido. Até se dizia: "João Batista ressuscitou dos mortos, e é por isso que atuam nele essas forças milagrosas!" Outros diziam: "É Elias!" Ainda outros: "É um profeta como um dos antigos profetas". Depois de ouvir isso, Herodes dizia: "Esse João, que eu mandei decapitar, ressuscitou" (Mc 6,14-16; cf. Mt 14,1-2; Lc 9,7-8).

É difícil superestimar a importância deste texto que, com segurança, recolhe uma tradição real (que volta à tona ainda em Mc 8,27-28 perante a pergunta de Jesus acerca do que pensavam as pessoas a seu respeito: "Uns dizem João Batista; outros, Elias; outros ainda, um dos profetas"). Sejam quais forem, tanto o papel real de Herodes nesta interpretação como o trabalho redacional de Marcos,[87] o certo é que aí aparece uma crença popular espontânea, sem colorações de reformulação teológica: "O relato, transmitido isoladamente, não deve ser considerado nem como tradição cristã nem como tradição dos discípulos do Batista, mas como um relato que circulava pelo povo".[88]

Não é preciso aceitar todas as conseqüências que Klaus Berger[89] e, em sua esteira, Rudolph Pesch[90] tiram desta crença — enquanto esta se liga com a indicada estrutura do profeta morto e resgatado por Deus. A discussão suscitada esclareceu e afinou algumas distinções importantes. Ulrich B. Müller insiste, por um lado, na diferença de matiz entre a categoria de "mártir" e a (mais universal) de "justo sofredor" (que, contudo, tendem a se fundir).[91] Por outro, sublinha algo ainda mais importante, pois salienta mais a diferença de Jesus: a esperança da "ressurreição" ou "exaltação" no céu não aparece nesses casos — nem sequer naquele dos Macabeus[92] e do Batista[93] —

---

[87] Cf. as observações de I. Broer, "Seid stets bereit, jedem Rede und Antwort zu stehen, der nach der Hoffnung fragt, die euch erfüllt" (1Pd 3,15)", pp. 29-61 e pp. 43-44, nota 20, acerca deste importante texto.

[88] GNILKA, J. *El evangelio según san Marcos*. Mc 1–8,26, Salamanca, 1986, p. 287; cf. pp. 283-295, onde se analisa toda a perícope (com a bibliografia fundamental).

[89] "Die Auferstehung des Propheten und die Erhöhung des Menschensohnes", cit., pp. 15-40.

[90] "Zur Entstehung des Glaubens an die Auferstehung Jesu", cit., pp. 222-226.

[91] "É preciso constatar que círculos do judaísmo primitivo não distinguiram conscientemente entre ambas as concepções e que, para os discípulos de Jesus, o Jesus executado tanto podia ser um justo sofredor como podia ser um mártir, enquanto a esperança de salvação se articulou de maneira completamente semelhante em cada caso: em um como ressurreição individual no céu, em outro como exaltação entre os 'filhos de Deus' (Sb 5,5)" (op. cit., p. 50).

[92] Ibidem, pp. 48-49.

[93] Ibidem, pp. 52-53.

unida à da ressurreição escatológica geral; em Jesus, ao contrário, ambas as idéias aparecem indissoluvelmente unidas.[94]

Contudo, o autor reconhece que isto não anula a contextualização, mas que, ao contrário, "esta tentativa aponta em princípio na direção justa", pois "possivelmente a fé pascal combinou ambas as representações e as aplicou a Jesus".[95] E, por questão de justiça, deve-se assinalar que já o próprio Berger indica que a verdadeira função destas evocações não é a de estabelecer derivações ou dependências genéticas: "trata-se, em primeiro lugar e antes de tudo, de enfrentar, por caminhos histórico-tradicionais e históricos, a questão da invenção lingüística e da formação de categorias para a expressão da ressurreição"; por isso, os casos assinalados são importantes como "analogias",[96] que podem contribuir para elaborar com realismo um marco de inteligibilidade.

É importante insistir nisto: trata-se de um "marco", que cria uma possibilidade de compreensão, mas que não implica sem mais identidade nem exclui a possibilidade de diferença e inovação.[97] Daí a importância de se manter o equilíbrio polar entre a continuidade e a diferença, buscando não a anulação de um pólo a favor do outro, mas seu mútuo esclarecimento. O fato de, neste contexto, acentuarmos a continuidade não impede que, uma vez chegado o momento, deixemos de sublinhar a diferença (cf. cap. 4, "Os pressupostos próximos da diferença cristã").

Seja qual for o caso, é inegável que no ambiente estava de alguma maneira conaturalizada a idéia de que um indivíduo concreto, e até mesmo contemporâneo, podia ser trazido de volta à vida por Deus; e a uma vida que — mesmo se lhe faltasse, talvez, a dimensão escatológica que a une à ressurreição geral — não era simples repetição da anterior, mas portadora de uma evidente carga religiosa e salvífica.

Talvez fosse ainda interessante ter em conta o fato de que as "ressurreições" que aparecem contadas nos evangelhos acerca da filha de Jairo, do filho da viúva de Naim e, sobretudo, de Lázaro não são totalmente alheias — do ponto de vista de sua narratividade[98] — a este complexo

---

[94] Ibidem, pp. 30-31. Para a crítica a Berger remete também a M. Hengel, "Ist der Osterglaube noch zu reten?": *ThQ* 153 (1973) 252-269 (aqui, p. 258) e J. M. Nützel, "Zum Schicksal des eschatologischen Propheten", *BZ NF* 20 (1976) 59-94 (aqui, pp. 85-87 e 94). A. J. M. Wedderburn, *Beyond resurrection*, Canterbury, SCM Press, 1999, pp. 39-43, recolhe a crítica de Müller.

[95] Müller, U. B. Op. cit., p. 31.

[96] Ibidem, p. 16.

[97] Assim, por exemplo, Martin Karrer, que analisa bem o ambiente, está quase exclusivamente preocupado com buscar as diferenças, com a intenção de acentuar a originalidade da idéia cristã de ressurreição: *Jesucristo en el Nuevo Testamento*. Salamanca, 2002, pp. 31-51.

[98] Sem entrar aqui em pormenores, refiro-me à função desses dados na economia narrativa dos evangelhos, nos quais parece inegável uma relação real de esclarecimento e, até certo ponto, antecipação da ressurreição de Jesus. Para o problema geral, pode ser vista a excelente introdução de J.-N. Aletti, *El arte de contar a Jesucristo*, Salamanca, 1992. Para uma ampla análise dos textos concretos, com rica bibliografia, cf. S. Sabugal, *Anástasis*, cit., pp. 90-207.

de ideologias e crenças. Mas o que foi dito já é suficiente para que tenhamos uma idéia da força estruturante destas idéias no contexto em que se vai forjando o modo de Jesus de Nazaré compreender a ressurreição.

O marco lingüístico e conceitual

O contexto é decisivo, pois — se me for permitido parafrasear a Paul Ricoeur — dele depende, numa medida decisiva, não apenas o "que se acredita" disponível, como também o "que se pensa" e o "que se expressa" como tal. Apenas dentro do marco intelectual e emotivo por ele aberto podem alcançar seu significado concreto as palavras e os conceitos, até mesmo aqueles que, por sua novidade, o ampliam ou modificam. Daí a importância de elaborar um pouco mais sua incidência nos esquemas lingüísticos e conceituais dentro dos quais se articulam as narrativas evangélicas.

Os estudos, neste ponto, estão em plena efervescência e as hipóteses se multiplicam (algumas vezes, até com excessiva facilidade). Por isso, convém aludir unicamente a alguns pontos (relativamente) firmes e com relação direta com nosso tema.

Comecemos por algo que pode incidir de maneira muito específica na própria idéia de ressurreição, em sua delicada relação com a *permanência ou não do cadáver*. Jakob Kremer, que analisa em alguns pormenores estes textos, faz-nos notar um dado muito significativo. Falando do que se refere às personagens do Antigo Testamento, diz: "Nessas notícias acerca da exaltação de grandes figuras do passado não se leva em conta, em cada caso, que, diferentemente de Henoc e Elias (que foram arrebatados vivos), essas pessoas foram elevadas ao céu estando mortas e enterradas". É bem verdade que, de maneira expressa, somente em um texto incerto se diz que "seus ossos descansarão na terra, e seu espírito se alegrará sobremaneira" (Jub 23,31).[99] Contudo, parece que isso "é dado por suposto de maneira irrefletida", como sucede no caso dos filhos de Jó, no testamento de seu nome (39,12): à súplica de sua mãe para que os soldados busquem os restos de seus filhos entre as ruínas, Jó responde: "Não vos canseis em vão. Não encontrareis meus filhos, já que foram levados ao céu por seu Criador, seu Rei".[100] E do mesmo Jó se conta na conclusão do livro como sua "alma" foi levada "rumo ao Oriente" (ao paraíso), mas seu corpo foi sepultado (52,10s).[101]

Outro ponto importante é o que se refere às relações entre *ressurreição* e *imortalidade*, de peculiar vigência no encontro entre a cultura bíblica e a grega dentro do marco comum do

---

[99] Sirvo-me aqui da tradução de F. Corriente, A. Piñero, *Apócrifos del Antiguo Testamento*, Madrid, 1983, v. II, p. 137. Kremer traduz assim: "Os sepultados já estão com seu espírito (alma) em Deus, enquanto seus ossos permanecem na tumba".

[100] Tradução de A. Piñero em *Apócrifos del Antiguo Testamento*, Madrid, 1982, v. V, p. 202.

[101] KREMER, J. "Auferstehung de Toten...", p. 132, nota 316. Para referências mais pormenorizadas, ver, pp. 130-132.

helenismo. Pois bem, esse mesmo autor, falando do ponto mais sensível em que tornou mais aguda a consciência da exaltação pós-morte, isto é, na esperança de uma recompensa especial para os *mártires*, faz uma observação significativa. Os textos aparecem muitas vezes influenciados pelo helenismo, de modo que ali se misturam expressões "ressurreicionistas" da antropologia unitária judaica com conceitos como "imortalidade", "perenidade" e "vida eterna" da antropologia dualista grega. Assim aparece com clareza no livro da Sabedoria — *as almas* dos justos estão "na paz" e "na mão de Deus" (3,1-6) — e nos textos do quarto livro dos Macabeus (que traduzem com mentalidade decididamente helenística as idéias do capítulo 7 do segundo livro).[102]

A conclusão, que se poderia certamente reforçar com um bom número de outros textos, é esta: "Em amplos círculos estava representada a espera de que pelo menos alguns indivíduos, como, por exemplo, os patriarcas e os mártires, conseguem vida eterna e plena comunhão com Deus depois da morte". E acrescenta ainda algo de suma relevância na hora de enfrentar a constituição mais precisa da idéia da ressurreição de Jesus: "Embora o olhar para o futuro ainda apareça em alguns textos, em outros falta total interesse por ele, ou este passa completamente a um segundo plano".[103]

Também com respeito ao *vocabulário* esta conatural comunidade ambiental deixa sentir sua profunda influência. As diferenças se deixam notar, como é natural. Mas por debaixo emerge igualmente uma coincidência de fundo, que alcança praticamente todas as expressões. No Novo Testamento, a palavra mais empregada para falar da ressurreição de Cristo e dos mortos é *egeiro*, que, apesar de ser corrente tanto no ambiente judeu como no helenístico, não era usada normalmente para falar de "ressurreição dos mortos". Contudo, também fora dele encontram-se citações nesse sentido: Paul Hoffmann informa que, além de algumas referências nos LXX, Oepke,

---

[102] Também faz referência a este livro A. Díez Macho, que assim se expressa: "4 Macabeus utiliza, pois, as idéias platônicas acerca da alma, sua distinção do corpo, sua incorruptibilidade, sua imortalidade, mas atribui a imortalidade à fidelidade de Iahweh, à aliança com Abraão e seus descendentes e à imortalidade natural. Esta última é afirmada na última frase do livro: 'Mas os filhos de Abraão, com sua vitoriosa mãe, foram agregados ao coro de seus antepassados, *havendo recebido de Deus almas puras e imortais*, a quem seja dada a glória pelos séculos dos séculos. Amém' (4Mc 18,23)": *La resurrección de Jesus*, cit., p. 66 (cf. pp. 65-67 e, em geral, para este tema, pp. 94-102).

[103] Ibidem, p. 136. O autor, acredito que com razão, mantém assim uma postura discreta diante do problema de qualificar ou não de "ressurreição" no sentido usual. Embora não com tanta clareza como U. B. Müller (cf. *supra*), K. Berger, *Die Auferstehung des Propheten und die Erhöhung des Menschensohnes*, cit., pp. 20-22, é mais diferenciado em suas análises: "O modo e maneira da corporalidade não é uma questão especial e, bem por isso, não constitui critério decisório"; o decisivo é o "aparecer vindo do céu", para o qual a ressurreição pode ser condição, mas não "causa direta".

Pelo contrário, Díez Macho, op. cit., pp. 170-172, afirma expressamente: "Que os patriarcas estejam vivos não implica que estejam ressuscitados". Polemiza assim, expressamente, contra M. E. Boismard, que ele interpreta afirmando o contrário, muito embora as palavras deste sejam, talvez, mais prudentes: "O que daí resulta é que Jesus fala como semita e para semitas; pois bem, na mentalidade semítica, este passo rumo a Deus não pode ser o de uma alma desencarnada, no sentido platônico, mas é entrada na vida divina do ser humano integral, com seu realismo psicofísico" (*Synopse des catre évangiles en français*, Paris, 1972, v. II, p. 348).

Bauer e Reitzenstein assinalam cinco lugares nos quais também se usa o verbo *egeiro*, muito embora, no grego profano, se prefira *anístemi*.[104]

Mais significativo é o fato de a mesma circunstância ser produzida para a expressão mais específica, que alguns chegaram a tomar como exclusiva da referência a Cristo: a que fala de ressuscitar *ek nekrón*, isto é, "dos/dentre os mortos". Não somente nos LXX como também em diferentes textos gregos aparecem alguns testemunhos, em correspondência literal em alguns casos, e em outros em correspondência de significado: "do Hades", *ex Aidia* (Sófocles),[105] ou *ex Aidou* (Platão);[106] "dos defuntos, mortos", *ek nektéron* (Herondas)[107] ou literalmente *ek nekrón* (Flegón).[108] (Lembremo-nos de que, nos evangelhos, a expressão aplicou-se também a João Batista: *ek nekrón*: Mc 6,14 e Lc 9,7; *apo ton nekrón*, Mt 14,2). Edward Schillebeeckx, que consagrou especial atenção a este ponto, salienta que existe uma clara peculiaridade no uso desta expressão com referência a Jesus no Novo Testamento, mas que tal não é exclusivo, pois sua formação é secundária do ponto de vista lingüístico, uma vez que se afirmou na polêmica com os judeus.[109]

Os estudos do mundo intertestamentário ainda estão em plena efervescência e, seguramente, ainda continuarão a aparecer novos dados, sem excluir sequer a possível descoberta de novos textos. Mas para o presente propósito, que não está interessado primariamente em contemplar a investigação histórica, e sim em ressaltar sua relevância para a compreensão do fenômeno central, as indicações conseguidas constituem uma base pelo menos minimamente satisfatória.[110]

---

[104] HOFFMANN, P. "Auferstehung Christi. II/1 Im Neuen Testament", cit., p. 480. Ele diz que a preferência por *egeiro* no NT "parece estar condicionada pela fórmula" (*egeirein ek nekron*). Jacob Kremer sublinha como a própria piedade popular helenística permite que se veja a comunidade no vocabulário das inscrições funerárias, que falam também de "subida" (*ánastasis*) ao céu ("Auferstehung der Toten"..., cit., p. 133). Uma abundante e muito documentada exposição do vocabulário de ressurreição — fala de "vocabulário anastasiológico" — no NT é oferecida por S. Sabugal, *Anástasis*, cit., pp. 71-87.

[105] *Electra* I, p. 43.

[106] *Banquete* 179c.

[107] I, 43. Sirvo-me das notícias de P. Hoffmann, que já havia tratado amplamente do problema em *Die Toten in Christus*, Münster, 1966, pp. 180-185.

[108] JACOBY. *Fragmente griechicher Historiker*. p. 257. Ver os dados em P. Hoffmann, ibidem.

[109] *Jesus*. Die Geschichte. pp. 464-465.

[110] Cf., a esse respeito, as agudas observações de K.-H. Ohlig, *Fundamentalchristologie*, München, 1986, pp. 87-114. Ele insiste simultaneamente: a) na necessidade de pressupor um "sistema de comunicação" para a inteligibilidade das afirmações cristológicas: "Um padre da baixa Itália, por exemplo, nada poderia começar com a expressão 'Jesus é o Filho do Homem'; bem como um judeu com a identidade essencial do Filho de Deus"; e b) na necessidade paralela de não aplicar de maneira linear (*platt*) esses *topoi* culturais a Jesus: "O material disperso sobre 'Jesus' nunca se acomodou plenamente — apesar de toda a exegese — nos esquemas (*Raster*) pré-dados" (ibidem, pp. 87-88; cf. pp. 96-97).

Volta aos textos pascais

Entre o criticismo e a reação apologética

Estas indicações, com efeito, devolvem-nos ao começo do capítulo. Entretanto, a diástase texto/significado, que de início apareceria como expressão geral e relativamente espontânea, agora se apresenta rica em dados concretos que a articulam internamente. Antes de tudo, porque o que nela tenciona expressar-se deixa de ser um fenômeno isolado, para entrar em uma ampla circulação de significados, esquemas mentais e modos de expressão. Daí o interesse que este tipo de análise desperta nas novas investigações, não somente naquelas que tentam abrir caminhos inéditos, mas também naquelas mais apegadas à tradição. Compreende-se, com efeito, que, como salienta um autor tão moderado como Alejandro Díez Macho, o fato de ter prescindido desta literatura apócrifa judaica — acrescentemos: também da histórico-religiosa — "constituiu um funesto erro" no estudo das teologias do Antigo e do Novo Testamento, sobretudo na escatologia.[111]

A aposta está nas conseqüências concretas que convém tirar deste fenômeno. Porque a reação diante da descoberta dessa ampla comunidade cultural em que se enquadram as narrativas pascais tende a polarizar em uma dupla atitude contraposta. A primeira já está indicada: tal descoberta pode levar — como, devido, talvez, à surpresa e mesmo ao entusiasmo dos momentos iniciais, sucedeu com muitos representantes da escola histórica — a um comparatismo reducionista, que identifica apressadamente semelhança e derivação genética, apagando toda a possível originalidade. A segunda segue na direção contrária, seja por inércia tradicional, seja por reação apologética: procura salvar a originalidade marcando a todo custo as diferenças e denunciando perigos reducionistas em qualquer reconhecimento de semelhança cultural ou de influência histórica.

Não vem a ser difícil ter o cuidado de que o caminho justo passe pelo meio. Desde que, é óbvio, tal constatação não se converta em recurso puramente formal, sem articular uma dialética que integre numa tensão viva ambos os momentos. Por sorte, a distância histórica permite hoje um equilíbrio fundamental, capaz de renunciar tanto a afãs apologéticos, tão propensos a diminuir a evidência dos dados que julga incômodos, como a todo ânimo criticista, capaz de converter todo novo dado em arma arrojadiça contra a tradição. Isso ocorre no clima teológico geral, que, em boa medida, passou "do anátema ao diálogo"; e também no tema concreto da ressurreição, como o demonstra uma comparação sumária entre os estudos atuais e os dos manuais pré-conciliares (aí incluídos os protestantes).

Justamente, a referência à Escola Histórica oferece um bom exemplo dessa possibilidade. A descoberta inicial das coincidências entre o Antigo Testamento e o mundo religioso do Antigo Oriente criou confusão, desconcerto e polêmica: parecia o fim da originalidade específica da revelação bíblica. Ao contrário, hoje nenhum exegeta se recusa mais em reconhecer, por

---

[111] Díez Macho, A. (org.). *Apócrifos del Antiguo Testamento*. Madrid, 1984. v. I, Introdución general, p. 105.

exemplo, que a narrativa bíblica do dilúvio coincide com a que aparece no poema de *Gilgamesh*, muitos séculos mais antigo; ou que o relato genesíaco da criação não é alheio ao imaginário mitológico do *Enuma Elish*, igualmente anterior. E não por isso fica obscurecida a originalidade do Gênesis em nenhum dos dois casos. Justamente o contrário: é precisamente a *identidade* do fundo cultural que faz com que se capte em toda a sua força a *diferença* bíblica.

Porque aparece, então, com clareza, como, com *meios* conceituais e expressivos similares, é possível configurar um *significado* muito distinto. Assim, enquanto em um caso os próprios deuses assustam-se com o dilúvio, "encurralando-se como cães" no alto dos céus[112] ou passam fome, "apinhando-se como moscas" em torno do olor do sacrifício, no outro caso Iahweh "recorda-se", compassivo, daqueles que estão na arca (Gn 8,1) ou "se compraz no olor" (Gn 8,21). Igualmente, se no *Enuma Elish* a criação nasce entre terríveis lutas dos deuses, e a do ser humano em concreto é feita à custa do sangue de um deus sacrificado,[113] no Gênesis nasce da amorosa decisão do Deus que cria à própria "imagem e semelhança" (1,16) e constata que "tudo era muito bom" (1,31).

Em outros termos, o que, de início, atendendo à superfície da letra, parecia perda e, nesse nível, de certo modo o era (pois é claro que a Bíblia "copia" ou do ambiente ou diretamente dos textos), aparece agora como ganho na profundidade do significado teológico (único que, de verdade, interessa). Caso, nos tempos de Galileu e, com mais razão, nos de Darwin, se tivesse compreendido isto, outro seria o prestígio da teologia e muito maior o proveito da fé.

Pois bem, esta lição, mais fácil de aplicar ao Antigo Testamento pela maior evidência de sua distância, não é menos válida para o Novo, porque, afinal, vistos a partir da revolução iniciada com a Modernidade, ambos pertencem ao mesmo complexo cultural. De fato, é isso que a exegese atual está demonstrando a cada dia, em que a queda do prestígio da "letra" supõe uma evidente subida no aprofundamento do "espírito".

Com respeito à ressurreição, o reconhecimento do caráter culturalmente "situado" de seus meios expressivos não apenas não impede que se perceba sua originalidade, como abre a possibilidade de enfocá-la melhor em sua intencionalidade específica. Os esquemas podem ser os mesmos, mas onde estava o mítico agora aparece o histórico; onde primava a repetição do ciclo natural agora surge a remissão para uma vida nova; onde estava a identificação esotérica, mágica ou entusiasta agora — como o demonstra a polêmica de Paulo com os coríntios[114] — se exorta à paciência do tempo, no realismo do seguimento e na compreensão e serviço ao irmão.

---

[112] Poema de *Gilgamesh*, Tab. XI, col. 3 do texto assírio (tradução de F. Lara Peinado, Madrid, 1988, p. 152).

[113] *Enuma Elish*, Tab VI, v. 31-33 (tradução de F. Lara Peinado, Madrid, 1994, p. 78). Continua sendo válido o estudo de P. Ricoeur, *Finitude et culpabilité*. Paris, 1960. 2. La symbolique du mal, pp. 167-198.

[114] Sobre a complexa questão, cf. cap. V, nota 153.

Além disso, este problema concreto enquadra-se no âmbito mais geral da "busca do Jesus histórico". Os critérios elaborados nela servem de excelente confirmação e ilustração. Também aqui as oscilações foram grandes e, embora tampouco hoje seja possível encontrar uma regra fixa de aplicação automática, foi-se formando um clima de maior amplitude compreensiva. À leitura *literal* da tradição, em que tudo se dava por dito e acontecido realmente, seguiu-se um *ceticismo* forte, que, de algum modo, culminou na atitude radical de Rudolf Bultmann (do Jesus real praticamente nada poderíamos saber). A *New Quest* avançou, acentuando a *diferença*: com respeito à doutrina de Jesus, "deve-se considerar como autêntico o que não encaixar nem no pensamento judaico nem na visão da comunidade posterior".[115] A *Third Quest*, ao contrário, acentua a *continuidade* com o contexto como meio indispensável para integrar e tornar inteligível a diferença. O resultado global reflete-se na seguinte proposta:

> A individualidade de Jesus pode manifestar-se sobre o pano de fundo da inserção positiva a seu redor. Individualidade não significa "inderivabilidade", mas diferenciabilidade em um contexto comum. Jesus não adquire aqui seu perfil diante do judaísmo, mas dentro dele. Sua individualidade não é uma "inderivabilidade" independente do contexto, mas uma peculiaridade ligada a este.[116]

Deixar que o "objeto" nos ensine

Tal resultado, em seu significado mais amplo e geral, vai-se impondo nos estudos atuais. Seja como for, não se pode ignorar que, quando entra nesta dinâmica, produz-se normalmente um fenômeno curioso, que foi muito notório nos primórdios da crítica bíblica,[117] e que hoje convém ser explicitado para evitar *interferências emotivas*. Logo de entrada, a sensação é, primeiro, de falta de respeito aos textos, que não são mais tomados, sem mais, pelo que dizem em sua letra; e, segundo, de certo ar de "impiedade", ao tocar, com as mãos da crítica profana, algo sagrado.

Mas a essas alturas já é possível perceber que, na realidade, essa sensação obedece a um deslocamento, que atribui aos textos uma função que não lhes corresponde, e situa o sagrado fora de seu lugar próprio. Porque o processo da crítica mostrou que aquilo que com essa reação se pensava defender não eram nem os textos em si mesmos nem o sagrado que neles se expressava, mas a *imagem* em que se haviam convertido no processo da interpretação. Não era certamente o

---

[115] CONZELMANN, H. "Jesus Christus". *RGG* (3. ed. 1959/1986) 619-653 (aqui, p. 623).

[116] THEISSEN, G. & MERZ, A. *El Jesús histórico*, cit., p. 142. Merece ser lida toda a excelente síntese: pp. 111-146, principalmente pp. 139-146. Também J. P. Meier, *Un judío marginal*, cit., v. I. pp. 187-209, oferece uma ampla panorâmica, com bibliografia. Para o marco geral, cf. M. Hengel, *Zur urchristlichen Geschichtsschreibung*, Stuttgart, 1979.

[117] Repasse-se, por exemplo, o primeiro capítulo de A. Schweitzer, *Geschichte der Leben-Jesu-Forschung*, München/Hamburg, 1966, v. I, pp. 45-55, que diz que o fato de se ter atrevido a aplicar os métodos críticos às narrações da vida de Jesus constitui "o mais poderoso (*das Gewaltigste*) jamais ousado e realizado pela reflexão religiosa" (p. 45).

texto do Gênesis nem, muito menos, o significado sagrado que nele se anunciava o que se defendia contra Darwin, mas uma *interpretação* dos mesmos que, solidificada muito além do tempo em que pode ter sido legítima, converteu-se em ídolo, em lugar de ser "ícone" que abrisse o acesso ao transcendente que nele se anunciava.[118]

Daí a necessidade de uma inversão à primeira vista paradoxal: ao final se compreende que a *modéstia real* consiste em deixar que os textos desdobrem *sua* verdadeira intencionalidade; pelo contrário, desmascara-se como *humildade aparente* aquela que, sob a aparência do respeito — embora, normalmente, seja um respeito de boa-fé —, tenta impor-lhes um significado, o literal, que é fruto dos *próprios* pré-julgamentos. Um paradoxo que conhecem bem os professores de Escritura e Teologia Fundamental, sobretudo nos primeiros dias de aula, quando são destroçadas as "evidências" do aluno, que eram dadas por supostas na leitura acrítica e infantil da Bíblia; a ponto de nem sequer serem raras as atitudes agressivas.

Desse modo, a *liberdade* diante dos textos converte-se em condição da verdadeira humildade perante sua *intenção*.[119] Mas, de qualquer forma, sempre *humildade*, pois "condição" não significa necessariamente "garantia". Por isso a liberdade do investigador, caso queira ser autêntica, necessita — como, para todo conhecimento real, Hegel viu muito bem em seu prólogo à *Fenomenologia* — converter-se na dura ascese de respeitar a liberdade do próprio "objeto": é este o que tem de desdobrar seu próprio significado na subjetividade que o recebe.[120]

Isso implica, antes de tudo, acolher sua manifestação e deixar-se questionar por suas perguntas, sem lhe impor nenhum tipo de *aprioris*. Nesse sentido, John Dominique Crossan pode, às vezes, levar a crítica ao extremo, mas suas reflexões merecem cuidadosa atenção na situação atual. Se as narrativas evangélicas chegam de um contexto em que eventos como visões, aparições ou ressurreições "não eram considerados absolutamente extraordinários nem sequer completamente únicos", então não estão justificadas *a priori* nem as posturas — afinal, "da mesma marca racionalista" — dos secularistas anticristãos, afirmando que são "simples mentiras ou, na melhor das hipóteses, ilusões", nem as dos fundamentalistas pró-cristãos, quando pretendem que o evento Jesus foi, no âmbito *histórico*, "o único caso em toda a história humana".[121]

---

[118] Como se pode perceber, estou aludindo às categorias de J. L. Marion, *L'idole e la distance*, Paris, 1977.

[119] Procurei torná-lo explícito e, teológica e espiritualmente, produtivo no exemplo concreto do "sacrifício de Isaac", em: *Do Terror de Isaac ao Abbá de Jesus*, São Paulo, Paulinas, 2001, capítulo 2, pp. 71-107 (original galego: *Do terror de Isaac ó Abbá de Xesús*, Vigo, 1999, pp. 21-76).

[120] "O conhecimento científico [em sentido hegeliano], ao contrário, exige entregar-se à vida do objeto ou, o que dá no mesmo, ter diante de si e expressar a necessidade interna dele" (*Fenomenología del espíritu*. México-Madrid-Buenos Aires, 1966. p. 36). "Abster-se de imiscuir-se no ritmo imanente dos conceitos, não intervir nele de um modo arbitrário e por meio de uma sabedoria adquirida de outro modo, esta abstenção constitui de per si um momento essencial da concentração da atenção ao conceito" (p. 39).

[121] *The birth of christianity*, cit., xviii.

Isso, aliás, eleva o problema a uma questão de honestidade ética: no diálogo com outras personagens ou religiões, "não é moralmente aceitável dizer direta e abertamente que a nossa narração (*story*) é verdade, mas a vossa é mito; que a nossa é história (*history*), mas a vossa é mentira".[122] Mais interessante é ainda, no meu parecer, o aviso da necessidade de respeitar a especificidade dos evangelhos em si mesmos:

> O problema é que, lenta porém seguramente, através dos passados duzentos anos de investigação científica, aprendemos que *os evangelhos* são exatamente o que aberta e honestamente eles pretendem ser. Não são história, embora contenham história. Não são biografia, embora também contenham biografia. [...] Os evangelhos foram escritos por fé, para a fé e a partir da fé. [...] Se queríamos um periódico qualquer, o problema é *nosso*. Pois o que recebemos é evangelho.[123]

A conseqüência, que ele mesmo antecipa, mostra que esta postura não leva a nenhum nivelamento ou reducionismo indiferente com respeito aos evangelhos:

> Quando *nós* os lemos [*eles*, os primeiros cristãos] como se eles estivessem dizendo que o Jesus histórico é singularmente único (*uniquely/unique*) e que tais acontecimentos somente ocorreram a ele, *nós* os estamos lendo mal. Mas permitam-me ser bastante claro: eles *estavam* manifestando pretensões (*claims*) para seu Jesus, e essas pretensões *eram* apresentadas em comparação (*were comparative*) com todas as outras pretensões semelhantes. Essa era justamente sua intenção (*point*). Onde, perguntavam, tu encontras o divino presente de maneira especial, particular ou mesmo única? É, por exemplo, em Augusto, um imperador romano respaldado por uma fabulosa riqueza colonial e um massivo poder militar, ou em Jesus, uma criança da aldeia, suficientemente pobre para nascer em um estábulo alheio? Onde tu encontras teu Deus? Escolhe.[124]

Crossan, nesta passagem, está falando concretamente da concepção virginal, mas a pergunta tem alcance geral. Através de um material expressivo comum, as narrativas pascais expressam uma pretensão salvífica de caráter único, que chega até mesmo a fórmulas que, fora de seu contexto, revestem um caráter exclusivista: "Em nenhum outro [que não seja "Jesus Cristo de Nazaré, a quem vós crucificastes e Deus ressuscitou dentre os mortos"] há salvação, pois não existe debaixo do céu outro nome dado à humanidade pelo qual devamos ser salvos" (At 4,12). O que sucede é que, ensinados pela crítica, sabemos que a resposta para nós hoje não está na superfície dos textos, mas no espaço que se abre entre eles e a intenção original que os utilizou para encarnar-se na própria cultura.

Até, como assinalamos no princípio, nossa situação é distinta daquela dos primeiros leitores desses textos. Eles, uma vez alcançada e formulada a expressão, podiam — da mesma forma que faziam com os mitos do Gênesis — lê-los e aceitá-los em sua literalidade, situando-os em

---

[122] Ibidem, p. 28

[123] Ibidem, p. 21.

[124] Ibidem, p. 29.

uma sucessão cronológica, na qual não se sentiam obrigados a distinguir os diferentes modos de objetivação: captura, juízo, crucifixão, morte e saída do sepulcro, aparições e ascensão formavam um *continuum* assimilável sem problema em seu horizonte cultural.

No horizonte contemporâneo já não é mais possível, pelo menos quando, alertados pela crítica, quebramos a tendência espontânea da linguagem, sempre disposta a cair — "como o gato sobre as quatro patas" (Jaspers) — em uma leitura objetivante. Enquanto até a morte de Jesus a linguagem aplicada a ele conserva sua referência mundana e direta, que se submete aos critérios normais da verificação histórica, a partir desse momento essa referência muda radicalmente: Jesus deixa de ser mundanamente objetivável e, por conseqüência, somente é atingível mediante as estratégias da *linguagem simbólica*. A possível manifestação de seu destino transmortal só pode dar-se naquela que Heidegger denominou uma "fenomenologia do invisível",[125] isto é, no modo dessas realidades que, sem se manifestarem em si mesmas, "mostram-se" (*zeigen*) no outro empírico.

Evidentemente, desse modo abre-se uma tarefa muito complexa e sutil, além do mais muito própria desta "idade hermenêutica".[126] Se, como já disse alguém, o cristianismo está hoje "diante do risco da interpretação",[127] tal risco verifica-se, de maneira muito especial, por este flanco das narrativas pascais. Lê-las a partir do horizonte contemporâneo, de forma a que se obtenha uma captação do "mundo" (Ricoeur) que se abre nessas direções, realizando a "fusão de horizontes" (Gadamer) que nos leva a uma compreensão viva, é a tarefa ineludível que se descortina diante de nós. A elaboração da "distância temporal" (Gadamer, de novo) era necessária para abrir o espaço interpretativo. Agora já se impõe encarar o passo decisivo: como compreender hoje *o que* se revela no anúncio pascal?

---

[125] Carta a R. Munier, 16.4.1973, em: "Cahiers de l'Herne", *Martin Heidegger*, Paris, 1984, p. 112. Tema no qual Heidegger evoluiu profundamente, bem analisado por J. L. Marion, "Aspekte der Religionsphenomenologie: Grund, Horizont und Offenbarung", in: A. Halder, K. Kienzler, J. Möller (orgs.), *Religionsphilosophie heute;* Chancen und Bedeutung in Philosophie und Theologie, Düsseldorf, 1988, pp. 84-103. Desse tema me ocupo com mais pormenores em *La constitución moderna de la razón religiosa*, Estella, 1992, pp. 95-97, e "La experiencia de Dios: posibilidad, estructura, verifica-bilidad", *Pensamiento* 55 (1999) 35-69.

[126] GREISCH, J. *L'âge herméneutique de la raison.* Paris, 1985.

[127] GEFFRÉ, C. *El cristianismo ante el riesgo de la interpretación.* Ensayos de hermenéutica teológica. Madrid, 1984. [Ed. bras.: *Como fazer teologia hoje;* hermenêutica teológica. São Paulo, Paulus, 1989.]

Capítulo 3

A RESSURREIÇÃO NA COMPREENSÃO ATUAL

O estudo do contexto original e a elaboração da distância temporal representam um trabalho indispensável para toda a tentativa de compreensão. Mas somente como passo prévio para o lance definitivo: a aplicação ao contexto atual. Isso significa que, agora, o discurso será entregue, de certo modo, a si mesmo, à responsabilidade de falar pela própria conta, encarando, por assim dizer, a "coisa mesma" tal como se apresenta na atualidade. Além do mais, isto é algo tão espontâneo e inevitável que foi feito desde sempre, a começar pelos próprios evangelistas, que atualizam, cada qual a seu modo, a experiência original.[1]

Na tentativa, são oferecidos vários caminhos possíveis. Caberia entrar no inventário das distintas teorias ou na enumeração dos clássicos lugares-comuns sobre o tema. Esse é um trabalho necessário e meritório, felizmente feito repetidas vezes e exeqüível em excelentes monografias. Aqui nós o teremos em conta e a ele aludiremos quando for preciso. Mas o esforço tomará um caminho distinto: concentrar-se-á prioritariamente em aproveitar toda a discussão anterior como mediação que convém "reduzir" (no sentido fenomenológico de colocar entre parênteses) para chegar à experiência originária — à "coisa mesma" — e, a partir dela, procurar "construir", de algum modo, o significado atual.

Esta opção nasce da convicção, repetidamente expressa, de que nos encontramos diante de uma mudança radical de paradigma, que exige um estudo renovado. Isso obriga a contar com a dificuldade inerente a toda transformação desse tipo, que somente de maneira muito lenta, desigual e sinuosa vai permitindo que se vejam suas conseqüências. Mas, ao mesmo tempo, funda a paciência e alimenta a esperança, pois o caminho percorrido já mostra claramente que a transformação acaba impondo suas razões. Do mesmo modo que hoje nos parecem óbvias idéias que até há muito pouco tempo eram impensáveis, cabe esperar que as que hoje resultam, talvez, estranhas, amanhã poderão ser evidentes.

---

[1] Daí decorrem a importância e a necessidade de estudar em separado cada versão. Já insiste nisto X. Léon-Dufour, que faz deste ponto a terceira etapa de seu testamento: *Resurrección de Jesús y mensaje pascual*, Salamanca, 1971, pp. 191-260 (a quarta etapa constitui atualização para mim, hoje — pp. 265-331). J. Caba (*Resucitó Cristo, mi esperanza*. Madrid, 1986, pp. 49-59) sintetiza bem o seu pensamento neste ponto.

Além do mais, o método adotado oferece ao leitor a oportunidade de fazer por si mesmo o caminho; ademais, assim sempre lhe será possível controlar um processo que se desenvolve sob seus olhos.

Os critérios: valor salvífico, significatividade e coerência

A preservação do valor salvífico

Para ver algo, a primeira coisa a fazer é ajustar a vista ao objeto. Da mesma forma, para captar um significado, é preciso acomodar-se à sua intencionalidade específica. Procurar compreender a ressurreição implica, pois, proceder de tal modo que se preserve o valor salvífico na vida religiosa da comunidade que a proclama. Aí está um dos critérios decisivos de toda a *re-interpretação* autêntica.

Trata-se, sem dúvida, de afirmações óbvias, mas que, bem por isso, podem perder-se de vista. Recordá-las, quando se inicia um processo reflexivo deste tipo, cumpre assim uma função importante: através das perguntas elementares, enfocar a questão em seu ponto justo, evitando mal-entendidos e salientando as verdadeiras prioridades. Numa dupla direção: se uma proposta não cumpre a condição, fica invalidada; mas também: se consegue cumpri-la, não pode ser descartada *a priori*.

O alcance destas observações será mais bem entendido mediante sua aplicação concreta.

Comecemos pelo problema do corpo ressuscitado ou, com mais precisão, do destino do *cadáver do Crucificado*. Deixando de lado a questão histórica acerca de se, de fato, o sepulcro foi ou não encontrado vazio, o problema é de princípio: a ressurreição como tal implica a necessidade de que o sepulcro ficasse vazio? Como se recordará, foi neste ponto que se iniciaram as primeiras — e muito duras — decisões interpretativas. Com a vantagem para nossa reflexão de que também foi aí que o diálogo alcançou um maior equilíbrio; pelo menos no sentido de que, mesmo na hipótese de que sejam discrepantes as posições a respeito, normalmente não se questiona a validez religiosa da posição contrária. Hoje não se faz depender dele a fé na ressurreição. O exemplo vem a ser, portanto, especialmente indicado. Mais ainda, tenho a impressão de que esse resultado já é fruto da aplicação mais ou menos consciente desse princípio.

Tendo em conta que a reflexão move-se ainda no *nível das hipóteses* — sem que seja necessário, portanto, que se dê por válida nenhuma das opiniões contrapostas, mas antes procurando unicamente examinar suas conseqüências —, a questão é simples: do ponto de vista religioso e para o compromisso da fé, o que muda *de verdade* entre uma e outra hipótese?

Para a fé, a ressurreição autêntica — não a simples volta à vida de um cadáver — implica um modo de existência já não mais material, mundano ou psicofísico. Por isso, desde o princípio, a primeira comunidade pôde colocar na boca de Jesus esta magnífica afirmação: "Pois onde dois ou três estiverem reunidos em meu nome, eu estou ali, no meio deles" (Mt 18,20); e, por isso, podem vivê-lo hoje, igualmente presente, os cidadãos participantes de uma eucaristia celebrada em Manhattan e o catequista ou a missionária que trabalham em meio à mais remota selva africana. Em outras palavras, a corporalidade atual do Cristo ressuscitado transcende radicalmente a condição espaciotemporal; portanto, não tem — *nem pode ter* — nenhuma das qualidades físicas que constituíam seu corpo mortal. Não por defeito, obviamente, mas precisamente pelo contrário: sua condição atual consiste justamente em romper as limitações da matéria, para entrar em um modo radicalmente novo de identificação com a transcendência divina. São Paulo tentou insinuar esta condição, que supera todas as barreiras materiais e rompe todos os esquemas conceituais, falando de "corpo espiritual" (1Cor 15,44).

A conseqüência salta à vista: seja qual for o destino do corpo físico — do cadáver —, *para a fé*, o resultado é exatamente o mesmo. Em um caso, o corpo seguiria o destino normal de desintegração física; em outro, desapareceria simplesmente deste mundo[2] (se é que esta última possibilidade possa ter algum sentido). Porque somente uma *confusão imaginativa*, que continue agindo inconscientemente com os esquemas pré-críticos que equiparam a realidade transcendente do Ressuscitado à realidade imanente dos seres mundanos, pode falar de "transformação" da *matéria* do cadáver, a qual passaria a ser um componente da pessoa ressuscitada (por isso, podem falar acerca desta com a mesma linguagem objetivamente própria do corpo material).[3]

Uma vez estilhaçados os esquemas míticos, um mínimo respeito pela Transcendência unido a um mínimo conhecimento científico faz-nos compreender que uma transformação desse tipo, que arrancaria a matéria de toda relação com as leis da interação mundana, equivaleria à sua própria aniquilação (nem sequer à sua "destruição", no significado ordinário, pois esta reintegra ao mundo os componentes da realidade destruída).

Uma importante prova *às avessas* está na constatação de que os evangelistas se guardaram muito bem de descrever o fato mesmo da ressurreição. E quando isso foi tentado, como, por exemplo, no evangelho apócrifo de Pedro, o resultado põe às claras o seu evidente caráter mítico:

---

[2] Com os alunos, fiz em sala de aula o seguinte experimento mental: Imaginem alguém encerrado na tumba com o cadáver de Jesus e mantido desperto sem interrupção. No "momento da ressurreição", ou não veria nada, porque tudo permaneceria igual (na primeira hipótese), ou, simplesmente, de repente se daria conta de que o cadáver tinha desaparecido (na segunda hipótese). Se esse indivíduo crer na ressurreição, para sua vida ulterior de fé, para seu possível encontro com o ressuscitado, o resultado seria exatamente o mesmo: dado o caráter não material de seu corpo, somente pode ser acessível no regime da fé.

[3] E. Le Roy expressava isso muito bem, em princípios do século passado (*Dogme et critique*. Paris, 1907. pp. 171-173): "La continuité du cadavre au corps glorieux — telle que, semble-t-il, on voudrait l'établir — n'a guère du sens que pur l'imagination" (retomo a citação de R. Winling, *La résurrection et l'exaltation du Christ dans la littérature de l'ère patristique*, Paris, 2000, pp. 13-14).

Mas durante a noite que precedia o domingo, enquanto os soldados estavam de dois em dois fazendo a guarda, produziu-se uma grande voz no céu. E viram os céus abertos e dois varões que dali baixavam tendo um grande resplendor e aproximando-se do sepulcro. E aquela pedra que haviam colocado sobre a porta rolou por seu próprio impulso e retirou-se para o lado, fazendo com que o sepulcro ficasse aberto e ambos os jovens nele entrassem. Ao verem isso, pois, aqueles soldados despertaram o centurião e os anciãos, pois também estes se encontravam ali montando a guarda. E, estando eles explicando o que acabavam de ver, percebem de novo três homens saindo do sepulcro, dois dos quais serviam de apoio a um terceiro, e uma cruz que seguia após eles. E a cabeça dos dois (primeiros) chegava até o céu, enquanto a do que era conduzido por eles ultrapassava os céus. E ouviram uma voz proveniente dos céus que dizia: "Pregaste aos que dormem?"; e se ouviu, vindo da cruz, uma resposta: "Sim". Eles [os soldados], então, estavam combinando entre si de pôr-se a caminho para manifestar isto a Pilatos. E, enquanto se encontravam ainda matutando sobre isso, aparecem de novo os céus abertos e um homem que baixa e entra no sepulcro.

Vendo isto, os que estavam junto ao centurião apressaram-se a ir a Pilatos de noite, abandonando o sepulcro que custodiavam. E, cheios de agitação, contaram tudo o que tinham visto, dizendo: "Verdadeiramente ele era Filho de Deus". Pilatos respondeu desta maneira: "Eu estou limpo do sangue do Filho de Deus; fostes vós os que o quisestes assim".[4]

A simples leitura deste texto constitui para o leitor ou a leitora atuais a melhor prova de que a visibilidade física não é precisamente o melhor caminho para esclarecer e tornar crível a fé na ressurreição.

E, embora de início possa parecer menos claro, não é difícil compreender que sucede o mesmo com respeito à discussão acerca do *caráter físico ou não-físico das aparições*. Na primeira hipótese, o que se "veria" ou "apalparia" no nível estritamente sensorial não poderia ser nunca algo empírico, pois não o é a realidade do Ressuscitado, da mesma forma que, segundo as Escrituras, não se pode "ver" Deus (com quem ele está agora plena e definitivamente identificado). E o fato significativo de que a própria Escritura esclareça que não se pode ver Deus *sem morrer* (cf. Ex 33,20), indica o regime transcendente — não mundano — dessa "visão". De modo que, no caso de que se veja algo *fisicamente*, não pode ser a realidade mesma do Ressuscitado, mas algo estritamente mundano (neste contexto, dá na mesma se este algo for físico ou psíquico, sensorial ou imaginativo).

De início, a conseqüência não aparece tão óbvia como no caso anterior. Mas, *estruturalmente*, é exatamente a mesma. A presença do Ressuscitado não é, em si mesma, acessível aos sentidos corporais e, sendo assim, as "aparições", na mesma medida que forem "físicas", não poderão ser aparições *do Ressuscitado*. Quem tomar mais ou menos ao pé da letra esses relatos tem de contar com uma *interpretação*; é dizer, com um processo mediante o qual algo ocorrido no mundo induz no protagonista o convencimento de uma presença não mundana, de caráter transcendente. Mas isso é também o que, por outros caminhos, tem igualmente de fazer aquele

---

[4] *Evangelio de Pedro* 9,35–11,46. A tradução espanhola é de A. de Santos, *Los evangelios apócrifos*, 2. ed., Madrid, 1963, pp. 389-391.

que não seguir a leitura literal: também, de uma ou outra maneira, a sua fé na ressurreição — caso não queira ser uma pura fantasia ou uma projeção arbitrária — deve obedecer à interpretação de algo que ocorre no mundo.[5]

Repito que, para admitir, *em ambos os casos*, estas conseqüências, não é indispensável sair ainda do terreno das hipóteses. Trata-se unicamente de tornar patente que a *fé* na ressurreição não depende de nenhuma delas. Mas o resultado, este sim se revela importante, pois sublinha a *liberdade hermenêutica* que o próprio caráter dos textos já punha às claras. A decisão interpretativa terá de se fundar em outros fatores e se apoiar em coerências de outro tipo. Como observa, com razão, Walter Kasper, os "teólogos clássicos" podiam descuidar o problema dos pressupostos hermenêuticos: como o testemunho da ressurreição "jamais lhes fora posto fundamentalmente em questão, tampouco se viram na precisão de refletir sobre ele"; mas, com a aparição da teologia crítica, "esta situação mudou radicalmente".[6] Hoje não é lícito, nem possível, prescindir de um cuidadoso esforço hermenêutico.

A significatividade no contexto atual

Com o que foi dito conseguiu-se um critério decisivo, que pode introduzir serenidade na discussão. Esse resultado é importante. Mas, se olharmos bem, sua capacidade discriminadora resulta antes de tudo negativa, no sentido de que exclui toda interpretação que não cumpra essa condição. Também fazem falta *critérios positivos*, isto é, critérios que permitam calibrar a validez, a significatividade e a coerência na compreensão concreta.

A exposição anterior, embora tenha tentado ser objetiva, não ocultou suas preferências pela segunda alternativa — a não fisicista —, tanto no caso do sepulcro vazio como no das aparições. Porque, com efeito, uma vez quebrado, pela distância cultural, o encanto da letra e desvelada a não necessidade da persistência da interpretação literal, aparece com crescente clareza a impossibilidade *atual* de prosseguir com ela.

---

[5] K. H. Ohlig (*Fundamentalchristologie*, München, 1986, p. 82, nota 23) faz uma interessante reflexão: "Se o Ressuscitado aparecesse a um cristão atual, o que ganharia esse cristão com isso? Não cairia ele na pior das dúvidas a respeito de si mesmo? Não deveria ter em conta todos os pontos de vista psicológicos, sociológicos, epistemológicos etc.? Não deveria temer acerca da integridade e 'normalidade' de sua estrutura psíquica e espiritual? E até mesmo no caso de semelhante experiência ser de tal forma que parecesse transmitir segurança absoluta, não deveria, ao cabo de algum tempo — dias, semanas, meses, anos —, surgir a suspeita com relação a seu próprio testemunho? De onde pode vir uma confirmação divina, escatológica, dado que é um sujeito *histórico* aquele que tem de estar seguro dela?

Em resumo: antes que o ser humano alcance o estado final escatológico (*das Eschaton*), permanece nos condicionamentos e questionabilidades da história: uma certeza absoluta, divina somente pode ser obtida quando a história chegar a seu final". Ele retoma a idéia em seu trabalho ulterior: "Thesen zum Verständnis und zur theologischen Funktion der Auferstehungsbotschaft", p. 91.

[6] *Jesús, el Cristo*. Salamanca, 1976. pp. 159, 169 (cf. pp. 159-169). Dirá todavia: "Prossegue de pé a questão sobre o horizonte hermenêutico mais adequado" (p. 167).

Comecemos pelas *aparições*. O capítulo anterior já nos permitiu ver como, se persistirmos em tal interpretação, a leitura se torna simplesmente impossível: as discordâncias e as contradições são demasiado evidentes. Mas agora convém observar como isso não sucede unicamente em um primeiro nível superficial, mas afeta a *estrutura* das narrações em si mesmas. Porque a própria vertebração narrativa aparece impossível, até tendo em conta — na citada expressão de Joachim Jeremias — a "natureza do objeto mesmo".

Com efeito, o objeto pode ser misterioso em sua essência, mas em suas referências meramente *dícticas*, isto é, à medida que é assinalado como ligado a um espaço ou a um tempo determinados, não tem por que sê-lo. Com respeito ao *espaço*, o acontecimento *x*, por misterioso que seja em sua essência íntima, se sucede em Jerusalém, não pode suceder na Galiléia (mas esse é o caso das aparições segundo se leia, por exemplo, ou Lucas ou Mateus). Com o *tempo* dá-se a mesma coisa: se o acontecimento ocorre pela primeira vez perante uma determinada pessoa (ponhamos ao acaso: Madalena), não pode acontecer também, pela primeira vez, diante de outra distinta (por exemplo, Pedro); ou, mais surpreendentemente, o que ocorre e termina em um dia (como no evangelho de Lucas) não pode ocorrer durante quarenta dias (como nos Atos, escritos pelo mesmo Lucas!).

Insisto no caráter *díctico* dos dados em questão, ou seja, de mera mostração da cena ou de sua localização no espaço-tempo, porque, como se vê, isso não é afetado pela maior ou menor misteriosidade intrínseca do objeto. Acudir às dificuldades da lembrança poderia explicar variações em algum pormenor, mas não deveria afetar a própria estrutura da narrativa. De fato, do mesmo modo que ocorre com os relatos da infância, um leitor atual não condicionado pelas rotinas da memória tradicional ou por pressupostos (falsamente) dogmáticos não pensaria em levá-la ao pé da letra. Que é, afinal de contas, o que se faz espontaneamente quando se encontra com relatos paralelos de outras religiões (pensemos, concretamente, na reação de um cristão diante de certas narrações na vida de Maomé, para aludir a uma personagem firmemente ancorada na história).

Convém, contudo, reconhecer que esta constatação, por si só, não demonstra uma impossibilidade absoluta, pelo menos para uma interpretação flexível: a prova é que são muitos os autores que continuam pensando na literalidade fundamental das narrativas. Mas, sem dúvida, questiona as certezas diretas; e, para muitos outros, mostra uma forte improbabilidade.

Algo que tem aplicação também com relação ao *sepulcro vazio*. Se bem que, ao contrário do que sucedia com o item anterior, é menos claro que no caso das aparições. Nele os dados dícticos de tempo e espaço coincidem sem especial problema. Praticamente, não podia ser de outro modo, pois, por um lado, estão no começo que desencadeia o processo narrativo e, por outro, tudo indica que as distintas narrações dependam de apenas uma: a de Mc 6,1-8 (com a possibilidade de que Jo 20,1-13 possa ter certa independência, mas em todo o caso, parece que influenciado por uma tradição pré-marcana).[7]

---

[7] Tenhamos em mente os dados da nota 25 no capítulo II.

Não obstante isso, há dois aspectos que merecem especial atenção.

O primeiro: que *historicamente* estamos perante um dado não seguro. Mesmo reconhecendo a antigüidade das narrativas e sua coerência, que obrigam a levar a sério a verossimilitude da descoberta, existem dificuldades igualmente sérias.

Antes de tudo, há um fato significativo: "Nem nas antigas formulações querigmáticas, nem por parte de Paulo, argumenta-se, em conexão com o anúncio da ressurreição, com a descoberta ou com o fato do sepulcro vazio. Tampouco isso é feito na fórmula de fé (*Credo-Formel*) já mais desenvolvida da primeira Carta aos Coríntios (15,3b-5)",[8] que narrativamente constitui o testemunho mais antigo da ressurreição. E não se deve afirmar, com demasiada facilidade, que o sepulcro vazio seja dado por pressuposto ao se falar de aparições: as oposições no texto paulino são "morto-sepultado" e "ressuscitado-aparecido"; isto é, que o "sepultado" se une à morte e não à ressurreição, que é remetida às aparições e não ao sepulcro vazio.[9] Além do mais, o próprio Paulo parece confirmar esta desconexão ao insistir que "[...] a carne e o sangue não podem receber de herança o reino de Deus" (1Cor 15,50).

A isso se somam indícios no próprio livro dos Atos de uma possível tradição de sepultura comum, própria de um condenado: "Embora não encontrassem nenhum motivo para condená-lo, pediram a Pilatos que ele fosse morto. Depois de realizarem tudo o que a Escritura diz a respeito dele, eles o tiraram do madeiro da cruz e o colocaram num túmulo" (At 13,28-29). Em si, haveria que considerar esta tradição como a mais provável, pois, no conceito das autoridades, Jesus morreu como condenado. E, embora, como consta nos testemunhos de Fílon e Flávio Josefo, fossem possíveis exceções que permitiam a entrega do cadáver aos familiares, isso requeria possuir certa influência sobre as autoridades, condição esta que, com certeza, não se aplicava ao caso de Jesus, alguém de extração humilde e que havia batido de frente com as autoridades tanto políticas como religiosas. Por outra parte, a descoberta arqueológica de um crucificado no *ossário* da própria família[10] tem caráter excepcional, pois somente um foi encontrado, quando se sabe que os crucificados na Palestina do primeiro século foram milhares: "Isto confirma a visão de que essa sepultura foi a exceção e não a regra, o extraordinário e não o ordinário".[11]

---

[8] VÖGTLE, A. *Biblischer Osterglaube*. Neukirchener-Vluyn, E. Lohe 1999. p. 43.

[9] MÜLLER, U. B. *Die Entstehung des Glaubens an die Auferstehung Jesu*. Stuttgart, 1998. pp. 16-17 (que remete a H. Conzelmann, *Der erste Brief an die Korinther*, 2. ed., KEK, 1981, pp. 297, 301, 303. Cf., igualmente, WEDDERBURN, A. J. M. *Beyond resurrection*. Canterbury, SCM Press, 1999. p. 87 [que remete a H. Merklein, *Auferstehung und leeres Grab (Mk 16,1-8)*, Stuttgart, 1994, p. 5]).

[10] Sobre o significado e a importância dos ossários, cf. E. Puech, *La croyance des esséniens en la vie future*, Paris, 1993, v. I, pp. 191-199.

[11] CROSSAN, J. D. *The birth of christianity*, cit., p. 545 (cf. os dados nas pp. 443-445). Um autor tão moderado como M. Deneken não teme concluir : "On ne saurait donc être effarouché par l'éventualité que l'enterrement de Jésus n'ait pas eu lieu tel que le raconte la Tradition" (*La foi pascale*. Paris, 1997. p. 311 [cf. pp. 309-313]).

As razões que geralmente são dadas para afirmar que seria impossível pregar a ressurreição em Jerusalém, no caso de que o sepulcro não estivesse vazio, sendo sérias, tampouco são apodícticas. Wolfhart Pannenberg recorda a conhecida afirmação de Paul Althaus de que o *querigma* da ressurreição "não teria sido possível de ser sustentado em Jerusalém nem um dia ou uma hora sequer, se o vazio da tumba não constasse a todos os interessados como um fato real".[12] E, sem dúvida, se o problema fosse posto dessa maneira, o argumento seria irrefutável, pois, dada a antropologia judaica, parece certo que tanto os adversários como os discípulos não *conceberiam* a ressurreição estando o cadáver presente. Mas notemos, entretanto, que esta suposição ambiental joga nas duas direções: a) a narrativa conta um acontecimento que *teve de suceder assim*, pois, caso contrário, não será crível; b) precisamente porque se dá por pressuposto, se conta como obviamente acontecido, sem necessidade de ser constatado, portanto, *ainda que não aconteces-se*.[13] Michel Deneken nota com perspicácia que as tradições relativas à descoberta do sepulcro vazio manifestam a existência de uma pregação *dedutiva* e *lógica*, mas "segunda em relação à fé enunciada no querigma".[14]

Mas, sobretudo no mundo dos possíveis fatos, nem tudo é tão claro, pois "nossos conhecimentos acerca da situação dos discípulos antes e depois da ressurreição de Jesus não permitem aqui nenhum quadro preciso".[15] De fato, a situação inicial era de perseguição, ocultamento e dispersão; com toda a probabilidade, os apóstolos escaparam para a Galiléia a fim de se refugiarem e não voltaram imediatamente dali; finalmente, os cristãos eram um grupo muito pequeno — provavelmente menos que os 120 indicados em At 1,15 — numa cidade de 25.000 a 30.000 habitantes.[16] Rudolf Pesch, que recorda este último dado, oferece ainda três razões: a) nem sequer a sepultura oferecida por José de Arimatéia (Mc 15,42-47) está historicamente acima de qualquer dúvida razoável; b) não se conhece o momento preciso do anúncio da ressurreição em

---

[12] Althaus, P. *Die Wahrheit der kirchlichen Osterglaubens*. 1940, p. 25 (A citação está em W. Pannenberg, *Fundamentos de cristología*, Salamanca, 1974, p. 125. Cf. todo o seu arrazoado nas pp. 124-132).

[13] Sem sublinhar expressamente esta conseqüência, A. Vögtle indica a importância da distinção: "É preciso distinguir entre a eventual fé temperamental dos discípulos de que a ressurreição de Jesus implica a supressão e elevação (*Aufhebung*) do cadáver que jazia no sepulcro e a constatação eventual — portanto, o saber eventual — dos discípulos de que o sepulcro de Jesus estava vazio" (*Wie kam es zum Osterglauben?*, 1975, p. 87).

[14] Deneken, M. *La foi pascale*, cit., p. 297 (os grifos são meus). Ele remete a I. Broer, *Die Urgemeinde und das Grab Jesu*, München, 1972, pp. 264-269.

[15] Broer, I. "Seid stets bereit, jedem Rede und Antwort zu stehen, der nach der Hoffnung fragt, die euch erfüllt (1Pe 3,15)", p. 43 (neste excelente estudo, o autor sintetiza suas investigações sobre a questão).

[16] Tomo estes dados de R. Pesch, "Zur Entstehung des Glaubens an die Auferstehung Jesu", cit., p. 207, que, para o número de habitantes, nos remete a J. Jeremias, *Jerusalén en tiempos de Jesús*, Madrid, 1977, p. 102 (cf. pp. 95-102).

Jerusalém; c) Mc 6,14.16 mostra que se podia falar de ressurreição do Batista sem a necessidade de indicar seu sepulcro vazio.[17]

Finalmente, não podemos nos esquecer de que a narrativa de Marcos, da qual, neste ponto, as demais dependem, se for tomada como narração de *fatos*, vem a ser extremamente problemática, no limite do inverossímil: a tentativa, as ações e as respostas das mulheres são compreensíveis quando assumidas como mediação narrativa para o anúncio da ressurreição; entretanto, carregam-se de incongruências no caso contrário.[18] Pensemos simplesmente na decisão de ir ungir o cadáver, sem pensar na impossibilidade de ter acesso à tumba. Daí ser compreensível que alguém possa ter escrito que "a abertura do sepulcro é, historicamente, ainda mais difícil de ser explicada do que o fato de este estar vazio".[19]

Mas resta ainda um segundo aspecto importante. Mesmo se admitirmos a historicidade do sepulcro vazio, é hoje praticamente unânime o reconhecimento de que, como tal, ele não pode ser considerado como *prova* da ressurreição. E o mais significativo deste reconhecimento está justamente no fato de que se compreende que seu *caráter empírico* não pode demonstrar, de maneira direta, um acontecimento transcendente. Na medida em que é empírico, pede antes explicações pertinentes a seu mesmo nível: furto do cadáver, traslado a outro lugar, confusão na identificação da tumba... A ponto de alguém ter podido escrever: "A tradição do sepulcro vazio, por mais venerável que seja, levanta mais questionamentos do que aqueles que resolve".[20]

Seja como for, à medida que se falar de ressurreição, será preciso *interpretar* esse dado empírico no contexto da fé. Mas, nesse caso, a postura que for adotada com respeito à presença ou não do cadáver representa *uma* entre outras no "conflito das interpretações", e, bem por isso, deverá concorrer com razões que a tornem mais verossímil, provável e coerente com aquelas que oferecem alternativas.

---

[17] "Zur Entstehung des Glaubens an die Auferstehung Jesu", cit., pp. 206-208. Cf. a esse respeito a discussão cauta e pormenorizada que é oferecida por A. Vögtle, op. cit., pp. 85-98. Ele parte do fato de que "segundo o estado atual da discussão, há dados que falam a favor de que a comunidade primitiva conheceu o sepulcro de Jesus, se bem que não se possa afirmar isso com total segurança" (p. 85). E conclui por a afirmação de que em Jerusalém não se pudesse pregar a ressurreição de Jesus sem a possibilidade de controlar o sepulcro vazio, "em uma observação mais pormenorizada, mostra-se, quando menos, como não concludente (*zwingend*)" (p. 97); e que, portanto, "para a tentativa de uma explicação do surgimento da fé pascal seria, em todo caso, recomendável ter em conta que o conhecimento, e precisamente o conhecimento antecipado, do estado vazio do sepulcro de Jesus, é uma hipótese bem mais improvável do que provável" (p. 98). Cf., igualmente, *Biblischer Osterglaube*, cit., pp. 42-51.

[18] Cf. a excelente síntese de I. Broer, "Seid stets bereit...", cit., pp. 36-42.

[19] SCHWEITZER, E. *Jesus, das Gleichnis Gottes*. 2. ed. Göttingen, 1996, p. 112, nota 160 (que atribui a afirmação a L. Oberliner, "Die Verkündigung der Auferweckung Jesu im geöffneten und leeren Grab": *ZNW* 74 (1982) 159-182. A importante investigação de Oberliner insiste em que esta perícope não é um pressuposto, mas uma "conseqüência da fé na ressurreição de Jesus" (p. 172).

[20] DENEKEN, M. *La foi pascale*, cit., p. 302. Assim diz ele: "Hoje é perfeitamente possível estar em total comunhão com a fé apostólica da Igreja, reconhecer-se do ponto de vista dogmático na tradição católica, mesmo considerando a eventualidade de que a tumba não fosse encontrada vazia" (pp. 307-308). Cf. todos os pormenores de sua abordagem nas pp. 259-314.

Uma questão de fundo: o "sentido", prévio à "verdade"

Uma vez chegados até este ponto, convém dar ainda um passo ulterior. As considerações moveram-se muito conscientemente nos sulcos do discurso tradicional, herdado, em boa medida, dos tempos da leitura literalista e totalmente condicionado pelos esquemas imaginativos de cenas espontaneamente realistas. Para se aperceber da profundidade deste condicionamento, basta recordar o catecismo recebido na infância, pensar na maioria das pregações atuais ou simplesmente percorrer as salas dos museus clássicos. Nossa *imaginação*, alimentada por numerosas e variadas descrições de tais cenas como algo óbvio e natural, dá como evidente sua coerência e possibilidade.

Mas um mínimo de conseqüência com a mudança mais decisiva já assumida por toda a teologia atual — a ressurreição não mais entendida como volta de um cadáver à vida anterior — obriga-nos a aplicar com mais cuidado o "trabalho do *conceito*". Porque, uma vez pronto, compreende-se que o *imaginado* como possível vem a ser, na realidade, impossível. As razões já foram insinuadas nos itens anteriores, mas agora se impõe proceder com maior precisão, procurando movimentar-se de maneira consciente e explícita dentro do novo paradigma.

É, por exemplo, um mau caminho retomar o problema a partir da crítica à "onipotência da analogia". Introduzido por Ernst Troelsch,[21] e reintroduzido na discussão atual por um teólogo tão renovador como Jürgen Moltmann,[22] ele corre o perigo de enroscar o discurso numa meada inextricável, típica das disputas medievais acerca do que Deus pode ou não pode fazer *de potentia absoluta*. Porque, posta assim em abstrato, a resposta não tem limites, e qualquer limitação converte-se em um *a priori* arbitrário, pois é evidente que, de per si, nada possível pode ser negado à onipotência divina. Afirmar que a ressurreição, tomada no sentido literal das narrativas, não pôde ter lugar, argüindo unicamente que não existem para ela analogias históricas, não provaria nada. Equivaleria a se fechar, de antemão e arbitrariamente, à possibilidade do novo; e Moltmann tem razão quando conclui que, desse modo, mataríamos todo o "interesse autêntico pela história" e faríamos desaparecer a própria "curiosidade histórica".[23]

---

[21] "A observação de analogias entre processos homogêneos do passado torna possível que lhes seja atribuída verossimilhança e a explicação do desconhecido de um na base do conhecido de outro. Mas esta onipotência da analogia inclui a homogeneidade básica de todo acontecer científico-histórico, a qual não é certamente igualdade [...], mas pressupõe, em todo caso, um núcleo de homogeneidade comum, a partir da qual podemos conceber e compreender as diferenças" ("Über historische und dogmatische Methode". 1898. In: *Gesammelte Schriften*. v. 2, p. 731. Tomo a citação de J. Moltmann, *Teología de la esperanza*, Salamanca, 1969, p. 230).

[22] Cf., principalmente, *Teología de la esperanza*, cit., 1969, pp. 226-239; *El camino de Jesucristo*, Salamanca, 1993, pp. 311-334.

[23] MOLTMANN, J. *El camino de Jesucristo*, cit., p. 332. "Um interesse unilateral pelo homogêneo, pelo que se repete uma e outra vez, pelo típico e regular, aplainaria o autenticamente histórico, que consiste no contingente e novo, e com ele perderia totalmente, no final, o sentido da história" (*Teología de la esperanza*, cit., p. 234).

O ruim é que esse tipo de argumentação, justamente por sua obviedade universalista, é muito pouco produtiva em concreto. Na realidade, limita-se a abrir uma possibilidade abstrata, mas ainda não prova nada na ordem dos fatos: que seja ilegítimo fechar-se de antemão diante de uma determinada proposta não significa que se deva admiti-la, uma vez examinada *em concreto*. Do contrário, dado que, em princípio, tudo é possível à onipotência divina, seria preciso consentir, sem mais, a alguém que tome toda a Bíblia ao pé da letra ou até mesmo que afirme que Deus pode fazer algo contraditório, por exemplo, "círculos quadrados".

O exemplo não é arbitrário, pois pode ajudar na compreensão do problema. Com efeito, a clareza do exemplo mostra a necessidade de uma distinção fundamental: prévia à discussão sobre a *verdade* está a discussão sobre o *sentido*. Negar que Deus possa fazer "círculos quadrados" não equivale nem a negar sua onipotência nem a adotar uma atitude aprioristicamente fechada ao novo. Simplesmente detecta *a posteriori* que a expressão carece de sentido, pois, na realidade, nada mais é do que um mero *flatus vocis*, isto é, uma combinação contraditória de sons verbais que nada significam. Em outros termos, que nesse nível nem se afirma nem se nega a verdade de uma proposta: simplesmente se detecta sua falta de sentido.

Pois bem, quando, por exemplo, se fala de *ver o Ressuscitado*, impõe-se ter em conta que, prévia à questão de sua *verdade*, deve ser posta a pergunta pelo seu *sentido*: tem sentido afirmar que alguém *vê* uma pessoa que está definitiva e radicalmente fora das condições espaciotemporais? As considerações anteriores deixaram patente que esta pergunta nada tem de ociosa. Mas não é demais insistir, abrindo uma análise mais profunda. E para tomar uma distância interpretativa, vale a pena radicalizar o problema mediante o recurso a um exemplo extremo, mas de estrutura noética similar. Trata-se da pergunta — já aludida — acerca de se tem sentido *ver a Deus*.

Para o presente propósito, nada melhor que recorrer a uma discussão real, que por sua própria crueza põe a nu o verdadeiro núcleo da questão. Refiro-me ao arrazoado de um perspicaz filósofo da ciência, Norwood Russell Hanson, acerca da existência de Deus. Segundo ele, dado que esta não é algo óbvio, deverá ser demonstrada anunciando-se no mundo empírico; isto é, para que possamos afirmar a existência de Deus, será preciso que ele *apareça* e que nós possamos *vê-lo* e *ouvi-lo* mediante nossos sentidos. Eis a seguir o texto, pois a clareza e precisão inequívoca da proposta obriga-nos a ver a estrutura autêntica do problema:

> Suponhamos [...] que terça-feira próxima bem cedo, imediatamente após o café da manhã, todos os que vivemos neste mundo sejamos derrubados por um estrondo imponente. A neve amontoando-se, as folhas caindo das árvores, a terra arquejante, os edifícios vindo abaixo, as torres desmoronando, o céu ardendo com uma pavorosa luz prateada. Neste momento, quando todo o mundo olhar para cima, o céu se abrirá e, dentre as nuvens, aparecerá a figura de um Zeus radiante e incrivelmente imenso, que se levantará por cima de nós como se fosse cem Everestes. E olhará com olhos turvos, enquanto os raios cruzarão as faces de seu rosto, que parecerá talhado por Michelangelo. Então me apontará — a mim! — e exclamará para que todos, homens, mulheres e crianças, possam ouvi-lo: "Já tive o suficiente de suas sutilezas lógicas e de seus jogos de palavras em assuntos teológicos. Tenha a mais completa segurança, Mr. Hanson, de que eu certissimamente existo!"

E não pensem nisto como se fosse um assunto privado entre mim e a divindade. Todo o mundo será testemunha, "verá muito de perto" o que ocorrer, e todos e cada um dos homens ouvirão perfeitamente o que me for comunicado desde o alto. Até mesmo as câmeras de televisão e os magnetofones registrarão o sucesso para a posteridade.

Por favor, não menosprezem este exemplo como uma imaginação irreverente e brincalhona no melhor estilo Disneylândia. A importância conceitual de tudo isto é que *se* um acontecimento tão admirável como este ocorresse realmente, eu ao menos ficaria para sempre convencido de que Deus existe de fato.[24]

Verdadeiramente, é difícil ir mais longe por este caminho, e é assombroso constatar que um pensador, em outros aspectos sutil e profundo, possa incorrer numa simplificação de tal calibre. Mas, como sucede quase sempre, a simplificação, do mesmo modo que a caricatura, nada mais faz que desvelar o que, muitas vezes, se oculta nos arrazoados mais indiretos e complicados. O que Hanson diz reflete os pressupostos de uma parte importante da mentalidade "científica"[25] e, se olharmos bem, acaba sendo revelador de uma influência que impregna profundamente o ambiente cultural. Ela se deixa sentir na própria filosofia, sempre tentada a objetivar o transcendente, como se viu na discussão suscitada por Anthony Flew com a parábola do "jardineiro invisível".[26] E, obviamente, tampouco a teologia se pode considerar totalmente isenta de seus efeitos: qualquer um pode facilmente se prevenir, contanto que leia nesta ótica muitas, se não a maioria, das disputas acerca das aparições.

Daí a importância desta explicação. Porque poder-se-á ou não crer na existência de Deus; mas o que não se pode é pedir para a sua realidade transcendente provas de tipo diretamente empírico. De fato, temos até vontade de concluir exatamente ao contrário a narração de Hanson: diante dessa aparição "eu pelo menos deixaria de crer no mesmo instante". Porque é óbvio que uma figura física, por maior e mais surpreendente que seja, não pode *ser* Deus, que é espiritual, infinito e transcendente.

---

[24] HANSON, N. R. "Lo que yo no creo". In: *Filosofía de la ciencia y religión*. Salamanca, 1976. p. 32. Uma boa prova da maneira como este autor leva a sério o citado exemplo é o fato de que o repita quase ao pé da letra no *dilema do agnóstico* (ibidem, p. 22). Manuel Fraijó também alude a esta passagem a propósito da ressurreição (*Jesús y los marginados*. Madrid, 1985. p. 188).

[25] No prólogo desta obra coletiva, M. A. Quintanilla diz que "a argumentação de Hanson me parece rigorosa e sua significação, interessante" (p. 13). E J. Sádaba sublinhará que, sem negar que a postura de Hanson é pessoal, isso "não quer dizer que se tenha afastado um centímetro sequer [...] dos pressupostos básicos do empirismo lógico com respeito ao tema" ("Hanson y el agnóstico". In: SADABA, E. *Filosofía, lógica y religión*. Salamanca, 1978. pp. 49-65 — aqui, p. 59).

[26] Deste tema já me ocupei anteriormente no trabalho "De Flew a Kant: empirismo e obxectivación na linguaxe relixiosa", *Grial* 30 (1992) 494-508 (agora um pouco mais ampliado em *El problema de Dios en la modernidad*, Estella, 1998, pp. 233-260). Nele, esforço-me por mostrar como esta tendência objetivante se deixa sentir — como, expressamente, Hegel já o havia feito notar — no próprio Kant, numa passagem tão importante como a do "abismo da razão" (*Kritik der reinen Vernunft*. 2. ed. Frankfurt a. M., W. Weischedel, 1976. v. IV, A 613, B 641, p. 543).

Leszek Kolakowski, sem se referir ao texto de Hanson (e possivelmente sem conhecê-lo), mostra com rigorosa profundidade sua falta de sentido:

> Suponhamos que Deus, exasperado pelo rápido aumento de nossa incredulidade, decide proporcionar à raça humana provas irrefutáveis de sua existência, sem utilizar nenhum tipo de compulsão mental [...]. O que fará? Que classe de milagres extraordinários terá de realizar para que ninguém, em seu pleno juízo, deixe de perceber sua mão? É fácil perceber que não poderia fazer nada desse tipo. Porque o cético com mentalidade científica sempre pode afirmar plausivelmente que, por mais improvável que pareça, alguma explicação natural dos supostos milagres é mais razoável, no final das contas, que uma explicação em termos de intervenção divina. [...] Assim, pois, Deus está incapacitado para criar uma evidência empírica de sua existência que pareça irrefutável ou, ao menos, sumamente plausível, em termos científicos; afirmar isto não equivale, em absoluto, a limitar sua onipotência, porque, para superar a dificuldade, seria preciso fazer um milagre lógico [ou seja, uma contradição: A. T. Q.] em vez de físico.[27]

Este tipo de consideração é certamente difícil. Entretanto, para o presente propósito, as conseqüências são suficientemente claras. À medida que a ressurreição implica a fé na superação da morte, com a conseguinte ruptura dos condicionamentos espaciotemporais, só vem a ser concebível pela máxima identificação do ressuscitado com Deus. Por isso o fiel confessa a presença de Cristo em todas as partes, sem limitação de tempo, ocupação ou lugar: nessa identificação consistem sua grandeza, sua glória e sua divindade. Mas isso implica que, *nessa mesma medida*, o Ressuscitado torna-se, *por necessidade intrínseca*, inacessível à captação sensível, necessariamente sujeita às condições do tempo e do espaço.

A conclusão impõe-se: falar de uma *visão do Ressuscitado*, tomando as palavras no significado normal, carece simplesmente de *sentido*. Não resta espaço nem sequer para apresentar o problema de sua possível *verdade*. Por conseqüência, do mesmo modo que se mostra absurda a exigência de Hanson, quando pretende uma aparição espetacular para demonstrar a existência de Deus, tampouco tem sentido pretender que a fé na ressurreição deva ser demonstrada mediante *aparições*. Também aqui poderemos acreditar ou não na existência do Cristo ressuscitado, mas

---

[27] *Si Dios no existe...* Sobre Dios, el diablo, el pecado y otras preocupaciones de la llamada filosofía de la religión, Barcelona, 1985. pp. 77-78. É significativo que, a esta mesma conclusão, já havia chegado David Hume. (Cf. a perspicaz exposição de G. López Sastre, "David Hume y el carácter no razonable de la creencia en la verdad del cristianismo", in J. Gómez Caffarena e J. M. Mardones, *La tradición analítica*. Materiales para una filosofía de la religión, Madrid, 1992, v. II, pp. 59-72). Ele assim conclui a sua análise: "[...] embora tivesse um Deus que realizasse milagres, a realidade dos mesmos se nos escaparia sempre. Dizendo-o de outra forma, Deus não pode utilizar os milagres como provas empíricas convincentes daquilo que quer revelar à humanidade" (p. 72).
Seja como for, seria interessante mostrar como o arrazoado poderia ser ainda mais profundo apoiando-se na própria diferença divina: uma manifestação empírica não pode, *por definição*, ser manifestação direta e unívoca de Deus. Cf., a esse respeito, E. Jüngel, *Dios como misterio del mundo*, Salamanca, 1984, pp. 477-483, e A. Torres Queiruga, *A revelação de Deus na realização humana*, São Paulo, Paulus, 1995, pp. 189-193.

carece de sentido pedir provas de tipo diretamente empírico para demonstrar sua realidade transcendente. (Assim sendo, tampouco podem levar muito longe perguntas como a de Anton Vögtle: "O Ressuscitado falou?")[28]

Compreende-se que, colocada assim, com tão brusca e quase brutal clareza, esta afirmação vá de encontro com a sensibilidade habitual e que, até mesmo, possa ferir alguém. Apesar disso, enfim, nada diz que já não esteja dizendo — ou melhor, subentendendo — a maior parte da teologia atual. Pois desde que foram abandonadas as concepções maciçamente literais, todos os esforços medianamente críticos são dirigidos a mostrar que, nas aparições do Ressuscitado, não se trata de visões físicas normais, mas *de algum tipo de "experiência" singular*. Daí que se busque ajuda em expressões aproximativas, falando, por exemplo, de "elementos visuais" ou de "fenômenos auditivos" ou de "sensações luminosas".

O ruim é que justamente a vagueza das expressões, que, num primeiro momento, permite sair dessa situação, acaba se convertendo em porta de entrada para a confusão. A razão está em que, desse modo, o discurso *parece* abandonar o plano literal e fisicista; mas, *na realidade*, oculta a evidência elementar de que tão "mundano" é um "fenômeno luminoso" como uma figura perfeita; um "fenômeno auditivo", como una palavra perfeitamente articulada. Podem-se esfumar os contornos do problema, mas seu núcleo permanece idêntico.

O caráter nada convincente e até estranhamente anacrônico deste recurso é muito bem notado nas tentativas de maior concreção. É o caso, por exemplo, de quando se procura assegurar o realismo das aparições, dizendo que o Ressuscitado "adota forma humana em virtude de uma intervenção divina especial e, repentinamente, recupera seu estado de ser celeste e volta a ser invisível aos olhos humanos"; ou quando se afirma que "Cristo ressuscitado aparece aos discípulos sob uma forma corporal 'fictícia'".[29]

O choque inicial que as reflexões anteriores podem provocar deve-se simplesmente ao fato de tentarem situar o discurso em sua plena coerência, eliminando a confusão derivada de um vocabulário fluido e impreciso. Um vocabulário psicológica e historicamente compreensível, pois

---

[28] *Wie kam es zum Osterglauben?*, cit., pp. 122-127 (conclui que não se demonstra — p. 127); *Biblischer Osterglaube*, cit., pp. 72-91 (conclui que o melhor esclarecimento é que "refletem a pregação e a apologética do cristianismo primitivo" — p. 91).

[29] BOISMARD, M.-É. *¿Es necesario aún hablar de "resurrección"?* Bilbao, 1996. pp. 133-134. O autor, tomando-as ao pé da letra, faz a mesma aplicação às aparições veterotestamentarias: "Então podemos comparar as narrativas de aparição com o texto de Gn 18,1s: Deus, acompanhado por dois anjos, aparece a Abraão sob a forma humana. Abraão lava-lhes os pés (18,4), prepara-lhes uma comida substanciosa que eles comem com apetite (18,6-8). E, apesar de tudo isso, Deus e os anjos não podiam ser vistos por olhos humanos, nem podiam comer como humanos. Eles aparecem na forma de homens, evidentemente em virtude de uma intervenção divina para que este fenômeno pudesse realizar-se. Assim sucedeu com as aparições de Cristo ressuscitado: por sua ressureição, pertence ao mundo do divino e não ao mundo das realidades terrestres" (p. 134).

cumpre, de forma muito evidente, uma dupla função. Por um lado, contribui para manter uma impressão de continuidade com o anterior, mitigando o impacto da mudança (e, vamos dizer assim, a possível angústia inconsciente provocada por ele). Por outro, permite a penetração não traumática das novas idéias (fenômeno, além do mais, já bem conhecido desde as análises de Thomas S. Kuhn acerca da transição entre paradigmas). Nem tudo é, pois, negativo. O inconveniente está no preço que obriga a pagar, porque esse tipo de estratégia tende a impedir, ou melhor, a tornar excessivamente mais lenta a entrada do novo paradigma, que se mostra cada vez mais como necessário e inevitável, mas que, com essas dilações, acaba não reintegrando todos os dados numa nova "figura" de revelação.

Reintegrar e reinterpretar. Não necessariamente *eliminar*. Porque não se trata de negar por princípio a possível realidade de determinados dados empíricos veiculados pelas narrações, mas de situá-los em seu verdadeiro significado. Que, por exemplo, as discussões provocadas pelas respectivas propostas levassem Edward Schillebeeckx a conceder mais valor ao "elemento visual"[30] ou Rudolf Pesch a valorizar, contrariamente à sua primeira concepção, as visões extáticas do Ressuscitado "como acontecimento histórico suficientemente assegurado"[31] pode obedecer a um maior realismo na avaliação das narrativas. Mas, se for assim, isso somente vale para a apreciação subjetiva que os primeiros cristãos fizeram, naquela ocasião, de determinados fatos em seu próprio horizonte; não vale, sem mais, para o valor dogmático, que é preciso interpretar no horizonte atual.[32] (De fato, não creio que esta matização de ambas as teorias tenha modificado o parecer — favorável ou contrário — que os diversos autores tinham feito partindo da primeira exposição.)

Em outras palavras, o fato de Pedro, no caso de ter ocorrido historicamente a sua "visão", pensar — nos parâmetros culturais de seu tempo — que "havia visto" o Ressuscitado, não significa que também *nós* — sem que questionemos sua veracidade — devamos aceitar sua interpre-

---

[30] SCHILLEBEECKX, E. *En torno al problema de Jesús*, cit., p. 114.

[31] PESCH, R. "Zur Entstehung des Glaubens an die Auferstehung Jesu", *FZPhTh* 30 (1983), 73-98 (aqui, p. 87). Cf. a exposição pormenorizada de H. Kessler, *Sucht den Lebenden nicht bei den Toten*, cit., pp. 195-199, que, em todo caso, lhe parece insuficiente como retificação. Um tom oposto se insinua, ao contrário, no prólogo que os editores antepõem aos tomos de discussão editados por I. Broer e J. Werbick, *Der Herr ist wahrhaft auferstanden" (Lk 24,34)*, Stuttgart, 1988, p. 7.

[32] De fato, E. Schillbeeckx precisa, com sábia cautela teológica: "Agora me apercebo de que teria sido preferível tratar também deste elemento visual, sublinhando seu indubitável valor histórico-psicológico, mas também seu *escasso relevo dogmático*" (op. cit., grifos meus). Em nota, ele ainda esclarece: "Quando, depois da publicação de *Jesús. La historia de un viviente*, me foi perguntado se eu negava todos os elementos visuais, como acontecimento histórico-psicológico dos fatos que, no Novo Testamento, são denominados 'aparições de Jesus', respondi negativamente, acrescentando, não obstante, que esse *elemento visual* não pode constituir o fundamento da fé cristã na ressurreição". Cf. *De Bazuin* 58 (1975), 18 de março, p. 2, e H. Kuitert e E. Schillebeeckx, *Jesús van Nazaret en het heil van wereld*, Baarn, 1975, pp. 51-52" (ibidem, nota 17). Na página seguinte, discutindo com A. Descamps, ele insiste na distinção entre o plano exegético (interessado, antes de tudo, em como devemos interpretá-la hoje) — pp. 115-117.

tação. De fato, esta cautela é a que, *em rigor,* adota toda a teologia medianamente crítica, como nos comprovam as inumeráveis discussões acerca do caráter dessas possíveis "visões".[33] E convém acrescentar ainda que, exceto no caso de Paulo — ele mesmo peculiar, apesar de todas as aproximações —, nem sequer contamos com testemunhos diretos de tais visões, mas com narrações de segunda mão, com a natural tendência à exaltação e mitificação imaginativa.

Coerência teológica: a ação de Deus

Seja como for, ainda com o risco de nos repetirmos em excesso, convém calibrar bem o resultado dessas reflexões. Trata-se, antes de tudo, de um resultado *negativo:* tomadas as palavras em seu sentido normal, é impossível uma *visão* do Ressuscitado e, conseqüentemente, também o é sua *aparição* sensível. Mas, à parte o fato de que o meramente negativo não baste como resultado final, resta-nos a suspeita: será que o manejo de conceitos tão amplos e precisos não extraviará o pensamento pelo oceano kantiano do metafisicamente incontrolável? A possível, e sempre indigente, verificação pode vir apenas do estudo *positivo,* à medida que a situação assim criada permita continuar avançando para compreender melhor o sentido e a verdade das narrativas.

É importante, por isso, que insistamos em que esse resultado é negativo apenas quanto à *interpretação* dos fatos narrados. De per si, ele não prejulga a possibilidade de que as narrativas transmitam fatos reais, enquanto *vivências de uma realidade objetiva* que os protagonistas interpretaram como um estar vendo a Cristo. E principalmente — para usar a terminologia de Paul Ricoeur —, situarmo-nos perante a tarefa de interpretar o "mundo de sentido" aberto pelos textos. Numa dupla direção: 1) *o que* dizem as narrativas pascais acerca do destino e da realidade de Jesus de Nazaré? e 2) *como* chegou a primeira comunidade a descobrir isso que dizem? Duas questões intimamente ligadas, mas que convém não confundir, pois a primeira remete primordialmente à *ação criadora* de Deus, enquanto a segunda se refere à sua *ação reveladora.*

Essas duas perguntas integram o estudo da ressurreição no quadro global de sua coerência teológica. A partir dela, será preciso um segundo passo, que a verifique em sua concreção cristológica. São esses os dois grandes parágrafos que nos esperam.

---

[33] Ver, por exemplo, a exposição — além do mais, nada exaustiva — que H. Kessler faz das distintas posturas (op. cit., pp. 492-501). São interessantes a esse respeito as finas matizações hermenêuticas feitas por U. B. Muller (cf. *Die Entstehung des Glaubens an die Auferstehung Jesu,* Stuttgart, 1998, pp. 14-15, 46, 61, 68-69), o qual insiste em que, nas "visões", não se trata nunca de "experiências puras", mas já sempre interpretadas em "um sistema simbólico interpretativo", o qual, em última análise, "não se acrescenta posteriormente a uma visão, mas que pode estar essencialmente implicado no ressurgimento da mesma, se bem que a reflexão posterior irá aprofundar ou reinterpretar a experiência visionária" (p. 14).

O dilema da abordagem tradicional

A exegese atual coincide totalmente em admitir o caráter *teológico* das primeiras confissões pascais. A ressurreição é, antes de tudo e sobretudo, uma ação *de Deus*, que liberta Jesus do poder da morte. Isso situa o discurso perante o formidável problema da *ação* de Deus. Problema difícil em si mesmo, e duplicado aqui porque não se trata de um atuar em um acontecimento propriamente histórico — como, por exemplo, na cruz —, mas de um atuar *transcendente* em seu próprio resultado, *não* mais submetido às coordenadas espaciotemporais.

Na situação pré-moderna, em que a ação divina era concebida como que interferindo, com toda a naturalidade, nos processos mundanos — Deus mandava a chuva ou afastava a peste —, este caráter não constituía um problema especial. Hoje, com base na consciência *irreversível* da autonomia das leis físicas que regem o mundo, não é possível pensar assim. Justamente por respeito a seu caráter transcendente, é preciso rechaçar com energia toda a visão intervencionista de um Deus que trabalha na base de ingerências pontuais ou ações categoriais, interferindo na causalidade intramundana. Longe de exaltar, como poderia parecer à primeira vista, sua onipotência, essa visão acabaria, na realidade, convertendo Deus em *uma* causa — muito grande, por sinal — entre as causas do mundo.

Rudolf Bultmann expressou isso muito bem: "O pensamento do agir de Deus como um agir não mundano e transcendente somente pode ser preservado de mal-entendidos se não for pensado como um agir que se joga *entre* o agir ou os acontecimentos mundanos, mas como um agir que se realiza *neles*".[34] Ou, para dizê-lo nas palavras de Karl Rahner, que, por sua vez, remetem expressamente a Tomás de Aquino, trata-se de um Deus que "trabalha *o* mundo, mas que não trabalha *no* mundo".[35]

Em seu teor geral, estas idéias já penetraram na teologia, de modo que, em princípio, são comumente aceitas, a ponto de se chegar a afirmar, nas palavras enérgicas de Walter Kasper, que um Deus que atuasse de outro modo "já não seria Deus, mas um ídolo".[36] Muda assim, radicalmente, a sua concepção de *milagre*, que agora não é mais concebido como intervenção física — ou psíquica — que transtorna o curso natural do mundo.[37] E penetrou também na teologia da *ressurreição*, que, felizmente, abandonou — pode-se afirmar que definitivamente — sua abordagem como acontecimento milagroso (como "o maior milagre" dos tratados clássicos).

---

[34] "Jesus Christus und die Mythologie" In: *Glauben und Verstehen*. 2. ed. 1967, p. 173 (pode ser conferida uma tradução, não tão precisa, em *Jesucristo y mitología*, Barcelona, 1970, pp. 84-85).

[35] A citação completa é esta: "Ele [santo Tomás] diz, se não tiramos a força de suas palavras, que Deus produz *o* mundo e propriamente não opera *no* mundo, que ele sustenta a cadeia de causas e, apesar de tudo, por esta ação não se interpõe nessa cadeia de causas como se fosse um de seus anéis" (*Curso fundamental sobre la fe*. Barcelona, 1979. p. 112).

[36] KASPER, W. *Jesús, el Cristo*. Salamanca, 1976. p. 112.

[37] Veja o capítulo equilibrado (apesar de certas oscilações) que W. Kasper dedica ao tema (op. cit., pp. 108-121).

Mas, justamente por sua agudeza e importância, é bem aqui que se faz sentir, com especial força, a típica inconseqüência da transição entre paradigmas. Porque a afirmação de princípio tende depois a se esfumar na prática. Às vezes, pode ser negada, proclamando a ressurreição como a grande exceção, como "uma solitária coluna de roca" num panorama sem milagres.[38] Normalmente, aparece diluída com base em expressões sem perfil nítido, mais ou menos ambíguas, que tendem a indicar que não se trata de um "evento maravilhoso" ou de um "milagre exorbitante" e lançando mão de voltas elusivas, como aquela que afirma serem as aparições "experiências de fé", mas que "não se reduziram simplesmente a experiências de fé", ou afirmando que são "encontros com Cristo presente no espírito".

As expressões indicadas correspondem a Walter Kasper, que, justamente pela moderação nada extremista de seu pensamento cristológico,[39] reflete muito bem essa situação. Tal aparece de forma ainda mais clara em sua discussão com Rudolf Pesch, da qual vale a pena citar alguns parágrafos:

> Essas "aparições", de modo algum é preciso representá-las milagrosamente (*mirakulös*). Pelo contrário, caso se entendam as "aparições" como um milagre exorbitante, que simplesmente "derruba" (*umhauen*) os discípulos, então isso desembocaria em que as primeiras testemunhas da fé estiveram, elas mesmas, dispensadas da fé.[40] Por isso, fala-se amiúde de um ver crente.[41] Dever-se-ia falar antes da experiência crente de que o Espírito de Jesus está ativo tanto antes como depois, e de que Jesus está vivo e ativamente "no Espírito".[42] [...]
>
> Para este processo completa e absolutamente pessoal, conceitos como "aparições", "visão objetiva" ou similares são descrições objetivantes, altamente rústicas e equívocas (*höchste ungelenke und mißverständliche, objektivierende Umschreibungen*).[43]

À ênfase sobre o que *não é* corresponde a esfumação daquilo que se diz *ser*, sem que o leitor tenha um ponto no qual se agarrar. Porque não existe nada intermediário entre um acontecimento submetido, em sua realidade física, às leis empíricas (físicas ou psicológicas) e outro que esteja isento das mesmas: *non datur tertium*. Escapar do dilema mediante recursos meramente verbais não leva a lugar nenhum, e muitas vezes, ao se ler este tipo de recursos, compreen-

---

[38] Aludo aqui ao excelente estudo de M. Wiles, "A naked pillar of rock", pp. 116-127, que estuda o tema na teologia anglicana. O título refere-se a uma expressão de Leslie Houlden (que, na realidade, fala de dois pilares: encarnação e ressurreição).

[39] Pertencem a *Jesús, el Cristo*, Salamanca, 1976, p. 173.

[40] Aqui se está referindo à conhecida observação de G. Ebeling, *Das Wesen des christlichen Glaubens*, Tübingen, 1961, pp. 80-85.

[41] Cf. Tomás de Aquino, *Summa theologiae* III, q. 55, a. 2, ad 1: *oculata fide viderant*. Cf. também q. 54, a. 1, ad 2 e 3.

[42] Remete a K. Rahner em: K. Rahner e W. Thüsing, *Christologie, systematisch und exegetisch*, Freiburg Br., 1972, pp. 40-44.

[43] "Der Glaube an die Auferstehung Jesu vor dem Forum historischer Kritik", p. 239.

dem-se as palavras de Karl Jaspers quando se queixa de que para ele é impossível discutir com os teólogos.[44]

Naturalmente, é questão de justiça reconhecer, em favor dos teólogos, que esta situação não é fruto de mero capricho, mas produzida pela dificuldade da coisa mesma, que enfrenta a reflexão com um tipo único e irredutível de atividade, para o qual não existe nenhuma outra referência senão ela mesma. Afinal, pois, não se pode negar a gravidade do dilema, bem expressado por Hans Küng nestes termos:

> É possível superar o *dilema* que se delineia aqui? É preciso aceitar, por uma parte, as experiências dos discípulos com Jesus depois de sua morte e rechaçar, por outra, toda intervenção sobrenatural que implique a suspensão das leis naturais?[45]

Felizmente, a teologia atual não oculta a diferença. Reconhece que a questão de como "um acontecimento sensível-histórico pode, apesar de sua inevitável contingência, mediar realmente a presença de Deus neste mundo continua sendo um problema não resolvido".[46] Mas, pelo menos, o problema já está colocado de maneira explícita.[47]

Jürgen Werbick, atendendo concretamente à discussão atual, dedicou ao tema um estudo iluminador.[48] Partindo do reconhecimento da mudança operada pela modernidade, assinala que "estas questões vêm ocupando há mais de quarenta anos o centro das discussões acerca dos acontecimentos pascais", e sublinha sua conexão com a problemática do milagre e da revelação; até o ponto de considerar que constitui o ponto crucial (*Ernstfall*) em ambos os casos.[49] Ele faz uma longa retrospectiva, tanto das diversas posturas filosóficas a partir de Hume, Lessing, Spinoza

---

[44] "Nas discussões com teólogos há uma interrupção nos pontos decisivos. Calam-se, emitem uma frase incompreensível, falam de outra coisa, formulam uma tese de caráter absoluto, animam a pessoa com palavras bondosas, mas, sem ter, realmente, levado em consideração aquilo que lhes foi dito antes" (BULTMANN, R. & JASPERS, K. *Jesús. La desmitologización del Nuevo Testamento*. Una polémica. Buenos Aires, 1968. pp. 248-249).

[45] *Ser cristiano*. Madrid, 1977. p. 76.

[46] VERWEYEN, H. J. *Botschaft eines Toten?*, cit., p. 72 (cf. pp. 71-76 e 175, nota 93). Antes, a propósito de Kessler, o autor insistirá nas "frappierenden Inkonsistenzen" deste tipo de arrazoados (pp. 68-71). E busca, na esteira de Fichte, uma saída para o caráter da *liberdade criada*, aludindo principalmente aos trabalhos de Th. Pröper (que se apóia em K. Rahner), H. M. Baumgartner, G. Essen e R. Schwager.

[47] Além de H. J. Verweyen, merecem especial menção as reflexões de M. Sawicki (*Seeing the Lord*, pp. 308-336), que se afasta daquela que, com E. Farley, chama "a metáfora monárquica" da ação de Deus no mundo e rechaça as que chama de teorias "incursivas" (p. 326). Cf. também H. Kessler, *Sucht den Lebenden nicht bei den Toten*, cit., pp. 290-311 (com numerosas referências, principalmente a B. Weissmahr). Apesar de seus meritórios esforços, creio que o autor, devido à pressão de suas teses teológicas, não consegue se desprender suficientemente do paradigma intervencionista (também nessa direção vão as críticas que lhe são dirigidas por Pesch e Verweyen).

[48] "Die Auferweckung Jesu: Gottes 'eschatologische Tat?", pp. 81-131.

[49] Ibidem, p. 81.

e Kant como das tentativas teológicas a partir de Schleiermacher, procurando ir colocando em evidência as possibilidades que se abriram, principalmente do ponto de vista moral iniciado por Kant e da nova consciência da "causalidade religiosa" em Schleiermacher. No final, busca uma genuína articulação do agir de Deus com o realizar-se mesmo da história e da liberdade, sem concorrências nem intervencionismos. Deus se descobre presente e ativo lá onde se dá conta "do drama de seu fazer-se solidário com o ser humano", quando se compreende que somente contando com ele como aquele que sustenta e promove a realidade pode o ser humano esperar que não se frustre totalmente o seu destino.[50]

Em breve, os caminhos da solução já estão aí, esperando tão-somente sua integração conseqüente e coerente na nova situação cultural. Tentemos esclarecer isso brevemente.[51]

A superação do "deísmo intervencionista"

A descoberta da autonomia das leis físicas, iniciada na astronomia, estendeu-se paulatinamente a toda a realidade mundana, aí incluídas a social, a psíquica e a moral. A primeira reação foi o *deísmo*, que, impressionado pela descoberta, tentou respeitar de tal modo a autonomia que praticamente excluiu toda ação de Deus, uma vez que, como grande e sábio Arquiteto, havia criado um mundo que caminhava por si mesmo. A teologia viu-se numa encruzilhada. Por um lado, não podia aceitar uma visão incapaz de fazer justiça nem à vivência religiosa nem à presença salvadora de Deus na história humana. Por outro, tampouco era possível a ela negar a validez da nova descoberta, que rompia de maneira radical a concepção anterior.

Como sempre nestes casos, o que se pedia era uma revolução, mas o que se fez foi uma acomodação. De fato, foi-se impondo uma espécie de *deísmo intervencionista*. "Deísmo" porque não era possível continuar mantendo a idéia de intervenções contínuas por parte de Deus — ou dos anjos ou dos demônios — nas tramas do mundo físico, na seção dos papéis sociais ou nos avatares do funcionamento psíquico. Mas "intervencionista" porque se continua pensando sua presença à maneira de intervenções ocasionais, para circunstâncias concretas. Nem sempre isso é formulado tão expressamente. Mas basta deter um pouco a atenção para se perceber que esta mentalidade impregna toda a *piedade*, que por isso "recorre a Deus" nas necessidades concretas, *pedindo-lhe* que intervenha, buscando até mesmo mediadores — "por intercessão de..." — ou

---

[50] Sintetizo de forma muito esquemática o parágrafo 13 (pp. 120-121), pois creio que é nele e no seguinte (pp. 113-117), melhor ainda que nas conclusões finais (par. 15, pp. 127-131), em que aparece a mais genuína contribuição do autor. Ele desenvolve com mais amplitude estas idéias em *Den Glauben verantworten*, Freiburg Br., 2000, pp. 324-360 (principalmente pp. 351-357). Creio ser importante sublinhar esta convergência, porque a concepção de revelação que o autor apresenta (pp. 227-402) é também próxima daquela que suponho e proponho aqui.

[51] Para o que segue, permito-me remeter o leitor às explicações mais pormenoriadas de *Recuperar a criação*, caps. I-III (ed. bras., Paulus); mais sinteticamente, cf. *Fim do cristianismo pré-moderno*, São Paulo, Paulus, 2003, pp. 25-41.

procurando comovê-lo mediante oferendas ou sacrifícios; e não está ausente da *teologia*, que continua, quase sempre, agindo com esse esquema.[52]

Esquema também presente em muitas maneiras de se tratar o *milagre*, que constitui o caso mais típico de deísmo intervencionista. Sem perceber que, diante de um Deus que está sempre, e com todo o seu amor, trabalhando pelo bem de sua criação, está fora de lugar pensar em atuações pontuais e supletivas. Não, uma vez mais, pelas típicas discussões acerca de se Deus *de potentia absoluta* pode ou não pode fazer determinadas coisas, mas de forma muito mais elementar, porque a questão *carece de sentido*. (De sentido *ontológico*, pois implicaria um deus que está passivo e que precisa passar à ação; e, principalmente, de sentido *teológico*, pois implicaria um deus "tacanho" — se é possível e são tão tremendas e trágicas as necessidades, por que ele não age mais vezes? por que não age *sempre?* — e possuidor de "favoritos" — por que a alguns sim e a outros não? por que não a *todos?*)[53]

A concepção corrente, insisto, está bastante condicionada pela imaginação. Aparece dominada, com efeito, por uma espécie de "esquema", em certo modo, kantiano; pois delata a persistência de um imaginário espontâneo, que influi decisivamente na formação dos "conceitos": Deus está lá, separado e inativo — pensemos simplesmente na influência contínua de nossa oração fundamental: "Pai nosso, *que estais no céu"*—, enquanto nós, aqui na terra, somos os ativos, ocupados em trabalhar e levar adiante o mundo. No melhor dos casos, pensamos que ele nos acompanha e ajuda; normalmente, procuramos fazer com que ele "comece a nos ajudar" ou que aumente sua cota de ajuda quando tropeçamos numa dificuldade ou numa impossibilidade (por isso nos "recordamos" dele e tentamos "convencê-lo": *Senhor, escuta e tem piedade*). Repito, trata-se de um esquema *imaginativo*, nem sempre consciente, que muitos rechaçariam se lhes fosse formulado de modo explícito. Mas de nada serviria negar sua presença e sua influência na piedade, na práxis e no próprio pensamento teológico (influência continuamente reforçada pelo teor literal das próprias orações litúrgicas e da maior parte das leituras religiosas).

Em todo caso, o decisivo é que, embora fosse falso o diagnóstico, esta consideração destaca a *autêntica saída:* levar a sério e com todas as conseqüências a mudança de paradigma neste

---

[52] Ocupei-me mais detidamente com este problema em "Más allá de la oración de petición" *in Iglesia Viva* 152, 1991, pp. 157-193; "A oración de petición: de convencer a deixarse convencer", *Encrucillada* 83/17 (1993) 239-254; em versão um pouco mais ampliada, em *Recuperar a criação*, cap. VI, pp. 247-295 (ed. bras., pp. 289-345).

[53] Isto não se opõe à vivência e compreensão de determinados acontecimentos naturais que, por seu caráter surpreendente, *podem ser interpretados* como sinais em que se descobre a — universal, ubíqua e... *real!* — presença salvadora de Deus. Os milagres evangélicos, partindo de uma leitura crítica dos textos, devem ser entendidos assim.

E. Käsemann o expressa muito bem: "A crítica histórica mostra que não existem milagres demonstráveis. O que é demonstrável historicamente não leva para além do âmbito da atuação curadora psíquico-somática, demonstrável também em outros lugares" ("Wunder IV. Im NT", *RGG* 6 [1962/1986] 1.835-1.837; aqui, p. 1.837). Por isso "Jesus não se deixou colocar no rol de um milagreiro (*Wundertäters*) e não se baseia no milagre a sua missão nem a dos discípulos" (ibidem).

ponto. Mudança que, além do mais, não nos afasta de nossa fé, mas nos leva a seu mais próprio e radical fundamento: *Deus que nos cria — que nos está criando e sustentando — por amor.* Porque então compreendemos que o *esquema* muda totalmente. Deus não está separado, posto que nos sustenta constante e ativamente como nosso fundamento absoluto, "mais íntimo do que nossa própria intimidade";[54] não está passivo, posto que é ele quem, em sua *creatio continua* e com a força incansável de seu amor, está potencializando, dinamizando e chamando o nosso ser — e o ser do mundo inteiro — rumo à sua melhor e mais plena realização. De modo que, contra a evidência superficial que coloniza a imaginação comum, toda atividade humana já é sempre *resposta* à iniciativa divina; "ninguém pode vir a mim, a não ser que lhe seja concedido pelo Pai" (Jo 6,65).

Quase dá certo pudor recordar idéias tão elementares do ponto de vista cristão. Mas era importante, porque elas, justamente por sua evidência e comum aceitação, fazem com que compreendamos que o problema da ação de Deus coloca-se normalmente às avessas e que, bem por isso, precisa de uma inversão radical.

A ação de Deus, precisamente porque "faz" o mundo "ser", não apenas respeita mas também funda a *autonomia* de suas leis (esta era a justa preocupação que deu origem ao deísmo). Mas por isso mesmo é real, sem ser "intervencionista", porque Deus não "está no céu" nem precisa "entrar" no mundo para agir, mas já está sempre nele, agindo sem interrupção. Longe de implicar a visão de um deus aristotelicamente passivo, a idéia de criação significa justamente a fé no Deus *maximamente ativo*. Deus do universo e da história, que, por sua parte, está fazendo *tudo quanto é possível*: "poeta do mundo", tenciona levá-lo à máxima realização permitida pelos limites e incompatibilidades inerentes à sua finitude; "grande companheiro", apóia e promove a liberdade, para que enfrente sua tarefa na luta contra o mal e na realização positiva do bem.[55]

Curiosamente, já "sabemos disso" desde sempre, pois qual pessoa de fé duvida que, se algo falha no mundo, não é por falta de Deus, mas por impotência ou pecado da criatura? Entretanto, levados pelo esquema imaginativo e, talvez, confundidos pelo fracasso de nosso esforço, não fazemos a aplicação: então, inconsciente e inconseqüentemente, invertemos a situação e damos por assentado que Deus não faz o suficiente e que poderia, se assim o quisesse — "se escutasse e tivesse piedade"! —, intervir, consertando a situação. De novo, nós somos os ativos e Deus é o passivo... Quando é evidente que passividade e resistência, se é que existem, só podem vir de nossa parte, que ou não podemos ou não queremos colaborar com o perene chamado e o constante impulso de Deus, que é ato puro, atividade amorosa e irrestrita: "[...] Meu Pai trabalha sempre [...]" (Jo 5,17).

---

[54] "Interior intimo meo" (Santo Agostinho. *Confessiones* III, 6, 11: CSEL 33, 53).

[55] As metáforas pertencem a A. N. Whitehead, *Proceso y realidad*, Buenos Aires, 1956, pp. 464-465 e 471. Cf. também *El devenir de la religión*, Buenos Aires, 1961.

Por experiência própria, sei que esta insistência na máxima e plena atividade de Deus — o qual já estaria *sempre* fazendo tudo o que é possível — induz em muitos a impressão de um Deus passivo (ao se perder o sentido de pedir que faça "mais", posto que já está fazendo *tudo* quanto depende dele, parece que Deus não faz *nada* e nos deixa desesperados: daí a resistência a revisar a *oração de petição*). Em um nível mais especulativo, suscita o fantasma de um "deus aristotélico", objetando que, desse modo, se paralisaria e anularia a *história*, a qual exige iniciativa, mudança e novidade. Mas é mau caminho tentar resolver a dificuldade jogando pequeno, pelo caminho fácil de introduzir algum tipo de passividade ou de evolução em Deus.

A verdadeira solução somente pode vir da compreensão e profundo respeito pela autêntica relação entre Deus e a criatura. Porque então se compreende que a história e a novidade — *como ganho de ser ou possibilidade que antes não existiam* — são algo *real*, mas somente por parte da criatura, pois nisso justamente se enraíza sua realização. Deus, ao contrário, justamente porque consiste na plenitude do ser, é, por si mesmo, a novidade sempre nova: o ativo, pleno, irrestrito e sempre atual desdobramento das potencialidades de sua vida infinita. E precisamente graças a ele ser assim pode estar na criatura, ajudando-a a superar sua passividade radical e suscitando nela e com ela a novidade da história. A verdadeira história de Deus com a humanidade se realiza lá onde compreendemos e acolhemos a sua ação salvadora, de modo que se faz *para nós* o que ele é já sempre em si mesmo.[56]

Aí sim, contando com a impotência de nossa linguagem e tendo em conta que se trata de uma "prerrogativa absoluta",[57] pode-se, com Karl Rahner, falar de uma novidade em Deus, de uma realização no-outro-de-si: "O imutável em si mesmo pode, por sua vez, ser *mutável no outro*";[58] bem entendido que "esta possibilidade não deve ser pensada como sinal de indigência, mas como culminação de sua perfeição".[59]

A novidade e o progresso histórico constituem, assim, uma possibilidade real e um processo sempre aberto. Porque cada vez que a criatura se abre ao impulso de seu Criador não somente efetua um avanço em sua realização, mas abre novas possibilidades para uma nova e mais

---

[56] Jürgen Werbick o expressou muito bem: "Assim, pois, aquela história a partir da qual os homens podem chegar à convicção de que o Deus de Jesus é o Deus que afasta suas misérias e justifica a sua esperança deve ser compreendida teológico-sistematicamente como a história do próprio Deus, na qual ele se aproxima dos seres humanos como aquele que certamente já é sempre em si, *mas não para os seres humanos*" (loc. cit., p. 126; grifos do autor).

[57] RAHNER, K. *Curso fundamental sobre la fe*. Barcelona, 1979. p. 153.

[58] Ibidem, p. 262.

[59] Ibidem, p. 263. Merece ser lido todo o parágrafo "¿Puede el inmutable 'llegar a ser' algo?" (pp. 260-265); cf. pp. 253-271. Também X. Zubiri, *El hombre y Dios*, Madrid, 1984, insiste nestas idéias. (Cf. TORRES QUEIRUGA, A. *Noción, religación, trascendencia*. O coñecemento de Deus en Amor Ruibal e Xavier Zubiri. A Coruña, 1990. pp. 342-346, 351-354). É fácil perceber que não é este o lugar de entrar nos pormenores deste tão complexo e decisivo problema, que hoje deveria ter muito em conta também os desenvolvimentos do Idealismo e as discussões provocadas pela Filosofia e a Teologia do Processo. O que foi dito pode ser suficiente para sustentar o discurso que aqui nos ocupa.

ampla acolhida desse impulso. No caminho da criatura rumo à sua realização, cada passo é a condição indispensável para os passos ulteriores. Assim caminham a vida dos indivíduos e a história dos povos; assim avançam igualmente a história da salvação e a consciência de sua revelação.

A ação de Deus na ressurreição

Caso se mantenha a lucidez e não se descuide da conseqüência, evidencia-se, em seguida, que este modo de conceber a ação de Deus pode ajudar no esforço para renovar e atualizar a compreensão da ressurreição.

Em primeiro lugar está a *conseqüência geral*: para afirmar como *real* a ação de Deus ressuscitando a Jesus, não se deve pensar numa intervenção categorial. Não se trata de um milagre mais ou menos espetacular, mas do ato transcendente — e, bem por isso, maximamente real — que sustenta de maneira criadora a pessoa de Jesus, impedindo que seja aniquilada pela morte.

O peculiar e difícil deste ato, diferentemente de qualquer outro realizado dentro da história, é que a realidade contingente que o tornava manifesto — a pessoa psicossomática de Jesus — desaparece das coordenadas do funcionamento mundano. O imediatamente visível é antes o contrário: a quebra dessa realidade — Jesus de Nazaré como organismo humano vivo —, que *parece* perder-se *como tal*, seguindo o destino comum dos organismos. Destino que significa deixar de existir, posto que, uma vez mortos, se desintegram em elementos mundanos que persistem, mas que já *não são os organismos*. A ressurreição, apesar da "horrível evidência do cadáver" e a inegável destruição parcial que isso significa, afirma, ao contrário, que essa quebra visível não significa desaparição da pessoa como tal, mas — paradoxalmente — sua definitiva e suprema afirmação.

A *máxima dificuldade* na compreensão teórica da ressurreição enraíza-se, seguramente, em como seja possível essa afirmação. Que fique, porém, bem entendido que esta dificuldade não é exclusiva da visão que estamos tencionando propor, mas é intrínseca ao próprio conceito e, portanto, afeta *toda* a teoria. Em suma, afeta de maneira especial o grupo de teorias — aí incluída aquela que subjaz ao pensamento bíblico — que se apóiam numa antropologia unitária e que têm um caráter mais decididamente histórico (as quais, por outra parte, resolvem melhor outras dificuldades).[60] Mas, dentro da dificuldade comum, o novo paradigma da ação divina abre novas possibilidades de compreensão.

---

[60] Levando em conta a história das religiões, K.-H. Ohlig faz sugestivas considerações a este respeito em "Thesen zum Verständnis und zur theologischen Funktion der Auferstehungsbotschaft", cit., pp. 96-100. Ele distingue dois tipos fundamentais, o cosmopanteísta e o monista, segundo as reflexões se apóiem prevalentemente na *natureza* ou na *história*: no primeiro caso (Índia e Grécia, por exemplo), a morte não aparece como destruição total, mas como "destruição e transformação de uma forma concreta", e a vida depois da morte aparece "relativamente não problemática"; no segundo (Babilônia e Israel, por exemplo), a morte aparece como destruição total, e vem a ser muito mais difícil uma perspectiva que a supere; algo somente possível por uma ação pessoal de Deus.

Fica muito bem esclarecido, por exemplo, o fato de que, apesar da compreensão decididamente *teológica* no Novo Testamento, em que é Deus quem ressuscita, vão aparecendo fórmulas nas quais o próprio Jesus passa a ser sujeito da ressurreição, como na confissão, provavelmente prépaulina, de 1 Ts 4,14: "[...] Jesus morreu e ressuscitou [...]" (*hoti Iesoûs apézanen kai anéste*), e em numerosas alusões do quarto evangelho.[61] A ação criadora, por seu caráter transcendente, não concorre com a criatura, mas "faz com que ela seja" e se exerça em sua própria ação: quanto mais Deus ressuscita a Cristo, mais é Cristo mesmo quem ressuscita.[62] Entenda-se bem, entretanto, que, à medida que vai crescendo a consciência da exaltação de Cristo e de sua identificação com Deus no Espírito, possam — então e somente então[63] — multiplicar-se esse tipo de expressões.

Mas há uma aplicação mais importante, que se refere ao modo concreto da ação de Deus *em* Jesus. Nota-se bem quando se observa como esta visão permite evidenciar as contradições suscitadas pela incisiva discussão entre Hansjürgen Verweyen e Hans Kessler acerca de se a ação ressuscitadora de Deus teve lugar já na vida de Jesus ou somente "depois da morte". O primeiro pensa que "uma ação posterior de Deus para a salvação e mesmo legitimação daquele que, sendo inocente, foi martirizado até a morte (seja por verdugos humanos, seja pelo próprio Onipotente) não pode justificar seus sofrimentos".[64] Kessler, ao contrário, insiste:

> A fé pascal conta, portanto, não apenas com um agir de Deus no mundo *por intermédio* do Jesus terreno, mas também com um agir de Deus *em* Jesus em sua morte: portanto, lá onde acabam todas as possibilidades do mundo e unicamente Deus mesmo pode começar algo radicalmente novo, que rompe os limites das possibilidades mundanas e, bem por isso, não é diretamente constatável dentro destes limites.[65]

Não interessa entrar agora na discussão. Por enquanto, importa unicamente destacar como, do ponto de vista ontológico que nos ocupa, estas posturas não são inconciliáveis. Verweyen insiste na continuidade e Kessler, na novidade. Na realidade, cada autor nada mais faz do que acentuar um dos aspectos inseparáveis da ação de Deus nas criaturas: a continuidade sempre atual da sustentação criadora por parte de Deus e a descontinuidade nos avatares de sua recepção por parte da criatura.

---

[61] Cf. as considerações de J. Kremer, *Das älteste Zeugnis von der Auferstehung Christi*, 2. ed., Stuttgart, 1967, pp. 42-47; J. Caba, *Resucitó Cristo mi esperanza*, cit., pp. 342-345; e S. Sabugal, *Anástasis*, cit., pp. 406-407, que fala de "auto-anastizante revivificação de Jesus".

[62] Sobre este aspecto, em geral, cf. minhas observações em: *Recuperar a criação*, cit.; na ed. bras., pp. 125-136: "Ação divina e ação criatural".

[63] H. Kessler sublinha isso muito bem em *Sucht den Lebenden nicht bei den Toten*, cit., p. 349: "Unicamente quando se alcançou tal nível de reflexão, vem a ser inevitável e, ao mesmo tempo, não equívoco falar de uma *auto-ressurreição* (*Selbstauferstehung*) de Jesus, justamente como (da encarnação) do Filho de Deus". Pouco antes, Kessler afirmara drasticamente: "De uma auto-ressurreição de Jesus nada sabe o Novo Testamento" (p. 299).

[64] *Botschaft eines Toten?*, cit., p. 65. Está aludindo ao problema do mal, sobretudo tal como o coloca Dostoiévski no famoso protesto de Ivan Karamasov.

[65] Op. cit., pp. 473-474.

Fica claro, com o primeiro, que a ação de Deus sustentando Jesus ressuscitado estava sempre e decididamente presente nele: depois de perguntar "onde a fé cristã deixa ver que Jesus esteve em algum momento separado de Deus",[66] afirma que "já o 'Jesus terreno', durante a sua vida na terra, levava em si, de tal modo, a vida de Deus, que a morte não tinha nenhum poder sobre ele".[67] Olhando "a partir de Deus", isto é evidentemente verdade. Tampouco falta razão a Kessler, quando, olhando "a partir de Jesus", insiste na ruptura que supõe a sua morte física; de modo que, à medida que existe uma mudança profunda em Jesus — e a morte supõe uma mudança abissal —, é preciso falar de uma novidade na ação de Deus, enquanto recebida e atuada por Jesus em sua ressurreição. Vale a pena citar as acertadas palavras com as quais o autor se expressa:

> Na cruz Jesus sofreu uma morte espantosa e se converteu em um grito único dirigido ao Pai, a quem entregou todo o seu ser em um último ato de confiança. Mas este — tal como confessa a fé pascal — não o abandonou na morte, antes o sustentou no momento de morrer (*des Totseins*) — em outras palavras: ressuscitou-o — com seu amor divino e criador. De modo que não sucumbiu à aniquilação, senão que foi conservado como a mesma pessoa (em outras palavras: corporalmente), uma vez que recebeu vida nova, eterna. No morrer de Jesus ocorreu, pois, o encontro definitivo da liberdade de Jesus e da liberdade de Deus; e, desse modo, *na* morte de Jesus sucederam ambas as coisas: entrega de sua vida e começo de nova vida.[68]

Partindo desta perspectiva, dificilmente se pode expressar melhor. Não obstante isso, esta postura — creio que por falta de conseqüência total na assunção do novo paradigma — vai unida a implicações não tão evidentes na hora de interpretar o modo de sua revelação para nós. Elas são as que suscitam as reticências de Verweyen, que, por isso, sublinha de forma expressa que é principalmente aí que se centra sua preocupação.[69] Tal será também para nós o objeto do parágrafo seguinte.

---

[66] VERWEYEN, H. Op. cit., p. 54.

[67] Ibidem, p. 60.

[68] Op. cit., p. 485.

[69] "Aqui me remeto à parte gnoseológica do problema" (op. cit., p. 66). H. Kessler reconhece também, expressamente, que aí está a verdadeira diferença. Com Verweyen, ele está de acordo em que o fundamental e "decisivo" enraíza-se em reconhecer "unicamente se aí Jesus, que aparece como o representante definitivamente válido de Deus, foi reconhecido realmente vivo apesar de sua execução". E conclui: "Que foi reconhecido como tal, nisto estamos de acordo. Quanto à explicação daquilo, *através* do qual isto foi *conhecido* pelos discípulos e é reconhecido hoje, os caminhos dividem-se" (op. cit., p. 454).

Coerência teológica: a revelação de Deus

Porque está claro que ambas as questões estão intimamente unidas: do modo de ser a ação de Deus depende a nossa possibilidade de descobri-la e compreendê-la.[70] Uma visão intervencionista e "milagrosa" da atuação divina implica uma visão paralela da revelação: esta consistiria numa intervenção divina — de caráter extraordinário e, por fim, milagroso — na natureza ou no psiquismo humano, pela qual Deus manifestaria a determinadas pessoas verdades não alcançáveis pela razão. Seu modelo imaginativo é uma espécie de "ditado" divino, que a pessoa inspirada recebe milagrosamente e transmite como mero "instrumento" mediador: o profeta como "boca", "mão" "plectro" ou "cítara" de Deus.

Fim da revelação como "ditado"

Porém, à parte o fato de que essa visão levaria de novo a um intervencionismo divino, a crítica bíblica mostrou até a exaustão que ela se mostra impossível. Uma Bíblia "ditada" por Deus não "copiaria" textos de outras religiões, como aparece nas narrativas da criação e do dilúvio, em muitos salmos, em toda a tradição sapiencial e mesmo no fenômeno profético; nem levaria em todas e cada uma de suas páginas as marcas e feridas do trabalho humano, com avanços e retrocessos, intuições refulgentes e caídas na obscuridade. De forma ainda mais gráfica, Ernest Renan tinha razão quando afirmava:

> Um só erro prova que a Igreja não é infalível; apenas um ponto fraco prova que um livro não é revelado. [...] Em um livro divino tudo é verdadeiro e não deve haver, portanto, nenhuma contradição. [...] Um livro inspirado é um milagre. Deveria, por isso mesmo, apresentar-se em condições únicas, distintas das de qualquer outro livro.[71]

De fato, não deixa de ser curioso que, uma vez alertada a crítica e intensificada por Rudolf Bultmann com a proposta de desmitologização, fizeram-se para a revelação exatamente as

---

[70] As idéias deste parágrafo têm como base fundamental meu livro *A revelação de Deus na realização humana*, Paulus, 1995, pp. 37-44 (no original galego: pp. 28-36): "Revelação como 'ditado' na tradição teológica". Pela importância decisiva desta questão, indico outras exposições mais sintéticas de minha concepção: "Revelação", em A. Torres Queiruga (org.), *10 palabras clave en religión*, Estella, 1992, pp. 177-224; "Die biblische Offenbarung als geschichtliche Maieutik", 1992, pp. 159-179; *Revelación*: conceptos fundamentales del cristianismo, Madrid, 1993, pp. 1.216-1.232; "Philosophy and revelation: the opportunity of the enlightenment", *Archivio di Filosofia* 62 (1994) 741-755; *Do terror de Isaac ao Abbá de Jesus*. Por uma nova imagem de Deus, Paulinas, 2001, cap. 1, pp. 21-70 (no original galego: Vigo, 1999, pp. 15-50).

[71] RENAN, E. *Souvenirs d'enfance et de jeunesse*. p. 160 (citado por C. Tresmontant, *El problema de la revelación*, Barcelona, 1973, p. 42 [cf. pp. 39-47]).

mesmas perguntas feitas para a ação divina.[72] Se não se pode tratar de uma intervenção categorial, que reduziria Deus a ser uma entre as demais causas, comprometendo sua transcendência absoluta e anulando a sua "diferença qualitativa infinita", ainda se pode falar de revelação real? O dilema se repete nas palavras de Hans Urs von Balthasar (que fala de Barth e não de Bultmann!):

> A revelação de Deus pode ser um fato real (*Ereignis*), somente quando e somente porque é um acontecimento autêntico (*echtes Geschehen*). Isto significa, por sua vez, uma mudança ôntica, uma verdadeira comunicação do Ser divino. Com efeito: se entre Deus e o homem não acontece nada que se possa expressar em termos de ser, então sucede realmente... nada. Então, por mais que se fale de ação e acontecimento, cada um acaba ficando em seu lugar: Deus no céu e o ser humano na terra.[73]

Não interessam aqui as dificuldades de Bultmann para resolver a questão[74] e as derivadas da própria abordagem de Barth e Von Balthasar (insinuadas nesse típico e dualizante "Deus no céu e o ser humano na terra"). Mas interessa, pelo contrário, recordar que, da mesma forma que no caso da ação de Deus, a solução nasce do próprio seio da dificuldade.

A revelação é *real*, não porque Deus tenha de "entrar no mundo", irrompendo em seus mecanismos, físicos ou psicológicos, para fazer sentir uma voz milagrosa; é real, porque ele já está "falando" desde sempre no gesto ativo e infinitamente expressivo de sua presença criadora e salvadora.[75] O próprio fato da criação já é sua revelação fundamental; e a própria criação, em seu modo de ser, em seus dinamismos e em suas metas e aspirações, vai desvelando no tempo e na história tanto o projeto de Deus sobre ela como o que, em cada momento, está procurando realizar. Enfim, a revelação consiste em "aperceber-se" do Deus que, como origem fundante e amor comunicativo, está "já dentro", habitando a criação e manifestando-se nela. Ela permite que o vejamos principalmente no ser humano, procurando que descubramos sua presença, rompendo nossa cegueira e vencendo nossas resistências: "noli foras ire: in interiore homine habitat veritas".[76]

Também aqui, *se algo falha*, se o processo revelador é tão lento, difícil e desprovido, não *é por parte de Deus, senão por parte do ser humano:* de sua pequenez, de sua impotência ou de sua malícia. Sobretudo quando se parte do Deus de Jesus, por pouco que se pense, é evidente que

---

[72] Com sentido realista, por exemplo, Schubert Ogden apresentou a questão em referência expressa a Bultmann: *What sense does it make to say: "God Acts in History?"* London, 1967, pp. 164-187. Da problemática explicitamente cristológica já se havia ocupado em *Christ without myth*, New York, 1961.

[73] BALTHASAR, H. U. von. *Karl Barth*. Darstellung und Deutung seiner Theologie. Einsiedeln, 1976. p. 373.

[74] Cf., principalmente, "Der Begriff der Offenbarung im Neuen Testament", em *Glauben und Verstehen*, 2. ed., Tübingen, 1967, v. IV, pp. 141-189.

[75] Esta idéia que desenvolvo amplamente no cap. 5 de *A revelação de Deus na realização humana* é também sublinhada com acerto por F. J. van Beeck, "Divine revelation: intervention or self-communication?", in *Theological Studies* 52 (1991) 199-226, e J. B. Libanio, *Teologia da revelação a partir da modernidade*, 3. ed., São Paulo, Loyola, 1997, pp. 95-96, 285-308.

[76] SANTO AGOSTINHO. *De vera religione* 39, 72.

Deus está se revelando o máximo possível — dada a diferença infinita — a todo ser humano desde a criação do mundo. A consciência religiosa compreende isso imediatamente, pois — repitamos — sabe que, embora uma mãe se esqueça do filho de suas entranhas, Deus jamais se esquece de nós (Is 49,15). E Hegel validou isso filosoficamente, insistindo em que o Espírito consiste em revelar-se (precisemos, por via das dúvidas: porque assim ele mesmo decide a partir de seu amor livre e gratuito). Por isso, não existe o "silêncio de Deus", senão unicamente a surdez do ser humano: e conviria que fôssemos mandando para longe muitos lugares-comuns neste delicado terreno.

De sorte que — contra o que poderia parecer à primeira vista! — não apenas fica eliminado pela raiz todo perigo de imanentismo subjetivista, como também, em rigor, desaparece sua possibilidade mesma: se Deus não quisesse se manifestar, nada saberíamos dele! Mais ainda: na realidade, nenhum conhecimento *concreto* e *real* de Deus vem a ser possível pela simples iniciativa humana, pois — sempre e por estrita necessidade — somente pode dar-se como resposta a sua iniciativa: "Deus só pode ser conhecido por Deus", diz uma frase já clássica.[77] E vale notar que, se bem considerada, essa é, nada mais e nada menos, a *definição da revelação.*[78]

Origem e verificabilidade da revelação

A partir desta perspectiva, ficam esclarecidas as duas dimensões fundamentais, ou melhor os dois momentos estruturais da revelação: sua origem e sua comunicação. A *origem da revelação*[79] não está em um "milagre" acrescentado à realidade, mas na captação daquilo que Deus está procurando nos dizer através dela: "Silabas a alvorada qual uma palavra; / pronuncias o mar como sentença", diz formosamente um hino castelhano do ofício da manhã na *Liturgia das horas.* A maravilha da criação consiste em que ela possui tal capacidade expressiva: "Os céus cantam a glória de Deus"; e a maravilha do espírito humano é que não apenas a expressa — em

---

[77] Cf. o estudo enormemente rico em referências que M. Cabada faz deste tema em *El Dios que da que pensar,* pp. 381-404.

[78] Como podemos notar, abre-se, desse modo, uma perspectiva renovadora e fecunda para a compreensão da revelação como presente em *todas as religiões* e, até mesmo, em todo o *conhecimento filosófico* que, de verdade, descubra a Deus (e não seja mera abstração ou reflexão de segundo grau sobre o conhecimento concreto). É claro que isto somente é compreensível a partir do novo paradigma: a partir do outro, com um Deus separado, que necessita intervir em cada ocasião, este tipo de afirmação converte-se não mais em "heresia", mas em puro e simples disparate teológico.
Dada a gravidade destas questões, devo remeter às explicações mais pormenorizadas que ofereço em outras obras:
a) para o diálogo inter-religioso, cf. *A revelação de Deus na realização humana,* cap. 7, pp. 273-353 (no original galego, pp. 267-346); O *diálogo das religiões,* São Paulo, Paulus; *Do terror de Isaac ao Abbá de Jesus,* São Paulo, Paulinas, 2003, cap. 6, pp. 315-355 (no original galego, pp. 226-251); b) para o conhecimento filosófico de Deus: *Recuperar a criação,* pp. 31-57 (no original galego, pp. 44-49); "¿Todavía el Dios de los filósofos?" *Razón y Fe* 242 (2000) 165-178.

[79] Trato o tema mais detidamente em: *A revelação de Deus...,* cap. 5, pp. 139-212 (no original galego, pp. 135-203): "A revelação em seu acontecer originário".

seu modo de ser, nas aspirações profundas de seu espírito, nos dinamismos autênticos de sua história —, senão que, além do mais, pode adverti-la, "escutando" e decifrando a sua voz.

Justamente lá onde alguém, por sua peculiar situação, por sua fidelidade, por sua genialidade religiosa..., "se apercebe", é produzida a "revelação". Não foi Deus, que já estava ali falando no gesto vivo e sempre atual de cada situação concreta, quem mudou; *quem mudou foi o ser humano*, que, por fim, descobre o que lhe estava sendo dito: "[...] o Senhor está neste lugar, e eu não o sabia" (Gn 28,16), e ao descobri-lo transforma a sua vida. É o que Iam T. Ramsey chamou com acerto de "experiências de desvelamento" (*disclosure experiences*), as quais são produzidas quando "se quebra o gelo" superficial e se volta o olhar para as profundezas.[80]

Deus não se revelou a Moisés nos "milagres" com os quais a fabulação posterior ilustrou sua presença salvadora: a revelação se produziu quando Moisés "se apercebeu" de que *na rebeldia* que sentia contra a opressão injusta do faraó estava se manifestando a "voz" de Iahweh. No próprio sentimento, enquanto expressão do ato criador e salvador de Deus, soube ler que este está sempre nos dizendo que se compadece de toda opressão e de todo sofrimento.

Deus não mudou "em si mesmo", no sentido de que começasse então a ser compassivo e misericordioso; mas mudou *para Moisés* — e a partir de Moisés, para o povo e para nós hoje —, no sentido de que um traço de sua presença adquiriu uma nova eficácia e, por fim, se abriu caminho na consciência humana: produziu-se um acontecimento *real* de revelação. De modo que, quando Moisés anunciou a seus compatriotas que Iahweh lhe "havia dito" que se compadecia de sua opressão, não reproduzia milagrosas palavras literais, mas tampouco estava dizendo uma mentira; ele estava, isso sim, proclamando uma *verdade* mais profunda e definitiva.

E a partir deste ponto se esclarece o segundo momento: o *momento da comunicação*.

O processo mostra que Moisés é, certamente, o iniciador, o "inspirado", pois foi ele quem, na própria rebeldia contra a injustiça, reconheceu o chamado real de Deus. Mas essa injustiça estava "falando" a *todos*, pois em todos essa rebeldia era — exatamente como em Moisés — fruto do impulso salvador de Deus em suas vidas. Do mesmo modo que quando Ezequiel ou o Segundo Isaías compreenderam que, apesar do aparente abandono, Iahweh continuava presente no desterro babilônico, eles não captaram algo que ocorria apenas a si mesmos, mas algo que estava afetando a todos e que Deus "se esforçava" por revelar a todos e a cada um.

É fácil compreender que isto reveste uma importância extraordinária para a possibilidade de comunicar a revelação. O "inspirado", o profeta, tem um papel fundamental e indispensável, pois é o pioneiro, aquele que descobre e abre caminhos. Sem ele a presença de Deus continuaria desconhecida e sem ser ouvida: que seria de Israel sem Moisés, sem Amós, sem Oséias, sem

---

[80] Principalmente em *Religious language*, London, 1957, especialmente as pp. 50-89. Ele usa também as seguintes metáforas: "amanhecer a luz" e "cair a ficha".

Jeremias, sem Ezequiel, sem o Segundo Isaías etc.? Por isso continua sendo verdade que a "fé chega pelo ouvido" (*fides ex auditu*: Rm 10,17).

Mas, posto que o profeta não capta algo que afete apenas a ele, mas a todos, esse algo está destinado igualmente a todos. Ele não descobre um Deus particular ou privado, mas o Deus cuja presença viva está afetando a comunidade inteira e procurando se fazer notar por ela. O profeta é justamente um mediador, uma antena especialmente sensível: alguém que consegue emprestar a voz à mensagem que se dirige a todos. A mensagem é, pois, própria e original, mas não traz algo extrínseco, estranho e superposto à comunidade. O que ele diz mostra o que está sendo revelado a todos.

E aqui está o decisivo: justamente porque revela aquilo que está afetando o conjunto, os demais podem reconhecê-lo e aceitá-lo *por si mesmos*. Então — embora contando, naturalmente, com todas as ambigüidades humanas —, se o processo é maduro e responsável, quando os israelitas seguem Moisés ou confiam em Ezequiel, não o fazem "porque sim" ou simplesmente porque eles lhes dizem isto ou aquilo. Se os seguem e neles confiam, é porque *se reconhecem* naquilo que escutam: não o haviam captado antes; mas agora que o ouvem *eles mesmos* se apercebem (ou não se reconhecem, e então não fazem caso, ou dão uma interpretação diferente do que está ocorrendo): "Já não é por causa daquilo que contaste que cremos, pois nós mesmos ouvimos e sabemos que este é verdadeiramente o Salvador do mundo" (Jo 4,42), dirão à samaritana seus compatriotas, expressando assim o próprio cerne de todo o autêntico processo de acolhida da revelação.

Particularmente, em sintonia de fundo com propostas como as de Blondel, Rahner e Pannenberg, tenho procurado explicar esta estrutura revelatória qualificando-a de *maiêutica histórica*: palavra parteira, que ajuda o ouvinte a "dar à luz" o que ele mesmo é e leva dentro de si.[81] Como *maiêutica*, a palavra reveladora é necessária para despertar e abrir os olhos; ela não introduz nada de estranho, mas ajuda, ao contrário, a descobrir, *na* própria realidade, a presença salvadora que a habita e dinamiza. Como *histórica*, indica que, ao contrário da mera repetição de um eterno retorno, essa presença é um impulso vivo e pessoal, que se abre à história e chama para o futuro.

Creio que esta visão nos permite enfrentar pela raiz um dos problemas mais decisivos da revelação na situação crítica da Modernidade e que incide diretamente no problema de origem da fé na ressurreição. Ela torna possível, com efeito, superar aquele "positivismo da revelação" — *Offenbarungspositivismus* — do qual Dietrich Bonhoeffer acusava Karl Barth e que deu origem à reação da "Escola de Pannenberg" contra a "teologia da palavra", rechaçando sua visão extrinsecista e autoritária. O teólogo de Munique insiste, com toda a razão, na enorme importância deste ponto, pois pensa que manter a antiga postura implica, no final das contas, "um subjetivismo irracionalista" e uma "concepção autoritária da fé";[82] coisa que convertia esta em "ingenuidade

---

[81] *A revelação de Deus*, cit., cap. 4, pp. 99-138 (no original galego, pp. 95-134).

[82] *Glaube und Wirklichkeit*. München, 1975. pp. 8-9.

cega, credulidade ou até mesmo superstição", ameaçando transformar a convicção de quem crê em um anacrônico e pré-ilustrado *asyllum ignorantiae*.[83]

A revelação concebida como "maiêutica" não somente escapa do extrinsecismo de uma palavra que traz algo alheio ao ouvinte, como também oferece e postula *por si mesma* a possibilidade de sua *verificação*. Com efeito, agora o ouvinte não fica reduzido a ter de crer, porque "o profeta lhe diz que Deus o dissera a ele (ao profeta)", sem possibilidade nenhuma de verificar por si mesmo a verdade ou falsidade do que lhe foi transmitido. Por sua própria estrutura, a revelação como "maiêutica" pode ser aceita apenas pelo sujeito quando este *se* reconhece naquilo que ela lhe propõe, isto é, quando, *graças a ela*, o sujeito se encontra em condições de "dar à luz" *por si mesmo*: "já não cremos pelo que tu nos disseste". Desse modo, a leitura da Bíblia já não tem mais de se resignar a — nem deve se reduzir a — ser aceitação passiva, literalista e extrínseca daquilo que nela está escrito, mas se converte em chamado a se reconhecer na verdade profunda que nela se revela e, portanto, também a se deixar transformar por seu chamado.

A revelação de Deus na ressurreição de Jesus

A explicação foi longa, mas a aplicação é imediata: também a fé na ressurreição deve realizar-se dentro de uma idêntica estrutura. E para ela vale igualmente, talvez de um modo especial, a necessidade de verificar e fundamentar sua verdade. Não é casual que seja Wolfhart Pannenberg quem insista nisto com especial ênfase. Ele o expressa bem, ao falar da escatologia em geral:

> A teologia cristã não pode se esquivar da pergunta pelo conteúdo de verdade (*Wahrheitsgehalt*) da esperança escatológica dos cristãos. Tampouco pode ficar satisfeita em remeter neste ponto à autoridade da Bíblia. Certamente, é na revelação bíblica que está o fundamento da esperança cristã. Mas se essa fé é verdadeiramente válida, não se pode decidir por uma invocação à autoridade formal da Bíblia como palavra de Deus. Há certamente um fundamentalismo biblicista que se comporta assim. Mas a violência da decisão fundamentalista pela autoridade das palavras da Bíblia, prévia a todo aprofundamento nos conteúdos bíblicos, não é a verdadeira figura da fé cristã, que, antes, se sabe livre, porque se funda na santidade da verdade de Deus.[84]

No caso particular da ressurreição, tudo isto tem — deve ter — aplicação direta, pois somente assim sua realidade vem a ser, por uma parte, coerente com o agir divino e com a sua revelação, e, por outra, crível e compreensível em seu anúncio. Mostrar que é assim em concreto constitui tarefa decisiva para uma teologia atual dos acontecimentos pascais. Por enquanto, o que

---

[83] "The revelation of God in Jesus of Nazaret", pp. 130-131. "Einsicht und Glaube". 2. ed. 1971. p. 235. Outros pormenores em: *A revelação de Deus*, cit., pp. 305-327 (no original galego, pp. 298-320).

[84] "Die Aufgabe der christlichen Eschatologie", p. 272.

interessa aqui é tão-somente assinalar as linhas gerais, deixando para mais tarde a tentativa de um esclarecimento mais concreto e pormenorizado.

Começando pelas últimas considerações, o que fica evidente é que uma compreensão realista da ressurreição pede que esta seja, de algum modo, "verificável". Não se trata de retornar à "onipotência da analogia", tampouco de apresentar o anúncio da ressurreição como um "meteorito" caído do céu, que, "ditado" de maneira milagrosa, acabe sendo alheio à realidade humana e careça de qualquer tipo de conexão com a experiência. Algo em que, como veremos, insistiram com acerto e particular energia Karl Rahner e Wolfhart Pannenberg, buscando descobrir uma correlação íntima entre antropologia e escatologia, entre esperança humana e ressurreição divina.

A isso vem unida a necessidade de se esforçar por descobrir a revelação transcendente *na realidade histórica*, mais concretamente, na realidade humana de Jesus de Nazaré e no contexto religioso e cultural no qual viveram ele e seus discípulos. A clara tendência atual — analisada no capítulo anterior — por parte de um crescente número de teólogos que buscam o fundamento da fé na ressurreição não em algo acontecido depois da morte, mas antes na própria vida terrena de Jesus, responde a esta preocupação.

Uma preocupação que se liga, por sua vez, com a evidente derrocada da tendência apologética, que tendia a converter a ressurreição em um *milagre*, bem como a correspondente tendência a descartar acontecimentos milagrosos na *gênese* de sua descoberta por parte dos discípulos. O que talvez não apareça tão claro é a decisão de fazê-lo com toda a conseqüência, sem o recurso ambíguo e, por fim, inútil de esfumar seu caráter "espetacular", como sucede naqueles casos em que se continua atribuindo certa literalidade às narrativas pascais.

Em tudo isto, talvez o ponto mais significativo e gerador de esperança se enraíze no fato de que hoje estejamos em condições de apreciar que essas características não têm por que se sentir como uma ameaça para o *caráter real* da ressurreição. A essas alturas, a leitura crítica da Bíblia já demonstrou, com sobeja evidência, que a realidade da presença divina na história da salvação — na história da humanidade —, bem como a sua revelação para nós não dependem da letra das narrativas em que nos é manifestada. Não é preciso pensar que Deus tenha efetivamente enviado pragas sobre o Egito, matado os seus primogênitos ou separado em muralhas as águas do mar Vermelho para crer que ele estava *real e verdadeiramente* presente e atuante no meio do povo oprimido; não é, igualmente, necessário pensar que Moisés tenha escutado a "voz" de Iahweh ou que tenha "visto" uma sarça ardendo sem se consumir para crer que, na experiência daquela realidade concreta, ele tenha conseguido, *de verdade*, descobrir a presença divina.

Do mesmo modo, não é indispensável — pelo menos, em princípio — pensar que os discípulos e discípulas encontraram o sepulcro vazio ou que viram com os seus olhos de carne o Ressuscitado, que o escutaram com os seus ouvidos, que o apalparam com as suas mãos e que até chegaram a comer com ele, para crer que conseguiram descobrir que Jesus continuava *real e verdadeiramente* vivo e presente em suas vidas e em nossa história.

É claro que isto está dito muito em princípio e com uma forte dose de abstração. Será necessário ainda procurar maior concretização, examinando com mais pormenores se, a partir daquilo que temos dito, vem a ser possível uma leitura que, de verdade, recupere a experiência que os textos tencionam transmitir, de maneira que se conserve íntegro seu sentido religioso e torne-se significativo na situação atual.

Tentar isso exigirá que se leve a sério, e em todas as suas conseqüências, a entrada no novo paradigma em que já se move nossa cultura, postulando também um esforço sustentado para se manter a coerência de conjunto. Antes de enfrentar a questão, talvez sirva como um bom esclarecimento aludir, neste ponto, à postura de Wolfhart Pannenberg, pois esta é muito especialmente significativa para a situação, tanto no que supõe de avanço obtido quanto como sinal do que ainda resta a conseguir. (Deve ficar bem entendido que, nesta sede, não pretendo analisar toda a rica e complexa teologia do autor a esse respeito, mas unicamente iluminar *um aspecto* de especial significação para o presente propósito.)[85]

Poucos como Pannenberg contribuíram tanto em prol do avanço nas duas frentes fundamentais: 1) na renovação da cristologia, levando-a a um realismo que busca descobrir, "a partir de baixo", com base na real humanidade de Jesus de Nazaré, a revelação de sua divindade; e 2) na nova compreensão da revelação, libertando-a do sobrenaturalismo extrinsecista e autoritário. E não obstante isso, tenho a impressão de que seu esforço pioneiro — seguramente por ser o primeiro: não se consegue tudo de um só golpe no trabalho do espírito — não tenha atingido a plena conseqüência que *seus próprios princípios* postulavam e tornavam possível. E creio igualmente que essa incompletude se faz sentir com especial força em seu estudo da ressurreição.

Como acabamos de recordar, Pannenberg insiste, com toda a razão, na necessidade de superar certa ambição positivista, que pretenda fundamentar a fé na simples remissão à letra da Escritura. Daí seu esforço por mostrar a fundamentação racional da fé na ressurreição, no sentido de esclarecer sua racionalidade e de oferecer as razões pelas quais, tanto outrora — insistência no contexto apocalíptico — como hoje — abertura transcendental humana para um futuro pleno —, é crível, compreensível e aceitável. Nessa pretensão enraíza sua conseqüência e o melhor de seus resultados. Ao tentá-lo, era fiel à sua proposta da revelação como um sentido inerente aos próprios fatos, sem necessidade da complementação sobrenaturalista da teologia da palavra, e, bem por isso, "visível a todo aquele que tenha olhos para ver".[86] E, de fato, com sua proposta ele conseguiu remover o mundo teológico e reanimar de maneira fecunda a discussão.

Apesar disso, porém, tenho a impressão de que não conseguiu uma plena conseqüência. Ele certamente procurou ressaltar o caráter "verificável" e universal, isto é, elaborar uma

---

[85] De Pannenberg, cf., principalmente, *Fundamentos de cristología*, cit., pp. 67-142. *Grundfragen systematischer Theologie*. Göttingen, 1991. v. 2, pp. 385-405 (em que nosso autor toma posição diante das críticas e esforça-se por afinar sua postura). Sobre ele, cf. K. Kienzler, *Logik der Auferstehung*, Freiburg Br., 1976, pp. 102-143, 163-165; e F. G. Brambilla, *Il crocifisso risorto*, pp. 210-222. Ambos oferecem abundante bibliografia.

[86] PANNENBERG, W. *Offenbarung als Geschichte*. 4. ed. Götingen, 1970. p. 98.

fundamentação exeqüível a todos (como possibilidade razoável). Mas, em vez de buscá-la *na própria* realidade histórica, tencionou basear-se numa espécie de *acontecimentos milagrosos*, pois, no fundo, essa é a função de sua insistência na realidade das aparições e, principalmente, no sepulcro vazio. É evidente, de fato, que o caráter especial das aparições e, de igual modo, o caráter negativo da desaparição do cadáver empanam, mas — na precisa medida em que os apresenta como argumentos *históricos* — não anulam, seu caráter de milagre, no sentido tradicional. Com efeito, tomar como provas históricas ambos os tipos de acontecimentos implicaria ver neles um intervencionismo divino. Intervencionismo este que irromperia no mundo físico, tanto no caso das aparições, tornando fisicamente visível o que é essencialmente invisível, como no caso do sepulcro vazio, transformando ou aniquilando um cadáver (se é que tais expressões, como foi insinuado, ainda possam ter algum sentido).[87]

Seu pensamento é por demais profundo para que, de algum modo, não deixe de perceber esta inconseqüência. Mas seus esclarecimentos não satisfazem. De fato, ele tenciona mostrar que os acontecimentos pascais e sua revelação cumprem o princípio geral:

> Isso se trata primariamente de um caso da regra universal: que, na constelação histórica concreta de acontecimento e experiência, acontecimento e significado relacionam-se mutuamente, e que, portanto, o último não é acrescentado externa e arbitrariamente ao acontecimento. Trata-se, não obstante isso (*jedoch*: atenção aqui!), de um caso especial desta relação universal.[88]

Mas a dificuldade está justamente em que, neste caso, a "regra universal" falharia radicalmente em sua aplicação. Com efeito, segundo sua concepção, aquilo que ocorreu em torno da ressureição não se trataria de "acontecimentos" normais, isto é, de acontecimentos integrados nas leis da realidade mundana, *nos quais* se descobre um significado transcendente. Por isso as suas respostas são tão escassamente convincentes para as objeções feitas a partir de posturas não precisamente extremistas. Às perguntas de Jürgen Moltmann e Walter Kasper, que insistem no caráter transcendente, escatológico e, portanto, não "histórico" da vida ressuscitada, responde com razões que, mais que respostas, quase parecem evasivas.

Responde a Moltmann insistindo no caráter de *acontecimento* da ressurreição, algo que este não nega, desde que não se qualifique isso de acontecimento "histórico". Por outra parte, tenciona mostrar essa historicidade na afirmação do fato de que a ressurreição "acontece em um tempo determinado".[89] Mesmo se assim fosse, tampouco se trata disso: que Ezequiel tivesse, em determinado momento, a intuição de que Deus era salvador único e universal, implica *unicamen-*

---

[87] Em idêntica ambígua direção apontam suas observações acerca do livro de F. J. Tipler, *La física de la inmortalidad*, Madrid, 1996. H. Kessler comenta: "Se, por acaso, Pannenberg valorizasse muito alto as idéias deste livro [...], eu teria, então, minhas reservas acerca de sua própria escatologia e antropologia" (op. cit., pp. 462, nota 86).

[88] PANNEMBERG, W. *Grundfragen systematischer Theologie*. v. II, p. 386, nota 57.

[89] Ibidem, pp. 403-404, com a nota 114.

te a historicidade de seu ato de intuição (mas não implica, por exemplo, que Deus lhe tivesse "aparecido" fisicamente).

Para responder a Kasper, Pannenberg afirma que qualificar de "histórico" não significa que "sua facticidade não possa ser discutida", tampouco está aí o problema. Aquilo de que se trata é, como o próprio Pannenberg diz, que "o conteúdo dessa afirmação possa suportar o exame histórico, sem prejuízo de julgamentos distintos e controvertidos".[90] Mas a possibilidade desse exame é justamente o que lhe nega Kasper. Este poderia até mesmo argumentar *às avessas:* algo pode ser totalmente certo como acontecimento e, mesmo assim, não ser histórico. Nenhum fiel discute, por exemplo, que Cristo esteja, com toda a certeza, presente em um determinado ato de caridade, e não é preciso qualificar essa presença de fato "histórico".

Como se pode compreender, estas observações não respondem a um afã de controvérsia, mas à tentativa de mostrar a necessidade de extrema coerência em questão tão decisiva.

A integração cristológica

Nesse sentido, impõe-se romper o (excessivo) isolamento da abordagem da ressurreição com respeito ao conjunto da cristologia. Desta, em geral, talvez com um quê de exagero, já se disse que muitas de suas exposições "aparecem sem unificar e, às vezes, até mesmo esquizofrênicas".[91] A advertência tem especial aplicação em nosso caso. Não se pode estudar a ressurreição como se fosse uma questão isolada na compreensão do mistério e do destino de Jesus de Nazaré. É exatamente o contrário: justamente porque nela se reúnem a máxima importância e a máxima dificuldade é imprescindível buscar sua integração dentro do contexto global. Algo que não somente é exigido por um mínimo de rigor na coerência, mas que, ademais e principalmente, permitirá aproveitar a luz que sobre ela projetam os importantes avanços obtidos nos estudos cristológicos.

De fato, a primeira coisa que salta à vista é, sem dúvida, a convergência que se dá entre a busca de uma ancoragem realista da ressurreição e o realismo que caracteriza o estilo da cristologia atual. Até mesmo aqueles autores que oferecem resistência para falar de uma cristologia que parte "de baixo" oferecem uma abordagem radicalmente distinta daquela dos tratados escolares clássicos. Não apenas se recuperaram, aprofundando em sua radicalidade, os *mysteria vitae Christi*,[92]

---

[90] Ibidem, p. 404, nota 115.

[91] "Too many formulations of a christology appear to be disunified and at times even schizophrenic. There is not a clear connection for the preexistence/infancy narratives of the NT, the life and ministry of Jesus together with his arrest, and crucifixion, and the resurrection material. These three areas of NT thought need a clearer unity for a christology to be credible" (OSBORNE, K. B. *The resurrection of Jesus*. New York, 1997. p. 172).

[92] Cf. LACHENSCHMIDT, R. "Christologie und Soteriologie", pp. 112-115, com as referências fundamentais (também existe a tradução castelhana).

mas se compreendeu cada vez com maior clareza que somente na concreta e realíssima *humani-dade* de Jesus é-nos possível desvelar o mistério de sua divindade.[93] Daí que, nas abordagens sérias, tenha desaparecido a insistência nos "milagres" — além do mais, como já se indicou, compreendidos agora como "sinais" que não rompem o funcionamento das leis naturais — ou nas proclamações *diretas* de sua divindade por parte de Jesus; insiste-se, pelo contrário, na "cristologia indireta", fundada nos indícios legíveis em seu modo de viver, falar e comportar-se. Até o ponto de Wolfhart Pannenberg — de novo ele —, em um dos livros que mais influíram nesta tendência, ter podido afirmar:

> Se as asserções acerca do fato de Jesus ser Deus supuseram uma contradição com a autêntica humanidade de Jesus, então seria preciso deixar de lado a confissão de sua divindade, antes de duvidar de que Jesus tenha sido realmente um ser humano. [...] O único problema pode consistir em ver o que determina especificamente este homem, à diferença dos demais homens.[94]

Parece, pois, óbvio que também a ressurreição pede ser estudada à luz desta mesma lógica, como algo que, por seu caráter transcendente e não-mundano, deve ser lido *na* humanidade de Jesus, em seu modo concreto de viver e de morrer. De fato, é inegável a evidência, quando menos, de um *deslocamento* nesta direção: a ressurreição já não mais como milagre, desprovida do enlace intrínseco entre crer nela e a necessidade do sepulcro vazio, a desconsideração do caráter "espetacular" e "objetivante" das aparições, os incômodos devidos à sua qualificação como fato "histórico"...

Mas, contra o que poderia parecer, não se trata de um resultado negativo. Justamente a inclusão da ressurreição no movimento cristológico de conjunto faz com que refluam sobre ela os efeitos da nova visão. Certamente custaram à cristologia muitas crises e trabalhos para romper o esquema sobrenaturalista segundo o qual afirmar a divindade de Jesus tinha de ser feito à custa de sua humanidade: quanto mais divino, menos humano. Com o resultado de um Jesus *em apa-rência* grande, sem dúvidas nem ignorância, sem sofrimentos verdadeiros nem tentações reais, sem busca fiel, orante e comprometida da própria vocação e identidade...; mas, *na realidade*, desencarnado e inumano: abstração monofisista e também gnóstica, sem consistência própria, tão afastado de cada um de nós e dos problemas de nossa carne que não podia ser verdadeiro exemplo de vida nem de modelo real de seguimento.

Por isso, uma vez rompido esse esquema, a perda aparente transformou-se em um ganho ao qual nenhuma cristologia sensata gostaria hoje de renunciar. Desde o trabalho de Bernard Welte na obra comemorativa de Calcedônia,[95] a não-concorrência ou rivalidade entre a humani-dade e a divindade em Jesus converteu-se em princípio fundamental.[96] Em seu lugar foi posta a

---

[93] Cf. Torres Queiruga, A. "La apuesta de la cristología actual: la divinidad 'en' la humanidad", pp. 15-63.

[94] Pannenberg, W. *Fundamentos de cristología*, cit., p. 235.

[95] "Homoousios hemin", pp. 51-80.

[96] Tema bem analisado por E. Klinger, "Bosquejo formal e introducción histórica", em *Mysterium Salutis*, Madrid, 1971, v. III, t. I, pp. 27-66.

potenciação mútua: quanto mais humano se nos aparece Jesus, brilha melhor, por seu intermédio, o mistério da divindade; quanto mais brilha o mistério, mais é assegurada a sua realíssima humanidade. Karl Rahner, vendo a cristologia como culminação e revelação da autêntica antropologia, mostrou a fecundidade deste princípio.[97] E Leonardo Boff expressou-o de forma sugestiva: "Humano assim, só pode ser Deus mesmo".[98]

Com a ressurreição ocorre — creio que está ocorrendo ou, em todo caso, que pode e deve ocorrer — algo paralelo. À estranheza inicial que, normalmente, é provocada pelas novas concepções, segue-se a percepção de que o mistério pascal assuma, desse modo, encarnação histórica e concretude espiritual. Como foi estudado, uma visão distinta da ação de Deus e do modo de sua revelação para nós permite compreender que o caráter não "milagroso" e o enraizamento da fé na história real da vida e morte de Jesus de Nazaré não impedem nem a sua verdade como acontecimento real nem a possibilidade de sua revelação para nós.

A nova conceituação e as novas categorias, por meio das quais se esforça hoje a cristologia por compreender o mistério de Jesus como o Cristo, ajudam igualmente a compreender de maneira nova a ressurreição. E da mesma forma que, nessa nova visão, a figura de Jesus tão apenas aparentemente perde a grandeza de seu mistério, também a ressurreição perde talvez no aspecto espetacular, mas *ganha em realismo autêntico e aproximação à vida e à morte dos cristãos*. Essa é, no mínimo, uma possibilidade que tentaremos mostrar quando tratarmos de perfilar concretamente sua releitura.

Por outra parte, a integração cristológica abre a possibilidade de situar de novo a ressurreição, de uma forma mais equilibrada, no conjunto da vida e da pregação de Jesus. Talvez a ênfase que e ela foi dada, nos últimos tempos, seja uma reação saudável e necessária diante do empobrecimento tradicional, que a relegava a um par de páginas — e, ainda por cima, de caráter extrinsecista e apologético — nos manuais escolares. Mas uma vez posta no justo relevo a sua importância como culminação transcendente, mas intrínseca, da vida de Jesus, parece ter chegado o momento de traçar o seu lugar com mais exatidão na totalidade de seu mistério.

A importância da ressurreição continua sendo fundamental. Se a vida e a realidade de Jesus ficassem totalmente aniquiladas na cruz, seu significado como figura salvífica permaneceria reduzido drasticamente, pois somente levantaria diante de nós uma esperança que, por sua vez, ficaria igualmente aniquilada pela morte. A fé na ressurreição converte-se, desse modo, em *condição necessária e imprescindível* para a compreensão de seu mistério. Mas isso não implica que ela deva ocupar todo o espaço nem, em princípio, que deva ser o eixo central de sua pessoa.

---

[97] De sua abundante produção sobre este ponto, cf. a síntese que ele mesmo oferece em seu *Curso fundamental sobre la fe*, cit., pp. 216-271.

[98] *Jesus Cristo libertador*. 5. ed. Petrópolis, Vozes, 1976. p. 193.

De fato, a ressurreição dos mortos está presente na consciência e na pregação de Jesus, mas não constitui o centro de sua pregação.[99] Como tampouco o constitui no primeiro dos evangelhos, posto que, no Proto-Marcos, somente é evocada no final mediante o anúncio angélico, e, antes que tivesse acontecido, o centurião romano já havia confessado Jesus por "Filho de Deus" (Mc 15,39). Por outra parte, é um dado bastante conhecido a escassa presença do tema da ressurreição na primeira literatura patrística, em que permanece "surpreendentemente em um segundo plano".[100]

A relevância mais excepcional que Paulo lhe concede pode ser explicada por dois motivos fundamentais. O primeiro e mais óbvio é a sua defesa diante da negação — de sentido, como vimos, não bem determinável — por parte de alguns grupos em Corinto. O segundo é sugerido por uma interessante observação de Gerd Theissen. Conforme destaca este autor, a concentração de Paulo na morte-ressurreição obedece a seu estrito monoteísmo judaico, que não se interessa pelo Cristo "segundo a carne" (2Cor 5,16), pois "teme envolver o Jesus terreno no brilho divino". Seu concentrar-se na ressurreição serve-lhe, então, para mostrar que "o Exaltado deve seu *status* divino, de maneira especial e exclusiva, somente a Deus"[101] (Por isso *ainda não* aparecem nele os "problemas trinitários" que a segunda geração terá com a tradição judaica).

Esta razão é bastante iluminadora para a teologia atual, que, por um lado, não questiona o *fato* da ressurreição e, por outro, obtevе uma melhor e mais libertadora relação com a humanidade de Cristo. Precisamente, nosso interesse fundamental pelo "Cristo segundo a carne" nos convida a uma compreensão mais íntegra e integrada de seu mistério e a precisar com mais justiça o lugar da ressurreição dentro dele.

---

[99] K. B. Osborne, por exemplo, insiste na centralidade do Reino, como se mostra tanto pelos estudos exegéticos como pela sua fecundidade na teologia da libertação, em geral, na compreensão da presença salvífica de Deus em todas as situações de marginalização (cf. *The resurrection of Jesus*, principalmente pp. 147-155).

[100] Taats, R. "Auferstehung I./4. Alte Kirche", *TRE* 4 (1979/1993) 467-477 (aqui, p. 467). I. Broer, que alude a esta afirmação, sintetiza da seguinte maneira a situação: "Certamente, a ressurreição de Jesus se dá sempre por pressuposta na Igreja primitiva, mas não se converte em um objeto no primeiro plano do interesse nem das discussões. Pode-se esclarecer isto, por exemplo, pelo fato de que não a mencionam tanto alguns escritos neotestamentários (por exemplo, 2Ts e 1Tm) como alguns dos documentos posteriores mais antigos. Por exemplo, ela não aparece na *Didaché* composta nos primórdios do século II, como tampouco na 2ª Carta de Clemente, composta na primeira metade do mesmo século. A 1ª Carta de Clemente, ainda mais antiga, menciona a ressurreição de Jesus certamente duas vezes, porém, mais do que com a ressurreição de Jesus, ela se preocupa com a ressurreição dos mortos" ("Seid stets bereit...", cit., p. 32). Broer indica, além do mais, que Taats "mostra que a falta de verdade da ressurreição podia ser vista como não perigosa" (convém, todavia, atentarmos para o fato de que isso pode ser válido somente para alguns grupos: a reação de Paulo é muito distinta).

[101] "Uma vez que Paulo ainda está enraizado em convicções fundamentais monoteístas, não pode ansiar por nenhuma relação positiva com o Jesus terreno. Paulo tinha medo de enredar o Jesus terreno com o brilho divino, porque, para ele, existe uma grande distância entre cada ser humano e o Deus único. A existência terrena de Jesus é, para ele, tão-somente estranhamento (*Entäußerung*) e pura humanidade (*Menschsein*). Seu fracasso total na vida terrena – a cruz – mostra que toda a sua sublimidade é obra de Deus. Se Paulo venera nele um ser divino, o que venera surgia exclusivamente pelo agir soberano de Deus e não pelas grandes obras ou palavras de um homem" (*Die Religion der ersten Christen*, cit., p. 82 — cf. pp. 81-83 e 230-232).

Capítulo 4

Nascimento e significado da fé na ressurreição

O caminho percorrido começa a se fazer longo. Mas, enfim, seu sentido fundamental é o de servir de preparação para a compreensão atual. Simplificando ao extremo, convém apontar os passos principais: a insistência na mudança de paradigma cultural, como marco irreversível; a necessidade de superar uma leitura fundamentalista dos textos pascais, que distinga entre a fé e a teologia, entre a experiência de fundo e sua expressão em imagens e conceitos; a contextualização religioso-cultural, que permite precisar os meios expressivos e as determinações conceituais que mediaram a passagem entre a experiência original e os textos nos quais se expressa; finalmente, os pressupostos teológicos fundamentais que é preciso ter em conta para a legitimidade, significatividade e coerência de toda a interpretação atual.

Aproveitar tudo isso constitui o viático para este trecho final, na tentativa de responder à pergunta acerca de que podemos saber sobre a ressurreição. Se o movimento anterior teve muito de *desconstrução* da visão tradicional, agora pode, por fim, prevalecer a *construção* positiva,[1] a integração de todos os dados, sugestões e perspectivas até aqui adquiridas numa visão de conjunto que possa falar à inteligência, afetar a sensibilidade e alimentar a vida dos cristãos e das cristãs *irreversivelmente* submersos na cultura definida pelo novo paradigma.

A exposição visará ao máximo contato possível com as tentativas atuais, mas não se sentirá obrigada a seguir os esquemas mais usuais. Em coerência com o que foi visto e praticado até aqui, esforçar-se-á por (re)construir o significado em passos que, tencionando reproduzir a gênese da fé na ressurreição, vão-se aproximando da estrutura fundamental de seu mistério. Isso explica o procedimento.

---

[1] Na necessidade atual deste duplo movimento, J. Moingt insistiu com vigor, referindo-se ao conjunto da cristologia (cf. MOINGT, J. *L'homme qui venait de Dieu*. Paris, 1993. pp. 221-281).

O comum religioso na diferença bíblica

A vida para além da morte nas religiões

Se já não fosse de simples sentido comum, bastaria a relevância que atualmente tem sido dada ao diálogo das religiões para se precaver de que não teria sentido tratar a ressurreição como um fenômeno totalmente isolado na história religiosa da humanidade. É bem conhecido o fato fundamental de que justamente o *culto aos mortos*, e, portanto, algum tipo de crença em uma sobrevivência para além da morte, não somente constitui uma evidência universal, mas possivelmente representa o primeiro dado da atividade religiosa da humanidade.[2] Expressando-o de maneira exata e prudente:

> Desde há, provavelmente, cem mil anos e, com segurança, desde cinqüenta mil, consta que ou todos ou, pelo menos, alguns seres humanos ou grupos humanos acreditaram que alguns e, quiçá, todos os seres humanos existem, de uma forma ou de outra, depois desta vida.[3]

Aí se enraíza a *matriz comum* que as diversas religiões traduzem à sua maneira, de modo que as diferenças encontráveis nos pormenores respondem à configuração específica que vai adquirindo segundo as características de cada tradição religiosa.

A idéia de ressurreição *não* supõe, *nesse sentido*, uma exceção à regra. Ela representa justamente a configuração específica que a matriz comum alcançou na tradição bíblica. O que os primeiros cristãos fizeram foi configurá-la de novo, a partir do impacto causado pela morte de Jesus de Nazaré e pelas experiências e interpretações que esta suscitou. Por isso, como foi visto nos capítulos anteriores, somente pôde surgir para eles e somente pode vir a ser significativa para nós no marco dessa matriz religiosa.

Além do mais, uma simples e rápida passadela pela história bíblica mostra dois dados relevantes a este respeito. Por um lado, evidencia-se como, dentro da vivência do destino pós-morte, a idéia de ressurreição vai chegando a uma figura específica, marcada pelas características próprias de sua fé. Por outro, descobre-se como esse processo, sendo original e alcançando uma visão não redutível, sem mais, às outras religiões, não sucedeu em um isolamento asséptico, mas em contínua interinfluência com elas.

Já não é mais possível, tampouco necessário, calibrar a intensidade dessa influência. Mas, quando se penetra em religiões como a mesopotâmica — com poemas como o de Gilgamesh, Athraasis, Inanna... —, a egípcia — com a mumificação, os monumentos e o livro dos mortos —,

---

[2] Além dos artigos da *The encyclopedy of religion*, organizada por M. Eliade, cf. A. R. Firth, *Uomo e mito nelle società primitive*, Firenze, 1965; M. Otte, *Préhistoire des religions*, Paris, 1993; J. Ries (org.), *Tratado de antropología de lo sagrado*. Madrid, 1995. v. I: Los orígenes del *homo religiosus*.

[3] Via Taltavull, J. M. "La immortalitat en la història de les religions i en la filosofia". 1996. p. 27. Trata-se de uma síntese excelente; em geral, todo o livro é muito útil.

ou a iraniana — com a idéia de ressurreição e juízo —, todas elas em longo, contínuo e intenso intercâmbio com a religião bíblica, pode-se compreender que essa influência deva ter sido muito importante.[4] E, sem dúvida, o fato de que, na passagem para a configuração final, tenha havido uma incidência evidente e decisiva da religiosidade helenística, em princípio tão alheia à sua tradição, revela-se altamente significativo.

Por isso é importante insistir nesse pano de fundo comum, pois nele aparece o significado fundamental pelo qual as diversas concepções da superação da morte foram emergindo na consciência humana. Significado que, na realidade, está intimamente ligado à própria religião, que consiste justamente na percepção do Divino como fundamento transcendente e como salvação total e definitiva. Não é por nada que a moderna fenomenologia, quando vai mais além das diferenciações de estilo e de pormenores, reconhece que toda religião é religião de salvação. A salvação inclui elementos diversos e modalidades diferentes, mas, *enquanto religiosa*, também remete sempre a algum tipo de libertação da miséria da morte.

Ocorre até mesmo naquelas religiões que, à primeira vista, pareceriam negá-lo, como algumas das orientais, concretamente o budismo hinayana. Não obstante isso, bastariam as discussões acerca do verdadeiro significado do *nirvana* para nos alertarmos de que a coisa não é tão simples. E, sem dúvida, quando, com sensibilidade e empatia, se lêem os textos, evidencia-se, logo depois, que a intenção primordial dos mesmos não se dirige à negação de algo mais além, mas antes à superação da miséria do mais aquém e — quando menos, de maneira implícita — à afirmação definitiva da pessoa. O que acontece é que, dada a intensa vivência da negatividade do mundo, concebido na base do "tudo é dor", a ênfase maior é colocada na libertação dessa negatividade. Mas a intenção *última* é positiva, de libertação plena e absoluta. Por isso, fala-se de "entrar" no *nirvana*, e as expressões negativas, que aludem à "dissolução no Absoluto", vistas no contexto indiano de dialética entre aparência-realidade, *atman-brahman, samsara*-absoluto..., implicam, pelo menos obscuramente, uma intenção de plenitude: "dissolução", como libertação da miséria da aparência; "no Absoluto", como entrada na plenitude.[5]

---

[4] Cf. uma exposição sintética em A. Matabosch (org.), *La vida desprès de la vida*, cit.

[5] "A meta final do caminho budista da salvação, o *nirvana*, está, no essencial, determinada nos textos por expressões negativas: é a cessação do sofrimento, a extinção da cobiça, do ódio e da ilusão, a plena dissolução dos grupos da existência (*Daseinsgruppen*) etc. Mas a afirmação que daí deduzem os adversários do budismo, no sentido de que o nirvana seja um sinônimo da aniquilação absoluta e que a religião de Buda seja, por essência, niilista, não encontra apoio algum nos textos antigos. Conforme a doutrina dos textos antigos, todos os grupos da existência certamente se dissolvem, mas unicamente para o ser humano mundano ignorante é que o nirvana aparece como aniquilação. Para o sábio, pelo contrário, ele constitui o reino da paz absoluta, radicalmente distinto do mundo. Uma famosa passagem do *Canon Pali* diz o seguinte: 'Existe, monges, um reino onde não há nem fixo nem transitório, nem calor nem movimento, nem este mundo nem o outro, nem sol nem lua. A isto, monges, eu não digo ser nem um vir nem um ir, nem um estar quieto, nem um nascer, nem um morrer. É sem nenhum fundamento, sem evolução, sem apoio: é justamente o fim do sofrimento'" (*Udana* VIII, 3; trad. segundo Nyanatiloka) (BECHERT, H. "Buddhismus". *TRE* 7 (1981/1993) 317-335 — aqui, p. 322).

Sei muito bem que estas afirmações tão sumárias são muito discutíveis e que se prestam a infinitas discussões acerca de sua exatidão.[6] Mas não é isso o que interessa. Primeiro, porque convém insistir em algo que tende a ser encoberto pela discussão: em qualquer caso, trata-se de uma atitude minoritária e reativa diante das excessivas especulações bramânicas e upanixádicas; coisa que, por exemplo, mostra-se com toda a clareza na parábola budista do homem ferido pela flecha (o que interessa é arrancá-la, eliminando o sofrimento: as especulações são secundárias).[7] Por isso, tal atitude, própria, em todo caso, do budismo hinayana, não alcança sequer o budismo mahayana nem, certamente, a maioria do hinduísmo, em que predominam as diferentes doutrinas sobre a ressurreição.

Por outra parte, muito embora as afirmações possam ser discutíveis, não vêm ao caso para nosso propósito principal: sublinhar a existência de uma estrutura dual de identidade e diferença. Pois, como sucede em geral no *diálogo das religiões*, a diferença somente pode ser bem entendida no reconhecimento e respeito da verdade comum. Sem que isso tenha de levar necessariamente ao relativismo. Pelo contrário, constitui o único modo autêntico de calibrar em sua justa medida o específico da própria religião e os motivos pelos quais, afinal de contas, a escolhemos como nossa.

Isso acontece também com a ressurreição. É importante deixar bem claro que toda compreensão concreta deve constituir-se na estereoscopia de um duplo olhar, que se proponha a ver a *diferença-na-continuidade*. A continuidade está representada pela crença de que a vida não acaba com a morte, mas que, graças ao apoio divino, se prolonga e realiza para além de sua aparente destruição. A diferença consiste na configuração concreta que lhe é dada no marco de cada religião. Proceder assim permite, por um lado, fazer justiça aos demais e, por outro, calibrar em sua justa medida o acerto, a coerência e o aprofundamento de cada visão, tanto dentro da própria tradição (que, normalmente, vai avançando e se purificando) como em relação às demais religiões.

---

[6] Cf. PANIKKAR, R. *El silencio del Buddha*: una introducción al ateísmo religioso. Madrid, 1996. pp. 97-117; KÜNG, H.; ESS, J. van; STIETENCRON, H. von; BECHERT, H. *El cristianismo y las grandes religiones*. Cristiandad, 1987. pp. 360-362.

[7] À pergunta do ancião Malunkiaputta, preocupado com as grandes questões teóricas, entre elas a existência depois da morte, Buda responde: "É como se um homem caísse ferido por uma flecha envenenada e seus amigos, companheiros e parentes chamassem um médico para que o curassem, e aquele dissesse: 'Não consentirei que me arranquem esta flecha até saber por que espécie de ser humano fui ferido [...]; ou até saber se a corda do arco era feita de celidônia ou de fibra de bambu [...]; ou até saber se era uma flecha comum ou uma flecha talhada [...]'. Esse homem, Malunkiaputta, morreria sem chegar a saber todas essas coisas.
[...] E por que, Malunkiaputta, não expliquei estas coisas? Porque tudo isto, Malunkiaputta, não tem utilidade alguma, em nada afeta o princípio da vida religiosa, não conduz à aversão, à ausência de paixão, à cessação, à tranqüilidade, à faculdade sobrenatural, ao conhecimento perfeito, ao nirvana, e, por esse motivo, não os expliquei a ti" (*Maxxima-nikaia I*, 426ss [*LXII Chula-malunkia-sutta*]). O leitor pode ver a versão completa em M. Eliade, *Historia de las ideas y creencias religiosas*. Madrid, 1980. v. IV: Las religiones en sus textos. pp. 587-588.

Concretamente, permite, além do mais, encarar de maneira orgânica e sistemática o problema da especificidade da concepção bíblica e, dentro dela, da cristã. Desse modo, com efeito, a abordagem não fica entregue à sucessão meramente fática das questões, tal como vão surgindo ao sabor dos desafios externos.

Nesse sentido, atendendo à situação cultural do presente, são duas as frentes principais nas quais hoje se deve realizar o confronto: a grega e a oriental.[8] Insistir também na segunda não é secundário. Na realidade, trata-se de uma necessidade epocal, pois, como já há muito tempo fizera notar Paul Ricoeur, assim como a síntese geral com o mundo grego já teve lugar, o confronto com o mundo oriental está ainda em curso e continua pendente.[9] De fato, com relação a nosso tema, a síntese grega já tem uma longa presença, pois, como foi visto, começou nos tempos bíblicos e nunca mais cessou na história da teologia. A síntese oriental data de bem menos tempo, mas vem se destacando como uma das grandes tarefas do futuro imediato.

Creio seja compreensível que aqui se trate unicamente de aludir aos aspectos mais fundamentais e, sobretudo, que o principal interesse seja o esclarecimento do que nos é próprio, e não o julgamento do que vem de outrem. Porque as incompreensões do passado nos tornam cada vez mais conscientes do quanto é difícil examinar com exatidão e justiça a intencionalidade viva de outras religiões; dificuldade que se agrava ao extremo quando nos detemos nas orientais, tanto em razão da infinita variedade de suas formas,[10] como pela grande distância cultural que delas nos separa.

Ressurreição bíblica e imortalidade grega

Vendo-se em perspectiva histórica, existe uma profunda ambigüidade neste tema. Por um lado, entre a Bíblia e o helenismo é inegável um contato intenso e uma profunda convivência, que, em certos aspectos, chega até a uma síntese que parece indissolúvel. Por outro, saciam-nos com abundância as afirmações de sua incompatibilidade radical. Algo que, significativamente, pode aparecer em um mesmo autor e em um mesmo escrito: "Desde a sua origem 'imortalidade da alma' e 'ressurreição do corpo' [...] são duas respostas totais, completamente diferentes, à pergunta por uma possível superação da fronteira da morte", diz Gisbert Greshake, ao iniciar um excelente estudo a respeito,[11] para falar ao final de "dois modelos antropológicos complementares",

---

[8] Possivelmente, será preciso realizar algo semelhante com as religiões africanas e as ameríndias. Entretanto, nem minha competência nem a economia do presente discurso o tornam possível agora.

[9] Assim sublinha ele sua importância: "Não estamos em condições de imaginar o que isso significará para as categorias de nossa ontologia, para nossa leitura dos pré-socráticos, da tragédia grega, da Bíblia" *(Philosophie de la volonté. Finitude et culpabilité.* Paris, 1960. v. II, La symbolique du mal. p. 29 — cf. pp. 26-30). M. Eliade sempre sublinhou com especial vigor este ponto. Cf., por exemplo, *The quest.* History and meaning in religion. London, 1969. v. II, pp. 57-59.

[10] De fato, é bem sabido que, por exemplo, o próprio nome de "hinduísmo" é uma invenção do século XIX ocidental, apoiada em certo "ar familiar" que a imensa variedade real oferecia para o olhar europeu.

[11] GRESHAKE, G. "Das Verhältnis 'Unsterblichkeit der Seele' und 'Auferstehuung des Leibes' in problemgeschichtlicher Sicht". p. 82.

de "ordenação mútua (*Zuordnung*) de imortalidade e ressurreição", ou da superação da "diástase antropológica" entre ambas.[12]

E talvez a razão mais profunda desta tensão se enraíze justamente na falta de atenção expressa para a dualidade assinalada. Porque, enquanto se atende ao pano de fundo comum de superação real da morte, a continuidade, o contato e a complementaridade são inegáveis. A diferença não é menor quando se enfoca a concreção *sistemática* dentro do quadro concreto de referências religiosas e culturais do mundo hebreu e do mundo grego. Um diálogo realista necessita distinguir bem ambos os níveis.

Dois fenômenos significativos oferecem uma espécie de prova *a contrario*. O primeiro é o contraste, de certo modo paradoxal, pelo qual uma postura como a de Joseph Ratzinger — mais conservadora e, portanto, com pretensão de ser mais fiel à tradição — mostre-se tão acolhedora de um aspecto tão pouco bíblico como é o dualismo alma-corpo e, por conseguinte, da imortalidade natural da alma; enquanto autores como Gisbert Greshake e Gerhardt Lohfink, mais progressistas e abertos neste problema, apareçam como mais fiéis ao espírito da tradição bíblica, acentuando a unidade antropológica e insistindo com maior decisão no caráter gratuito da imortalidade.[13]

O segundo consiste na afirmação de uma boa parte da teologia evangélica — e não somente dela — da incompatibilidade radical entre imortalidade e ressurreição. Uma convicção não somente contrária à evidência histórica,[14] como, ainda por cima, potencialmente perigosa, à medida que converte a ressurreição em algo isolado da real experiência humana e, portanto, não verdadeiramente comunicável. Esta visão pôde ser acolhida dentro do clima reativo da teologia dialética, mas, uma vez convertida em interpretação normal, encerraria esta verdade decisiva em um "positivismo da revelação", isto é, em um gueto de fideísmo decisionista. Devemos, certamente, ser muito agradecidos a essa reação dialética que, nos anos posteriores à Primeira Guerra Mundial, promoveu a renovação da escatologia, libertando-a dos estreitos esquemas iluministas. Mas, por outro lado, é de se lamentar o caráter "barthianamente" exclusivista com que se apresentou com relação às outras religiões, bem como os complicados (e artificiosos?) problemas que introduziu acerca da "aniquilação" ou do "sonho sob o altar" depois da morte.[15]

Uma vez que não interessa entrar nos pormenores de uma discussão interminável, indiquemos o decisivo para o nosso propósito. Como é natural, não se trata de posturas absurdas ou

---

[12] Ibidem, pp. 112-113, 120.

[13] Toda a obra citada na nota anterior gira em torno desta discussão, suscitada pelas críticas de J. Ratzinger em *Eschatologie*, Regensburg, 1977, principalmente pp. 39, 94-99, 150-157 (trad. cast.: *Escatología*, Barcelona, 1980).

[14] Ver, por exemplo, o que diz G. W. E. Nickelsburg (cf. *Resurrection, immortality and eternal life in intertestamental judaism*, Cambridge, 1972. pp. 177-180) a respeito de O. Cullmann, "¿Inmortalidad del alma o resurrección de los muertos?", pp. 235- 267 (proposta, de certo modo, clássica neste ponto).

[15] Cf. a obra clássica a esse respeito: J. Pieper, *Muerte e inmortalidad*, Barcelona, 1970, pp. 163-182. E também: G. Greshake, op. cit., pp. 98-107, onde o autor sintetiza a abordagem mais ampla que já dera em *Auferstehung der Toten*, Essen, 1969, pp. 39-134.

caprichosas, pois todas têm seu fundamento e de todas se pode aprender algo. Mas para isso é indispensável ter em conta a distinção de planos anteriormente assinalada. É claro que, se dermos atenção à concretização sistemática, as diferenças saltam à vista e podem, até mesmo, parecer inconciliáveis. Ao contrário, quando se presta a devida atenção a seu enraizamento na experiência fundamental, compreende-se que não tenham de ser necessariamente assim. Mais: as diferenças podem ser aproveitadas como complemento, iluminação e mesmo contraste que ajuda a elaborar a própria compreensão. O maior ou menor acerto dependerá, então, do equilíbrio na utilização dos planos.

Tenho a impressão, por exemplo, de que o paradoxo anteriormente mencionado se deva a que a postura de Ratzinger se apóie mais no aspecto peculiarmente "sistemático" da contribuição helênica, como são o dualismo e a imortalidade natural (embora reconhecendo, é óbvio, que "a fé cristã teve de intervir corrigindo e purificando").[16] A postura de Greshake-Lohfink, ao contrário, se reduz mais ao comum, ao "profundo parentesco nas intenções determinantes".

Curiosamente, estas últimas são palavras de Ratzinger (que Greshake cita aprovando).[17] O que nos deve alertar para proceder com cautela, por um lado, diferenciando bem o fundamental e o acessório, e, por outro, não tanto para rechaçar o adversário mas para precisar melhor a própria postura. Nesse sentido, convém fazer ainda uma espécie de *diferenciação intermediária*, que caberia qualificar de "diferença religiosa". Ou seja, uma diferença que é real e marca campos sistemáticos distintos, mas que atende antes de tudo o marco da vivência religiosa, prévio às diferenciações sistemáticas ou *teológicas* dentro dele. Dizendo-o de maneira mais intuitiva: existem claras diferenças neste problema, tanto entre Platão e Aristóteles como entre Ratzinger e Greshake-Lohfink, mas todos nos apercebemos de que, apesar disso, há um nível no qual os primeiros representam uma concepção de conjunto que se diferencia claramente daquela que sustentam os últimos. É a esse nível, enquanto definido antes de tudo pelo respectivo marco religioso, que nos referimos agora.

Pois bem, tendo em conta que o mais próprio da religião bíblica se enraíza em seu sentido de comunhão pessoal com o Deus que é fiel em seu amor, justo em seu juízo e soberano sobre a vida e a morte em seu poder, o que, em comparação com a grega, caracteriza e especifica sua idéia da superação da morte — da ressurreição — são duas notas fundamentais: a *gratuidade* divina e a *integridade* humana. (E, repito, não se trata tanto de afirmar que estas notas estejam totalmente ausentes na concepção grega quanto de esclarecer sua acentuação específica na bíblica.)

A gratuidade se funda em que, do ponto de vista genuinamente bíblico, falar de ressurreição implica falar de uma vida presenteada por Deus a um ser, o ser humano, que, em si, é mortal. Com esta apreciação concordam praticamente todos os exegetas: para a Bíblia, a vida eterna é um *dom divino*. Também se pode afirmar que essa idéia está no fundo de toda a teologia cristã,

---

[16] *Eschatologie*, cit., p. 74.

[17] GRESHAKE, G. Op. cit., p. 160.

apesar das numerosas expressões que, graças à evidente influência da filosofia grega, pareceriam afirmar o contrário, como sucede, infelizmente, demasiadas vezes na teologia dos manuais. Mas o pensamento teológico mais consciente mostra, afortunadamente, maior cautela. Em um nível mais estritamente sistemático, poderá afirmar, por exemplo, que a pessoa humana é "indestrutível". Mas mesmo assim insistirá em que o é com uma indestrutibilidade *de criatura*; portanto, e afinal, como *dom* do Criador:

> Com efeito: quem entender o mundo, o mesmo que o ser humano em corpo e alma, como uma *criatura*, a saber, como saído em sua totalidade da vontade do *Criador*, e, por conseguinte, recebendo o ser recebido [sic] desta origem, é impossível que, ao mesmo tempo, tenha este ser, chamado do nada, por algo que seja por si mesmo estável, e que considere inimaginável que esse ser volte ao nada. Em todo caso, o próprio conceito de criatura faz com que esta seja incapaz de se conservar por si mesma no ser.[18]

Note-se, de passagem, como esta reflexão esclarece essa diferenciação intermediária à qual nos estamos referindo. Alguém poderá não estar de acordo com a explicação dos autores neste ponto e pensar, como é o meu caso, que seria mais coerente afirmar que, por si mesmo, o ser humano — da mesma forma que qualquer ser vivo que tem começo — é *mortal*, nem sequer "indestrutível" enquanto humano; de modo que a morte acabaria simplesmente com ele, se o amor de Deus não o sustentasse gratuitamente. Mas essa diferença, mais ultimamente "sistemática" e, portanto, mais discutível, não anula a participação na mesma visão religiosa. (Distinção esta que, por sinal, se fosse mais respeitada, evitaria muitos conflitos e condenações *teológicas*.)

Com a *integridade* sucede algo parecido. Não somente o conhecido caráter unitário da antropologia bíblica, mas também — e, talvez, com maior razão — o caráter estritamente pessoal da relação com Deus fazem com que o pensamento bíblico pense sempre na *pessoa inteira* quando fala de ressurreição. É o sujeito orante e sofredor, gozoso e adorador, não uma parte do mesmo, o que anseia pela comunhão eterna com Deus. Não convém, certamente, simplificar neste ponto o pensamento grego, pois, como bem diz Pieper, "Platão não é um platônico"[19] e menos ainda o é Aristóteles. Todavia, basta ler o *Fédon* para ver que as palavras de Sócrates nunca poderiam estar na boca de uma personagem bíblica de carne e osso. Não é à toa que as possíveis exceções — como "[...] volte o pó à terra, de onde veio, e o espírito retorne a Deus, que o concedeu [...]" (Ecl 12,7) — pertencem ao período helenístico e respondem à *especulação* sapiencial. (Recordemos, além do mais — cap. 2, "A ressurreição dos mortos em geral" —, que, neste caso, o vocabulário oscila e não marca propriamente uma diferença de fundo.)

Também aqui é de notar como até mesmo os que acentuam o dualismo e a imortalidade natural insistem em que "na morte não morrem, tomada a coisa com rigor, nem o corpo do

---

[18] PIEPER, J. *Muerte e inmortalidad*, cit., p. 187 (cf. pp. 183-189). J. Ratzinger (*Escatología*, cit., pp. 144-150) expressa idênticas idéias neste ponto.

[19] Op. cit., p. 181.

homem nem a sua alma, mas o ser humano em si mesmo".[20] Essa integridade da pessoa como tal é o pano de fundo religioso que se pretende afirmar com a idéia de ressurreição, e a ela aludirá a insistência na ressurreição "da carne". A este nível ainda não implica, pois, uma discriminação sistemática e, nesse sentido, tem razão Gisbert Greshake quando dissente de alguns teólogos que se negam a chamar de ressurreição a "ressurreição na morte",[21] insistindo com razão em que se trata de "diversos modos de pensar a esperança, e não da esperança cristã em si mesma".[22]

Ressurreição e reencarnação

Se bem que, até muito recentemente, este problema não tenha recebido grande atenção por parte da teologia, tudo indica que esteja chamado a fazer gastar muita tinta daqui por diante. E penso que não tanto em virtude do tema da "repetição" das existências, como por causa da questão mais profunda da concepção da vida ultraterrena em si mesma, a saber: a identidade pessoal permanece ou fica diluída em uma identidade indiscernível com o Absoluto? Em todo caso, com estas observações ficam assinaladas as duas notas que, diante do mundo oriental, especificam a idéia bíblica: seu caráter estritamente *pessoal* e sua *unicidade*. (E nem seria o caso de repetir que aqui, mais ainda que no caso anterior, não se abriga a pretensão de exatidão com relação ao difícil, complexo e plural pensamento do outro: também agora o contraste serve, antes de tudo, para esclarecer o que nos é próprio.)

A primeira nota, pois, que a idéia bíblica de ressurreição especifica nesta frente é seu caráter decididamente pessoal. Já expressei — no final de "A vida para além da morte nas religiões" — meu parecer de que também no pensamento indiano, fora de casos especulativamente extremos como o do budismo hinayana, a *intenção viva* aponta para algum tipo de sobrevivência pessoal. Mas não se pode negar que, na hora de *tematizar* a crença, prevalece, muitas vezes, a afirmação do impessoal. E isto tem, sem dúvida, sua raiz na típica insistência desta tradição no Absoluto como única realidade verdadeira, com a conseqüente desvalorização da realidade material e histórica, que tende a ser vista como mera aparência (*maia, samsara*).[23] De modo que a

---

[20] Pieper, J. Op. cit., p. 55.

[21] "Die leib-Seele Problematik und die Vollendung der Welt", op. cit., p. 180. Aí são citados A. Ziegenaus, J. Ratzinger e L. Scheffczyk.

[22] Ibidem, p. 184: "Um verschiedene Modi der 'Denkbarkeit', nicht um die Sache christlicher Hoffnung ging es in diesem Disput". Sobre o tema em geral é interessante ver M. J. Harris, *Raised immortal. Resurrection and immortality in the New Testament*, Grand Rapids, 1983. Para ele, a imortalidade entendida como continuidade indefinida da alma é contrária ao NT; mas, entendida como vida eterna e pessoal, comunitária e somática, pertence à compreensão neotestamentária (cf. síntese nas pp. 237-240). Já nas pp. 201-205, o autor compara o Novo Testamento e Platão.

[23] J. Pieper expressou com vivacidade o contraste: "Em certa ocasião, encontrando-me em um mosteiro budista chinês, quiseram-me demonstrar de forma prática o valor dos princípios do Zen pela eficácia que desenvolvem por meio da meditação, repetindo-me dezenas de vezes que, na realidade, eu não era 'nada' nem 'ninguém'. No final, era tal o poder absorvente e a fascinação que exercia sobre mim aquele eterno debulhar de sugestões 'aniquiladoras' que, em um momento determinado, não tive outro remédio senão gritar para me defender: Não! Eu sou 'algo' e sou 'alguém', pois Deus me criou!" (Pieper, J. *Muerte e inmortalidad*, cit., p. 188).

tensão entre a experiência de fundo e a conceptualização concreta atinge aqui uma importância que, para o diálogo inter-religioso e intercultural, reveste uma transcendência literalmente histórica.

Diante da tarefa de pensar de algum modo o mistério inescrutável — posto que rompe todas as categorias mundanas — da vida mais além da morte, estes dois modos representarão sempre modalidades complementares. Não deveriam, portanto, procurar se anular, mas antes se enriquecer, tentando assumir a partir da própria perspectiva aqueles valores que se percebem melhor a partir da outra. O que não significa que sejam necessariamente equivalentes e que, portanto, mostre-se ilegítima a opção por um dos extremos, que, sem incluir *toda* a verdade, considere-se, não obstante isso, capaz de uma verdade cada vez *mais* integral. Opção esta que, naturalmente, não pode ser dogmática, senão aberta ao diálogo das razões e disposta às complementaridades.[24]

Nesse sentido, não oculto meu parecer de que o enfoque bíblico, justamente porque se apóia em *categorias de caráter pessoal*, ofereça possibilidades melhores, a ponto de constituir este aspecto uma de suas maiores contribuições à história religiosa da humanidade. Tenho uma profunda convicção da necessidade e fecundidade do diálogo com o Oriente, e creio que sua importância pode e deve servir de corretivo para toda tendência a um antropomorfismo apequenador, objetivador ou ontoteológico do Divino. Mas estou igualmente convencido de que — para o nosso bem e o do próprio Oriente — seria um mau caminho se tal levasse a uma debilitação do "pessoal". Tomado em toda a seriedade metafísica, o chamado oriental deve apontar justamente para a direção contrária: não para o menos-que-pessoal, mas, em todo caso, para o mais-que-pessoal, isto é, para o que é tão suprema e absolutamente pessoal que rompe todos os limites que constituem o cerco e a tristeza da finitude humana.[25]

E precisamente *por isso* Deus pode salvar a pessoa humana finita, levando-a à plenitude que as diversas concepções da vida para além da morte procuram expressar. Aí se enraíza a importância do caráter pessoal da ressurreição bíblica, pois entre as categorias das quais dispõe o pensamento humano unicamente as pessoais podem ajudar a compreender — mesmo quando for de muito longe — esse mistério pelo qual a máxima comunhão com Deus não leva à dissolução do indivíduo, mas antes à sua máxima afirmação: "Ali chegando, serei verdadeiramente pessoa", disse de forma admirável santo Inácio de Antioquia.[26]

---

[24] Procurei demonstrá-lo também em outros contextos, tanto com relação à revelação em geral (cf. *A revelação de Deus na realização humana*) como para o diálogo das religiões ("Deus e as religiões: 'irreligionação', universalismo assimétrico e teocentrismo jesuânico". In: *Do terror de Isaac ao Abbá de Jesus*, cit., pp. 315-355 [No original galego: pp. 226-251, com outras referências]).

[25] Cf. uma fundamentação com mais pormenores em A. Torres Queiruga, "Dieu comme 'personne' d'après la dialectique notion-concept chez Amor Ruibal", em M. M. Olivetti (org.), *Intersubjectivité et théologie philosophique*, Padova, 2001, pp. 699-712.

[26] *Ad Romanos* VI, 2 (*Padres apostólicos*, organização de D. Ruiz Bueno, Madrid, 1965, p. 478). Troco a tradução de "homem" (*ánthropos*) por "pessoa".

Trata-se dessa única e maravilhosa *dialética do amor* que Hegel soube exprimir tão bem, ao afirmar que este consiste em uma relação estranha, na qual "ser no outro" constitui a verdadeira forma de estar consigo mesmo; que diferencia e afirma na mesma medida em que une;[27] que faz com que, quanto mais se dê, mais se tenha.[28] E o mesmo já havia dito são João da Cruz, com maior intensidade ainda, se assim se pode dizer, falando ousadamente de uma reciprocidade tão absoluta entre Deus e a criatura, que, assim como a pessoa humana se recebe de Deus, também Deus se recebe dela.[29]

A carência — ou, quando menos, a não prioridade — deste tipo de categorias pessoais é, com toda a probabilidade, o motivo da tendência indiana a expressões que parecem levar à dissolução do indivíduo no Absoluto. Mas bem por isso devemos estar alertas para duas coisas. A primeira, que essas expressões, mais que à intencionalidade religiosa viva, pertencem ao nível secundário de sua explicação. A segunda, que, justamente porque usam outras categorias, nunca

---

[27] "Porque o amor é um diferenciar entre dois que, contudo, não são simplesmente diferentes entre si. O amor é a consciência e o sentimento destes dois de existir fora de mim e no outro: eu não possuo minha autoconsciência em mim, mas no outro; só que este outro, o único no qual estou satisfeito e pacificado comigo [...], na medida em que ele, por sua vez, está fora de si, não tem sua autoconsciência senão em mim, e ambos não somos senão esta consciência de estar fora de nós e de nos identificarmos, somos esta intuição, sentimento e saber da unidade" (*Filosofía de la religión*. Madrid, 1985. v. III, p. 192. Cf. *Escritos de juventud*. México, 1978. pp. 161-166, 274-278, 335-338...); *Vorlesungen über die Ästhetik*. Suhrkamp, v. II, t. 14, pp. 154-159, 182-190, que é onde o autor amplia mais tais idéias. Sobre a intensa tradição e significado filosófico destas idéias, desde o platonismo a Hölderlin e ao romantismo, cf. D. Henrich, *Hegel im Kontext*, 2. ed., Frankfurt a. M., 1975, pp. 9-40.

[28] "O amante que recebe não se torna mais rico que o outro por isso; ele sem dúvida se enriquece, mas não mais do que o outro. Igualmente, o amante que dá não se torna mais pobre; dando ao outro aumentou seus próprios tesouros de idêntica maneira (Júlia, em *Romeu e julieta*: 'Quanto mais dou, mais tenho...')" (*Escritos de juventud*. México, 1978. p. 264).

[29] "[...] porque, estando ela [a alma] aqui uma mesma coisa com ele, em certa maneira é ela Deus por participação, que, embora não tão perfeitamente como na outra vida, é, como dissemos, qual sombra de Deus. E nesta proporção, sendo ela, por meio dessa substancial transformação, sombra de Deus, ela faz em Deus por Deus o que ele faz nela por si mesmo à maneira que [ele] o faz, porque a vontade dos dois é una, e assim a operação de Deus e dela é una. Donde [decorre que] como Deus se está dando a ela com livre e graciosa vontade, assim também ela, tendo a vontade tanto mais livre e generosa quanto mais unida em Deus, está dando Deus ao próprio Deus em Deus, e é verdadeira e total dádiva da alma a Deus. Porque ali a alma vê que, verdadeiramente, Deus é seu, e que ela o possui com possessão hereditária, com propriedade de direito, como filho de Deus adotivo, pela graça que Deus lhe fez de se dar a si mesmo a ela, e que, como coisa sua, lhe pode dar e comunicar a quem ela quiser por [sua própria] vontade; e assim dar a seu querido, que é o próprio Deus que a ela se deu; no qual paga ela a Deus tudo o que lhe deve, por quanto de vontade lhe dá outro tanto como dele recebe" (*Llama de amor viva*. canc. III, 78 [*Vida y obras completas*. 5. ed. Madrid, BAC, 1964. pp. 913-914]). (Que são João fale de "alma" não anula nada neste contexto, como o prova o fato de que está falando da experiência mística *nesta vida*.)
E não se pense que isto seja exclusivo deste místico de Ávila. Séculos antes dele, *Meister* Eckhart havia dito coisas, se assim se pode dizer, bem mais atrevidas: "A alma, por si mesma, dá à luz Deus a partir de Deus em Deus; e o dá à luz verdadeiramente a partir dela. Faz isso para dar à luz Deus naquela parte de si mesma em que ela é deiforme, em que é uma imagem de Deus" (*Deutsche Predigten und Traktate*. München, J. Quint, 1963, p. 399). Sobre este tema, cf. a excelente exposição de G. Jarczyk, J. P. Labarrière, *Maître Eckhart ou l'empreinte du désert*, Paris, 1995, pp. 154-163.

podemos estar seguros de que lhes façamos plena justiça a partir das nossas: o que, a partir destas, soa como impessoal, pode ser vivenciado como pessoal a partir daquelas (aliás, já indiquei anteriormente que a leitura dos textos permite, muitas vezes, intuir esta possibilidade).[30]

Assim, portanto, a postura não apenas mais respeitosa, como também mais fecunda, por parte do pensamento ocidental é a de aproveitar a complementação que a partir delas lhe pode vir. Sobretudo quando se trata de romper esse dualismo excessivo que Hegel denunciou como "consciência desgraçada", na medida em que traduz a diferença divina como separação e carência. Expressões upanixádicas, como as de *tat twan asi* ("tu és isso")[31] e, em geral, a identificação *atman-Brahman* (espírito individual-Espírito absoluto), ajudam a superar tal dualismo; superação essa perfeitamente compatível com, melhor ainda, exigida pela idéia do Deus criador.[32]

A segunda nota, a *unicidade*, refere-se diretamente ao aspecto que, normalmente, salta primeiro à vista quando se fala de reencarnação, metempsicose, metensomatose, reincorporação ou transmigração. Doutrina esta com grandes variantes, não apenas terminológicas,[33] que adquiriu na Índia sua maior relevância, embora tenha existido também em outros lugares, como Grécia.[34] Suas motivações são múltiplas: de caráter psicológico, como certas experiências de (aparentes) lembranças de vidas passadas, afins, seguramente, ao famoso fenômeno do *dejà vu;*[35] de caráter sociopolítico, como explicação-legitimação das desigualdades de bens e, principalmente, de castas;[36] e, sobretudo, de caráter teológico, como esclarecimento e justificação religiosa das desigualdades como prêmio ou castigo conforme a conduta do indivíduo em existências anteriores e como possibilidade de aperfeiçoamento espiritual não atingido em uma única vida. Mas talvez uma raiz profunda — quiçá, a mais profunda — esteja, também aqui, na desvalorização do empírico

---

[30] "A idéia da reencarnação está por demais entrelaçada com a experiência religiosa para podermos explorá-la por pouco que seja. Talvez só possa ser entendida por quem nela acredita; talvez se torne proveitosa para os cristãos somente em culturas marcadas por ela" (HÄRING, H. & METZ, J. B. "Reencarnação ou ressurreição?" *Concilium* 249 (1993) 6 [666]. Neste número vale a pena ler a contribuição que, partindo de dentro dessa cultura, faz A. Pieris, pp. 23-30.) Cf. também URIBARRI, G. "La reencarnación en occidente". *Razón y Fe* 238 (1998) 29-43; ____. "La inculturación occidental de la creencia en la reencarnación." *Miscelánea Comillas* 56 (1998) 297-321.

[31] Cf. este e outros textos em M. Eliade, *Las religiones en sus textos*, pp. 604-606.

[32] Procurei demonstrá-lo em *Recuperar a criação* (ed. bras.), pp. 34-49.

[33] Cf., por exemplo, KELLER, C. A. (org.). *La réincarnation*, Bern, 1986 (principalmente C. A. Keller, "La réincarnation: vue d'ensemmble des problèmes", pp. 11-37).

[34] Cf. as sínteses sucintas de R. J. Zwi Werblowsky, "Transmigration", em M. Eliade (org.), *The encyclopedia of religion* 15 (1987) 21-26; J. Bruce Long, "Reincarnation", ibidem 12 (1987) 265-269, para o histórico-religioso; W. Burkert e L. Sturlese, "Seelenwanderung", *HistWPhil* 9 (1995) 117-121, para o filosófico; e Ch. Lefèvre, "Métempsycose", *Catholicisme* 8 (1976) 36-45, para o teológico.

[35] V. Merlo oferece uma documentada e empática síntese das diversas teorias a respeito (cf.: "La reencarnaciòn en la cultura actual", 1996, pp. 75-108). Cf. idem. *Experiencia yóguica y antropología filosófica*. Valencia, 1994 (sobre Sri Aurobindo, de quem Merlo é bom conhecedor).

[36] Para o qual existem também outros recursos como o *mito de Purusha*: as castas respondem a diversas partes de seu corpo no sacrifício primordial (cf. o texto em M. Eliade, *Historia de las ideas...*, cit., v. IV, pp. 240-243).

e histórico: o corpo carece de densidade ontológica e o que importa é se libertar dele, quebrando a cadeia dos frutos da ação, que mantém a roda da aparência histórica (a lei do *carma* como produtora do *samsara*).[37]

Entrar em pormenores exigiria uma difícil competência e, mais do que tudo, estaria fora de lugar. Para o nosso propósito, interessa assinalar que a idéia bíblica de *criação* leva a uma compreensão radicalmente diferente. Solidária com o caráter *pessoal*, sublinhado na análise da nota anterior, a criação induz uma tematização clara, tanto do valor permanente e intransferível do indivíduo como da *história* como processo único e irreversível em que este se realiza. Na concepção bíblica, a repetição de vidas diferentes não encontra lugar, posto que esvaziaria de sentido a experiência dessa relação única de cada indivíduo com o seu Criador. E dado que — justamente por influência da Bíblia — o sentido histórico constitui um dos fundamentos já irreversíveis da cultura ocidental,[38] creio, além do mais, que tampouco nesta — quando se atende não às modas, mas a seus dinamismos profundos — exista um verdadeiro lugar inteligível para a reencarnação.

O que assombra, ao contrário, é a fascinação que ela parece produzir em certas épocas e até mesmo em certos pensadores. Devo confessar que nunca consegui compreendê-la. E, de fato, afora alguns fenômenos mais marginais como a *Cabala* ou certas efervescências culturais como a *New Age* e a teosofia, ela não conseguiu um verdadeiro enraizamento. Tem razão L. Sturlese quando assinala: "Nos séculos seguintes (à Cabala ou ao Renascimento) o pensamento da transmigração exerceu amiúde certa fascinação em filósofos e literatos, sem, contudo — talvez, com a exceção de Ch. Bonnet —, poder ganhar uma relevância filosófica apreciável".[39]

---

[37] Cf. a exposição compreensiva de G. Favaro: *Rinascita, morte e immortalità nell'induismo e nel buddhismo*, 2000, pp. 129-204.

[38] Não creio que possam invalidar isto as apreciações de autores como R. Panikkar, que opinam o contrário, falando do "mito da história", ao qual seriam alheios "dois terços da população mundial" ("Metatheology as fundamental theology", 1979, p. 330. Tomo a citação de P. Knitter, op. cit., p. 244). Suas considerações dão o que pensar, certamente, mas acredito que sejam elas mesmas "históricas" (no sentido de que se trata de um arrazoado já condicionado pela consciência histórica de sua formação, apesar de tudo, ocidental). Cf. as matizadas considerações de D. Tracy em "O Deus da história e o Deus da psicologia", *Concilium* 249 (1993) 20(780)-132(792); L. Lamb, "A ressurreição e a identidade cristã como *conservatio Dei*", *Concilium* 249, pp. 133 (793)-146 (806); e J. B. Metz. "Tempo sem termo final? Fundamentos para o debate sobre 'ressurreição ou reencarnação'". *Concilium* 249 (1993) 147 (807)-156 (816).

[39] STURLESE, L. *Seelenwanderung*, cit., pp. 120-121. Ao contrário, parece totalmente desfocada a apreciação de J. Bruce Long, quando, depois de assinalar sua centralidade no pensamento asiático, conclui: "Seria difícil identificar uma idéia ou série de idéias que exercesse uma influência comparável através de todo o campo do pensamento ocidental, aí incluídos os conceitos cardeais nos escritos de Platão e Aristóteles" ("Reincarnation", cit., p. 269). Todavia, ele mesmo parece desmentir a própria apreciação, pois termina perguntando-se: "Só o tempo dirá se esta nova moldura na fábrica do pensamento e da vida ocidental durará para se converter em uma parte do quadro integral ou se, com o tempo, desaparecerá na insignificância, restando tão-somente como uma vaga memória de uma imagem de breve vida na consciência ocidental" (ibidem).

Esta apreciação vale, com mais motivo ainda, para a teologia bíblica. Realmente, não é nenhum dogmatismo afirmar que as razões oferecidas para encontrar a reencarnação — ou indícios dela — na Bíblia são muito frouxas. Em todo caso, não tocam na origem viva de sua intenção.[40] O mesmo vale para a primeira literatura cristã, aí incluída a duvidosa exceção que poderia ser representada por Orígenes.[41] Do ponto de vista da investigação histórico-teológica, convém dizer que, diante da "opinião difusa" de que fora uma crença estendida no cristianismo primitivo, "os que analisaram pormenorizadamente o dossiê correspondente sustentam que a primeira teologia cristã rechaçou explicitamente a reencarnação".[42]

Em qualquer caso, e independentemente dessa discussão, fica claro que a concepção bíblica da ressurreição está íntima e até indissoluvelmente unida à idéia de uma história que, para o indivíduo e para a humanidade, se apresenta como um caminho único. E isso de tal modo que, partindo do amor criador de Deus e acompanhada por ele, tal história desenvolve-se em um tempo irreversível, para alcançar a plenitude na comunhão definitiva da salvação final. E, da mesma forma que para o aspecto anterior, creio que renunciar a esta concepção representaria uma perda para a humanidade.[43]

Sem que, tampouco aqui, isso impeça que se possa e se deva aprender daqueles aspectos que a reencarnação põe em especial relevo. Pode ajudar, por exemplo, a vivenciar melhor a profundidade infinita de nossa *origem* no seio eterno de Deus, a repensar o tema de uma possível *maturação* nessa passagem misteriosa que une a morte física e a plena comunhão final (assim

---

[40] Podem ser vistas as passagens que se costumam aduzir em A. Orbe, "Textos y pasajes de la Escritura interesados en la teoría de la reincorporación", *Estudios Eclesiásticos* 33 (1959) 77-91. Mais brevemente, em S. del Cura, "Fe cristiana i reencarnaciò", pp. 109-146; aqui, pp. 116-117. Os principais são os relativos à *volta* de Elias (2Rs 2,11), a João Batista (Mt 11,14), ao cego de nascimento (Jo 9,2: "Quem pecou: *ele* ou os seus pais?"), e a Nicodemos (Jo 3,3-5: nascer de novo).

[41] "Não era um tema levantado pela Bíblia nem pela tradição cristã (como já diz Orígenes), que tanto uma como a outra desconhecem. Onde a idéia chegou a ser ventilada entre os cristãos, o que parece não ter sido freqüente, seguramente se sabia que a filosofia grega se ocupava com ela" (Brox, N. "O debate sobre a reencarnação [transmigração das almas] na Antigüidade cristã", *Concilium* 249 (1993) 92 [752]). Orígenes mostrou mais interesse; "mas é erroneamente que se lhe atribui haver defendido pessoalmente esta doutrina no cristianismo" (p. 93 [753]).

[42] S. del Cura (cit., p. 118) remete, para a primeira opinião, a G. Macaluso, *La reincarnazione, verità antica e moderna*, Roma, 1968, pp. 81-92; e, para a sua refutação, a P. A. Gramaglia, *La reincarnazione... altre vite dopo la morte o illusione?*, Casale Monferrato, 1989, pp. 339-445.

[43] Cf. uma sucinta apreciação geral em H. Küng, *Credo*, Madrid, 1994, pp. 116-120. Ele assim conclui: "Se há um núcleo de verdade na doutrina da reencarnação, tal é o seguinte: que a vida eterna é vida verdadeira e que não exclui, antes inclui, insuspeitas possibilidades de desenvolvimento no reino não do finito mas do infinito" (p. 119). Ver igualmente M. Kehl, *Und was kommt nach dem Ende?*, Freiburg Br., 1999 (trad. italiana: *E cosa viene dopo la fine?* Brescia, 2001, pp. 53-90. [Ed. bras.: *O que vem depois do fim?* São Paulo, Loyola, 2001.]). De um ponto de vista mais prático, cf. J. I. González Faus, *Al tercer día resucitó de entre los muertos*, Madrid, 2001, pp. 78-79.

como, de algum modo, tenciona insinuar a doutrina do purgatório[44] e, talvez, uma concepção mais "agápica" do inferno.)[45]

E sobretudo, supõe um chamado a que se *re-tome*, com toda a seriedade, o *problema do mal*, que se torna mais agudo, justamente em virtude da acentuação da unicidade da vida, que impede o recurso à responsabilidade de existências anteriores. Nesse sentido, não se pode, numa séria e coerente teologia *cristã*, continuar dando "justificações" inconsistentes, que acabam atribuindo a Deus — por castigo, por distribuição ativa ou por permissão passiva — os males do mundo. Tal, por exemplo:

> Certamente na partilha dos destinos agem também as leis da ira divina; porém não apenas repartindo individualmente, mas também afetando o indivíduo como membro solidário (*als Glied eines Zusammenhanges*), no suceder-se das gerações e na simultaneidade dos contemporâneos: "inocentes" são alcançados pelo destino dos culpáveis. Muito além disso, a partilha dos sofrimentos permanece como um segredo da liberdade de Deus e não pode ser contabilizada moralmente. Deus é muito maior, mais rico e mais admirável do que uma lei moral do mundo.[46]

E também "muitíssimo maior do que este tipo de discursos", ficamos tentados a acrescentar. Porque um texto como este — por outro lado, de um grande teólogo — não pode ocultar o horror que esconde debaixo de uma retórica teológica em aparência edificante. O grave é que, se o olharmos bem, traduz a lógica de uma resposta por demais corrente ao problema do mal. Falaremos disto mais à frente. Agora convém entrar no trecho decisivo da reflexão.

Os pressupostos próximos da diferença cristã

Uma posição correta do problema

Se na intenção de compreender mais concretamente a ressurreição de Cristo voltamos o olhar para o itinerário do discurso, parece claro que se mostre fundamental atender a quatro fatores decisivos. Os três primeiros se referem à constituição do horizonte de onde se originaram as narrativas que chegam até nós; o quarto remete a nosso próprio horizonte.

---

[44] Cf., por exemplo, SACHS, J. R. "Ressurreição ou reencarnação? A doutrina cristã do purgatório". *Concilium* 249 (1993) 99 (759)-106 (766).

[45] Também fiz uma pequena tentativa a esse respeito em meu sucinto livro O *que queremos dizer quando dizemos "inferno"?*, São Paulo, Paulus, 1995, pp. 76-80. Cf. também HICK, J. *Evil and the God of love*. 2. ed. London, 1978. pp. 345-348. E também dele, com maior amplitude, *Death and eternal life*, 2. ed., London, 1985.

[46] ALTHAUS, P. "Seelenwanderung. II Dogmatisch". *RGG* 5 (1961/1986) 1.639-1.640.

O primeiro, e mais decisivo, é a *idéia bíblica da ressurreição*, tal como acabamos de descrevê-la: salvação e realização plena da pessoa como tal (não de uma parte da mesma), como dom gratuito de Deus, que supõe a máxima afirmação da própria individualidade, enquanto culminação do processo irreversível de uma vida que, criada por Deus, entra na comunhão definitiva com ele. Tematizada, sem dúvida, em outros termos, pode-se afirmar que esta era a idéia que dela se formava o próprio Jesus de Nazaré e constituía o fundo vivencial dos discípulos quando se viram diante da tarefa de interpretar em concreto a ressurreição do Crucificado.

O segundo fator é constituído pelo conjunto de palavras, conceitos e recursos imaginativos de que dispunham os primeiros cristãos para compreender e dar forma expressiva a esse fundo. O capítulo segundo mostrou quão ricos e complexos, mas também quão indeterminados e flexíveis, eram esses recursos.

O terceiro fator, considerado no conjunto formado pelos dois anteriores, é determinado pela novidade introduzida pelo impacto da vida de Jesus, intensificado pelo modo trágico de sua morte e de tudo o que aconteceu em torno dela.

O quarto fator refere-se àqueles pressupostos teológicos estudados no capítulo anterior, que constituem o horizonte de uma interpretação atual. Interpretação que, através das narrativas originais, tenciona chegar a seu fundo experiencial para torná-lo significativo, vivenciável e fecundo nas condições de nossa cultura.

Como se vê, por um lado, trata-se do problema de todo o intento hermenêutico normal, que encara a interpretação de um acontecimento do passado como somente acessível nos textos que o narram; mas, por outro, oferece características peculiares, que lhe conferem uma especificidade única. São duas as principais: a) que, devido a seu caráter transcendente, não se trata de um acontecimento propriamente histórico; b) que, devido a esse mesmo caráter, não remete a uma realidade meramente passada, senão a uma presença permanente. Com efeito, a fé em Cristo ressuscitado implica que, embora invisível, a partir da plenitude de sua comunhão com Deus, ele é tão vivo e tão presente hoje como o fora então e como o será no futuro.

Era importante recordar estas coisas, para que se enfoque o problema em si, tal como hoje se apresenta por si mesmo em sua dinâmica interna, e não as abordagens herdadas, de caráter cumulativo e determinadas, em geral, por circunstâncias culturais e religiosas que já não são as nossas. Por isso, de novo, é preciso despertar a cautela em duas direções principais.

A primeira, para não julgar as novas propostas a partir dos pressupostos antigos. Embora isto não dê a elas salvo-conduto para serem aceitas de maneira acrítica, cria, contudo, o espaço idôneo em que podem ser julgadas com justiça. Algo que vale especialmente para o primeiro ponto que vamos tratar.

A segunda, para distinguir entre a realidade e o modo de sua descoberta, pois discrepar no segundo não implica necessariamente discrepar no primeiro, e muito menos negá-lo. Nisto insiste com razão John P. Galvin:

A distinção freqüentemente descuidada entre a ressurreição e a sua revelação deve ser cuidadosamente preservada. Não fazê-lo redundará inevitavelmente em confusão e representação errônea das posturas teológicas. As perspectivas dos teólogos sobre a historicidade do sepulcro vazio e das aparições devem ser distinguidas de suas conclusões referentes à ressurreição em si mesma. [47]

Uma experiência não milagrosa, mas nova e real

É óbvio que, se a ressurreição de Jesus de Nazaré nos situa diante de um problema especial, é porque responde a uma situação nova no processo da consciência religiosa. E toda situação nova supõe, por força, uma experiência igualmente nova. Ou porque a provoca ou porque é provocada por ela, ou por ambas as coisas ao mesmo tempo. Daí que o próprio fato de falar em novidade ou em caráter específico da ressurreição de Jesus — portanto, de uma nova situação — supõe que *teve de haver uma experiência nova*. De outro modo, a afirmação ficaria reduzida a conceitos vazios ou a palavrórios sem sentido.

O problema, evidentemente, não está aí. Prescindamos logo de entrar em precisões acerca do difícil e, em rigor, indefinível problema do *próprio conceito de experiência* — um dos mais obscuros e ambíguos da filosofia[48] — e procuremos tomá-la em seu sentido mais óbvio de encontro consciente com o real que se impõe por si mesmo. O problema, o difícil problema, enraíza-se em determinar de maneira precisa em que consiste a novidade da experiência *da ressurreição*.

"Da ressurreição", sublinhado, porque, dado o seu caráter transcendente, a novidade não pode ser buscada *diretamente* em acontecimentos *empíricos* ou em modificações empíricas de realidades mundanas. Algo que, em princípio, é hoje aceito por (quase) todos, na medida em que, como víamos no capítulo anterior, geralmente se exclui o caráter estritamente *milagroso* dos acontecimentos pascais. O problema está em que depois, de maneira mais ou menos consciente, essa exclusão não se mantém em sua coerência, mas acaba desvalorizada e acomodada à situação anterior. Normalmente, isso se dá mediante qualificações lingüísticas ou deslocamentos semânticos: não são milagres... "espetaculares"; o Ressuscitado é invisível e intangível,

---

[47] "Jesus Christ". In: FIORENZA, F. S. & GALVIN, J. P. (orgs.). *Systematic theology*. Roman catholic perspectives. Minneapolis, Fortress Press. Uso a tradução brasileira: *Teologia sistemática*. Perspectivas católico-romanas. São Paulo, Paulus, 1997. p. 410.

[48] "O conceito de experiência pertence, em meu parecer — por mais paradoxal que possa soar —, aos conceitos menos esclarecidos que possuímos" (GADAMER, H. G. *Wahrheit und Methode*. 2. ed. Tübingen, 1965. p. 329). Todo o influente parágrafo (pp. 329-344) merece uma atenta leitura. A. N. Whitehead dirá ainda mais: "A palavra experiência é uma das mais enganosas (*deceitful*) em filosofia" (*Symbolism*. 1st meaning and effect. New York, 1927. p. 16). J. Ferrater Mora avisará ainda que se trata de um dos "mais vagos e imprecisos" e que, por isso, convém "indicar sempre de que classe de experiência se trata" ("Experiencia": *Diccionario de filosofía* 2 (1979) 1.094-1.101; aqui, p. 1.099). Remeto a meu trabalho "La experiencia de Dios: posibilidad, estructura, verificabilidad", *Pensamiento* 55 (1999) 35-69.

mas se deixa ver ou tocar de maneira "especial e misteriosa"; não é objetivável, mas é perceptível aos "olhos da fé".[49]

A situação é compreensível, posto que a quase totalidade dos conceitos e expressões chegam como herança de uma cultura na qual falar de milagres e de intervenções sobrenaturais no mundo físico soava tão normal quanto coerente com a cosmovisão na qual se forjaram. Mas, como aparecia no capítulo anterior ("A superação do 'deísmo intervencionista'"), isso, em rigor, já não é mais nem inteligível nem realizável na cultura atual. E nem os possíveis exageros de Bultmann ou as estreitezas de uma Modernidade ainda não purificada pela crítica devem servir de desculpa para que resistamos a compreender que, efetivamente, a letra das narrativas, e muitos de seus conceitos são solidários de uma concepção "mítica", hoje definitivamente caduca. Convém repetir: se não tem sentido dizer que o Ressuscitado, literalmente, *subiu aos céus*, tampouco o tem — e pelas mesmas razões — dizer que se deixou *tocar* com a mão, *ver* com os olhos físicos ou, muito menos ainda, *comer*.

A dificuldade aumenta porque, influenciados inconscientemente por um ambiente positivista e cientificista, ao não mantermos em alerta a atenção crítica, tendemos a traduzir experiência *não física* pura e simplesmente por *não-experiência*. Então surge instintivamente a suspeita de que, quando se leva a sério o caráter transcendente do Ressuscitado e, por conseguinte, o modo não empírico de descobrir sua presença, se está ameaçando, ou mesmo negando, a realidade da ressurreição. Sem se precaver de que, no fundo, *acontece exatamente o contrário*: posto que a nova cosmovisão, na qual já não cabe mais um intervencionismo divino, está culturalmente assimilada por todos (mesmo se nem sempre aparecem de imediato suas conseqüências), a persistência em manter esses esquemas está tornando impossível a fé na ressurreição (muito embora o processo quase nunca obedeça a um raciocínio consciente). Hegel já advertira com energia, bem nos primórdios da mudança cultural: uma fé que pretenda se opor à nova visão do mundo está cantando a sua derrota.[50]

---

[49] Veja-se um exemplo que poderia ser multiplicado até o infinito: "O texto, por um lado, pretende sublinhar a realidade e a objetividade do acontecimento; por outro, tal objetividade não significa que o acontecimento seja objetivável; é um acontecimento de revelação que, por sua própria natureza, somente é perceptível com os olhos da fé" (LORENZEN, Th. *Resurrección y discipulado*. Salamanca, 1999. p. 186). São especialmente significativas as oscilações de M. Deneken, que acaba falando de "progressive pédagogie pneumatologique" (*La foi pascale*, cit., p. 388; cf. pp. 387-389). Pelo contrário, W. Simonis, *Auferstehung und ewiges Leben?* Die wirkliche Enstehung des Osterglaubens, Düsseldorf, 2002, pp. 34, 39-47, insiste com energia nesta inconsistência e na inutilidade do recurso; mais adiante (pp. 54-55), analisa bem a *novidade real* da experiência, enfocando o problema a partir da dialética subjetividade-objetividade.

[50] Isto não equivale, como demasiadas vezes se acusa precipitadamente, a que, deste modo, "seja permitido ao cristianismo somente alugar um apartamento no esquema habitacional do Iluminismo" (WRIGHT, N. T. "The transforming reality of the bodily resurrection", p. 124). Não se trata de aceitar a Modernidade em bloco; apenas o que é justo e irrenunciável na Modernidade (aliás, estou seguro de que tais acusações tenham sido escritas com o auxílio de um computador ou, no mínimo, servindo-se de uma máquina de escrever, e não com uma medieval pena de ave...).

Outro equívoco a se ter em conta é a tendência a pensar somente em experiências pontuais e concretas, de modo que *toda* experiência tivesse de ser feita sobre algum dado ou fenômeno particular, concreto e isolado. Mas já o próprio Aristóteles falava que existe também outro significado fundamental: o da *experiência no singular*, como resultado integrador de diferentes "experiências"; e, enfim, como o resultado de toda a vida.[51] Ao pensar na ressurreição, é preciso referir-se a uma experiência global desse tipo.

Concretamente: no caso dos primeiros discípulos, trata-se da experiência feita no seio de toda uma situação concreta na qual se encontram. Situação essa que é um fruto complexo de sua tradição religiosa, de sua intensa convivência com Jesus, do tremendo impacto de sua morte e das experiências peculiares que vieram depois dela. Tudo isso os levou a uma nova configuração de sua realidade vital, que agora era compreensível para eles somente se contemplassem também nela o dado *novo* da ressurreição de Jesus. Ou seja: somente ao se aperceberem de que Jesus não fora anulado pela morte, mas que ele próprio, em pessoa, continuava vivo e presente, embora em um novo modo de existência, eles podiam compreender a si mesmos, a Jesus e ao Deus em quem acreditavam.

Num primeiro momento, e dito dessa forma, isto pode parecer um pouco estranho. Entretanto, é este tipo de processo que constitui a *própria essência da experiência religiosa*.

Iniciemos pela própria *existência de Deus*. Como a descobrem aqueles que acreditam em Deus? Justamente porque somente assim vem a ser compreensível para eles a sua situação em um mundo marcado pela contingência, pela experiência do mal, pela ânsia de felicidade e imortalidade... Em outras palavras: por uma experiência de conjunto, na qual, certamente, se destacam fenômenos e experiências particulares — as chamadas "provas" — que despertam a consciência e suscitam a reflexão que leva à descoberta; mas esta descoberta é um resultado de conjunto. Enfim, é toda experiência vital que aí se reconhece a si mesma. Autores como Newman e Blondel insistiram com vigor na centralidade desta experiência de conjunto.

Mas recordemos que, apesar das distintas narrativas míticas e dos diferentes textos das tradições religiosas, é pouco dizer que sejam desnecessárias as "aparições" de Deus; elas são, afinal, impossíveis. De fato, as "provas" — aí incluídas as mais tradicionais — não podem ser procuradas em intervenções *físicas* de Deus nas tramas do mundo. E, apesar disso, a descoberta

---

[51] Aristóteles, com efeito, insiste em seu caráter cumulativo: "E da lembrança nasce, para os homens, a experiência, pois muitas lembranças da mesma coisa chegam a constituir uma experiência" (*Metafísica* 980b, pp. 28-30; tradução de V. García Yebra, 2. ed., Madrid, 1987, p. 4; cf. *Anal. post.* 10a 4ss). A partir da filosofia, Ortega fala com força da "experiência da vida" ("Una interpretación de la historia universal". In: *Obras completas*. 2. ed. Madrid, 1965. v. IX, pp. 25-32. Aí ele chega a dizer que os "seus ditames são inexoráveis" [p. 26]. E retoma a exposição em: *Vives y Goethe*, com alusão expressa ao problema de Deus: pp. 572-574). Da parte da teologia, K. Rahner insiste (loc. cit.) na distinção (sublinhando a unidade "transcendental" e a pluralidade "categorial"). Cf. Hoye, W. J. *Gotteserfahrung?* Zürich, 1993; Weger, K. H. "Ist Gott erfahrbar?" In: *Stimmen der Zeit* 210 (1992) 333-341 (condensado em *Selecciones de Teología* 32:217 [1993] 165-171).

feita através dessa experiência é *nova* para aquele que acede pela primeira vez a ela; e, sobretudo, é *real*, pois o que assim se descobre é que Deus existe realmente. Em outros termos, a impossibilidade de sinalizar como fundamento de uma experiência um fato ou fenômeno de caráter estritamente *mundano* não impede de afirmar a *realidade* nela descoberta. Finalmente, e não menos importante, se bem que no *ordo cognoscendi* o movimento vá da situação mundana a Deus, à medida que o processo atinge sua constituição, a ordem se inverte e vai de Deus à situação, porque então se compreende que no *ordo essendi* a descoberta acontecia — a situação era *assim* —, porque o próprio Deus a estava suscitando ativamente.

Isto se compreende ainda melhor quando se pensa que o próprio *processo da revelação* procede também assim. A crítica bíblica foi mostrando cada vez com maior clareza que a Bíblia não é um "ditado" divino, mas obedece ao trabalho da reflexão religiosa, a qual, por meio de novas situações, faz a experiência de novos aspectos da presença divina. Ou seja, *descobre* o que Deus está tentando nos manifestar, não através de intervencionismos físicos, mas da capacidade significativa que adquirem certas situações ou vivências mundanas ou históricas: *no* esplendor do céu, o salmista descobre a glória do Criador; *no* sentimento de rebelião contra a opressão faraônica, Moisés descobre que Deus se compadece dos oprimidos; e *no* sentimento irrefreável de perdão em favor de sua mulher adúltera, Oséias descobre o perdão incondicional de Deus apesar das infidelidades humanas.

E, da mesma forma que antes, a descoberta não apenas é *nova*, como também *real*, porque o profeta põe a descoberto — revela — para si e para os demais uma qualidade real de Deus. E, sobretudo, porque compreende que essa descoberta acontece unicamente graças ao fato de Deus ser o sujeito ativo que está se manifestando no mesmo modo de ser da realidade, pois esta, enquanto criada, é fruto atual de sua presença viva, que nela se expressa e está procurando se dar a conhecer: "revelar-se". Por isso, toda experiência religiosa é sempre vivida como suscitada por Deus e, bem por isso, toda religião é vivida como revelada.[52]

Ainda vale a pena insistir descendo a um exemplo concreto, que joga claridade sobre os dois aspectos importantes da *novidade* da experiência e de sua realidade graças à *iniciativa* divina. Apóia-se na crítica que Anton Vögtle submete à postura de Gerd Lüdemann a propósito da origem da fé na ressurreição.

Com respeito à novidade, Vögtle, para criticar a insistência de Lüdemann em evitar todo e qualquer intervencionismo milagroso, cita esta afirmação sua: "Antes da Páscoa já estava presente *tudo* que depois da Páscoa foi reconhecido de forma definitiva";[53] e também: "A palavra e

---

[52] Para uma fundamentação mais pormenorizada, cf. *A revelação de Deus na realização humana*, pp. 20-23 (no original galego: pp. 10-14).

[53] VÖGTLE, A. *Biblischer Osterglaube*. Neukirchener-Vluyn, 1999. p. 106. Este remete a G. Lüdemann, *Die Auferstehung Jesu*, Göttingen, 1994, p. 218 (na trad. cast.: G. Lüdemann e A. Özen, *La resurrección de Jesús* — Teología, Madrid, 2001, p. 154).

a história de Jesus já encerravam em si *todos* os traços essenciais da fé mais antiga na ressurreição, de maneira que as primeiras testemunhas, purificadas mediante a cruz, diziam, em parte com outra linguagem, o mesmo que Jesus".[54]

As sublinhas são minhas em ambos os casos, porque é nas palavras "tudo/todos" que está o equívoco. Efetivamente, se previamente "tudo" já estivesse claro e expresso — notemos, entretanto, para sermos justos, as matizações: "de forma definitiva", "purificadas mediante a cruz" —, não haveria nova experiência, e a Páscoa não inovaria literalmente em nada. Mas, conforme o que neste parágrafo se tenciona esclarecer, tal pressuposto é simplesmente absurdo: somente na *nova* situação foi possível a *nova* leitura. E mais: chegar antes em sua plenitude e concreção — pois disso se trata — teria sido totalmente impossível. O que acontece é que esta evidência fica invisível, enquanto, como ocorre normalmente, se parte do pressuposto acrítico de ver experiência nova unicamente ali onde a realidade manifestada produz diretamente dados *empíricos* novos.

O segundo aspecto, o da iniciativa divina, está intimamente ligado ao primeiro. Em repetidas ocasiões, Vögtle dá por assentado que, se não há nenhum tipo de intervenção empírica, é preciso afirmar que "esta fé não foi produzida por um acontecimento revelador não devido a uma iniciativa não humana".[55] Depois do que foi indicado neste item, o leitor ou a leitora compreenderão facilmente que, de novo, age aqui um idêntico pressuposto: para falar de iniciativa divina, Deus teria de intervir com uma nova ação *empírica*. Muda tudo quando se compreende que Deus já está sempre atuando a partir da iniciativa absoluta de sua ação salvadora, e que tão-somente graças a essa iniciativa — sempre esperando que a porta da consciência religiosa se abra (cf. Ap 3,20) — pode-se produzir a descoberta reveladora.

Como procurei esclarecer no primeiro capítulo ("Uma hermenêutica conseqüentemente teológica"), creio que Lüdemann não consegue ser plenamente conseqüente em seu modo de tratar a questão e dá, portanto, margem aos equívocos, explicando-se, talvez por isso, a sua evolução posterior. Essa falha representa, sem dúvida, um aviso saudável, mas não deve levar a uma desqualificação global deste novo estilo de proposta. As dificuldades são sérias, certamente; mas o são a partir do problema em si mesmo, como bem reconhece o próprio Vögtle: "A origem da fé pascal é a questão mais difícil da investigação neotestamentária, e esta fé se converte em definitiva na questão da fé".[56]

Em todo caso, estes pressupostos constituem o horizonte preciso que convém ter em conta para situar em sua justa precisão as reflexões seguintes.

---

[54] Ibidem, p. 219 (trad. cast., p. 155).

[55] VÖGTLE, A. Op. cit., p. 102.

[56] "Vor allem deshalb ist die Herkunft des Osterglaubens die schwierigste Frage der neutestamentlichen Forschung und wird dieser Glaube zur Glaubensfrage schlechthin!" (op. cit., p. 102).

O caso paradigmático dos irmãos Macabeus

Para começar, é especialmente ilustrativo um caso concreto no qual a estrutura deste processo se torna surpreendentemente visível, posto que se trata justamente do mesmo tipo de experiência. Refiro-me à *descoberta da ressureição no Antigo Testamento*. É curioso que, ao menos segundo o meu conhecimento, a reflexão teológica não se tenha detido de maneira temática sobre este dado tão significativo e iluminador. Nenhum teólogo coloca em dúvida que se tratou de uma descoberta *nova e real*, apesar de que tampouco nenhum deles busque sua fundamentação em realidades físicas ou acontecimentos milagrosos. Vejamos, por exemplo, as seguintes palavras de R. Martin-Achard, especialmente significativas, porque, não tendo sido escritas com esta preocupação, refletem a percepção normal do exegeta e do teólogo:

> Tencionando salvaguardar a justiça de Iahweh, os Chassidim *descobriram* a ressurreição que permite àquela (a justiça) se manifestar no além-túmulo; o direito tem a última palavra, posto que, chamando à vida os defuntos, Iahweh demonstra que distingue suas testemunhas de seus perseguidores e, finalmente, paga a cada um segundo as suas obras. A ressurreição é, pois, *inseparável* da noção de retribuição, como indicam, cada qual à sua maneira, os textos que estudamos: Is 26; Dn 12; 2Mc 7. Ela *garante* a justiça divina que Israel confessou e sobre a qual deve continuar se apoiando.[57]

Mais eloqüente é ainda um parágrafo que vem pouco depois:

> Nem o Deus de Israel nem os Chassidim *podem suportar* por muito tempo que estes laços que Iahweh tece com os seus sejam definitivamente rompidos pela morte e que uma existência construída inteiramente sobre uma relação de amor e de solidariedade acabe irremediavelmente no *sheol*. Iahweh tem necessidade de seus amigos como eles têm necessidade dele: a passividade do Deus de Israel, sua tolerância com respeito ao mundo dos mortos *acabam revelando-se insuportáveis*; as circunstâncias do desterro, as perturbações do subseqüente período persa e, finalmente, a crise no tempo de Antíoco Epífanes *exigem* que ele intervenha e chame à vida aqueles que não cessaram de ser seus. A *ressurreição dos mortos é a solução que os Chassidim* descobrem no momento mesmo em que oferecem sua vida por Deus.[58]

---

[57] MARTIN-ACHARD, R. "Résurrection dans l'Ancien Testament et le judaïsme". *Supplement au Dictionnaire de la Bible* 10 (1985) 437-487 (aqui, pp. 470-471). O autor assim prossegue: "Os críticos insistem, em geral, sobre a importância deste tema que nos ocupa. Cf. ultimamente M. Hengel (*Judentum und Hellenismus*, Tübingen, 1969, pp. 357-369), que escreve a este propósito que o problema da teodicéia, sempre posto de novo pela sabedoria israelita, *reclamava uma solução nova* (que será aquela da ressurreição). G. W. E. Nickelsburg (*Resurrection, immortalilty and eternal life in intertestamental judaism*, Cambridge, 1972) refere-se a isto constantemente. Ele escreve, por exemplo, que 'para Daniel, a ressurreição *tem uma função jurídica*' (p. 23; cf., ainda, p. 27) e relaciona estreitamente passagens como Dn 12, Jubileus 23, Assunção de Moisés 10 em razão do juízo (cf. pp. 38ss etc., e sua síntese 'Future life in intertestamental literature' em *The interpreters dictionary of the Bible*, supplementary volume, 1976, p. 349). Seu papel não pode ser negado; não obstante isso, não esgota *as razões* que levaram os Chassidim a colocar sua confiança em Iahweh, que torna a dar a vida aos seus". Todos os grifos são meus — exceto os dos títulos, que completo —, para que se note a estrutura da experiência global, que integra as "razões" ou "experiências" particulares.

[58] Ibidem, p. 471.

As citações são longas, mas valem bem seu espaço. Sobretudo, se tivermos em conta que já tocam o exemplo mais próximo e significativo: *o martírio dos irmãos macabeus*. Talvez não exista, com efeito, nenhum outro processo revelador que nos possa aproximar tanto daquilo que aconteceu no caso de Jesus. O contraste entre a fidelidade a Deus e a morte injusta pelas mãos dos seres humanos se converte em lugar epifânico, em experiência reveladora, que leva à descoberta do novo. Também aqui prefiro deixar falar a outro autor, Hans Kessler, em uma obra de especial relevância e forte influência em nosso problema. A propósito de 2Mc 7, ele diz:

> Aqui (cf. também 12,44s; 14,46; 15,12-16) se encontra o pensamento da ressurreição corporal em uma figura mais avançada e claramente *não apocalíptica*. Já não mais se trata de uma mudança futura no final da história (no sentido de Dn 12), tampouco da renovação da terra (no sentido de Is 65,17; 66,22; cf. Henoc Etíope 91,16; 72,1; Jubileus 1,29), senão *unicamente* da reabilitação, mediante sua ressurreição, dos *mártires* assassinados por fidelidade à Torá (aos quais nenhuma justificação foi concedida na história) [...].

> Em *cuidadosa fundamentação teológica* a partir da incomensurável onipotência do Criador [...] *é deduzida* a possibilidade da ressurreição (*Wiedererweckung*) como uma nova criação [...]. A *certeza* da ressurreição para os mártires *depende da promessa da Aliança*, segundo a qual a obediência à Torá concede a vida [...].

> A ressurreição — no estilo veterotestamentário — somente é representável como corporal, como restituição do alento de vida (7,23), assim como "deste" corpo (material ou apenas numericamente idêntico?) (7,7.10s.29; 14,46). O *como permanece aberto e sem interesse*.[59]

Sobre este ponto o autor ainda precisará pouco mais à frente que em 2Mc 7,1-29, "de maneira totalmente não apocalíptica, espera-se imediatamente depois da morte uma nova vida corporal no céu, apesar do esquartejamento e aniquilação do corpo terreno".[60]

Mas resta ainda un último aspecto, agora não referente ao conteúdo e à intenção, mas *à forma* em que nos é transmitida. Se a experiência da descoberta é feita partindo-se de uma situação e de acontecimentos nela ocorridos, a narração da mesma não obedece ao cânon de uma história de tipo positivista: não pretende ser um "retrato" fidedigno dos fatos acontecidos. Trata-se, antes de tudo, de uma construção reflexiva "pensada para instruir e para edificar" mediante a expressão de convicções que se consideram importantes:

> 2Mc tende também a propagar doutrinas caras ao coração dos fariseus, por exemplo, a ressurreição do justo (7,9; 14,46), mas é difícil dizer quão conscientemente o autor persiga esta meta.[61]

---

[59] *Sucht den Lebenden nich bei den Toten*. 2. ed. Würzburg, 1995, p. 73. Mudo os grifos no segundo parágrafo e coloco os do terceiro.

[60] Ibidem, p. 489.

[61] McEleney, N. J. "1-2 Maccabees", p. 423.

Quem escreve já não é mais testemunha dos fatos, tendo de se valer de outras narrações, pois, como se sabe, 2Mc é uma síntese da ampla obra em cinco tomos de Jasão de Cirene. Isso não lhe tira automaticamente todo o valor histórico, mas indica que tal valor "tem de ser avaliado à luz de suas intenções (*aims*) teológicas".[62] De fato, a narrativa, "mais que narrar, procura comover e persuadir, e não se importa de incorporar elementos milagrosos e sobrenaturais".[63] E foi graças a esse procedimento — poderíamos acrescentar — que conseguiu cravar na consciência de Israel, talvez como nenhum outro escrito, e introduzindo-a para sempre na tradição bíblica, a fé viva na ressurreição.

A ressurreição de Jesus como referência cristã

Se a reflexão teológica permanece fiel às suas raízes veterotestamentárias, encontra em si mesma uma luz excelente para se aproximar do mistério da ressurreição de Jesus. Elas foram, de fato, as que permitiram à primeira comunidade interpretar a sua situação e descobrir em si a presença viva do Ressuscitado. Tratou-se, com toda a evidência, de um processo no qual a diferença se realizava na continuidade com a própria tradição ou, caso se prefira, no qual a continuidade se concretizava e enriquecia com uma nova diferença. Tão contínua que muito rapidamente puderam se reconhecer nela; tão diferente que mudou a história.

Tentemos ver isso, permanecendo ainda no terreno do fundamental, isto é, da experiência viva, prévia às elaborações teológicas, cada vez mais condicionadas culturalmente.

Intensificação e individualização

Tendo o cuidado de permanecer neste nível fundamental, ou seja, procurando abrir-se à mensagem *enquanto* religiosa, como alimento da fé e da vida, não é difícil perceber o que pretendem dizer e ensinar os textos, até mesmo para uma leitura espontânea.

Em um primeiro plano prevalece *o comum*, a marca da continuidade com a fé presente na tradição bíblica e conseguida através de um longo e duro processo revelador. Dentro dela, os discípulos compreenderam e confessaram que Jesus de Nazaré, assassinado injustamente por sua fidelidade, não permaneceu aniquilado pela morte física; senão que nele se cumpriu de maneira exemplar o destino do justo: que Deus o ressuscitou e que, por isso, continua vivo apesar de sua derrota aparente.

Mas através desse plano, e sem rompê-lo, faz-se sentir também com força outro mais profundo, que marca a *diferença*. O Ressuscitado está glorificado e entronizado no mistério de Deus, mas com algumas características muito peculiares. Nota-se, principalmente, no fato de

---

[62] Ibidem, p. 424. Mais adiante, ele indicará, a propósito do martírio da mãe dos sete irmãos: "In this narrative, the author's artifice is more apparent" (p. 444).

[63] J. Alonso e J. Menchén, na *Introdução* ao livro na tradução de La Casa de la Biblia, 5. ed., 1999, p. 638.

que não se vá sem mais "ao céu", pois a ressurreição não significa que Jesus perca o contato com a história e se afaste da comunidade. Ao contrário, toda a ênfase está em que se torna presente de uma forma nova, reavivando a fé, chamando para a missão e sustentando a esperança no futuro.

Seja como for, permanecendo ainda neste nível, convém determinar com mais pormenores o que está implicado na diferença cristã. Talvez caiba sintetizá-lo em *duas notas*: a intensificação, como presença escatológica, e a suma individualização, como chamado ao seguimento. A distinção nem sequer é nítida, mas pode ajudar a esclarecer. Como ajuda adicional, por contraste, também será bom ter presente o martírio dos Macabeus.

A *intensificação* refere-se ao fato — evidente, logo à primeira vista — de que a ressurreição de Jesus não se apresenta como algo distante: nem no modo de uma lembrança que remete ao passado, nem no de uma simples promessa que envia ao futuro.

O primeiro é claro, pois em nenhum momento as narrativas pascais descrevem o Ressuscitado como um personagem do passado, mas como alguém presente e atuante. De tal modo que com ele seria impossível pensar, por exemplo, na possibilidade de que se tratasse de um simples modelo teológico construído para esclarecer uma doutrina. Algo que se vê bem quando comparado com um caso tão próximo como o dos Macabeus. Para eles, com efeito, isso seria possível, pois nada definitivo mudaria para a fé de Israel, se os sete irmãos viessem a ser uma invenção teológica (como o são, com segurança, todos os diálogos e, com muita probabilidade, o número de sete, sem que nem sequer seja absolutamente segura a ocorrência desse martírio concreto)[64] feita por um fariseu, que, convencido da verdade da ressurreição, tenta-se pregá-la a seus compatriotas.

Tampouco se apresenta como uma remissão futura, no sentido de que Jesus, já seguro em Deus, tivesse ainda de esperar o momento de sua ressurreição — ou, no mínimo, sua ulterior plenificação — em um reino vindouro.[65] As narrativas apresentam o Ressuscitado já na plena

---

[64] "Já em tempos mais antigos os leitores estranhavam a vacuidade do [capítulo] 2,7" (GOLDSTEIN, J. A. "II Maccabees". *The Anchor Bible*. 1984. v. 41A, p. 296). O mesmo autor, assinalando três fontes da redação, indica que "podemos discutir a probabilidade relativa de que nossas três histórias sejam um fato de ficção" (p. 229). "Dentro do próprio capítulo, não obstante isso, o tema do valor mesmo está subordinado à pregação das idéias de retribuição e ressurreição" (p. 303). K. D. Schmuck, "Makkabäer/ Makkabäerbücher": *TRE* 21 (1991) 736-745, sublinhando que se trata de "historiografía patética helenística", remete à observação de J. Wellhausen: "É preciso [...] examinar caso por caso" (p. 740). Cf. também LEFÈVRE, A. "Maccabées (Livres I et II)". *Supl. Dict. Bible* 5 (1957) 597-612; NICKELSBURG, G. W. E. *Resurrection, immortality, and eternal life in intertestamental judaism*, cit., pp. 97-111. PUECH, E. *La croyance des esséniens en la vie future*. Paris, 1993. v. 1, pp. 85-92.

[65] É significativo que G. Bornkamm sublinhe esta presencialidade definitiva como uma característica geral de toda a vida e atuação de Jesus, diante da concepção judaica da história que, tensa entre o passado e o futuro, não atinge a plena imediatez. Assim o expressa G. Theissen: "O judaísmo da época tinha por detrás um grande passado, no qual Deus tinha intervindo, e esperava uma nova ação divina no tempo final. Vivia, assim, em um 'mundo entre o passado e o futuro, aferrado *tão* intensamente a um e outro que a fé judaica não pôde mais encontrar nenhuma presença imediata' (*Jesús de Nazaret*. 5. ed. Salamanca, 1996. p. 58). Em Jesus, pelo contrário, Deus age de novo diretamente; nele começa o esperado tempo final" (*El Jesús histórico*. Salamanca, 2000. p. 219). Cf. também a comparação que Theissen estabelece com o próprio Batista, em idêntico sentido (ibidem, pp. 240-241).

glória e senhorio, como aquele que dá o Espírito e como quem já recebeu "toda a autoridade no céu e na terra" (Mt 28,18).

Por outra parte, esta intensificação não é um fenômeno casual ou secundário, mas responde ao próprio ser de Jesus. Ele foi percebido, com crescente clareza, como anúncio e culminação da presença de Deus na história humana; culminação a caminho, certamente, mas que já não era mais uma etapa transitória ou um simples novo prazo, senão entrada definitiva: semente de mostarda pequena e em crescimento, mas já com todo o equipamento genético para se converter na árvore do Reino final (Mt 13,31-32 e par.), sem mudança substancial nem perigo de voltar atrás. Essa foi a percepção que acabou se convertendo na consciência do caráter *escatológico* de sua figura, como aquele que, uma vez chegado na "plenitude dos tempos (Gl 4,4), falava com autoridade (Mt 7,29) e era habitado pela plenitude divina (Cl 1,19).

Essa definitividade escatológica constitui sem dúvida o núcleo vivo que aparece marcando a diferença no modo de perceber a e confessar a sua ressurreição.[66] Porque, curiosamente, foi ela que permitiu o "salto gigantesco" de já tornar historicamente presente e realizada em Jesus a esperança que a escatologia corrente, de corte apocalíptico, adiava até o final dos tempos.[67]

Intimamente unida a ela, a ponto de ser outra face da mesma, encontra-se a outra nota. Resolvi qualificá-la, na falta de expressão melhor, de *suma individualização*. Individual já era, certamente, a ressurreição na concepção bíblica, pois o caráter pessoal constitui, como víamos, uma nota típica da mesma. Mas em Jesus esse traço, que já se acentuava em algumas grandes figuras do Antigo Testamento, atinge uma culminação incomparável. Nem aparece, sem mais, envolto na esperança genérica, como que à espera da ressurreição coletiva no final dos tempos; nem, muito menos, como sendo, de algum modo, "intercambiável" com qualquer outra figura. Tão forte era a consciência de seu caráter individual, pleno e definitivo.[68]

Para Elias ou para o Batista, por exemplo, era possível conceber sua aparição ulterior sob os traços de outra pessoa — concretamente falando, na pessoa do próprio Jesus ("alguns dizem que és João Batista; outros, Elias..."). Mas, em se tratando de Jesus, já cabe tão-somente, em todo caso, falar de sua presença nos fiéis e na comunidade; não mais ele transformado em outros, mas, pelo contrário, os outros transformados nele, como seu "corpo". Metáfora esta cujo caráter organicista não deve ocultar que a incorporação é fruto de um chamado pessoal e da correspondente resposta livre.

---

[66] Insistiremos ainda nesta idéia, desenvolvida com enorme vigor por U. B. Müller, *Die Entstehung des Glaubens an die Auferstehung Jesu*, Stuttgart, 1998, e por N. T. Wright, *Jesus and the victory of God*, Minneapolis, 1996.

[67] "Com esta interpretação se dá um salto gigantesco: 'os cristãos passavam do escatológico ao histórico'" (Tamayo-Acosta, J. J. *Hacia la comunidad*. Madrid, 2000. v. 6: Dios y Jesús, p. 158. A citação é de X. Léon-Dufour, *Resurrección de Jesús y mensaje pascual*, Salamanca, 1973, p. 63).

[68] Como já foi indicado no cap. 2 ("A ressurreição de mortos individuais"), a existência de uma continuidade no marco inteligível não impede de reconhecer esta diferença em todo o seu valor (ali se remete, por exemplo, a M. Karrer, *Jesucristo en el Nuevo Testamento*, Salamanca, 2002, pp. 31-51).

Por isso, ter fé na ressurreição de Jesus de Nazaré não é proclamar a memória de um personagem do passado, nem sequer limitar-se a anunciar a sua exaltação à plenitude divina, mas também se incluir em seu *seguimento*. Ou seja, é entrar no dinamismo vivo do Reino por ele inaugurado, seguindo seus passos em uma vida que, apesar de todas as cruzes, já goza de idêntica esperança de ressurreição: se Cristo ressuscitou, também nós ressuscitaremos (cf. 1Cor 15,20); se ressuscitamos com Cristo, devemos viver como ressuscita(n)dos (cf. Cl 3,1).

Jesus ressuscita em pessoa, e com ele continua sua causa

Que esta mensagem constitua a intenção fundamental dos textos revela-se tão evidente que todo o restante passa a ser *ulterior*, quer como explicação, quer como confirmação. O obscurecimento dessa intenção nasce unicamente da retroprojeção sobre esse núcleo dos problemas que vêm depois, na intenção de buscar esclarecimentos teóricos. Daí que seja tão importante insistir na distinção dos planos, para manter viva a consciência de que as diferenças na discussão teórica não se devam traduzir em dissenso sobre o núcleo fundamental e, muito menos, em suspeita de sua negação. A não ser, é claro, quando um autor afirma expressamente que a *sua explicação* implica para ele a impossibilidade de manter aquele núcleo.[69]

Por isso, a este nível básico da confissão, não cabe, e até se mostra artificiosa, a separação entre Jesus e a sua "causa" (*Sache*). Tendo em conta a peculiaridade específica do acontecimento pascal, ambos são inseparáveis. Não é possível que *esta* causa continue se Jesus não estiver vivo e presente. Não é possível proclamar de verdade a *sua* ressurreição sem se incluir no seguimento de sua causa. Aqui não há lugar para atitudes neutras e distanciadas. Como aconteceu de fato, impõe-se ou a adesão ou o repúdio. Daí que a linguagem dos textos, lida neste nível, seja fundamentalmente *implicativa*, isto é, que, sem perder a sua função "locutiva", de informação objetiva, acentua sobretudo as dimensões "ilocucional" e "perlocucional", que supõem a implicação e o compromisso pessoal de quem fala e de quem escuta.

E não deixa de ser significativo que, a partir de preocupações muito distantes daquelas da filosofia da linguagem, o próprio Novo Testamento venha a dizer o mesmo:

"Mas Deus o ressuscitou no terceiro dia e concedeu-lhe que se manifestasse, não a todo o povo, mas às testemunhas designadas de antemão por Deus [...]" (At 10,40-41a).

Algo que, por certo, não passou despercebido àqueles que, analisando de fora — a partir da exterioridade objetiva do *logos* —, aí detectaram a impossibilidade de um uso demonstrativo

---

[69] Isso implica, certamente, tal como venho afirmando desde a introdução, correndo até o risco de me tornar pesado, uma *decisiva cautela*, tanto por parte do autor, que faz uma nova proposta, quanto por parte dos críticos da mesma: não identificar o *núcleo* com uma *forma determinada* de interpretá-lo. Por exemplo, tornando a fé na ressurreição solidária com a necessária desaparição do cadáver. Para ser mais concreto, citando um caso recente: tenho a impressão de que, na discussão do caso Lüdemann, ter-se-iam evitado muitos equívocos se, neste ponto, tanto ele como alguns de seus críticos mantivessem com clareza esta última distinção.

e objetivante das narrativas. Já Celso argumentava nesse sentido, insistindo que, no caso de se buscar uma "demonstração" objetiva, o Ressuscitado "deveria ter aparecido àqueles seres humanos que o trataram despiedadamente e ao ser humano que o condenou, e absolutamente a todos".[70] Nessa mesma linha, também Porfírio argumentará mais tarde, indicando que "Jesus deveria ter aparecido não apenas a um número insignificante de discípulos, mas a seus adversários judeus, a Pilatos, Herodes e, o que teria sido ainda melhor, a todos os membros do senado romano".[71]

Aqui não nos interessa, evidentemente, entrar nesta polêmica. Mas é importante tirar a lição. Estes textos pedem para ser lidos a partir de sua intenção mais profunda, evitando introduzi-los em algum tipo de discurso que não seja o deles. Se isto fosse tido em conta, ficariam, por exemplo, superadas pela raiz as discussões suscitadas pela proposta de Willi Marxsen, quando lê a ressurreição pelo prisma de que "a causa de Jesus segue em frente" (*die Sache Jesu geht weiter*). Se as narrativas pascais forem tomadas em seu nível primário de confissão religiosa, e caso se atente para o seu caráter implicativo, essa proposta não deve colocar em questão, de modo algum, a realidade da ressurreição do próprio Jesus.

Com efeito, tudo nessas narrativas careceria de sentido se o próprio Jesus, com a sua identidade pessoal não somente não diminuída mas intensificada e exaltada, não fosse confessado como vivo, presente e atuante. Poderão ser recusadas em bloco, tal como já aconteceu antes e continuará ocorrendo na história; mas, mesmo que alguém as aceite e se inclua na "causa" que nelas é proposta, as narrativas pascais apenas são inteligíveis quando contam com a presença do Ressuscitado. Presença que conserva a *identidade* pessoal, apesar da radical fratura da morte; e que é *real*, apesar da inevitável invisibilidade empírica.

A razão principal para que, ainda assim, se continuem fabricando mal-entendidos tem de ser buscada, sem dúvida alguma, na mistura de planos. No caso concreto de Marxsen, seguramente certas expressões pouco felizes do autor contribuíram para tanto; mas é provável que se devam, principalmente, à inércia interpretativa, que persiste em soldar a fé viva na ressurreição com um modo concreto de interpretá-la. Para usar sua terminologia, convém insistir, uma vez mais, em que *interpretaments* distintos podem estar confessando idêntica *fé*.

---

[70] Orígenes, *Contra Celsum* II, p. 63.

[71] Sirvo-me aqui da síntese de G. O'Collins, *Jesús resucitado*, Barcelona, 1988, p. 21. Cf. também suas observações às pp. 19-26.

A ressurreição de Jesus como ruptura do mito

Distinguir para unir

Esta insistência final não pretende apontar para um indiferentismo ou relativismo teológicos, pois é óbvio que não todos os *interpretaments* têm valor idêntico, e que pode haver alguns que realmente impliquem a negação daquilo que pretendem interpretar. O que ela visa é unicamente a hierarquizar os planos, distinguindo para unir, como dizia Maritain, e unindo para distinguir. Conscientes de que, segundo uma das contribuições mais decisivas de Heidegger em *Sein und Zeit*, existir humanamente significa existir compreendendo e interpretando; mas também cônscios de que nunca a interpretação pode se identificar adequadamente com aquilo que tenciona compreender. Necessitamos das duas coisas: interpretar a *realidade* que confessamos na ressureição de Cristo e ser conscientes de que nunca obteremos uma interpretação *plenamente* satisfatória.

Esta essencial inadequação implica uma *dupla conseqüência:* 1) que é preciso se esforçar sempre por buscar *novas* formas de interpretar, e 2) que neste intento é impossível escapar de um *pluralismo* e até mesmo de um "conflito das interpretações".[72] Impõe-se conviver no diálogo, sob pena de cair no exclusivismo que eleva dogmaticamente a própria interpretação ao nível mesmo da confissão, pretendendo — talvez de maneira inconsciente — que ela, e somente ela, reflita de maneira aceitável a realidade da fé.

Essa é a razão pela qual esta atitude aberta, longe de induzir a um relativismo irresponsável, chama à colaboração objetiva na "comunidade de investigação" eclesial. Por um lado, pede respeito para com as posturas diferentes, enquanto reconhecidas como empenhadas na mesma busca a serviço de uma interpretação atualizada da fé comum; e, por outro, exige levar muito a sério a responsabilidade das próprias opções teológicas. Pode, ademais, contribuir com a criação de um clima mais distendido, pois mantém viva a consciência de que as diferenças, sem deixar de ser importantes para a confissão, jogam-se principalmente no nível — no fim das contas, sempre secundário — da teologia, isto é, do *logos* que reflete sobre ela. A diferença na teologia pode ser, às vezes, incômoda e mesmo dolorosa; mas caso se consiga evitar o dogmatismo e o diálogo se mantenha aberto, não há por que impedir a unidade da confissão.

O diálogo aparece, assim, como a humildade e a prova de respeito do teólogo diante do mistério que tenta pensar, com os demais e para os demais, na confissão da fé: *in necessariis unitas, in dubiis libertas, in omnibus caritas.* Não consta que esta frase famosa seja de santo Agostinho. Mas é dele, certamente, esta outra que a completa de modo magnífico e deveria ser colocada no final — como aviso e como consolação — de toda reflexão e proposta verdadeira-

---

[72] Continua sendo muito válida a obra de P. Ricoeur, *Le conflit des interprétations*, Paris, Seuil, 1969. Cf. também: GEFFRÉ, C. *El cristianismo ante el riesgo de la interpretación*, Madrid, 1984. (Ed. bras.: *Como fazer teologia hoje*; hermenêutica teológica. São Paulo, Paulus, 1989.)

mente *teológicas*: "A língua o disse como pôde. O coração imagine o restante".[73] Realizada a tarefa do *logos*, convém dar espaço à confissão da *fé*.

Seja como for, uma vez feita a distinção, ainda cabem alguns subníveis secundários. De fato, a próxima seção tenciona mover-se numa espécie de espaço intermediário, no qual a reflexão procura permanecer colada o mais possível à dinâmica interna dos textos, deixando para a seção seguinte uma "aplicação" mais decidida de seus significados, tal como podem ser interpretados no presente.

O trabalho interno do texto: desmitização radical contra mito formal

Ocorre algo peculiar quando a "diferença cristã" não é estudada de maneira formalista e isolada, mas é incluída em sua *Wirkungsgechichte* como culminação da tradição bíblica, isto é, como explicitação e intensificação máxima desse processo pelo qual a consciência religiosa de Israel foi captando e aprofundando a revelação de Deus como aquele "que ressuscita os mortos". Examinada *hoje*, a partir dessa perspectiva propiciada pela "distância temporal" e pela mudança de "horizonte" cultural que delas nos separa, pode-se detectar a profunda tensão que perpassa as narrativas pascais, pois aparece claramente como a novidade da experiência precisa lutar com os meios expressivos de que então se dispunha, por sua vez devedores de suas respectivas cosmovisões. Uma tensão que pode ser caracterizada como o choque desses meios, ainda por demais aprisionados numa concepção "mítica" do mundo, com a forte energia de uma vivência que se esforça por romper os limites do mito.

É bem sabido que falar, neste contexto, de *mito* equivale a conjurar os piores fantasmas. Mas também pode ajudar para que se vá ao núcleo do problema. Por isso, convém esclarecer, logo de entrada, que a "concepção mítica" é tomada aqui no sentido mais estrito e elementar, caracterizado pelas duas notas que Bultmann sublinhava prioritariamente: 1) uma cosmovisão de "três pisos", tendo o céu acima, o inferno abaixo e a terra no meio como campo de batalha entre os poderes celestiais e demoníacos, com as respectivas intervenções empíricas; e 2) uma concepção objetivante das relações Deus-mundo, de modo que a ação transcendente e não-mundana de Deus é vista como um intervencionismo mundano, e que, por exemplo, a transcendência divina é pensada como distância física.[74]

Pena que Bultmann complicasse com outros elementos filosóficos e hermenêuticos a intuição, certeira e irreversível, *desta* precisa diferença entre a cosmovisão do Novo Testamento e a atual, pois é inegável o empobrecimento que daí resultou.[75] Mas isso não deve servir de

---

[73] Dos tratados sobre a primeira carta de são João (Tract. 4,6: PL 35, 2008-2009). *Liturgia das horas*. Paulinas – Paulus – Vozes – Ave-Maria. 1996. v. III, p. 192.

[74] Cf. o que se disse a esse respeito no cap. 3, "O dilema da abordagem tradicional".

[75] Cf., por exemplo, as agudas considerações de I. U. Dalferth, *Jenseits von Mythos und Logos*, Freiburg Br., 1993, pp. 132-164.

pretexto para se esquivar, seja da gravidade do problema, seja da verdade do diagnóstico tomado em seus justos limites; nem, muito menos, para desqualificar todo o projeto. Sobretudo quando o próprio Bultmann sublinha que, já no Novo Testamento, existe uma decidida tendência desmitizadora, que é justamente aquela que deve resgatar a interpretação atual (que não tem por que ser reduzida à meramente "existencial" propugnada por ele).[76]

No caso concreto da ressurreição, isso fica especialmente claro. Se atentarmos não à letra (culturalmente) morta das narrativas, mas ao espírito vivo que as anima — e que foi sublinhado antes com as notas da "diferença cristológica" —, a tensão é evidente. Tentemos vê-lo de forma mais concreta, voltando a atenção principalmente para o problema das aparições.

O exemplo das aparições

Na *superfície* dos textos aparece o caráter objetivante, que tende a encerrar seu conteúdo nas duas formas típicas da sensibilidade: o espaço e o tempo. A insistência no caráter *material* e "palpável" das aparições chega, mesmo, a assumir acentuações que contradizem o mais elementar daquilo que pretendem comunicar:

> [...] encontramo-nos com um *fato estranho* e até, para muitos, *suspeito*: os sinóticos narram-nos as suas experiências com Jesus ressuscitado sem variar, ao que parece, o gênero literário que usaram para nos contar as suas experiências com o Jesus pré-pascal. Como se estivéssemos no mesmo plano de realidades. Como se qualquer um que cruzasse casualmente por essas cenas tivesse podido presenciar o mesmo, *verificar* o mesmo [...]. Nosso assombro cresce quando vemos que João se une aos sinóticos nesta atitude. Quem soube criar gêneros literários novos — em que os símbolos, a filosofia e a teologia dão-se as mãos — para narrar o acontecido com Jesus antes da Páscoa, *retrocede*, diríamos, ao gênero literário dos sinóticos (ou a um muito semelhante) quando menos se espera: para narrar as aparições de Jesus ressuscitado.[77]

Apesar de tudo estar dizendo que não se trata da revivificação de um cadáver que retorna à corporalidade material da vida anterior, Tomé é convidado a colocar o dedo nas mãos do Ressuscitado, e a mão no seu lado (Jo 20,27); e se dá, além disso, um passo ainda mais surpreendente, quando Jesus é apresentado comendo normalmente (Lc 24,43; cf. At 1,4) ou subindo de maneira física e visível ao céu, até que "[...] e uma nuvem o retirou aos seus olhos" (At 1,9).[78]

---

[76] Ibidem, pp. 159-164.

[77] SEGUNDO, J. L. O *homem de hoje diante de Jesus de Nazaré*. São Paulo, Paulinas, 1985. v. 2, t. 1, pp. 267-268.

[78] Nesse sentido, causa certo espanto ver que um autor tão perspicaz como N. T. Wright possa tomar ao pé da letra a refeição em Lucas ("The transforming reality of the bodily resurrection", cit., p. 123). Mais ainda: que, em discussão com M. J. Borg, chegue a afirmar que uma câmera de vídeo "teria podido, algumas vezes, ver Jesus [ressuscitado] e outras, não" (p. 125). Para um estudo filológico das aparições em Lucas, cf. S. van Tilborg e P. Chatelion Connet, *Jesus' appearances and disappearances in Luke 24*, Leiden, 2000.

O mesmo ocorre com o *tempo*, começando pelo emprazamento cronológico da própria ressurreição, como se, conforme a expressão ousada mas significativa de um autor recente, se tratasse de "uma intervenção de Deus com três dias de atraso";[79] continuando depois pelas tentativas, contraditórias, de estabelecer uma seqüência temporal das aparições; para culminar com o estabelecimento lucano do prazo concreto de quarenta dias para a sua presença física na terra (At 1,3).

Não obstante isso, *em um nível mais profundo*, são esses mesmos textos que, continuamente, estão quebrando a aparência superficial, insinuando que não podem tratar-se de acontecimentos circunscritíveis no espaço-tempo. No próprio núcleo das narrativas de "aparição" vai inscrito seu caráter não espacial. Por isso, elas desconcertam os protagonistas, que "não reconhecem o Senhor". Algo absurdo, se admitirmos um mínimo de literalidade: se era visível e palpável, como não iriam reconhecer alguém com quem viveram até alguns dias antes, mesmo depois de caminharem juntos uns dez quilômetros, como os discípulos de Emaús (Lc 24,13)?[80] Por isso, também o Ressuscitado pode aparecer sem que para ele sejam obstáculos as portas ou as paredes (Jo 20,19); algo não menos absurdo, caso se tratasse de um corpo visível e palpável. Quanto ao tempo, nem precisaria indicar que o mesmo autor, Lucas, que na primeira parte de sua obra faz com que tudo aconteça na tarde do domingo (Lc 24), na imediata continuação da mesma, prolonga durante quarenta dias a estada do Ressuscitado na terra (At 1,3).

Isto também pode ser percebido no próprio Paulo, a quem devemos as informações mais antigas e o único caso em que alguém fala de "aparição" na primeira pessoa. Apesar da distância temporal e do caráter que ele mesmo reconhece excepcional (1Cor 15,8: "[...] que sou como uma aborto"), usa a mesma terminologia dos evangelistas: *ôfthê kamoi* (ibid.), afirma que "viu" o Senhor (*heóraka*: 1Cor 9,1) e até distingue, de algum modo, essa aparição de outras "visões" ou "revelações" do Senhor que ele mesmo teve (cf. 2Cor 12,1-7; 1Ts 4,15; 1Cor 15,51; Gl 2,2; Rm 11,25). Mas quando queremos saber como foi, no concreto, essa aparição, não é possível estabelecer o contorno de uma experiência empírica: os três relatos nos Atos (9,1-9; 22,6-10; 26,12-18) não coincidem com as descrições do próprio Paulo (1Cor 9,1; 15,8; Gl 1,1; 11–12; 15–16; cf. Fl 3,8; 2Cor 4,6), e destas é forçoso concluir: "Não pensemos numa visão ocular, mas na manifestação da identidade misteriosa do crucificado do Gólgota".[81]

---

[79] GONZÁLEZ, A. *Teología de la praxis evangélica*. Santander, 1999. p. 288.

[80] Sobre este aspecto insiste energicamente J. L. Segundo, *O homem de hoje diante de Jesus de Nazaré*, cit., pp. 271-274. Cf. também: Idem. *A história perdida e recuperada de Jesus de Nazaré*. São Paulo, Paulus, 1995. pp. 319-322.

[81] BARBAGLIO, G. *Pablo de Tarso y los orígenes cristianos*. Salamanca, 1992. p. 70. Cf. as pp. 67-75, onde, sem se preocupar expressamente com nosso problema, faz uma exposição particularmente clara do significado dos textos. Cf. as exposições, em boa medida contrapostas, de H. Kessler (*Sucht den Lebenden nicht bei den Toten*, op. cit., pp. 153-157) e G. Lüdemann-A. Ozen (*La resurrección de Jesús*, cit., pp. 119-147). Rica e matizada é a exposição de J. G. D. Dunn (*Jesús y el Espíritu*, Salamanca, 1981, pp. 166-192; especialmente pp. 163-222).

A CRUCIFICAÇÃO COMO "EXALTAÇÃO"

Desçamos um pouco mais, para um *terceiro nível*. Os textos — com uma "ingenuidade" e uma "rudeza" que não são simples "falta de perícia"[82] — deixam transparecer com mais energia a força desmitizadora que os habita. Refiro-me ao recurso dos "dois registros de linguagem" distintos, mas igualmente primitivos e originários, para expressar o acontecido: *ressurreição e exaltação.*[83]

No plano imaginativo, o primeiro registro apóia-se no esquema temporal antes/depois, enquanto o segundo baseia-se no espacial embaixo/em cima.[84] Mas no plano conceptual, dada a impossibilidade de separar ambos os aspectos, posto que são expressões de um mesmo acontecimento, é compreensível que a sua conjunção aponte para uma compreensão que já não pode mais ser objetivante: ressuscitar já é também ser exaltado, ou seja, introduzido em um modo de existência alheio às leis do espaço-tempo:

> A exaltação não representa um ato segundo e complementar *depois* da ressurreição, mas um diferente modelo lingüístico (uma metáfora), que complementa e esclarece, para a *mesma* coisa. Rompe explicitamente com a continuidade e sublinha, com a ajuda do esquema espacial de acima e abaixo, a diferença radical do novo modo de ser (exaltação) do Crucificado (abaixamento).[85]

A ressurreição mostra-se, assim, como a entrada em um modo de vida diferente, livre da objetivação mitologizante: como vida no Espírito, glorificada, universalizada e identificada com a vida de Deus. Por isso, o quarto evangelho, com a típica profundidade de sua "ironia", pode conseguir cunhar — como um lampejo de espírito que ilumina a noite da letra — uma expressão definitivamente desmitizadora, falando repetidamente da *crucificação como* "exaltação", como *hýpsosis* (Jo 3,14; 8,28; 12,32; cf. At 2,33; 5,31):

> Tampouco se pode colocar em dúvida que a idéia joânica da "exaltação" assuma o sinótico "sentar-se-á à direita de Deus" (cf. Mc 10,37 par.; 14,62 par.; Mt 25,31; At 2,33s; 5,31; 7,55s), mas não o entende como segundo ato que vem em seguida à "humilhação" na cruz, mas que já concebe, em vez, a própria crucificação como "exaltação" (3,14; 8,28; 12,32.34). O quarto evangelista conhece o enfoque tradicional, mas o aprofunda em sua teologia contemplativa e o modifica no sentido cristológico.[86]

---

[82] SCHLIER, H. *De la resurrección de Jesucristo*. Bilbao, 1970. p. 22. Cf. as interessantes observações das pp. 22-26.

[83] LÉON-DUFOUR, X. *Resurrección de Jesús y mensaje pascual*. Salamanca, 1973. p. 41. Cf. BERTRAM, G. "Hypsos", Th WNT 8, pp. 600-619; SCHWEITZER, E. *Erniedrigung und Erhöhung*. 2. ed. Zürich, 1962. THÜSSING, W. *Erhöhungsvorstellungen und Parusieerwartung in der ältesten und nachösterlichen Christologie*. Stuttgart, 1969.

[84] J. Caba sublinha-o com acerto, ao comentar a posição de Dufour (cf.: CABA, J. *Resucitó Cristo, mi esperanza*. Madrid, 1986. p. 44).

[85] KESSLER, H. *Sucht den Lebenden nicht bei den Toten*, cit., pp. 280-281.

[86] SCHNACKENBURG, R. *El evangelio de san Juan*. Barcelona, 1980. v. 1, p. 455. Cf. POTTERIE, I. de la "L'exaltation du fils de l'homme (Jo 12,31-36)". *Gregorianum* 49 (1968) 460-478.

Rudolf Schnackenburg e Xavier Léon-Dufour coincidem em assinalar que, com isso, o quarto evangelho dá "um passo importantíssimo para a cristologia".[87] A *hýpsosis*, com efeito, ao conjugar o significado espacial de "elevação física" sobre a cruz com o teológico e transcendente de elevação como "glorificação", rompe pela raiz a fascinação do mito, pois, desse modo, a *morte e a ressurreição coincidem*:[88] embora aquele cadáver que, a partir da *hora* sexta no dia da preparação da Páscoa, penda de um madeiro no *lugar* do Gólgota, Cristo vive já glorificado "à direita do Pai". Por isso, Heinrich Schlier pôde comentar que esse evangelho "não necessita, no sentido de seu esquema cristológico, propriamente de nenhum relato da Ressurreição", embora "os tome da Tradição e os ponha em concordância com aquela concepção".[89]

Algo que também é reforçado com a linguagem *espontânea* de outras passagens de Lucas e de Hebreus. Deixemos que fale Raymond E. Brown, comentando Lc 23,43: "Em verdade te digo: hoje estarás (*ercheszi eis*: virás a) comigo no Paraíso":

> Contudo, o próprio fato de que Lucas pudesse descrever a ascensão ao céu em duas ocasiões diferentes deixa aberta a possibilidade de que não tenha visto nenhum problema em reproduzir outra crença cristã: que Jesus subiu (de maneira invisível, não mundana) ao céu saindo da cruz onde morreu. Esta crença encontra-se em Hb 10–11, na linguagem de João de ser "elevado" na cruz de volta ao Pai (3,14-15; 8,28; 12,32.34; 13,1; 16,28), e até mesmo em Lc 24,26, em que o Jesus ressuscitado fala de ter entrado (tempo passado) na glória depois de sofrer. Seria entrar (*eischeszai*) em sua glória o mesmo que ir (*ercheszai*) a seu reino? Em Dn 7,13-14, "alguém semelhante a um filho do homem" dirige-se ao ancião de Deus e dele recebe a *honra e o reino*, e isto está relacionado com 7,22, em que se diz que os santos tomarão posse do reino. A leitura *eis* de Lc 23,43 é perfeitamente consoante com tal interpretação.[90]

Não se trata de tomar ao pé da letra estas passagens, mas, de fato, são muito significativas como sintomas de uma tendência existente e de uma possibilidade real. Nota-se melhor em contraste com a progressiva tendência dos apócrifos na direção contrária:

> Como se quisesse dar fortaleza a seu projeto e persuadir melhor o leitor, o Deus das narrativas apócrifas abandona com gosto seu silêncio e sai de seu retiro. As vozes celestes são inumeráveis. As aparições são tantas que nem podem ser contadas. Cristo aparece sob diversas formas: como um apóstolo para confundir qualquer pista (o próprio apóstolo pode aparecer depois de seu martírio); como uma linda criança; como uma águia ou uma cruz luminosa.[91]

---

[87] SCHNACKENBURG, R. Op. cit., p. 446. "Desta maneira, Jo oferece uma contribuição capital à cristologia do Novo Testamento" (LÉON-DUFOUR, X. *Lectura del evangelio de Juan*. Salamanca, 1989. v. 1, p. 240. Cf. pp. 239-241 e, no t. 2, Salamanca, 1992, as pp. 377-399).

[88] "Pois bem, João dá ao [verbo] *hypsothénai* um sentido que parece estar em contradição com a perspectiva tradicional até então: este verbo assinala também a etapa da morte, que então é coincidente com a ressurreição gloriosa" (LÉON-DUFOUR, X., cit.).

[89] Op. cit., p. 26.

[90] BROWN, R. E. *The death of the Messiah*. London. 1994, pp. 1.006-1.007.

[91] BOVON, F. "Milagro, magia y curación en los Hechos Apócrifos de los Apóstoles". pp. 263-287 (aqui, p. 272). Cf. ali as referências precisas aos Atos de Tomé, João, Pedro, Paulo, Paulo e Tecla, Felipe.

Em íntima união com isso, convém dar, ainda, um *último passo* de transcendência decisiva, se bem que mais difícil de ser detectado. A ruptura atinge seu extremo quando a intensa originalidade da vivência crística quebra definitivamente a objetivação que convertia a transcendência espiritual da ressurreição em distância temporal. Isso era, com efeito, o que significava o emprazamento da ressurreição plena: em paralelo com o mito *protológico* do paraíso, pensava-se em um mito *escatológico* da ressurreição final, pois, desse modo, a comunhão definitiva com Deus tinha lugar também *in illo tempore*, só que, agora, já não mais colocado no início, mas no fim da história.

Este foi, talvez, o fruto mais profundo e original da diferença cristã; e, por isso, o mais profundamente desmitizador. Como já foi visto (cap. 2, "A ressurreição de mortos individuais"), não carecia, em absoluto, de certos precedentes na volta ou reaparição de certos personagens relevantes; mas, como foi igualmente indicado, a intensidade da presença e seu caráter irrepetível falam de algo único. De fato, assim foi vivido e percebido, como descoberta surpreendente, como revelação excepcional: Jesus em pessoa, ele mesmo, com toda a força e riqueza de sua identidade pessoal, *já* está ressuscitado.

Esta revelação era tão forte e representava uma novidade tão grande que não era possível assimilá-la nem expressá-la de um só golpe e com todas as conseqüências. Daí o recurso e a "recaída" em expressões objetivantes, que tendem a traduzir a *identidade* pessoal em *corporeidade* física; e que, de maneira mais sutil, ainda dão prazo, de algum modo, à *transcendência* glorificada, que já é atual, em *aparição* grandiosa — Cristo como juiz sobre as nuvens — no final dos tempos. Com uma importante conseqüência colateral: as ambigüidades da tendência objetivante, que para Cristo conseguem, apesar de tudo, ser rompidas pela intensidade única de sua pessoa e de seu destino, serão reafirmadas para os demais, que, por isso, para ressuscitar, têm ainda de esperar até *o fim dos tempos*.

Mas estas últimas observações abrem o discurso a dois problemas que requerem ser estudados por si mesmos: 1) o modo da revelação, isto é, o caminho pelo qual os discípulos chegaram a essa descoberta; e 2) que conseqüências tem a nova visão para a ressurreição dos mortos em geral. Problemas muito profundos e delicados, nos quais, obviamente, aumenta o *caráter hipotético* de toda tentativa de compreensão. Algo que convém ter em conta em benefício da serenidade da compreensão, pois, jamais e de nenhum modo, essas tentativas pretenderão colocar em questão o que se conseguiu até este ponto, senão, unicamente, procurar compreendê-lo um pouco melhor, sempre dispostos a abandonar suas hipóteses, caso se chegue a demonstrar que entram em contradição objetiva com o que foi adquirido até aqui.

Como se chegou à fé na ressurreição

Lugar, sentido e níveis da pergunta

Assim soa, como já foi indicado, a pergunta que, em grande medida, promoveu o debate mais vivo na discussão atual, pois a crítica bíblica, ao romper a leitura literal das narrativas pascais, obriga a que nos perguntemos pelo processo real que levou os apóstolos à descoberta da ressurreição de Jesus, com suas características específicas. Em sua formulação explícita, esta pergunta chega tarde à nossa tratação, mas, na realidade, esteve sempre presente, entrelaçada na trama do discurso.

De fato, o estabelecimento de prazos não é casual, mas tenciona ser fiel ao verdadeiro dinamismo do problema, rompendo a fascinação — e as armadilhas — de grande parte das abordagens herdadas. Pois creio que é justamente aí que se faz sentir com toda a sua força a necessidade, repetidamente indicada, de superar o caráter excessivamente factual dos mesmos. Estes, à medida que respondiam às questões que iam surgindo ao sabor dos choques e desafios culturais e não a um desenvolvimento da questão em si mesma, corriam um duplo perigo: por um lado, isolar a experiência crística da ressurreição, convertendo-a em um fato sem conexão com o processo geral da revelação na história; e, por outro, deslocar o verdadeiro centro do problema para aspectos secundários.

Quando, como tentamos fazer até aqui, a ressurreição de Jesus é examinada em seu contexto vivo, mostra sua continuidade orgânica com a tradição bíblica e não precisa do recurso nem para milagres espetaculares nem para concepções objetivantes a fim de assegurar a novidade e a realidade de sua descoberta. Nesse sentido, são especialmente significativas as referências teológicas anteriormente feitas acerca do caso exemplar do martírio dos Macabeus, bem como da unidade ressurreição-exaltação. E são significativas precisamente porque não remetem a *tratados específicos* acerca da ressurreição, mas antes a demarcam em *estudos gerais* e, portanto, mais atentos à dinâmica global do processo revelador.

Por isso agora podemos ser mais breves, pois as considerações anteriores, sobretudo as feitas no terceiro capítulo, permitem que o discurso deslanche seguindo as linhas essenciais, sem se perder em pormenores. Para maior clareza, convém ir marcando os passos fundamentais.[92]

Em princípio, não deveria causar estranheza que uma comunidade que *já acreditava na ressurreição* a partir da fé em um "Deus de vivos", que é justo e fiel, fale também da ressurreição de Jesus. Se, ainda por cima, o Deus no qual acreditavam mostrava, de maneira especial, seu poder de ressuscitar com aquelas pessoas que receberam e acolheram dele uma missão especial,

---

[92] Como se vê, este processo é bem diferente — embora não independente — daqueles feitos a partir das propostas globais de caráter mais especificamente exegético. Para um panorama fundamental, cf. X. Pikaza, *Éste es el hombre*, Salamanca, 1977, pp. 126-148.

sobretudo quando morreram martirizadas por fidelidade a sua aliança, até o ponto de já se poder, *de alguma maneira*, pensar nelas como "ressuscitadas" (caso dos Macabeus) ou como novamente presentes na história (caso de Elias ou do Batista), então tampouco pode causar assombro que essa fé se consolide, intensifique e culmine no caso de Jesus de Nazaré.

De *fato*, a comunidade fez logo em seguida a aplicação, de modo que, por meio do acontecido com Jesus, a percepção da verdade da ressurreição alcançou um realismo e uma intensidade únicos e excepcionais. A ressurreição já não é mais percebida como um ato de Deus que deve esperar o final dos tempos, e Jesus não é mais concebido como ainda "incompleto", à espera de ser plenificado e glorificado; pelo contrário, é, por excelência, "aquele que vive" (Ap 1,18), e foi elevado à direita do Pai.

Diante disto, o *modo concreto* como se chegou a essa descoberta é uma questão derivada e, por fim, mais secundária, e por isso mesmo também mais sujeita a discussões. Assim como acontece sempre com toda descoberta reveladora, não é possível desentranhar esse modo em todos os seus pormenores. O pano de fundo é sempre uma experiência de conjunto, fruto de um processo muito complexo, demarcado numa tradição (a *Überlieferungsgeschichte*, de W. Pannenberg) que a torna inteligível.[93] Quanto aos pormenores, normalmente a descoberta acontece quando, sobre esse pano de fundo global, incidem fatos ou circunstâncias concretas que agem como catalisadores. Para dizê-lo na terminologia de Iam T. Ramsey (cf. cap. 3, "Origem e verificabilidade da revelação"), estes propiciam uma situação que, com a sua "estranheza" (*oddness*), rompe a superfície do ordinário e faz com que se "quebre o gelo", "amanheça a luz" e "caia a ficha" (*the penny drops*), levando assim à descoberta, à revelação concreta: é o que ele denomina uma "experiência de desvelamento" (*disclosure experience*).[94]

Não se trata, pois, de milagres, mas de acontecimentos e vivências especialmente vivas que, quebrando a rotina do normal, abrem os olhos e fazem com que se caia em si. A experiência de revelação não cria a realidade, mas a descobre; esta já estava aí, mas não era percebida. Recordemos: "Sem dúvida o Senhor está neste lugar, e eu não sabia" (Gn 28,16). Na revelação pascal, tudo confluiu: o contexto estava preparado; a situação era nova, impregnante e carregada de significados; os acontecimentos foram dramáticos... e a faísca saltou. Os discípulos compreenderam que Cristo havia ressuscitado e também compreenderam que, se o estavam compreendendo, era porque só podia ser ele — e Deus por seu intermédio — quem *ativamente* estava se manifestando a eles e tentando dar-se a conhecer, por meio dos diferentes componentes, objetivos e subjetivos, que constituíam aquela peculiaríssima situação.

---

[93] "Os acontecimentos da história falam sua própria linguagem, a linguagem dos fatos; mas essa linguagem somente se torna audível no contexto de tradição e espera em que se dão os acontecimentos" (PANNENBERG, W. [org.]. *Offenbarung als Geschichte*. 4. ed. Göttingen, 1970. p. 112. Cf. pp. 112-114 [*tesis* 7ª]).

[94] Cf. o já citado *Religious language*, London, 1957, pp. 50-89.

Quando, ao se dar mais um passo, se tenciona precisar *os fatores mais concretos* que desencadearam a descoberta, ainda convém prosseguir com um discurso gradual. Antes de tudo, é óbvio que se impõe renunciar a toda explicação monocausal: um processo tão rico e tão profundo não pode ser esclarecido pelo recurso a um só fator, mas antes pelo concurso convergente de uma pluralidade. Nesta convém, por sua vez, distinguir aqueles fatores *fundamentais* que, por mais objetivos e comunitários que sejam, revestem uma maior clareza, e fatores mais *circunstanciais*, por mais dependentes da psicologia e das circunstâncias dos protagonistas. Deixando estes últimos para o item seguinte, analisemos agora os primeiros: a crucificação mesma, o horizonte escatológico geral e o caráter definitivo da figura de Jesus.

A crucificação como "dissonância cognitiva"

A importância é claramente desigual, e a primazia corresponde, sem dúvida, à *crucificação*. Algo no qual convém insistir, pois, por diferentes motivos, essa primazia tem sido, muitas vezes, obscurecida e até mesmo invertida, chegando-se a verdadeiros exageros. A cruz seria o grande escândalo, de modo que, nele, os discípulos trairiam seu Mestre e acabariam perdendo a fé, para recuperá-la depois, sobretudo por meio das aparições. Visão que — não se pode negar — conta com dois valorosos apoios: por um lado, o prestígio que lhe rende o fato de estar muito presente no esquema redacional das próprias narrativas evangélicas, e, por outro, sua aptidão para ser usada como fácil recurso apologético: *algo* deve ter ocorrido entre a falta de fé, que levou à fuga covarde, e a fé viva que converteu os discípulos em heraldos valentes e audazes. Os acontecimentos excepcionais e milagrosos que os levaram a confessar a ressurreição seriam esse *algo*.

O processo reveste uma aparência tão óbvia e coerente que se compreende a estranha unanimidade que suscitou ao longo da história e da qual quase todos participamos em algum momento. Apesar disso, é suficiente um mínimo de atenção crítica para enfraquecer gravemente sua verossimilhança interna e descobrir o inegável artifício que nela habita.

Já à primeira vista aparece, com efeito, que vem a ser profundamente incompreensiva e injusta com os discípulos. Eles e elas, que viveram com o Mestre, que perceberam sua "autoridade", que presenciaram as obras que Deus operava por ele, que foram testemunhas de sua bondade — "andou fazendo o bem", dirão mais tarde (At 10,38) —, que *sobretudo* constataram que morria assassinado por sua fidelidade a Deus... como iriam perder a fé que tinham nele e traí-lo justamente por causa do episódio em que tudo isto atingiu sua culminação, mostrando "até o limite" (Jo 13,1) a imensidão de sua bondade e de seu amor?

Teriam de ser autênticos monstros no plano psicológico e uma exceção vergonhosa no plano histórico. Porque sempre que um grande líder morre por fidelidade a sua causa, o que suscita é precisamente um reforço na adesão e um aumento no prestígio. Na história bíblica já aludimos aos Macabeus — pensemos também no Batista, cujos seguidores conviveram (e rivalizaram) bastante tempo com os de Jesus (segundo At 18,25 e 19,3-4, eles ainda estão em Éfeso em torno do ano 54.)[95] É significativo que, do ponto de vista da história social do cristianismo — e sem preocupação por nosso problema —, perceba-se espontaneamente como "graças a seu martírio, o fogo carismático que incendiou não se apagou".[96] E mais explicitamente:

> A morte violenta deste profeta foi entendida por seus seguidores, não como um desmentido de sua mensagem, mas antes como a confirmação da mesma, mais ainda, talvez como cesura no drama escatológico. [...] Assim, pois, a crise provocada pela morte do Batista foi interpretada entre seus discípulos, reunidos em torno de Jesus, como a mudança necessária do ponto de vista da história da salvação.[97]

Referindo-se ao próprio caso de Jesus, é impressionante ver como Flávio Josefo, em seu famoso texto conhecido como o *Testimonium Flavianum*, diz com toda a normalidade:

> E atraiu a muitos judeus e a muitos de origem grega. E quando Pilatos, por causa de uma acusação feita pelos principais homens entre nós, condenou-o à cruz, *os que antes o haviam amado não deixaram de fazê-lo*.[98]

Na história posterior, a Igreja primitiva compreendeu que "o sangue dos mártires é semente de cristãos".[99] E na contemporânea, abandonaram seus seguidores a Gandhi, a Luther King, a monsenhor Romero ou a Ignacio Ellacuría e a seus companheiros?[100] Que fugissem, se escondessem ou mesmo dissimulassem em um momento de perseguição mortal significa tão-somente que eram inteligentes e tinham bom senso. Isso é o que, nas mesmas circunstâncias, fazem até mesmo os mais aguerridos revolucionários, à espera de melhor ocasião. E não foi, por

---

[95] "O movimento que se originou em torno ao Batista estendeu-se rapidamente desde a região oriental do rio Jordão até alcançar a Ásia Menor, onde foi ganhando adeptos entre alguns círculos judeus mais heterodoxos. Esta seita chegou a se converter numa verdadeira concorrência com o movimento cristão, até o ponto de constituir uma ameaça para a vida da comunidade, uma vez que, do ponto de vista da organização sociológica externa, era muito difícil que os pagãos pudessem distinguir as características de uma e outra corrente (cf. Jo 3,25s)" (ROLOFF, J. *Hechos de los apóstoles*. Madrid, 1984. p. 377).

[96] STEGEMANN, E. W. & STEGEMANN, W. *Historia social del cristianismo primitvo*. Estella, 2001. p. 233.

[97] Ibidem, pp. 271-272.

[98] *Ant. Jud* 18.3.3 §§ 63-64; os grifos são meus. Notar que este parágrafo pertence ao texto que, em qualquer caso, está livre de interpolações cristãs: cf. as análises de J. P. Meier, *A marginal jew*, New York 1991, v. 1, pp. 59-69 (Trad. cast.: *Un judío marginal*, Estella, 1998, v. 1, pp. 82-92, de onde tomo a tradução; cf. esclarecimentos na nota 20. Há edição brasileira: *Um judeu marginal*, Rio de Janeiro, Imago, 1993, v. 1, pp. 64-77.) THEISSEN, G. & MERZ, A. *El Jesús histórico*. Salamanca, 2000. pp. 86-97. CROSSAN, J. D. *The birth of christianity*, New York, Harper San Francisco, 1999. pp. 10-15. (Ed. bras.: *O nascimento do cristianismo*. São Paulo, Paulinas, 2004.)

[99] "Semen est sanguis christianorum" (Tertuliano, *Apologeticum* 50, 13).

[100] Cf.: "Mas onde poderia aparecer na Bíblia (ou em outro lugar da história universal) que o chamado que vem de um justo fosse diminuído em seu caráter de exigência (*Einforderungscharakter*) pelo fato de que esse 'profeta' fosse liqüidado por seus inimigos?" (VERWEYEN, H-J. *Botschaft eines Toten?*, p. 57).

acaso, a própria igreja primitiva que proibiu certos grupos de cristãos de se apresentarem voluntariamente ao martírio?

Trata-se de constatações tão óbvias que, quando uma indicação neste sentido é compreendida, suscita normalmente a adesão espontânea, e não é rara certa sensação de alívio. A razão de que isto tardasse tanto em ser percebido enraíza-se, seguramente, no fato de que antes foi preciso que o progressivo impacto da crítica bíblica conseguisse quebrar o encanto das duas razões aludidas, mostrando que não era preciso levar ao pé da letra as narrativas pascais nem, por conseguinte, seguir seu esquema apologético. Um esquema claramente condicionado tanto pela cosmovisão "mítica" como pelo duro paradoxo de ter de anunciar um Messias crucificado. Notemos, por exemplo, quão fortemente "construída" é a imagem dos discípulos na Paixão, de acordo com os interesses de cada evangelista: assim, enquanto Marcos e Mateus tendem a carregar as tintas contra eles, Lucas e João são muito mais positivos.[101]

Nesse sentido influiu também a referência paulina ao dito deuteronômico: "Maldito todo aquele que for suspenso no madeiro" (Gl 3,13, que remete a Dt 21,23). Seu encaixe nesse contexto apologético ocultou o mais evidente: que essa frase só tem sentido quando referida ao malfeitor, ao condenado realmente *culpado*. Paula Frediksen, que estudou bem este ponto, indica que "em nenhuma parte, por exemplo, os oitocentos fariseus crucificados sob Alexandre Janneo [...] ou os poucos milhares de judeus crucificados nas rebeliões contra Roma parecem ter sido considerados como gente que morreu 'maldita de Deus'; ao contrário, os rabinos associam claramente este modo romano de execução com um acontecimento de significado altamente positivo para sua religião: a atadura [a *Akkedá*, o 'sacrifício': A.T.Q.] de Isaac". E conclui, com toda a razão, que a "maldição" ou o escândalo representa a visão romana, não a judaica: "Os 'criminosos' de Roma eram os heróis do povo submetido por ela".[102]

De fato, é enormemente significativo que, uma vez reenfocada a perspectiva, o resultado seja antes o contrário: a *crucifixão*, com o horrível escândalo de sua injustiça, aparece como o *mais decisivo catalisador* para compreender que o ocorrido na cruz não podia ser o final definitivo: "Quanto mais profundamente se acreditasse em Jesus, tanto mais firmemente se acreditaria que essa vindicação teve lugar".[103]

---

[101] Sintetizo o que diz Theissen, op. cit., pp. 501-502. Segundo Mc e Mt: dormem no horto das Oliveiras, fogem, Pedro nega, olham "de longe"; ao contrário, segundo Lc: perseveram junto ao Senhor "em suas provações" (22,28), Jesus encara Pedro (22,61), assistem à crucifixão (23,49: "os conhecidos de Jesus"); e segundo Jo: os discípulos não fogem, mas são despedidos por Jesus (18,8), pelo menos um, o discípulo amado, está ao pé da cruz (19,26s) e no *evangelho de Pedro* (7,26s) se escondem porque são procurados como "incendiários", mas passam em jejum e pesar todo o tempo até a Páscoa.

[102] FRIDIKSEN, P. *From Jesus to Christus*. New Haven/London, 1988. p. 148; esta remete a E. P. Sanders, *Paul and palestinian judaism*, Philadelphia, 1977, p. 25. BRANDON, S. G. F. *Jesus and the Zealots*. Manchester, 1967. p. 145. HENGEL, M. *Crucifission*. Philadelphia, 1977. pp. 84-90 e passim. Cf. também KARRER, M. *Jesucristo en el Nuevo Testamento*. Salamanca, 2002. pp. 105-106.

[103] HARVEY, A. "They discussed among themselves what this 'rising from the dead' could mean" (Mark 9,10)", p. 73.

Toda a *tradição veterotestamentária* testemunha que o interrogante do justo sofredor — com a figura impressionante do Servo de Iahweh — e o trágico destino dos mártires foram os grandes catalisadores da fé na ressurreição dos mortos; e assim continuaram sendo no caso de Jesus. É o que expressa bem um bom conhecedor da tradição judaica:

> Somente um judeu que crê pode adivinhar a profundidade do desespero, semelhante ao de Jó, que este grupo de discípulos tiveram de suportar na sexta-feira Santa. Estava, pois, realmente fracassado o propósito de Jesus? Então a cruz desmentia definitivamente toda esperança no Reino de Deus? Isso não podia ser! Isso não podia acontecer! Assim deve ter ressoado naquela ocasião em muitos corações. Porque se tratava aqui de algo mais do que a morte de um pregador qualquer de salvação, cuja radiante confiança havia contagiado um grupo de companheiros na fé. Para eles não se tratava, antes de tudo, de consolo ou de supressão dos sofrimentos, mas de Deus e do sentido de sua vida.[104]

Ultimamente se tem estudado até a existência de um gênero literário próprio, que se estende para além do contexto bíblico e que se pode definir como "a reivindicação do inocente", seja em razão do conflito ou da intriga da corte contra ele (*court conflict*), seja como fruto de sua sabedoria em responder a problemas ou enigmas (*court contest*), seja combinando ambas as formas: tais as histórias de Ahikar, José, o servo de Isaías, Tobias, Daniel, Ester, os Macabeus, Susana, o justo de Sb 2–5. A reivindicação pode ser já aqui na terra, mais adiante, na outra vida, ou em alguma combinação de ambos os modos.

Estudiosos como George W. E. Nickelsburg[105] e Jay Frank Cassel[106] encontram este gênero no evangelho de Marcos: Jesus vindicado como o inocente perseguido. John Dominic Crossan, que os cita, aprovando-os, crê, contudo, que onde o gênero se dá em sua verdadeira pureza é no *Cross Gospel*,[107] enquanto Marcos já seria uma crítica do mesmo, pois rechaça uma vindicação de Jesus de forma visível e tangível já aqui na terra, admitindo-a apenas como transcendente na iminente parusia.[108]

Não interessa nem é da competência deste estudo entrar nos pormenores da discussão. O importante é notar a profunda, viva e eficaz presença deste esquema no imaginário cultural em que foram escritas as narrativas da ressurreição: é sempre difícil e discutível calibrar a influência; mas que esta tenha ocorrido parece fora de toda dúvida razoável.

---

[104] LAPIDE, P. *Auferstehung*. Stuttgart-München, 1977. p. 48 (suprimo os pontos e o aparte); cf. p. 64. Diante de tudo isto, não são convincentes os enérgicos e doutos argumentos contrários de N. T. Wright, *Jesus and the victory of God*, cit., ao qual ainda nos referiremos.

[105] "The genre and the function of the markan passion narrative". *HTR* 73 (1980) 153-184.

[106] *The reader in Mark:* the crucifixion. Ann Arbor (MI), University Microfils International-University of Iowa, 1983 [tese dirigida por Nickelsburg].

[107] Como se sabe, trata-se, segundo ele, de um documento — reconstruído hipoteticamente, como Q para Marcos — que estaria na base do evangelho de Pedro e dos demais relatos da Paixão.

[108] *The cross that spoke*. San Francisco, 1988. pp. 330-333; cf. pp. 297-334. Em *The birth of christianity*, cit., pp. 498-504, oferece uma síntese atualizada.

E o *pensamento moderno*, tanto filosófico como teológico, sabe da capacidade reveladora deste tipo de experiência, pois a própria contradição interna da mesma obriga a buscar a síntese superior que a reconcilie.

Edward Schillebeeckx, por exemplo, insiste na categoria *experiência de contraste*: aquela na qual o choque com o mal deixa a descoberto um novo horizonte de sentido.[109] E, a partir da filosofia, Max Horkheimer mostra também a eficácia deste contraste com sua nostalgia de "que o verdugo não triunfe sobre a sua vítima";[110] nostalgia que ele reconhece explicitamente como teológica, e que a teologia atual, com efeito, acolhe como lugar teofânico fundamental.[111] Dizendo-o mais concretamente, trata-se da luz que salta do choque brutal com o que "não deve ser": a morte não pode ser o destino final de Jesus, encarnação da bondade e anunciador da fidelidade de Deus.[112]

Gerd Theissen[113] e Ulrich B. Müller,[114] por sua vez, servem-se da categoria de *dissonância cognitiva*, elaborada por Leon Festinger:[115] a dissonância entre a figura carismática de Jesus, com as profundas e fundadas expectativas que suscitou, e o seu doloroso fracasso na cruz. Somente a ressurreição e a exaltação permitiam superar este terrível contraste, que ameaçava fundi-lo totalmente no absurdo. Ambos os autores coincidem, além do mais, em sublinhar a estreita continuidade deste processo com o dinamismo mais profundo da fé bíblica.[116]

---

[109] Cf., por exemplo, "Hacia un 'futuro definitivo': promesa y mediación humana", em *El futuro de la fe*, Salamanca, 1972, pp. 41-68, e *Cristo y los cristianos*, Madrid, 1982, pp. 800-805.

[110] "El anhelo de lo totalmente Outro". In: SÁNCHEZ, J. J. (org.). *Anhelo de justicia*. Teoria crítica y religión. Madrid, 2000. pp. 165-185. Cf. também "La función de la teología en la sociedad", pp. 153-161.

[111] Além das obras bem conhecidas de J. Moltmann, J.-B. Metz e os teólogos da liberação, cf. os enfoques afinados e concretos de H. Peukert, *Wissenschaftstheorie - Handlungstheorie - Fundamentaltheologie*, Düsseldorf, 1976, pp. 283-324. EICHER, P. *Burgerliche Religion*. München, 1983. pp. 201-227 (acolhe e prolonga criticamente essa problemática).

[112] Hans Küng, embora com uma preocupação distinta daquela que nos ocupa neste ponto, citou oportunamente uma exclamação reveladora do oratório de Rodion Stschedrin, *Lenin en el corazón del pueblo*, em que o guarda vermelho, diante da morte de Lênin, canta: "Não, não, não; não pode ser! Lênin vive, vive, vive!" (*Ser cristiano*. Madrid, 1977. p. 446).

[113] *Die Religion der ersten Christen*. Gütersloh. 2000, pp. 71-98.

[114] *Die Entstehung des Glaubens an die Auferstehung Jesu*, cit., pp. 69-71 e passim (na p. 69, nota 219, ele mesmo remete a Theissen). Uma boa síntese de sua posição pode ser encontrada em W. Zager, *Jesus und die frühchristliche Verkündigung*, Neukirchen-Vluyn, 1999, pp. 79-81.

[115] *A theory of cognitive dissonance*. Stanford University Press, 1957.

[116] "Com relação à morte de Jesus, é bem possível que se tenha imposto aos discípulos a associação de que Jesus, da mesma forma que João Batista, tinha sofrido a morte de mártir e que, por isso, havia participado na ressurreição celestial. A isso se deve unir a interpretação, com a ajuda da representação judaica, de que Jesus havia morrido como justo sofredor (cf. Is 53; Sb 2,10-20; 5,1-7), mas que fora elevado por Deus à realidade celestial e, com isso, reabilitado (cf. Sb 3,1-6; 4,7-19)" (MÜLLER, U. B. Op. cit., p. 70). Theissen, por sua parte, propõe como tese que "a exaltação de Jesus ao patamar divino somente pôde obter a redução da dissonância, porque respondia a uma dinâmica contida no monoteísmo judaico" (p. 73).

A visão contrária está tão arraigada na tradição e revestida de uma evidência tão aparente, que cumpre insistir nesta mudança. Indicando unicamente, uma vez mais, que assumir este contraste como *um* dos fatores fundamentais que levam à "descoberta" da ressurreição não significa converter esta numa mera projeção subjetiva. Naturalmente, da mesma forma que sucede com todo o processo da revelação, essa suspeita não pode ser eliminada *a priori*; mas a fé consiste justamente em oferecer as razões, evidenciar as experiências e mostrar as práxis que fundamentam a realidade do assim descoberto. Nesse sentido, vale a pena citar as agudas palavras de Karl-Heinz Ohlig, pois elas expressam muito bem tanto a força destas razões como a necessária implicação existencial que postulam:

> Talvez a questão do sentido deva ser vivida tão radicalmente, e a morte experimentada de forma tão pavorosa, que os "modelos cósmicos"[117] não podem mais sustentá-la; isto não ocorre, certamente, mediante uma reflexão acerca "da" morte, nem sequer da própria morte futura, mas a partir do incompreensível sofrimento diante da morte de uma pessoa querida. Talvez por isso (a esperança na ressurreição) necessitou de um *Sitz im Leben*, como foi o do protesto dos judeus impregnados de mentalidade apocalíptica contra a morte absurda e prematura dos mortos pela causa justa; talvez por isso, no Israel dos tempos de Jesus, não foi aceita por aqueles que, em sua vida, tinham-se acomodado às circunstâncias; talvez também hoje se perca de vista entre os cristãos, quando uma vida em circunstâncias satisfatórias debilita ou, pelo menos, adia a experiência existencial de sentido total — e, por conseqüência, de uma correspondente *última* esperança. Provavelmente uma morte com tão evidente falta de sentido como a de Jesus seja a base experiencial imprescindível para a possibilidade de uma esperança tão abrangente como a que nele se acende.

> Em todo caso, parece seguro que o encontro com o Jesus tão extraordinário em sua humanidade e com a sua morte tão drástica em seu significativo simbolismo foi, para os primeiros cristãos — e, por meio deles, para todos os cristãos até hoje —, o fundamento e a ocasião para confessar a sua ressurreição e também para ancorar nesta fé a própria esperança.[118]

O Horizonte escatológico como contexto

Quanto ao segundo fator aludido acima, o horizonte escatológico e apocalíptico, não é preciso se estender muito. Ele constitui o pano de fundo sobre o qual se destaca a experiência de contraste, tão exacerbada pelo destino (aparentemente) trágico de Jesus de Nazaré, ajudando a compreender e formular a sua profundidade e transcendência teológica. Desde a redescoberta, nos primórdios do século XX, por Johannes Weiss e Albert Schweitzer, da profunda impregnação escatológica dos evangelhos, este fator foi mostrando, cada vez com maior evidência, a sua importância. Algo no qual, com diferente coloração, insistiram tanto a teologia dialética, principalmente com Barth e Bultmann, como a mais decididamente histórica, sobretudo com Pannenberg.

---

[117] Recordemos que, com respeito à ressurreição, Ohlig contrapunha as religiões da natureza às da história (cf. cap. 3, "A ação de Deus na ressurreição").

[118] OHLIG, K. "Thesen zum Verständnis und zur theologischen Funktion der Auferstehungsbotschaft". p. 102.

Por seu lado, os estudos da literatura intertestamental e, em geral, do contexto religioso-cultural dos primórdios cristãos não fizeram — e não fazem — mais que confirmá-la.[119]

Nem é preciso elencar todas as teses de Pannenberg para aceitar que, sem esse horizonte, dificilmente se poderia compreender a ressurreição de Jesus: nele tem suas raízes[120] e dele recebe "a expressão lingüística e o marco representativo".[121] Seja como for, como ele mesmo indica,[122] esse horizonte foi profundamente determinado pela original e única reconfiguração que adquiriu no destino de Jesus.

Pela enorme erudição que desfia e pelo vigor de sua argumentação, merece especial menção neste ponto a posição de N. T. Wright, que, apesar de valorizar com agudeza este pano de fundo, dedica grande parte de seu esforço a reforçar com novos argumentos a posição tradicional. Elabora em seus pormenores o ambiente de expectativa messiânica, com a intensa crença na pronta restauração do Reino de Deus. Jesus participa dela de maneira excepcional, anunciando que, justamente porque a situação do povo de Israel havia alcançado seu ponto mais baixo, os tempos tinham-se cumprido e, em sua pessoa, o Reino já começava a acontecer.

A chegada acabará com este tempo de maldade, mas não porá fim, sem mais, ao universo espaciotemporal e, diferentemente do que propunham outras figuras libertadoras ou "messiânicas", desde Judas Galileu até Bar Koshba, não acontecerá pelas armas como uma vitória militar, que, dando uma reviravolta na situação, poria Israel por cima — e no lugar — de seus inimigos. Será antes uma renovação para o bem universal por meio do sofrimento, de maneira que Israel não estará contra as nações, senão que, mediante os seus sofrimentos, será o povo do Deus criador *em favor do mundo*. Com ações simbólicas, como a expulsão do templo, e palavras enigmáticas e parabólicas, que escandalizavam e punham em questão o sistema estabelecido, Jesus mostrou que nele estava sendo realizado esse destino messiânico. Destino que implicava sua morte, levando-o a suportar tanto a "ira" de Israel contra ele como a que Israel havia feito sobrevir sobre si por culpa de suas infidelidades; mas que, como mostrava uma longa tradição presente, principalmente, em Daniel, Zacarias, muitos salmos e no Servo de Isaías, implicava igualmente sua *reivindicação* por parte de Deus.[123]

---

[119] Para uma visão de conjunto, cf.: GRESHAKE, G. *Auferstehung der Toten*. 1969. GRESHAKE, G. & LOHFINK, N. *Naherwartung, Auferstehung, Unsterblichkeit*. Freiburg Br., 1978. GRESHAKE, G. & KREMER, J. *Resurrectio mortuorum*. Darmstad, 1986.

[120] *Grundfragen systematischer Theologie*. Göttingen, 1991. v. 2, pp. 389-390.

[121] Ibidem, pp. 390-391. Cf. as sínteses globais que oferece nas pp. 385-405 e, antes, em *Fundamentos de cristología*, Salamanca, 1974, pp. 82-135.

[122] *Grundfragen systematicher Theologie*, cit., pp. 391-393.

[123] *Jesus and the victory of God*, cit., passim, principalmente o capítulo 12, pp. 592-611 (mais concretamente: pp. 594-597). A idéia de Jesus realizando em seu destino pessoal o destino de Israel, convertendo-se, assim, em chave interpretativa fundamental de que com ele já se realizou a promessa definitiva, já constituía a tese central do primeiro tomo de sua obra ("The New Testament and the people of God", Minneapolis, Fortress Press, 1992, passim). Cf., por exemplo, as pp. 400-403 e 460-463.

Aí está o ponto. Essa reivindicação aconteceu justamente na *ressurreição*. Mas Wright pensa que esta reivindicação/ressurreição não seria acreditável nem para Jesus nem, muito menos, para os seus seguidores, se não fosse um acontecimento visível e palpável, tal como, enfim, o conta a *letra* das narrativas evangélicas. Por um lado, afirma que na *argumentação histórica* — coloca ênfase na palavra e no conceito — somente assim vem a ser compreensível a continuação da causa de Jesus e o nascimento da Igreja (que, por alguma razão, aconteceu apenas com Jesus e não com os demais pretendentes messiânicos, aí incluído João Batista).[124] Por outro lado, insiste em que os discípulos compreenderam a ressurreição — e somente assim podiam compreendê-la — como acontecimento "físico",[125] no sentido de transformação do cadáver, de maneira que, deixando o sepulcro vazio, Jesus assumiu um novo corpo: um corpo tão "físico" que Jesus ressuscitado podia ser visto e tocado, chegara a comer em algumas ocasiões, e até mesmo — recordemos — poderia, em princípio, ser captado por uma câmera de vídeo,[126] e que por isso — marca temporal — deixou de se mostrar a partir de um tempo determinado.

Contudo, creio que, mesmo valorizando a riqueza oferecida por seus argumentos, seu arrazoado não consegue ser convincente. Vou indicar porque em três pontos.

A continuação da causa de Jesus por meio do nascimento da Igreja precisou certamente a ressurreição *real* e a *fé* nela; mas isso não implica que deva ser uma ressurreição *empírica*. Uma prova importante — pelo menos essa foi, durante todo o tempo, a minha impressão — é a seguinte: é possível ler todo o segundo tomo de sua obra — *Jesus and the victory of God* — tomando a ressurreição no sentido aqui assumido (como real, embora não física). Significativamente, ele mesmo parece assumi-lo, quando, em plena argumentação, introduz um inciso indicando que a ressurreição foi necessária para que Jesus fosse reconhecido como Messias, "deixando em aberto, por enquanto, o que os primeiros discípulos pensavam que pudesse significar essa palavra".[127]

---

[124] Cf. principalmente as pp. 109-121.

[125] Esclarece, com razão, que, quando são Paulo fala de "corpo espiritual" (*soma pneumatikón*), opõe-no ao "corpo psíquico" (*soma psychikón*), não ao "corpo não físico" (*The transforming reality of the bodily resurrection*, cit., p. 120). M. J. Borg lhe dá razão neste ponto, mas argúi — creio que também com razão — que, apesar disso, o que Paulo tenciona contrapor é justamente "corpo espiritual" e "corpo físico". E argumenta: "De acordo com outras coisas que Paulo diz no contexto imediato, o 'corpo animado pela alma' é 'carne e sangue', 'perecedouro', 'da terra, 'de pó'. É exatamente isso o que tipicamente entendemos por corpo físico. O 'corpo animado pelo espírito', por outro lado, não é nenhuma destas coisas" ("The truth of Easter", p. 133).

[126] Nas obras anteriormente citadas, principalmente em *The transforming reality of the bodily resurrection*.

[127] *Jesus and the victory of God*, p. 488. Vejamos o texto original do autor: "Without the resurrection — leaving open at the moment what the first disciples thought they meant by that word — it is simply inconceivable that anyone would have regarded Jesus as the Messiah, especially if they had not regarded him thus beforehand". W. Simonis (*Auferstehung und ewiges Leben? Düsseldorf*, 2002. pp. 53-61), interpretando-a como "expectativa messiânica iminente" (messianische *Nächtserwartung*), converte esta idéia no núcleo de sua explicação do "surgimento da fé na ressurreição" (Para outros pormenores, ele mesmo remete à sua obra *Jesus von Nazareth. Seine Botschaft vom Reiche Gottes und der Glaube der Urgemeinde*, Düsseldorf, 1985, cap. 3).

Quanto ao que pensavam os discípulos e a primeira comunidade, creio que, efetivamente — quando menos, se atendemos a seu pensamento expresso e temático —, Wright tem razão em afirmar que pensavam numa ressurreição física no sentido por ele indicado. Dado o seu contexto cultural e a sua antropologia, não podiam pensar nem expressar de outra maneira a experiência que estavam vivendo. Mas que já fique dito que esse é um argumento de mão dupla: justamente porque se trata de uma *necessidade cultural*, não constitui algo preceptivo para uma cultura e um contexto diferentes. De outro modo, também deveríamos tomar a ascensão ao pé da letra, entrando no caminho de um inaceitável fundamentalismo bíblico (do qual, talvez, não escapem certos arrazoados do autor).

Finalmente, tampouco vem a ser concludente o argumento de que basta a ressurreição assim entendida para explicar que o movimento de Jesus fosse o único a continuar após a morte do seu fundador, ao contrário do que aconteceu com as demais figuras "messiânicas", aí se incluindo João Batista. Não obstante isso, o próprio Wright insiste repetidamente na *diferença* da figura, da pregação e da atitude de Jesus, que, sem sair totalmente do marco das expectativas e concepções gerais, era surpreendente e subversiva. Ele, por exemplo, não busca uma instauração do Reino por meio das armas, como fizeram Judas e Bar Koshba; nem, como o Batista, anuncia uma figura distinta, mas constitui a si mesmo como mediação realizadora do Reino que nele já se faz presente.[128] Pois bem, essa diferença foi justamente a que pôs uma marca singular em sua pregação, em sua vida e em seu destino, e é nela, e não em algumas supostas provas físicas e milagrosas, que uma consideração crítica pode — e creio que deve — apoiar a revelação definitiva da ressurreição como real e como já plena e já acontecida.[129]

O caráter definitivo da figura de Jesus

A esta diferença, que reconfigurou tudo, alude justamente o terceiro fator enunciado: o caráter definitivo da figura de Jesus. O que se disse nos parágrafos anteriores, que intentavam precisar a "diferença cristã", permite agora completar a contribuição nesta nova perspectiva. Porque este fator vem a ser a encruzilhada vital em que se atam as diferentes dimensões que constituem a originalidade única da nova visão da ressurreição. Visão que nasce justamente da interação entre a "experiência de contraste" produzida pela morte de Jesus e o "efeito desmitizador" induzido pelo conjunto de sua vida.

Convém que esclareçamos este ponto, introduzindo agora uma distinção — nunca totalmente adequada — entre *escatologia e apocalíptica*. Algo em que vem insistindo John Dominic Crossan, que vê na segunda uma contração da primeira, como uma espécie com respeito a seu gênero. "Escatológico" é o conceito mais fundamental e genérico: significa o estádio radical e

---

[128] Todo o tomo insiste nesta dialética; cf., principalmente, o cap. 11, pp. 477-539.

[129] Pode-se ver uma discussão das teses de Wright em C. C. Newman (org.), *Jesus & the restoration of Israel:* a critical assessment of N. T. Wright's Jesus and the victory of God, 1999.

definitivo, contracultural e superador do mundo, operado por Deus e não simplesmente derivado das forças humanas. Mas, em concreto, o gênero escatológico divide-se, digamos assim, em três espécies: "ascético", "ético" e "apocalíptico". Normalmente, não se dão em estado puro, pois tendem a se combinar entre si. Mas apresentam características distintas.[130] Todos negam o mundo tal como é: não obstante isso, os dois primeiros já vivem agora a alternativa como um modo radical de vida dentro das condições da história, enquanto o terceiro, aquele propriamente apocalíptico, supõe algum tipo de intervenção sobrenatural de Deus que põe fim à história.[131]

Creio que, em seu significado fundamental, a distinção é correta e importante. Mas também que, com respeito a Jesus, a aplicação feita por Crossan acaba sendo unilateral, e leva a distinção ao extremo de negar todo o elemento apocalíptico no Jesus histórico, o qual viveria unicamente "uma escatologia presente na sabedoria do realismo social".[132] Algo que, como insiste Gerd Theissen, parece impossível, tendo em conta os dados de que dispomos:

> A pregação de Jesus contém enunciados de futuro e de presente sobre o Reino de Deus. Quem somente considera histórico um "Jesus não escatológico", tem de questionar a autenticidade das afirmações de futuro; quem apenas admite o "Jesus apocalíptico", tem de questionar as afirmações de presente. Hoje, a maioria outorga autenticidade a ambas as séries de enunciados.[133]

Que o elemento *apocalíptico* apareça repetidamente na vida de Jesus como anúncio do fim e mesmo do juízo parece inegável, até com acento na pressão urgente com respeito ao tempo que se acaba.[134] Mas é igualmente inegável que esse elemento já esteja sempre, de alguma forma,

---

[130] *The birth of christianity*. pp. 282-287. (Ed. brasileira: O *nascimento do cristianismo*. São Paulo, Paulinas, 2004.)

[131] Não pretendo maiores precisões, mas apenas o indispensável para o presente discurso. Crossan ocupa-se deste problema desde o seu livro *In parables:* the challenge of the historical Jesus, New York, 1973. Onde o trata de modo mais sintético e claro é em *The birth of christianity*, New York, 1998, cap. 15, pp. 257-289.

[132] Ibidem, p. 270.

[133] THEISSEN, G. & MERZ, A. *El Jesús histórico*. Salamanca, 2000. p. 287. Cf. cap. 9, 273-316; nas pp. 276-280 é feita uma pequena história do problema, desde A. Ritschl até J. D. Crossan e M. J. Borg. Assim é indicada a posição desses últimos: "Os enunciados sobre o Reino de Deus não contêm, segundo essa exegese, nenhuma afirmação cronológica, e devem ser entendidos a partir da 'realeza do sábio': como expressão de uma forma de vida, não como esperança de uma mudança futura do mundo" (p. 280; para Crossan, remete-se a seu *Jesus* e para M. J. Borg, ao trabalho *A temperate case for a non-eschatological Jesus*, 1994, pp. 47-68.). Como se pode ver, há discrepâncias de terminologia que podem ser importantes, sobretudo tal como Crossan as precisa em O *nascimento do cristianismo* (São Paulo, Paulinas, 2004).

[134] Theissen assinala sua presença nas seguintes passagens: no "pedido da chegada do Reino de Deus (Lc 11,2/Mt 6,10)"; nas "três bem-aventuranças mais antigas (Lc 6,20ss; Mt 5,3ss.6)"; na "expectativa da confluência das nações (Lc 13,28s/Mt 8,10s)"; no "pronunciamento escatológico da última ceia (Mc 14,25)" [recordemos: "Em verdade, não beberei mais do fruto da videira até o dia em que beberei o vinho novo no Reino de Deus"]; nas "falas de entrada (Mt 7,21; Mc 9,43ss; 10,15.23 e passim)", como, por exemplo: "Nem todo aquele que me diz: 'Senhor! Senhor!', entrará no Reino dos Céus [...]" (Mt 7,21); e, finalmente, as mais discutidas "afirmações de prazo (Mc 9,1; 13,30; Mt 10,23)", tais como: "Em verdade vos digo: alguns dos que estão aqui não provarão a morte, sem antes terem visto o Reino de Deus chegar com poder" (Mc 9,1) (op. cit., pp. 288-290).

rompido, "escatologicamente", pelas afirmações do Reino de Deus como *já presente*.[135] De modo que a presença de ambos os fatores se mostra tão forte que não é possível uma conciliação estática, que intente apagar ou harmonizar as diferenças.[136]

Pelo contrário, creio que as considerações feitas neste capítulo oferecem a possibilidade de uma conciliação dinâmica e dialética a partir dos dois eixos fundamentais: a tensão presente no próprio texto como trabalho desmitizador graças ao impacto da figura de Jesus enquanto já percebida, de algum modo, como presença definitiva e escatológica de Deus, por um lado; e, por outro, como culminação suprema, o impacto de sua morte na cruz.

Foi, com efeito, o *modo da morte* que propiciou uma síntese inédita, somente possível a partir dela. Isso é o que justamente conseguiu expressar a *ressurreição tal como foi interpretada em Jesus*. A valência "escatológica" é evidente, enquanto a ressurreição é acontecimento operado por Deus, que transforma, de maneira radical e definitiva, a sua vida. A valência "apocalíptica" também está presente, enquanto já irrompe para ele o final da história e o triunfo sobre a miséria presente. Mas esse final, ao se realizar de maneira transcendente para além da morte, permite a síntese que, de outro modo, mostrava-se impossível,[137] pois, graças à ruptura do caráter mítico e objetivante, é possível compreender que a intervenção divina em Jesus não interrompe a história empírica. Esta segue adiante, se bem que, agora, mudada, posto que já está, para sempre e decisivamente, iluminada com a nova luz da ressurreição, que a mostra habitada por uma vida que pode ser quebrada, mas não aniquilada pela morte: "E todo aquele que vive e crê em mim, não morrerá jamais" (Jo 11,26).

Esta síntese não foi fácil, como o mostra a batalha que, dentro do próprio Novo Testamento, teve de vencer para se impor sobre os restos míticos que pugnavam por se manter. À parte a tensão geral assinalada anteriormente ("O trabalho interno do texto: desmitização radical contra mito formal"), ela aparece em indícios especificamente concretos, como o imaginário paulino da primeira epístola aos Tessalonicenses[138] ou as alusões de Mateus aos mortos que na

---

[135] Cf. também Aguirre, R. *Ensayos sobre los orígenes del cristianismo*. Estella, 2001. pp. 18-38.

[136] J. P. Meier (*A marginal jew*. New York, 1994. v. II), que submete a questão a uma longuíssima análise (pp. 289-506) e insiste na presença das duas dimensões — presente e futura —, constata igualmente: "The precise relationship between the coming and the present kingdom remains unspecified" (p. 451).

[137] "Caso se considerem autênticas tanto as afirmações de futuro como as afirmações de presente, surge a tarefa quase insolúvel de interpretar a sua relação" (Theissen, G. & Merz, A. Op. cit., p. 296). Efetivamente, a conciliação é impossível, enquanto se mantiver o mesmo plano dentro da história. Ao contrário, a morte, ao estabelecer um duplo plano, rompe a impossibilidade: presente para o Ressuscitado a partir da dimensão transcendente, é ainda (também) futuro para os que vivem na dimensão histórica.

[138] "Pois o Senhor mesmo, à voz do arcanjo e ao som da trombeta de Deus, descerá do céu. E então ressuscitarão, em primeiro lugar, os que morreram em Cristo; depois, nós, os vivos, que ainda estivermos em vida, seremos arrebatados, com eles, sobre as nuvens, ao encontro do Senhor, no ares. E, assim, estaremos sempre com o Senhor" (1Ts 4,16-17). Cf. Klijn, A. F. "1Thessalonians 4,13-18 and its background in apocalyptic literature". pp. 67-73.

hora da crucifixão de Jesus abandonaram os sepulcros.[139] O admirável é que, por debaixo de tudo isso, consegue impor-se a visão de um Cristo verdadeiramente ressuscitado e glorioso, mas com uma presença transcendente, que anima a vida da comunidade sem anular a história nem enclausurar o futuro.

Tudo faz pensar que aqui se encontra uma chave profunda, não suficientemente explorada pela teologia e que pede uma tentativa de maior esclarecimento. Principalmente porque é neste ponto que, como veremos, se abrem algumas das questões mais delicadas e decisivas. Mas vamos, então, fazê-lo enfrentando de vez o item final deste longo capítulo, pois pode jogar luz sobre questões decisivas para a discussão atual.

A morte de Jesus como lugar da revelação definitiva

O título deste item, ao insistir explicitamente na palavra *revelação*, quer mostrar também uma clara intenção "epistemológica". Tenho, com efeito, a convicção de que a discussão atual esteja alastrada por um profundo equívoco, que torna impossível uma saída correta de duas questões fundamentais. A primeira é a que vem ocupando todo este capítulo: como os discípulos chegaram à fé na ressurreição de Jesus, com as suas características específicas. A segunda, mais intrinsecamente ligada a ela do que se costuma pensar, refere-se a nós: como "verificar", hoje, a fé na ressurreição sem que esta se reduza a uma aceitação cega por via meramente autoritária.

A cruz como limite desmitificador

Se a discussão acerca do lugar preciso onde se revela a ressurreição é sempre tão viva e insolúvel, tal se deve, no meu parecer, a uma contradição oculta na própria abordagem. Por um lado, dada a nova visão da autonomia mundana e o estado atual da exegese, é impossível abordar essa pergunta sem contar com uma leitura crítica das narrativas pascais. Mas, por outro, a formulação da pergunta é recebida da época pré-crítica, que partia justamente de uma leitura literal das aparições. Estas, ao incluir como óbvia uma concepção objetivante da presença e da realidade do Ressuscitado, partem, explícita ou implicitamente, do *pressuposto* de que a ressurreição somente pode ser descoberta mediante experiências de caráter igualmente objetivante. Daí a insistência no visível e palpável.

Há de se admitir que, se não se critica este pressuposto, é completamente lógico pensar que seja impossível fundamentar a fé na ressurreição de Cristo apoiando-se fundamentalmente

---

[139] "Nisso, o véu do Santuário rasgou-se de alto a baixo, em duas partes, a terra tremeu e as pedras se partiram. Os túmulos se abriram e muitos corpos dos santos falecidos ressuscitaram!" (27,51-52).

— não exclusivamente! — em sua vida terrena. Compreende-se então a tendência das posições mais tradicionais ao ver nestas tentativas uma negação da mesma. Mas, por outro lado, as posições mais avançadas tampouco costumam criticar de modo explícito esse pressuposto. Então se compreendem assim mesmo o incômodo e, até mesmo, a ambigüidade em que muitas vezes se movem suas propostas. E, sem dúvida, é evidente que, nessas circunstâncias, as argumentações não possam se encontrar entre si.

Ao contrário, o enfoque da ressurreição de Cristo como incluída em um processo revelador que ela leva à culminação permite captar os dois vetores fundamentais de sua originalidade: a profunda novidade a respeito da visão anterior, por um lado; e seu caráter não objetivante ou mítico, por outro. A morte na cruz constitui justamente a dobradiça em que ambos os vetores se articulam. Como *morte*, está no limite extremo da vida, conferindo-lhe sua forma última e abrindo-a dinamicamente sobre a eternidade. Como morte *de cruz*, com o horror de sua injustiça, adquire um caráter revelador que permite a captação definitiva do sentido da presença salvadora e ressuscitadora de Deus e da ressurreição como vida já plena e glorificada.

O caráter algo abstrato destas afirmações não deve ocultar seu significado concreto. Expressando-o de modo um tanto drástico, pode-se afirmar que, para os discípulos e para o próprio Jesus, a *cruz foi a última grande lição no processo revelador*. Isto permite esclarecer um ponto importante: quando se situa na vida histórica de Jesus o peso principal da fundamentação da fé na ressurreição, essa vida tende a ser vista como algo estático e enclausurado, sem ter em conta que foi em todo momento um processo de avanço e construção, e que a *vivência* da morte foi o ato que o culminou, criando uma situação *nova* e, portanto, a possibilidade de uma nova *experiência*, impossível até então. Aproximar-se do sentido desta experiência somente pode ser feito, evidentemente, com total humildade e absoluto respeito. Mas há indícios de que animam e apóiam a tentativa.

Sem dúvida, é arriscada a hipótese de Albert Schweitzer, quando afirma que Jesus sobe até Jerusalém para "forçar" o cumprimento de seu destino por parte de Deus;[140] e nem sequer é seguro que, como, entre outros, diz Günther Bornkam, ele subisse para buscar "a decisão definitiva"[141] a favor de ou contra a verdade de sua missão. Mas é certo que toda a mentalidade bíblica estava empapada da concepção que esperava a ajuda de Deus na forma de intervenções históricas

---

[140] Já em sua obra *Das Mesianitäts-und Leidensgeheimnis. Eine Skizze des Lebens Jesu*, Tübingen, 1901 (3. ed. 1956). Há tradução para o espanhol: *El secreto histórico de la vida de Jesús*, Buenos Aires, 1967. Cf. a ampla discussão apresentada em H. Groos, *Albert Schweitzer. Größe und Grenzen. Eine kritische Würdigung des Forschers und Denkers*, München/Basel, 1974, pp. 223-233.

[141] *Jesus von Nazareth*. 9. ed. Stuttgart, Kohlhammer, 1971. p. 143 (cf. todo o cap. 7, pp. 141-154). H. Schürmann estuda bem toda esta questão em *¿Cómo entendió y vivió Jesús su muerte?*, Salamanca, 1982, pp. 41-49, com a bibliografia fundamental. Cf. também: LÉON-DUFOUR, X. *Jesús y Pablo ante la muerte*. Madrid, 1982. BASTIN, M. *Jésus devant sa passion*. Paris, 1976. E, mais recentemente, N. T. Wright, *Jesus and the victory of God*, cit., pp. 576-611, 609, 615, 631. Este último acentua fortemente a presença de uma decisão.

NASCIMENTO E SIGNIFICADO DA FÉ NA RESSURREIÇÃO

a favor dos justos. Os salmos — que constituíam a base da piedade e da oração — são feitos de invocações neste sentido. E se deixa sentir com força nos próprios relatos da Paixão, por exemplo: na oração do Horto: "*Abbá*! Pai! tudo é possível para ti. Afasta de mim este cálice" (Mc 14,36 par.);[142] na afirmação mateana: "Ou pensas que eu não poderia recorrer ao meu Pai, que me mandaria logo mais de doze legiões de anjos?" (Mt 26,53);[143] e, sobretudo, nas palavras na cruz: "Meu Deus, meu Deus, por que me abandonaste?" (Mc 15,34; Mt 27,46). Como é lógico, os inimigos participavam de idêntica concepção: "Confiou em Deus: pois que o livre agora, se é que o ama" (Mt 27,43).[144]

Não interessa, é óbvio, discutir o valor "histórico" destas expressões, mas vê-las como indício de uma mentalidade ambiental, enraizada, ubíqua e persistente: Deus "devia" intervir a favor de Jesus, o justo por excelência. Aí se enraizava precisamente a grande aposta, e, por conseguinte, aí espreitava o verdadeiro escândalo, que punha decisivamente à prova a fé dos discípulos e que supôs para o próprio Jesus a última culminação de sua fidelidade.[145] Pierangelo Sequeri expressa-o bem quando afirma que foi neste contraste escandaloso que se viram obrigados a

---

[142] Falando dos dizeres escatológicos na Última Cena — "Em verdade, não beberei mais do fruto da videira até o dia em que beberei o vinho novo no Reino de Deus" (Mc 14,25) —, Theissen comenta: "Possivelmente, espera que o Reino de Deus comece tão imediatamente, que lhe seja poupada a passagem pela morte" (op. cit., p. 288). Ao comentar este texto, R. E. Brown afirma: "Na visão bíblica, não é irreverente pedir a Deus uma mudança de sua mente" (cf. *The death of the Messiah*. Londres, 1994. v. I, pp. 166-167). Cf. pp. 163-178 para toda a cena.

[143] "A frase reflete o imaginário veterotestamentário de exércitos angélicos ou 'hostes' (Js 5,14; Sl 148,2 etc.), que no período pós-exílico se pensava que interviriam militarmente nos assuntos humanos (Dn 12,1; 2Mc 5,2-3; 10,29-30; 1QM 12,8), especialmente quando se lhes pedia (2Mc 15,22-23)" (BROWN, R. E. Op. cit., p. 276).

[144] Cf. o comentário de R. E. Brown, op. cit., v. II, pp. 994-996.

[145] Com a sua profunda intuição do divino no humano, M. Légaut soube vê-lo bem. Vale a pena citar por extenso um pequeno trecho dele: "Não, não — e isto se tornava cada vez mais evidente para ele —; *a verdade não pode permanecer definitivamente vencida! O que quer que aconteça, acabará por triunfar.* [...] E ainda que um dia se conseguisse deter seu caminho entre os homens, até se somente encontrasse audiência entre alguns, dispersos e perdidos na multidão, reduzidos ao silêncio e impossibilitados para agir, para falar e para escrever, a verdade voltaria a empreender mais adiante seu caminho revelador, *mesmo se uma noite do pensamento 'matasse' a verdade sob os golpes repetidos continuamente e em todo o lugar dos erros, 'ressuscitaria' mais gloriosa, mais conquistadora ainda 'no terceiro dia'.* [...] Não resta dúvida de que Jesus tenha chegado a fazer semelhantes afirmações, já utilizadas outrora por alguns autores inspirados pelo mesmo sopro espiritual diante dos obstáculos que também suas obras encontravam. De maneira que, mais tarde, os discípulos de Jesus, ao recordarem essas palavras sob o impacto daquilo que lhes havia ocorrido depois da morte de seu mestre — foi 'no corpo, ou fora do corpo'? —, chegaram, sem dúvida, a prestar a essas palavras que, para eles, se tornaram especialmente reveladoras, um sentido mais preciso que o que lhes dera Jesus sob a pressão de uma esperança, que lhe prometia fazer da morte — que se aproximava rápida e inevitavelmente — o acontecimento que abriria a sua missão a outra dimensão completamente distinta daquela de sua vida. Assim, pois, as escrituras teriam levado Jesus a predizer 'sua ressurreição' quando ele assegurou que a sua detenção, cuja muito evidente iminência ele afirmava, não suporia o final da missão à qual enviava seus discípulos" (*Meditación de un cristiano del siglo XX*. Salamanca, 1989. pp. 183-184).

"converter" sua concepção, e não na morte de Jesus como tal, onde se deu o passo decisivo: "Eles [os discípulos] crêem ter 'visto' a sua morte. Na realidade, viram a morte de sua cristologia".[146]

O admirável foi que conseguissem superar a prova, chegando a uma reconversão radical dessa mentalidade ambiental. A cruz, que tinha sido o escolho do naufrágio, converteu-se, assim, na rocha firme da nova fé: Deus estava ali, mas não como eles o esperavam; agia na história, mas sem romper suas leis; continuava sendo o Pai do Crucificado e estava com ele, sustentando-o com seu amor, mas não o descia da cruz. As palavras que Lucas coloca na boca do Crucificado moribundo significam bem tanto o desconcerto como a transformação: "Pai, em tuas mãos entrego meu espírito" (Lc 23,46).[147]

Nessa obscura, difícil e heróica fidelidade, nessa aprendizagem "com forte clamor e lágrimas" (Hb 5, 7), foi como Jesus superou o escândalo e entrou em sua plenitude gloriosa e definitiva. Foi aí também que acendeu para os discípulos a centelha da revelação definitiva: a presença vivificante e ressuscitadora de Deus era verdade, a salvação definitiva era realidade; mas não se realizava no modo objetivante e apocalíptico que rompe com a história, e sim no escatológico e transcendente que, respeitando a história, a supera anulando o poder aniquilador da morte mediante a *ressurreição*. Ressurreição esta que, por fim, foi compreendida em toda a sua força e intensidade: como vida que preserva totalmente a *identidade pessoal*, apesar da destruição do corpo; como *já* acontecida, embora o mundo e o tempo continuem.

É evidente que o alcance desta nova compreensão não podia ser percebido de repente, com clareza e em todas as suas conseqüências. Foi uma comoção profunda — de algum modo, já preparada pela renúncia de Jesus a todo messianismo triunfalista[148] —, que teve de abrir caminho lentamente através das representações habituais, em interação com elas, que, de um lado, a tornavam possível e, de outro, dificultavam que alcançasse a plena coerência. Os textos mostram ainda as

---

[146] *Il Dio affidabile*. Brescia, 1996. p. 209. O autor, não obstante isso, não faz a menor aplicação deste processo a Jesus, para quem tudo seria claro de antemão e teria explicado tudo expressamente aos discípulos: "A coisa verdadeiramente desconcertante para os discípulos é outra. Jesus manifesta antecipadamente a própria convicção de que a reação dos sacerdotes e dos chefes terá êxito; que conseguirão convalidá-la com uma condenação pública; e que sua eliminação terá a forma pública de um desmentido objetivo de sua pretendida representação de Deus. [...] E o epílogo previsto por Jesus exclui seu lugar no vértice de uma estrutura político-religiosa dentro da qual seus discípulos substituirão os atuais detentores do poder de representar a Deus perante o povo" (p. 216; cf. toda a vivaz abordagem da questão: pp. 206-220).

[147] "E para Jesus, a morte foi sentida como uma fronteira absoluta, e somente na confiança concedida ao Pai e a sua infinita potestade sobre as forças do mal pôde ser assumida, sem que esta religiosa abertura lhe arrancasse toda a mortal negatividade com que advém a nós humanos. Por isso pôde, em toda a verdade de homem, convocado a morrer e chamando à vida, perguntar ao Pai se aquilo era um radical abandono e lhe rogar que o libertasse dessa hora fatal. Nas mãos de Deus, a vida de Jesus encaminhava-se para a morte e da mão de Deus culminou na ressurreição" (GONZÁLEZ DE CARDEDAL, O. *Jesús de Nazaret*. Madrid, 1975. p. 375). Cf. também: PIKAZA, X. *Éste es el hombre*. Salamanca, 1977. pp. 146-148.

[148] P. Sequeri observa-o com razão: op. cit., pp. 211-213.

cicatrizes desta dura luta (que, aliás, chega até hoje!). A consciência do significado tinha de se apoiar em experiências concretas interpretadas com base no "pensável e no imaginável disponível". A intuição de fundo viu-se obrigada a vir à luz entre expressões objetivantes, em um universo ainda por demais carregado de mito. As narrativas pascais constituem sua configuração literária.

Os fatores concretos da configuração definitiva

Até aqui analisamos o contexto geral e os fatores fundamentais que tornaram possível o processo plural que, elaborado a partir de contextos diferentes e respondendo a sensibilidades e inquietudes diversas, levou a sua gestação. Agora é chegado o momento de estudar os fatores mais concretos e imediatos que levaram à concretização definitiva.

Neste ponto, é importante notar como o desenvolvimento do discurso *situa novamente*, de maneira drástica, as questões. Os fatores que, nas abordagens mais correntes, ocupam demasiadas vezes o centro da reflexão, a ponto de delimitar as diversas "teorias" acerca da ressurreição, aqui passam, por si mesmos, a um lugar secundário. O decisivo é determinado, como vimos, por um contexto muito profundo e por acontecimentos de um crivo enormemente revelador, principalmente em razão da morte na cruz. Todo o restante vem a ser necessariamente circunstancial, como estímulos, ocasiões ou complementos que permitem dar forma concreta ao que, estando presente já de algum modo, procura-se esclarecer e expressar. Por conseguinte, tudo pode ser útil, e nada deve ter a pretensão de ser decisivo. As explicações monocausais são necessariamente exageradas quando pretendem ser exclusivas.

Ao contrário, a nova perspectiva, justamente por não aceitar nenhuma explicação como única, pode aproveitar a contribuição de todas. O exagero, com efeito, pode ter a vantagem de chamar a atenção sobre algum fator que, de outro modo, permaneceria à sombra ou simplesmente esquecido, permitindo, assim, que seja aproveitado como *um* elemento do conjunto explicativo. Porque, então, já não está em ação uma lógica abstrata e linear, mas concreta e integradora, como a que Newman chamava de "convergência de probabilidades".[149] E as teorias, em lugar de se excluírem, complementam-se ao somarem suas evidências.

Ter isto em conta não apenas evita discussões infrutíferas como permite que sejamos breves e austeros na exposição dos diferentes fatores que, dispersos nessas teorias, contribuíram para configurar a idéia cristã da ressurreição. Contentemo-nos, pois, com rápidas indicações: as indispensáveis para iluminar, de algum modo, a estrutura de conjunto.

Para começar, o caso Gerd Lüdemann pode constituir um exemplo ilustrativo. Como teoria, pretende reduzir tudo, ou quase, a uma espécie de *volta da culpabilidade reprimida* que,

---

[149] Principalmente em *An essay in aid of a grammar of assent*, New York, Image Books, 1955. (Trad. cast.: *El asentimiento religioso*, Barcelona, 1960.) Cf. meu trabalho: "Newman: la compleja gramática de la fe". In: *El problema de Dios en la modernidad*. Estella, 1998. pp. 61-116 (ali — pp. 107-111 — assinalo a presença deste tipo de arrazoado também na lógica moderna).

sobretudo no caso de Pedro (o que negou) e de Paulo (o que perseguiu), os levou a "visões" nas quais acreditavam ver Jesus ressuscitado; Pedro "contagiou" depois os Doze, enquanto a visão a "mais de quinhentos irmãos (1Cor 15,6) refere-se à experiência de Pentecostes (At 2,1-13) como um "êxtase de massa" ou uma "alucinação coletiva", explicável pela psicologia das massas.[150] Assim colocada, esta postura mostra-se, com toda a evidência, exagerada e redutiva, absolutizando alguns possíveis aspectos e deixando de fora outros muito importantes.[151] Mas justamente o reconhecimento desta unilateralidade impede que se descarte, sem mais, que esse processo psicológico tivesse *também* algum papel, como um fator que ajudasse na descoberta e concretização de um aspecto no processo global.

Algo parecido pode suceder com a proposta, não totalmente diferente, de Edward Schillebeeckx, quando situa o centro do processo na conversão dos discípulos e na *experiência do perdão* e conseqüente missão (também aqui principalmente por parte de Pedro).[152] Se diminuirmos devidamente o tema da culpabilidade (pois, como já se disse, creio que é injusto falar de "traição"), não há por que negar que daí tenha sido possível dar mais luz ao processo, ajudando a reviver experiências reconciliadoras na vida de Jesus e contribuindo para reiniciar a vivência de comunhão com ele na nova situação pós-pascal.

Talvez mais sugestiva ou, no mínimo, mais nova, seja a hipótese de John Dominic Crossan, situando no *pranto das mulheres* o lugar onde foram elaboradas as histórias da ressurreição.[153] Os exemplos que oferece têm sua eloqüência, contribuindo, além do mais, para completar a contextualização cultural e antropológica das narrativas. E, sem dúvida, ressalta o papel das mulheres, as quais exerceram muito mais seu protagonismo na última etapa da vida de Jesus do que nas anteriores, dado este que sempre chamou a atenção da reflexão teológica sobre o tema.

Mais interessante e, com segurança, mais fecunda é ainda a sua insistência em que houve toda uma cuidadosa e intensa busca nas Escrituras, mantida por um verdadeiro corpo de especialistas, com a finalidade de descobrir nelas e a partir delas o significado do acontecido (isso fica bem claro no motivo tão fundamental do "como estava escrito"). Não é preciso segui-lo nas ousadas hipóteses de reconstrução da paixão-ressurreição, quando parte do exemplo de exegese

---

[150] Cf., principalmente: LÜDEMANN, G. *Die Auferstehung Jesu*. Gottingen, 1994. De forma mais simplificada, em G. Lüdemann e A. Özen, *La resurrección de Jesús*, Madrid, 2001; e a síntese, com algumas precisões, que ele, Lüdemann, faz em "Zwischen Karfreitag und Ostern", pp. 13-46.

[151] Cf., por exemplo, a longa e documentada discussão, nem sempre livre de excessiva polêmica, que estabelece H. Kessler (cf. op. cit., pp. 420-442); ver também a posição mais irênica de A. Vögtle, *Biblischer Osterglaube*, cit., pp. 102-113.

[152] Cf. *Jesús*. Madrid, 2001. pp. 303-369. Também *En torno al problema de Jesús*. Madrid, 1983. Ocupei-me de suas idéias em: *Repensar la cristología*, 2. ed. Estella, Verbo Divino, 1996, pp. 61-156, principalmente, pp. 86-92 (trad. brasileira: *Repensar a cristologia*, São Paulo, Paulinas, 1999); de forma mais ampla, cf. F. G. Brambilla, *Il crocifisso risorto*, 2. ed., Brescia, 1999, pp. 30-45, com riquíssima bibliografia.

[153] *The birth of christianity*, cit., pp. 527-538 e 571-573. (Ed. bras.: O *nascimento do cristianismo*, São Paulo, Paulinas, 2004.)

alegórica que a epístola de Barnabé faz da festa da Expiação (descrita no cap. 16 do Levítico), para reconhecer que aí deve ter existido uma fonte muito decisiva em todo o processo.[154] Segundo o autor, foi justamente na confluência de ambos os fatores (lamento e exegese) que nasceram as narrativas pascais.[155]

A tudo isso seguramente também se deve somar um fator de enorme e perene relevância: a *experiência universal da presencialidade dos mortos queridos*, que pode adquirir uma profunda intimidade e uma forte impressão de realidade. O fenômeno, sempre atual (também sublinhado por Lüdemann), foi estudado sobretudo a propósito dos viúvos e das viúvas.[156] No caso de Jesus, pela forte impressão de sua figura e pelo caráter subitâneo e dramático de sua morte, pessoalmente creio que este fator deve ter tido uma eficácia excepcional, com toda a probabilidade, muito maior do que a que deixam transparecer os textos. Isso, ademais, se conecta com outro tema, também aludido por Crossan, o do *luto* pelos defuntos (*mourning*), de tão ancestral enraizamento cultural e tão profundo valor antropológico como lugar onde se vivencia uma vida para além da morte.

A isto pode ser ligado outro fator de certo modo coincidente, ao qual hoje se presta atenção por certos estudiosos como J. J. Pilch: os chamados "estados alterados de consciência" (ASC: *Alterated States of Consciousness*).[157] Tais estados, que supõem, normalmente, uma forte agudização das capacidades cognoscitivas e emotivas, com maior incidência em culturas antigas — como a mediterrânea dos tempos de Jesus —, puderam ter alguma influência. O aludido maior protagonismo das mulheres e, principalmente, o ambiente de exaltação reinante depois do drama do Calvário criariam um clima propício, bem conhecido pelos antropólogos.[158] Em geral,

---

[154] Ibidem, pp. 568-573.

[155] Ele próprio sintetiza assim ambas as perspectivas: "Na tradição da paixão-ressurreição, as mulheres aparecem com mais freqüência que os homens, mas também, de maneira mais negativa, em textos durante a e depois da execução de Jesus. Por que isto? Na tradição da paixão-ressurreição, os que criaram exegese profética não são os que criaram narração (*story*) biográfica. Quem são eles? Na tradição da paixão-ressurreição não há notícias de lamento feminino e do ritual (*ritual mourning*) por Jesus. Por que isto? Minha resposta conjunta a estas três questões é que *o lamento ritual foi o que mudou a exegese profética na narração biográfica*" (p. 572; os grifos são do autor). Sobre este (possível) papel das mulheres estende-se com amplitude e agudez M. Sawicki, *Seeing the Lord*, Minneapolis, 1994, pp. 252-275.

[156] O'COLLINS, G. "The resurrection of Jesus: the debate continued". *Gregorianum* 81:3 (2000) 589-598; nas pp. 596-597, o autor passa em revista alguns dados e opiniões. Remete, do mesmo modo que o autor citado na nota seguinte, ao trabalho de W. Dewi Rees, "The Hallucinations of Widowhood", *British Medical Journal*, 2 October, 1971, pp. 37-41.

[157] "Appearences of the risen Jesus in cultural context. Experiences of alternate reality". *BTB* 28 (1998) 52-60. "Visions in revelation and alternate consciousness: a perspective from cultural anthropology: listening." *Journal of Religion and Culture* 28 (1993) 231-244. C. Bernabé faz uma boa exposição deste ponto em "Yo soy la resurrección", pp. 279-325 e 313-314. Cf. também, sem relação direta com o nosso tema, G. Doore (org.), *¿Vida después de la muerte?*, Barcelona, 1993.

[158] Cf. alguns dados em J. D. Crossan, *The birth of christianity*, cit., pp. 527-545 e, em geral, toda a literatura sobre o luto (*mourning*), como, por exemplo, o texto clássico de M. Alexiou: *The ritual lament in greek tradition*, New York, 1974.

os diversos fenômenos de certa exaltação ou intensificação psicológica, como as "conversões", religiosas ou não, podem ajudar a compreender certos aspectos do que aconteceu à primeira comunidade a propósito da ressurreição de Jesus.[159]

Um fator peculiar: realidade e sentido das aparições

Caberia analisar ainda outros fatores que, com toda a segurança, intervieram em um processo tão complexo, fecundado por uma longa e rica tradição, carregado de uma emotividade vivaz e com uma decisiva implicação pessoal e grupal. Mas vale a pena concluir com o fenômeno mais chamativo e de maior influência na configuração literária das narrativas: *as visões ou aparições*.

Logo de entrada, parece que o problema das *aparições* relaciona-se, de algum modo, com as demais experiências extraordinárias mencionadas antes. Com efeito, não se pode negar a possibilidade de que se tenham dado naquele ambiente já por si muito imaginativo e hipersensibilizado em virtude dos acontecimentos; ademais, é evidente que, ao longo da história humana, aí incluída a posterior, exista uma imensa série de experiências psicologicamente semelhantes. O problema não está no fato (possível), mas em seu significado. Como analisamos nos capítulos anteriores, uma coisa é a verdade e a honestidade *psicológica* desse tipo de experiências e outra, distinta, o seu conteúdo *real*. Porque, uma vez quebrada a compulsão da literalidade, é preciso levar a sério a evidência de que a fé na ressurreição implique *por si mesma* a impossibilidade de um sentido realista: o Ressuscitado, justamente por sua glorificação, que o introduz, de maneira definitiva, na transcendência divina, está acima de toda possível percepção de caráter fisicamente constatável ou manipulável.

Os estudos sobre a mística, acerca dos quais principalmente Karl Rahner chamou a atenção neste contexto,[160] são bastante instrutivos a respeito. O místico vive a verdade de uma *presença real* de Deus, a mesma de todos os demais fiéis; o que sucede é que, em razão da intensidade da mesma, seja por suas características psicológicas, seja pelas circunstâncias ambientais, ele ou ela, diferentemente das demais pessoas, têm a capacidade de *objetivar,* imaginativa ou intelectualmente, essa presença. Já Amor Ruibal recordava a este propósito o conhecido fato de que as visões do Crucificado apareciam com um só prego nos pés quando os artistas contemporâneos assim o representavam, e com dois no caso contrário.[161] E, sem dúvida, não é o caso de colocarmos em dúvida a honestidade de santa Teresa ou de outros místicos, para afirmar que ela

---

[159] M. Goulder ("Did Jesus of Nazareth rise from the dead?". pp. 59-68) faz interessantes e equilibradas considerações.

[160] *Visionen und Prophezeiungen* (nova ed. por P. Th. Baumann). 2. ed. Freiburg Br., 1958. Cf. uma boa exposição em F. G. Brambilla, op. cit., pp. 77-81, que também expõe a proposta de G. Lohfink, "Der Ablauf der Osterereignisse und die Anfänge der Urgemiende", *Theologische Quartalschrift* 160 (1980) 162-176 (ibidem, pp. 72-77. Cf. todo o cap. 3, pp. 71-85).

[161] III, pp. 252-253, nota 2. Cf. todo o capítulo, com excelentes observações a respeito (pp. 230-382): "As teorias acerca da intuição mística" (na nova edição: t. 2, Madrid, 1974, pp. 419-498).

nunca pôde ter visto o menino Jesus, pela razão muito simples e elementar de que o "menino Jesus" não existe desde que Cristo superou a infância. Nem é menos evidente que os discípulos não puderam ver o Senhor comendo, uma vez que é absurdo pensar no Ressuscitado alimentando-se fisicamente.

Mas o próprio exemplo dos místicos ensina que a consideração crítica de tais experiências — é bem conhecida, por exemplo, a extrema e desconfiada cautela de são João da Cruz a esse respeito[162] — não equivale a negar, sem mais, seu valor revelador. Seria desconhecer o notável enriquecimento que, daí, chegou à espiritualidade e até mesmo à teologia tanto cristã como de outras religiões. As aparições pascais, à medida que, de algum modo, respondiam a experiências extraordinárias e não a construções catequéticas ou parenéticas, puderam contribuir para carregar de realismo a fé na ressurreição — por si tão difícil, não objetivável e oposta aos fatos e expectativas ordinárias —, conferindo-lhe concreção vital e carnadura imaginativa.

As aparições ficam, assim, relativizadas, sem por isso perder o seu valor como remissão — vivencial em seu tempo, como narração rememorizante no nosso — à presença transcendente, embora viva e real, do Ressuscitado. Eduard Lohse explicita-o muito bem, apoiando-se nas reflexões de Edward Schweitzer:

> "[...] a certeza da ressurreição de Jesus não cresce ou desaparece dependendo da exatidão com que se lêem estas narrativas nem do que ainda pudesse ser encontrado em novas fontes". Mas, se não há garantias dessa espécie, e não se pode tê-las por princípio (*grundsätzlich*), então finalmente se coloca, uma vez mais, a questão em que se enraíza, pois, a confiança da fé pascal. A resposta pode soar unicamente assim: "que a certeza está tão-somente nele, no Ressuscitado".[163]

Em todo caso, nunca agradeceremos suficientemente a força dessas *narrativas*, tanto para tornar acessível seu anúncio inicial (a pregação não é feita nas aulas de teologia) como para assegurar a sua permanência no imaginário histórico. (Uma apresentação teórica perfeita, além de não ser, naquele tempo, culturalmente possível, seguramente não poderia, nessas circunstâncias, chegar até nós hoje.)

Entretanto estas considerações já introduzem as perguntas finais do capítulo: em que medida a interpretação que estamos dando permite: *a)* uma releitura realista dos textos e, sobretudo, *b)* faz justiça a sua verdade.

---

[162] É, por exemplo, um dos temas principais do estudo de J. Baruzi, *San Juan de la Cruz y el problema de la experiencia mística*, Valladolid, 1991, principalmente 1.4, c. 2, pp. 431-528: "Não recuse impiamente o possível descenso de Deus em nós. Mas não queira que se tenha clara consciência dessa possível presença. Não há por que se perguntar se essa visão é enganosa ou real. *Na medida em que se me apresenta, é falsa*" (p. 483; os grifos estão no original). Cf., não obstante, as observações de G. Morel, *Le sens de l'existence selon s. Jean de la Croix*. Paris, 1960. v. I: Problématique, pp. 9-51; e J. Martín Velasco, *El fenómeno místico. Estudio comparado*, 2. ed., Madrid, 2002, pp. 393-399.

[163] "Die Wahrheit der Osterbotschaft", p. 137. As citações de E. Schweitzer remetem à sua obra *Jesus Christus im vielfältigen Zeugnis des Neuen Testaments*, München/Hamburg, 1968, p. 52.

Síntese

Encarar no final do capítulo estas duas perguntas oferece-nos a oportunidade de tentar captar e expressar de maneira sintética o dinamismo fundamental e o sentido desta longa reflexão. A espécie de desconstrução que o presente discurso efetuou sobre as narrativas pascais pede agora igualmente uma espécie de verificação *a retro*. Trata-se não somente de ver se a ruptura da superfície verbal permite compreender o *porquê* dos textos e de seu estilo, mas também de comprovar se a nova leitura dá conta da intenção que os habita e consegue retraduzi-la para uma compreensão verdadeiramente atual. Em um segundo momento, será preciso examinar concretamente se essa retradução conserva íntegra a verdade da apresentação original.

Releitura dos textos: o exemplo do sepulcro vazio

As reflexões anteriores poderiam deixar no ânimo do leitor certa sensação de artifício, quando não de *não exegese*, introduzindo nos textos o que, de nenhuma maneira, está neles. Por isso convém, antes de tudo, insistir em algo sobre o qual já Hegel chamava a atenção: uma coisa é a emergência de uma idéia ou de uma intuição no espírito humano e outra, distinta, é o desdobramento de suas conseqüências na consciência expressa e na história coletiva.[164]

O fato de na cruz culminar a revelação do significado específico da ressurreição não nos leva a supor uma explosão de clareza que teria iluminado todos os aspectos e tirado todas as conseqüências, mas o início de um difícil, desigual e tortuoso processo. Nele trabalhavam em tensão mútua diferentes elementos: continuavam presentes as intuições da tradição anterior, que ajudaram no avanço — "e, começando por Moisés e passando por todos os Profetas, explicou-lhes, em todas as Escrituras, as passagens que se referiam a ele" (Lc 24,27) —, mas que, principalmente em virtude da persistência do imaginário apocalíptico, também mantinham resquícios que o entorpeciam; influíram as religiões, a cultura e a cosmovisão daquele tempo; entrou em ação, tanto ontem como hoje, a permanente tendência do espírito humano à objetivação do transcendente; e, finalmente, estavam as necessidades de expressão e mesmo de visualização intuitiva próprias da catequese e da missão. A nova e inaudita experiência da ressurreição tinha de ir abrindo caminho através dessas densas camadas de idéias, representações e expectativas que constituíam o material disponível para a sua interpretação e para a sua expressão.

Entre esses dados convém destacar, em primeiro lugar, por sua capital importância, a *antropologia bíblica* com seu caráter unitário, que, embora já flexibilizada pelo dualismo grego,

---

[164] Principalmente na Introdução a *Lecciones sobre filosofía de la historia universal*, 4. ed., Madrid, 1974. Ele fala com ênfase da *liberdade*, descoberta em sua universalidade definitiva com o cristianismo, mas que levou longos séculos para deixar sentir seus efeitos, que — com otimismo evidentemente excessivo — vê abrir-se na Reforma e realizar-se no estado moderno. E nem precisaríamos citar a escravidão que, claramente deslegitimada por Paulo (Gl 3,28), não é totalmente eliminada, nem mesmo dentro do próprio cristianismo, até o século XIX.

dificilmente permitia conceber e representar a ressurreição sem levar em conta o corpo *físico*. Donde a insistência no elemento visual e sensível, que no extremo — talvez influenciado também pela polêmica contra o gnosticismo[165] — pôde levar a certas expressões, antes aludidas, de um materialismo verdadeiramente massivo.

Este dado vem a ser decisivo para o problema do *sepulcro vazio*. O que explica por que adiamos até aqui sua menção, em lugar de incluí-la antes na análise dos diferentes fatores. Normalmente, a antropologia unitária é usada como argumento para afirmar a impossibilidade de o cadáver permanecer no sepulcro. Mas, como já foi dito anteriormente, e creio que agora isto apareça com uma razão mais fundamentada, talvez se deva usá-la antes no sentido contrário: justamente porque constituía a maneira espontânea — e, até certo ponto, obrigatória — de se pensar e imaginar, era lógico que, fosse qual fosse a realidade dos fatos, as *narrativas* agissem com esse elemento: era o que, de maneira natural, respondia aos hábitos mentais e às expectativas tanto dos que falavam como dos que escutavam.

Compreende-se, então, que, por si mesma, a presença do *dado narrativo* não prova nem rechaça a facticidade do sepulcro vazio. Por outra parte, ficam feitas duas constatações importantes: a primeira, que tampouco os dados exegéticos dirimem a questão, pois tanto uma hipótese como a outra contam com razões sérias e protetores competentes;[166] a segunda, que, como foi visto, na interpretação atual a fé na ressurreição não depende da resposta que se dê a essa pergunta.

Impõem-se, portanto, a modéstia e a liberdade de reconhecer que a reflexão se move necessariamente em um terreno hipotético, e que, bem por isso, os motivos da decisão que for adotada dependem, antes de mais nada, dos próprios pressupostos e da visão de conjunto em que se integram. Há de contar, pois, com certa circularidade, que, além do mais, é típica nesta classe de problemas hermenêuticos. Em última instância, a decisão depende, por um lado, da coerência global que for obtida por cada visão e, por outro, de sua capacidade para oferecer uma resposta às legítimas exigências da cultura atual.

---

[165] G. af Hällström (*Carnis resurrectio*. Helsinki, 1988. pp. 93-94), embora não a negue, desenfatiza a oposição ao gnosticismo na confissão da ressurreição da *carne*. Cf. também as amplas referências de K. Müller, *Die Leiblichkeit des Heils*, Roma, 1985, pp. 171-280.

[166] Entre os que atualmente argumentam a favor da facticidade está, com seriedade e ampla erudição, N. T. Wright, "The transforming reality of the bodily resurrection", cit., pp. 111-127. Sua posição é contestada por M. J. Borg, "The truth of Easter", cit., pp. 129-142, o qual, não obstante isso, reconhece sua competência: "A scholar poised on the edge of becoming the most important british ·New Testament scholar of his generation" ("From galilean jew to the face of God: the pre-Easter and post-Easter Jesus". 1998. pp. 7-20); o que indica a cautela e modéstia com que é preciso mover-se neste terreno. Wright remete aqui a três artigos de sua autoria: "The resurrection of the Messiah", *Sewanee Theological Review* 41:2 (1998) 107-156. Ocupa-se também do tema em *The original Jesus*, Michigan, 1986, pp. 66-75, que é uma apresentação popular. Mais profundamente, inicia o tema em *Jesus and the victory of God*, Minneapolis, Fortress Press, 1996, em que anuncia (p. 659) uma abordagem ulterior mais expressa. Esta apareceu, enfim, com o título *The resurrection of the son of God*, Minneapolis, Fortress Press, 2003: uma investigação verdadeiramente monumental, mas que não muda a questão. Wright mostra-se forte, e ensina muito, quando descreve como se pensava *outrora* a ressurreição; entretanto, segundo o meu parecer, é fraco nas argüições sobre como deve-se ou pode-se pensar *hoje*.

A exposição anterior foi-se inclinando claramente pela não facticidade, apoiando-se em dois tipos principais de razões. Algumas mais especulativas: o caráter não mítico ou objetivante da ação de Deus e a realidade transcendente do Ressuscitado, não mais submetido às leis espaciotemporais. As demais — não tão diretas, pois têm de ser lidas através da letra dos textos — são mais exegéticas: o evidente caráter de "construtos teológicos" de que se revestem as narrativas, impossíveis de se tomar em sua literalidade; a unanimidade que os próprios textos estabelecem entre ressurreição e exaltação; finalmente, e sobretudo, a força desmitificadora que, graças à nova experiência da vida e da morte de Cristo, deixa sentir a sua eficácia sob a superfície objetivante da letra.

A visão mais orgânica do conjunto permite agora que reforcemos essas razões com uma de especial eloqüência: uma vez superada a constrição da letra e trazidos à luz os novos pressupostos culturais e teológicos, a hipótese do sepulcro não vazio permite uma leitura muito mais coerente e de maior força significativa.

Antes de tudo, de modo negativo. Hoje é muito estranho — e dificilmente compreensível — o *hiato temporal* que, de outro modo, se introduz entre a morte e a ressurreição de Jesus. Sem insistir na citada observação irônica de "uma intervenção divina com três dias de atraso", é irreprimível o assombro acerca dessa situação "impossível". Por menos que se pense, as perguntas acumulam-se, roçando continuamente o absurdo: que sentido tem um *cadáver* que permanece assim durante certo tempo, para depois nem sequer ser revivificado, mas antes transformado em algo completamente diferente e alheio a todas as suas leis e propriedades? Ou se trata, quiçá, de uma aniquilação? Que acontece nesse meio tempo com Cristo, o qual, por um lado, está glorificado, mas, por outro, não está completo, pois ainda necessita retomar, transformando-o — como? para quê? —, o corpo material?

Este é também, no meu parecer, o contexto próprio da questão do *terceiro dia* (que bem por isso, embora aludida, não foi tratada precedentemente). Por sorte, a exegese foi, cada vez mais, deixando à margem o problema cronológico, para centrar-se no significado teológico (ação exclusiva de Deus a favor dos justos em uma encruzilhada histórica) e antropológico (verdadeiramente morto).[167] Desse modo, vão-se superando as muitas vezes penosas — ao menos quando vistas a partir de hoje[168] — disquisições da teologia tradicional a tal respeito,[169] ou as sutis considerações,

---

[167] A bibliografia é imensa, mesmo sem contar os comentários a 1Cor 15,4, em que aparece pela primeira vez: foi, em muitos aspectos, pioneiro o estudo de K. Lehmann, *Auferweckt am dritten Tag nach der Schrift*. Cf. também DUPONT, J. "Ressuscité 'le troisième jour'". *Biblica* 40 (1959) 742-761; McARTHUR, H. K. "On the third day". *New Testament Studies* 18 (1971/1972) 81-86. SABUGAL, S. *Anástasis*, cit., pp. 378-400 (principalmente p. 392). Recentemente, T. Solà i Simon, "Os 6,2: el gran referent de la resurrecciò", *Revista Catalana de Teologia* 22 (1998) 249-265.

[168] Ler, por exemplo, certas especulações dos Padres permite-nos constatar, graças à própria estranheza que causam amiúde, quão incompreensível tal problemática se mostra hoje. Cf. WINLING, R. *La résurrection et l'exaltation du Christ dans la littérature de l'ère patristique*. Paris, 2000. pp. 180-215.

[169] E talvez sejam ainda mais artificiosos certos "adornos" modernos, que falam de uma "incursão sobrenatural de Deus nas tramas naturais, pela qual a ação ressuscitadora de Deus 'em um diminuto ponto espaciotemporal' leva o cadáver, transformando assim um pedaço de matéria terrena em realidade

como as de Urs von Balthasar, acerca da "teologia dos três dias", que Karl Rahner, apesar de sua prudência, chega a qualificar de gnósticas,[170] e que, em todo caso, devem servir-nos de alerta perante a sensação de anacronismo e de perigo de absurdo na apresentação da fé na ressurreição.

De modo positivo, sem o sepulcro vazio não somente desaparece essa estranheza, como também tudo assume um realismo coerente. A morte de Cristo é verdadeiramente "trânsito ao Pai", que não aniquila sua vida, posto que, conforme a preciosa expressão de Hans Küng, consiste em um "morrer no interior de Deus".[171] De modo que a ressurreição acontece na própria cruz, onde Cristo "consuma" a sua vida e a sua obra (Jo 19,30), sendo "elevado" sobre a terra como sinal de sua exaltação na Glória de Deus (recordemos o tema joanino de *hýpsosis*).

A percepção do abissal significado desse acontecimento foi abrindo caminho na consciência da primeira comunidade através de um rico e profundo processo, cujo resultado conhecemos e do qual inferimos os fatores em ação por detrás das cristalizações narrativas, mas que já não podemos reproduzir em seus pormenores. É melhor a austeridade que, sem se agarrar a nenhuma explicação monocausal, procura abrir-nos à experiência profunda que se nos transmite na variedade irreconciliável das narrações.

Foi o caminho intenso, lenta e amorosamente percorrido pela experiência de uma comunidade que já partia da *fé na ressurreição* em geral, e que até mesmo tinha vislumbres mais ou menos indefinidos de "ressurreições" de personagens singulares e especialmente significativos. Uma comunidade profundamente comovida pela *fé em Jesus*, em quem reconheceram uma manifestação única da presença salvadora de Deus, em razão do surpreendente caráter de "autoridade", plenitude e definitividade que envolveu a sua vida (isso que a teologia atual procura expressar quando fala de "cristologia implícita"). Uma comunidade que, finalmente, viveu a injustiça terrível do assassinato desse em quem acreditava e que, superando o desconcerto inicial e rompendo as expectativas espontâneas, soube reconhecer aí, de um modo tateante, embora novo e fecundo, a presença ressuscitadora de Deus, que, sem intervir de modo empírico, não deixou que Jesus caísse no nada da morte, mas o exaltou à plenitude de sua Vida.

---

escatológica". Assim o expressa, rechaçando-o, H. Kessler. (Cf. *Sucht den Lebenden nicht bei den Toten*, cit., p. 486, citando a L. Scheffzcyk, *Auferstehung*, Einsiedeln, 1976, p. 197. O autor dá ainda outras referências.) Poder-se-ia citar também W. Kasper: "Por meio da ressurreição e exaltação de Jesus chegou definitivamente a Deus um 'fragmento do mundo' e Deus aceitou-o de um modo irrevogável" (*Jesús, el Cristo*. Salamanca, 1976. p. 186).

Nem sequer é, em meu parecer, consistente a bela expressão de J. Moingt: "O sepulcro vazio é a marca (*trace*) neste mundo da derrota da morte" (*L'homme qui venait de Dieu*. Paris, 1993), o que não tira seu valor como expressão simbólica.

[170] Cf. HOLZER, V. *Le Dieu trinité dans l'histoire. Le différend théologique Balthasar-Rahner*. Paris, 1995. pp. 410-416.

[171] "Ressuscitar é morrer voltado para o interior de Deus" (*Ser cristiano*. Madrid, 1977. p. 455). Cf. também as considerações de H. Kessler, op. cit., p. 300, que discute com K. Rahner e fala de "morrer para dentro da ressurreição (*in diese [die Auferstehung] hineinstirbt*)" em *Grundkurs des Glaubens*, Freiburg, 1976, p. 262. Cf. a tradução castelhana [aqui vertida ao português — NT]: "A morte de Jesus é tal que, por sua essência mais própria, desemboca na ressurreição, morre *voltada para* ela [*hacia* esta]", p. 313.

Esse é o trabalho de fundo que deu origem às narrativas pascais. Graças a elas, seu fruto pôde chegar até nós, conseguindo comover-nos apesar da estranheza que, muitas vezes, sua forma suscita. Porque essas narrativas refletem toda a riqueza da multíplice vivência, individual e coletiva, que no período subseqüente ao drama do Calvário comoveu os indivíduos e a comunidade: vivências extáticas de uma nova presença, processos de conversão e rememoração íntimas, comoções de sentimentos comunitários, experiências litúrgicas, imaginações catequéticas e recursos oratórios, reflexões exegéticas e teológicas..., tudo isso e muito mais deve ter estado em cena em um momento de enorme receptividade e criatividade religiosa.

A verdade da interpretação

Chegamos assim à última pergunta do capítulo: a releitura é possível, mas é possível preservar nela a verdade do texto? Tenho a esperança de que, depois de tudo o que se disse anteriormente, será compreendido facilmente que a resposta deva ser afirmativa. Esta maneira de interpretar a ressurreição apresenta uma hipótese que, obviamente, pode ser discutida; mas creio que seria radicalmente injusto ver nela um reducionismo empobrecedor. Ao contrário, longe de empobrecer, nos processos verdadeiramente vitais, a mudança representa o único modo de conservar e aumentar a riqueza.

Que nós hoje leiamos as narrativas a partir de um horizonte cultural muito diferente daquele em que se gestaram, por mediar entre ambos a radical ruptura que supôs a entrada da Modernidade, não há por que implicar uma perda de sua riqueza íntima. Não tomar ao pé da letra *as aparições* como acontecimentos objetivos, porque já se nos tornou evidente que não pode haver percepção sensível de uma realidade transcendente, não implica a negação do referente *real* que se anuncia *nessas* diversas experiências subjetivas (como não negamos a realidade de Deus, quando reconhecemos que somente é possível descobri-lo *nas* realidades criadas e nunca o percebamos em si mesmo: não se pode "ver" Deus). Não contar *com o sepulcro vazio* não implica negar a realidade da ressurreição, porque esta não depende da desaparição do corpo físico, pois a vida nova e a identidade glorificada do Jesus ressuscitado transcendem radicalmente todo o espaciotemporal, que antes a tornaria impossível. Segundo foi dito no capítulo anterior, nem a aniquilação do cadáver, nem a sua transformação em algo não material oferecem possibilidades de um sentido aceitável. (Embora a proposta de abandoná-lo não me pareça a mais acertada, aqui tem o seu justo ponto de apoio a alegação de Hansjürgen Verweyen contra o conceito de "ressurreição", como "metáfora perigosa", que a "deforma" graças à sua vinculação apocalipticamente objetivante.)[172]

Na realidade, com estas considerações gerais, à medida que reflitam as fundamentações mais pormenorizadas oferecidas antes, fica suficientemente respondida a pergunta. Entretanto,

---

[172] Como já diz o título de seu trabalho: "Auferstehung": ein Wort verstellt die Sache, 2. ed., 1995, pp. 105-144, principalmente pp. 114-120. Ele faz algumas precisões em *Botschaft eines Toten?*, cit., p. 172, nota 21 (em que matiza um pouco a sua visão negativa da apocalíptica). As razões de Verweyen são de peso, e merecem que se medite sobre elas. Particularmente, entretanto, parece-me mais fecundo retraduzir o conceito em lugar de simplesmente abandoná-lo.

vale a pena aludir de maneira explícita a duas questões que, por seu alcance, esclarecem aspectos fundamentais e, sobretudo, abrem o caminho para o capítulo seguinte, que tratará, por sua vez, das conseqüências *pro nobis* da ressurreição de Cristo.

A primeira refere-se ao caráter de revelação *real* e de experiência *nova* que reveste o processo, como já se explicou no presente capítulo ("Os pressupostos próximos da diferença cristã"). Recordemos: o novo conceito de ressurreição, tal como se revela no destino de Jesus de Nazaré, não precisou recorrer a ações divinas de caráter intervencionista e milagroso; mas não por isso deixou de constituir uma descoberta real. Descoberta que inclui experiências pontuais, mas que se realiza integrando e compreendendo tudo a partir da experiência global dentro da nova situação criada a partir da morte na cruz. Somente a *descoberta* de que Jesus em pessoa não podia ter sido aniquilado pela crucifixão, mas estava ressuscitado e glorificado em Deus, permitiu à primeira comunidade dar coerência à situação real na qual se encontrava (que incluía sua memória da história santa e da convivência com Jesus, sem excluir as expectativas de futuro).

Essa consideração punha em relevo, antes de tudo, o caráter gnoseológico ou cognoscitivo do processo; agora convém insistir um pouco mais no fato de que tal caráter somente tem sentido se correlacionado com o *ontológico*. Porque a descoberta era realmente suscitada pela *novidade real* da situação, pois a vida da comunidade estava agora animada pela presença — antes não existente — do Ressuscitado, e a própria presença de Deus tinha também um valor novo e inédito, como presença do Deus-que-ressuscitou-Jesus (algo que tampouco era antes). À primeira vista, estas considerações podem parecer banalidades, mas é preciso insistir nelas, pois continua ainda por demais vivo um conceito abstrato de revelação como intervenções divinas pontuais que "ditam" verdades, e não como "dar-se conta" da realidade na qual se vive como determinada pela presença concreta de Deus. A comunidade descobriu a ressurreição de Jesus, porque, efetiva e realmente, todo o seu ser o estava dizendo. E o estava dizendo porque à constituição concreta de seu ser, como comunidade renovada, já pertencia pelo fato de estar incluída na realidade em que o Deus ressuscitador e o Cristo ressuscitado estão radicalmente presentes como fundamento vivo, que se quer revelar a ela.

A segunda questão refere-se à preservação da *identidade de Jesus*, apesar da permanência de seu cadáver no sepulcro. A insistência no caráter físico das aparições e a expressão tradicional que fala de ressurreição *da carne* tentavam justamente assegurar esta identidade. O modo dessa insistência era algo exigido pelo caráter predominantemente unitário da antropologia bíblica e que, portanto, pertencia ao plano da *explicação conceitual* ou, na expressão de Willi Marxsen, do *interpretament*. Como tal, essa explicação está culturalmente condicionada e, sendo legítima para o seu tempo, não tem por que ser preceptiva para o nosso. O que importa é manter a sua *intenção* viva, destinada a manter a *identidade*: é Jesus mesmo, ele em pessoa, quem ressuscita.[173] Nas precisas palavras de Joseph Moingt:

---

[173] "A realidade que [os textos] procuram descrever corresponde à convicção fundamental de que o 'eu' de Jesus não está perdido no cosmos nem sequer no mundo celeste onde se teria dissolvido" (DENEKEN, M. *La foi pascale*. Paris, 1997. p. 433).

O que importa para a fé não é a integridade orgânica do corpo inerente ao ser-aí no mundo e para o mundo, posto que daí em diante trata-se de viver em Deus e para Deus; é a identidade de cada um com a existência histórica que viveu em seu corpo em relação a Deus e aos seres humanos, e que construiu sua personalidade em união com outros corpos. [...] é esta existência *construída (devenue)* que Deus ressuscita, respondendo à palavra do ser humano com a sua palavra eternamente viva.[174]

Como é bem sabido, seja qual for a antropologia que se adote, encontrar uma explicação não é fácil. Por isso, convém manter bem nítida a distinção de planos: *o que* se tenciona explicar — a persistência da identidade — é claro e firme, pois sem ela desaparece o próprio conceito de ressurreição; a dificuldade está no *como*[175] (cf. "Ressurreição bíblica e imortalidade grega"). De fato, há de levar em conta que nunca conseguiremos clareza suficiente, pois, por seu caráter transcendente, a ressurreição rompe de maneira radical o reino do claro e distinto próprio — e com quantas reservas![176] — do espaciotemporal.

Aqui se insinua, por certo, um problema importante: o de como, sem abandonar a sobriedade crítica, se pode ir (re)construindo um "imaginário religioso" que potencialize a vivência real e efetiva do mistério.[177] Nesse sentido, vem a ser especialmente instrutiva a respeito a atitude de Friedrich Schleiermacher, que vê a seriedade do problema sem escapar das suas dificuldades. Ele reconhece a importância da representação (*Vorstellung*), mas ao mesmo tempo, por um lado, insiste a cada passo em rechaçar aquelas representações que psicologicamente "não podemos realizar" e, por outro, assinala o perigo de introduzir aquelas que não venham da experiência especificamente cristã. Contra este perigo ele sublinha uma dupla precaução: 1) que "com respeito ao futuro em si nossas representações não possam ser produtivas: de sorte que o indiscutivelmente mais importante é que, com a sua influência, não destruam, de modo algum, o presente"; 2) "que aquilo que provenha de outro lugar que não seja a vivência (*Gesinnung*) ou necessidade cristã possa acabar sendo, muito facilmente, prejudicial para a fé e a vida cristãs".[178] Daí que insista igualmente em uma abordagem orgânica da realidade escatológica em seu conjunto, "porque não é possível tratar no singular de cada uma delas sem ter em conta as demais".[179] De fato, ele mesmo realiza uma abordagem exemplar, tanto pelo contínuo balanceio dialético entre a diferença e a continuidade, como pela íntima solidariedade com que estuda "o cumprimento da igreja": "vinda de Cristo", "ressurreição da carne", "juízo final", "salvação e condenação eternas".[180]

---

[174] *L'homme qui venait de Dieu*, cit., p. 386.

[175] A. J. M. Wedderburn (*Beyond resurrection*. Canterbury, SCM Press, 1999. pp. 129-135 e 150) insiste com vigor — quiçá excessivo — nesta dificuldade, referindo-se, principalmente, às filosofias de A. J. Ayer, A. Flew e P. F. Strawson.

[176] Cf. Ricoeur, P. *Sí mismo como otro*. Madrid, 1996.

[177] Um bom estudo do assunto pode ser visto em G. Martínez, "Imaginario y teología sobre el más allá de la muerte", *Iglesia Viva* 206 (2001) 9-44, e também em G. Uribarri, "Necesidad de un imaginario cristiano del más allá". *Iglesia Viva* 206 (2001) 45-82.

[178] *Der christliche Glaube 1821-1822*. Berlin. New York, 1984. v. 2, Studienausgabe, p. 319.

[179] Ibidem, p. 321.

[180] Ibidem, §§ 173-179, pp. 313-338.

Mas já são Paulo havia-se adiantado, de algum modo, ao insistir com vigor e originalidade na dialética inextricável entre a diferença e a continuidade. Multiplicou os símbolos, lançando mão daquele da semente: "[...] semeado corruptível, o corpo ressuscita incorruptível; semeado na humilhação, ressuscita na glória; semeado na fraqueza total, ressuscita no maior dinamismo; semeia-se um corpo só com vida natural, ressuscita um corpo espiritual [...]" (1Cor 15,42-44). Não se trata de renunciar à busca da inteligibilidade possível, mas a sobriedade nas propostas próprias e o respeito pelas alheias vêm a ser a postura mais sensata e obrigatória. Tenha-se em conta que, a partir dos conhecimentos da fisiologia atual, nem sequer para a vida no espaço-tempo pode-se tomar, sem mais, o corpo como o suporte da identidade. Sabemos, com efeito, que seus componentes renovam-se continuamente, de sorte que nada, ou muito pouco, resta no corpo adulto daquilo que foi na infância. É necessário insistir em que a identidade de que estamos tratando deve ser compreendida a partir de uma racionalidade especificamente teológica, que deve buscar o seu apoio decisivo em categorias estritamente pessoais.[181]

Dois pontos me parecem ser de especial relevância: reconhecer que se trata de uma lógica específica e que somente apoiados no amor poderoso de Deus podemos falar de fundamentação possível. Quanto à lógica, talvez não reste outro recurso senão o de mostrar que *não é impossível*, pois diante da lógica da continuidade, na qual o semelhante é deduzido do semelhante, existe também a lógica da descontinuidade, na qual o novo aparece como conseqüência do velho, sem que seja possível fazer *a priori* sua dedução; é justamente a "lógica da semente": quem, diante da bolota, poderia deduzir o carvalho?[182] Chegar à convicção de que esse passo é real somente é possível por um rodeio do próprio Deus: por meio do amor, da fidelidade e da justiça daquele que é mais poderoso do que a morte e que não a deixa assenhorear-se sobre os seus filhos e filhas. De fato, assim foi-se constituindo o processo revelador neste ponto. Simbolicamente, isso fica bem explicitado no discurso em que Pedro, recolhendo o que fora descoberto no Antigo Testamento, prolonga-o aplicando-o a Jesus: "Não abandonarás minha alma no reino da morte, nem deixarás o teu Santo conhecer a decomposição" (At 2,27).

---

[181] O leitor observará minha — muito consciente — reticência a entrar em *discussões antropológicas* que complicariam ainda mais a já tão difícil abordagem. Que o cadáver permaneça no sepulcro não significa que ressuscite a "alma" entendida em contraposição ao "corpo", mas a "pessoa" em sua nova (para nós, incompreensível) configuração, como, aí sim, contraposta ao "cadáver". Muito mais do que isso não nos compete elucidar em sede teológica: para considerações mais pormenorizadas, cf., por exemplo, a síntese de G. Greshake, "Auferstehung im Tod. Ein 'parteischer' Rückblick auf eine theologische Diskussion", *Theologie und Philosophie* 73 (1998) 538-557, principalmente pp. 547-555; e W. Beinert, "Der Leib-Seele Problematik in der Theologie", *Stimmen der Zeit* 218 (2000) 673-687 (também em forma condensada em "La problemática cuerpo-alma en teología", *Selecciones de Teología* 41:161 [2002] 39-50).

[182] Ocupei-me deste tema em "Muerte e inmortalidad: lógica de la simiente vs. lógica del homúnculo", *Isegoría* 10 (1994), 85-106.

Assegurado isto, resta à reflexão antropológica a tarefa de procurar descer a outros pormenores. A exegese atual já flexibilizou o terreno, ao insistir no dado que, no conceito de "corpo", o definitivo não é a materialidade, senão a sua realidade como *expressão* da pessoa e fundamento de sua capacidade de *relação*.[183] Também ajudaram os estudos acerca da corporalidade no pensamento tradicional, encontrando, principalmente em Tomás de Aquino, uma concepção mais aberta e flexível daquilo que se dava por suposto.[184] Contribuiu igualmente a redescoberta da escatologia, com sua insistência na ação de Deus como fundamento da continuidade (chegando até mesmo, como já vimos, a falar, sobretudo em alguns representantes da teologia evangélica, de verdadeira *re-criação*).

***

Os primeiros quatro capítulos trataram da ressurreição de Jesus de Nazaré. As reflexões neles suscitadas foram importantes para a economia do livro, pois visaram à reestruturação do inteiro quadro de sua compreensão. Uma vez posta a necessidade da mudança e a legitimidade dessa empresa, o primeiro passo foi proceder à distinção entre essa fé e suas inevitáveis interpretações, a fim de dar espaço a uma hermenêutica conseqüentemente teológica. Para tanto, situar a evolução histórica da discussão é quesito ineludível para uma abordagem renovada da ressurreição que aceite o desafio de investir numa visão global e coerente e não se contente com meros ajustes de pormenor.

O passo seguinte foi esforçar-se por colher a experiência da ressurreição em seu nascedouro. Tarefa difícil, mas necessária, é desvencilhar-se da sempre insinuante leitura fundamentalista, com seu menosprezo pelo caráter, classificação e significado dos textos, donde a importância de se recuperar o contexto neotestamentário, acompanhando-o desde a gênese intencional até sua configuração acabada. A exegese atual vem demonstrando sempre mais que, à medida que o prestígio da "letra" declina, evidencia-se um aprofundamento de seu "espírito". Nesse sentido, o reconhecimento do caráter culturalmente "situado" dos meios expressivos, longe de impedir, possibilita que se perceba sua originalidade e que melhor se enfoque sua intencionalidade específica. Para tanto, a volta atenta aos textos pascais é via segura de equilíbrio entre o criticismo e a reação apologética para quem pretenda, de fato, deixar que o "objeto" o eduque.

---

[183] Já desde os estudos pioneiros de X. Léon-Dufour neste ponto (cf. *Resurrección de Jesús y mensaje pascual*. Salamanca, 1971. pp. 313-320). Cf. também uma ampla apresentação das posições atuais em M. Deneken, *La foi pascale*, cit., pp. 413-434.

[184] Cf. *supra*, no item "Ressurreição bíblica e imortalidade grega", as referências a J. Pieper e G. Greshake.

O terceiro passo consistiu na atualização da compreensão da ressurreição de Jesus. Nenhuma discussão sobre tema tão delicado para ouvidos sensíveis à Modernidade terá alguma ressonância se não considerar a ressurreição em seu sentido salvífico antes mesmo de se enfrentar o espinhoso tema de sua "verdade". O sentido mais profundo da ressurreição de Jesus só pode ser buscado em coerência com a compreensão teológica do agir divino e de sua revelação. Desse modo, pode-se compreender que o caráter não "milagroso" e o enraizamento da fé na história real da vida e morte de Jesus de Nazaré não impedem nem a sua verdade como acontecimento real nem a possibilidade de sua revelação para nós. Daí insistirmos que não se pode estudar a ressurreição como se fosse uma questão isolada na compreensão do mistério e do destino de Jesus de Nazaré.

Enfim, uma vez defendida a integração da ressurreição de forma mais equilibrada no conjunto da vida e da pregação de Jesus, foi em torno do significado dessa fé que se concentrou o esforço do presente capítulo, o quarto passo. Sem desconhecer o que há de comum nas religiões, tratou-se de jogar luz na diferença bíblica, mostrando como sua intensificação na ressurreição de Jesus chega a ser a nova referência cristã. Esse longo caminho foi necessário para, finalmente, colocarmos, a partir do capítulo seguinte, a questão do nosso interesse existencial naquilo que essa fé propõe a todos nós.

Capítulo 5

Ressuscitados com cristo

E ste capítulo, na verdade, poderia muito bem ser incluído no anterior, pois pretende continuar e completar sua lógica interna. Todavia, afora a razão circunstancial de não estender o já muito extenso, há outras razões que justificam a separação entre eles.

A primeira é de simples prudência teológica. Embora o que aqui se dirá pretenda apenas desenvolver o afirmado anteriormente, e que, na minha opinião, já o faz com plena coerência, convém manter certa distância. Poderá acontecer — é quase certo — que esses desenvolvimentos não convençam a todos. Nesse caso, convém deixar claro que esse rechaço não tem por que implicar a negação do anterior. Manter o primeiro e negar o segundo é uma possibilidade que não me parece coerente, mas que não me atreveria a qualificar de contraditória. Pelo mesmo motivo, espero que ninguém conclua que as afirmações deste capítulo impliquem necessariamente a negação do adquirido no precedente.

A segunda razão se refere a uma mudança objetiva na perspectiva. Até aqui, toda a atenção concentrou-se na ressurreição de Jesus de Nazaré. Agora, apoiada na sua, é a nossa que passa ao centro da análise. São Paulo falou com vigor da íntima implicação de ambas, e a divisão da abordagem de modo nenhum pretende debilitá-la. Pelo contrário: como se verá, a distinção está a serviço daquela implicação, buscando compreendê-la em toda a sua conseqüência para a vivência cristã na nova situação cultural.

"Se não Há ressurreição dos mortos, então Cristo não ressuscitou" (1Cor 15,13)

Buscando uma nova coerência

"Se não há ressurreição dos mortos, então Cristo não ressuscitou" (1Cor 15,13). Já se discutiu muito sobre o estatuto epistemológico desta afirmação paulina. Alguns autores, como Crossan, transformam-na até no principal pólo dinâmico da argumentação, apoiando-se para isso na metáfora das "primícias", pois essas últimas não teriam sentido sem a colheita a que dão início:

"Jesus e os demais mortais ou são exaltados juntos ou sucumbem juntos".[1] Outros, seguramente com maior fidelidade à intenção original, insistem mais em seu caráter de argumento *ad hominem*.[2] Tratar-se-ia, com efeito, de um processo que, pessoalmente, eu qualificaria de desmascaramento da *contradição pragmática* em que incorriam os coríntios que, afirmando ou acentuando enfaticamente a própria ressurreição, negavam a de Jesus, pois é óbvio que só graças a esta haviam chegado à fé.

Aqui não interessa entrar nos detalhes dessa discussão. O que importa é antes de tudo a íntima vinculação que de qualquer maneira se afirma entre ambas as ressurreições. Tão íntima que leva o apóstolo a uma autêntica argumentação circular entre elas:

> Pois, se os mortos não ressuscitam, então Cristo também não ressuscitou. E se Cristo não ressuscitou, a vossa fé não tem nenhum valor e ainda estais nos vossos pecados. Então, também pereceram os que morreram em Cristo (1Cor 15,16-18).

Explicitar em toda a sua profundidade e transcendência o dinamismo destas afirmações é o que verdadeiramente interessa. Algo que, além disso, situa-se espontaneamente na prolongação da visão que aqui estamos pretendendo. No capítulo anterior, o fato de incluir a ressurreição de Jesus no movimento vivo da história da salvação impedia que ela fosse vista como um fenômeno isolado, como uma espécie de meteorito que entra em nosso tempo.

Incluída na história, aparecia, ao contrário, como a continuação interna de um processo em curso, que em Jesus alcançou sua culminação. Antes dele, a *ressurreição já havia sido descoberta em seu sentido fundamental*, pois já era vista como ação de Deus, o qual liberta da morte. Essa compreensão geral, porém, estava marcada por traços parcializantes (não era plena, pois devia esperar um corpo) e objetivantes (esse corpo era físico e seria restituído no fim dos tempos). Graças a Jesus, ela é descoberta como plena e, quanto ao fundamental, livre de ligações mitológicas: Jesus já vive na plenitude de sua glória, e não tem de esperar nenhum suplemento corporal em um reino futuro, seja milenar, seja decisivamente escatológico. Isso, em sua conseqüência inerente — cada vez mais aceita na teologia —, implica que a ressurreição não depende do destino do cadáver (o sepulcro vazio não faz parte da fé) nem, conseqüentemente, de uma espera temporal (os "três dias" têm caráter simbólico e não cronológico).

Essa visão permite mais um passo. Bem entendida, a consideração anterior referia-se sobretudo ao aspecto *cognoscitivo*, rompendo o isolamento em que se fechava a análise da des-

---

[1] *Jesús*; biografía revolucionaria. Barcelona, 1996. p. 182 (cf. pp. 181-183). [Ed. bras.: *Jesus*; uma biografia revolucionária. Rio de Janeiro, Imago, 1995. Col.: Bereshit.] As idéias se repetem em suas obras mais importantes: cito esta por sua clareza especial (retoma-a com certas ampliações em *The historical Jesus in early christianity*. 1994. pp. 7-8).

[2] Cf. DE LORENZI, L. (org.). *Résurrection du Christ et des chrétiens (1Cor 15)*. Roma, 1985. Principalmente a detalhada análise estrutural de J. N. Aletti, "L'argumentation de Paul et la position des corinthiens: 1Cor 15.12-34" (pp. 63-81) e o debate subseqüente (pp. 82-97). Também o trabalho de R. Schnackenburg, "Ergebnisse und Synthese" (pp. 283-292), com o debate (pp. 292-314).

coberta — da revelação — da ressurreição de Jesus. Desse modo, não se anula sua *novidade*; contudo, esta novidade caracteriza-se não por ser a irrupção reveladora de algo até então totalmente desconhecido, mas por levar à plenitude o já anteriormente descoberto no fundamental. Agora estamos em condições de considerar um segundo aspecto, o *ontológico*, procurando perceber como tampouco em Jesus se trata de uma irrupção estranha, no sentido de um começo cronológico, como se só com ele tivesse começado a haver ressurreição. Graças à ressurreição de Jesus, vem à tona a descoberta de que o que aconteceu com ele, de maneira plena e exemplar, já estava acontecendo desde sempre com toda a humanidade.

Isso é decisivo e, compreendo, à primeira vista arriscado. O isolamento da análise, com seu inevitável revestimento objetivante, tendeu com enorme eficácia a ocultar a solidariedade histórica da ressurreição de Jesus. Sua própria grandeza intrínseca, a intensidade de sua vivência por parte dos discípulos e a necessidade de torná-la de algum modo intuitiva tendiam a convertê-la em algo isolado. Desse modo, era inevitável que o *novum* de plenitude ontológica fosse interpretado como novidade temporal. A *primazia* de Jesus como "pioneiro da fé" e "primogênito dos mortos" era rebaixada à primazia *empírica*, interpretada como mera anterioridade no tempo físico. Isso aparentemente ressaltava a grandeza de Jesus e exaltava a ação de Deus; mas, na realidade, não conseguia nem um nem outro. Por um lado, isolava Jesus, tornando-o um estranho na história humana. Por outro, diminuía a ação de Deus, que só a partir dos anos 30 de nossa era começaria a ser um "Deus dos vivos", ocultando assim que ele é o Pai que desde sempre ressuscita seus filhos e filhas, e não o deus que durante milhares de anos os deixou entregues ao poder da morte.

Entenda-se bem: isso não quer dizer que *naquela época* essas duas conseqüências eram claramente percebidas assim — e muito menos que eram buscadas desse modo. Pelo contrário, dentro do marco conceitual em que então se moviam, é admirável o esforço para evitá-las e o nível de coerência que foi conseguido.[3] Porque, interpretando a ressurreição de Jesus nos esquemas de um acontecimento empírico (túmulo vazio, aparições físicas), fizeram *o que então era culturalmente possível*. De início, não havia outra alternativa exceto constatar que os mortos não ressuscitavam como as narrações contavam de Jesus, pois era evidente que não era *assim* que acontecia. Todavia, como a fé na ressurreição de todos já existia e, ademais, com Jesus essa fé estava sendo reforçada definitivamente, buscou-se a única solução viável: ressuscitariam, mas *ainda não naquele momento*.

---

[3] Uma boa exposição da luta de Paulo contra as suas próprias concepções mitologizantes pode ser vista em M.-É. Boismard, *¿Es necesario aún hablar de "resurrección"?*, Bilbao, 1996, pp. 35-59, que resume assim a sua trajetória: "Assim podemos ver a evolução do pensamento de Paulo acerca do lugar onde se estabelecerá o reino escatológico. Em 1 Tessalonicenses pensava que teria lugar na terra, uma terra já transformada, mas, por fim, terra. O começo desse reino terreno será marcado pela parusia de Cristo, sua chegada a seu reino na terra. Em 1Cor 15,22-28, esse reino se estabelecerá na terra, marcado pela parusia de Cristo, mas só haverá um tempo. Chegará um dia em que Cristo entregará o reino ao Pai, quando a morte for definitivamente vencida. Em 1Cor 15,51-54 já não há um reino na terra; Paulo abandona definitivamente o termo 'parusia'. O reino escatológico se estabelece no céu, onde gravitam os astros que, segundo uma concepção bastante comum naquela época, eram considerados seres viventes. Mais tarde, em Cl 3,1-4 o reino se estabelecerá em Deus" (pp. 58-59).

A princípio, como mostram as oscilações de Paulo, o "ainda" não causava muito problema: com o fim do mundo iminente, uma vez chegado o momento, "entrar no Reino" e "transformar-se", ou seja, ressuscitar, será o mesmo; os já mortos constituíam um problema, mas ele era amenizado porque eles teriam aguardado apenas por um brevíssimo período. A leitura de 1Ts 4,13-18 e 2Cor 5,1-10 é eloqüente a respeito.[4]

Com a demora da parusia, esta solução tornou-se cada vez mais obscura. Contudo, em seu socorro veio o dualismo grego, que — embora com suas dúvidas e oscilações históricas — contribuiu para tornar compreensível o "ainda", distinguindo entre a *alma*, que entrava de imediato na glória, e o *corpo*, que ainda devia esperar o final dos tempos.

Para o passado, para a história bíblica, o problema era ainda mais difícil. Contudo, também se encontrou uma saída. Para os que haviam morrido antes de Cristo, o "ainda" da espera (que já existia; com certeza, pelo menos desde Daniel) teve de desdobrar-se em dois momentos: inicialmente, como sobrevivência sombria no *sheol*; depois da "descida de Cristo aos infernos" já pôde ser equiparado à espera normal.[5]

Seria humanamente injusto e hermeneuticamente ingênuo não analisar com respeito essa construção, que, com os meios culturais *então disponíveis*, obteve um ganho admirável e, sobretudo, conseguiu salvar o fundamental. De fato, foi preciso que a nova visão de mundo e os resultados da crítica bíblica rompessem os quadros míticos e objetivantes em que se movia a concepção tradicional para que a própria teologia contemporânea começasse a desprender-se, lenta e dificultosamente, daqueles pressupostos. De início, superou-se a visão literalista das aparições. Em seguida veio — pelo menos para muitos — a compreensão da não-solidariedade entre a ressurreição e o destino do cadáver, de sorte que se tornou cada vez mais ampla a aceitação da ressurreição-na-morte. Somente então foram criadas, na verdade, as condições para este *terceiro passo*: a primazia da ressurreição de Jesus não como começo cronológico, mas como revelação plena da superação da morte, superação essa que o "Deus dos vivos" estava e está realizando desde sempre.

O certo é que, uma vez chamada a atenção para esse processo, não se pode negar que em muitos aspectos a interpretação anterior soa inevitavelmente estranha para os ouvidos hodiernos. Tornou-se muito difícil encaixá-la tanto nos quadros da cultura secular como nos da sensibilidade religiosa e teológica de nosso tempo.

---

[4] Sobre a evolução de são Paulo, cf. a descrição de P. Hoffmann, *Die Toten in Christus*, Münster, 1966, pp. 4-22. G. Vermes, *The changing faces of Jesus*, New York/London, 2000, p. 100, avisa que talvez não se deva buscar demasiada coerência, "lógica". Falando de 1 Tessalonicenses, afirmou: "Here, as non infrequently in his writings, Paul is simply inconsequential" [Aqui, como acontece freqüentemente em seus escritos, Paulo é simplesmente inconseqüente].

[5] Sobre essas vicissitudes é muito claro o texto já citado de Boismard, *¿Es necesario aún hablar de "resurrección"?*

De fato, muitas vezes, sem sequer perceber, hoje a sensibilidade espontânea dos cristãos realiza continuamente uma reinterpretação daquelas idéias. Na memória que fazemos de nossos defuntos e no modo íntimo do relacionamento com eles, esses últimos são considerados presentes em sua *integridade pessoal*, não — apesar até das palavras — como "almas" que esperam recuperar mais tarde o seu corpo:

> A piedade e a sensibilidade do povo crente nunca se declararam propriamente de acordo com essa posição teológica [a da alma separada]. A ninguém que tenha uma veneração pessoal por um determinado santo ocorre pensar, nem por um momento, que esse santo não seja absolutamente feliz e que esteja desejando a ressurreição de seu corpo. Os santos costumam, além disso, aparecer como *pessoas* na piedade popular. São representados de maneira normal e sem nenhum problema como pessoas glorificadas no céu. Nunca se pensa neles como almas![6]

A recuperação do corpo, por outra parte, se já se havia tornado muito problemática para os antigos (que se questionavam, por exemplo, sobre o caso dos canibais e suas vítimas),[7] hoje se torna simplesmente incompreensível (com certeza, o fato do crescente recurso à cremação e da sua legitimidade eclesiástica não está longe disso). A própria pregação, quando se torna mais viva e espontânea, deixa transparecer idêntica mudança na compreensão. Na verdade, trata-se de uma verdadeira constante antropológica, pois, como bem destaca Viktor Frankl, "observa-se a cada passo que o homem [...] está sempre disposto, sem mais, a dirigir-se a um morto como 'tu'".[8]

Mais significativo é, ainda, o fato de que o fenômeno se faça sentir até no Novo Testamento, naquelas passagens nas quais o que se destaca não é o conceitual — cada vez mais culturalmente condicionado —, mas o vivencial. Por isso, Paulo pode fazer afirmações como "[...] preferimos deixar a moradia do nosso corpo, para ir morar junto do Senhor" (2Cor 5,8) ou

---

[6] VAN DE VALLE, A. R. *Bis zum Anbruch der Morgenröte*; Grundriss einer christlichen Eschatologie. Düsseldorf, 1983. p. 207. Tomo a citação de Greshake, "Auferstehung im Tod", p. 556, que remete também a Ph. Ariès, *Geschichte des Todes*, München-Wien, 1980, pp. 317s (original francês: *Essais sur l'histoire de la mort*. Paris, 1975).

[7] "Este é o famoso argumento da consumição em cadeia, que se tornou cada vez mais importante no século III. E Atenágoras o compreende em toda a sua complexidade. Porque o problema não é apenas o ataque de animais carnívoros ou de vermes no sepulcro: o problema é a digestão e o canibalismo. Visto que a comida e a bebida não passam meramente através de nós, mas transformam-se em nós, não sobrará muita matéria para que Deus volte a juntá-la; por outro lado, se um ser humano come outro, até Deus pode ter problemas repartindo as partículas. Atenágoras trata o problema afirmando [...] que a maior parte da comida e da bebidã passam através de nossos corpos sem se transformar realmente neles. Deus designou determinadas comidas como apropriadas para cada espécie, e só elas podem ser assimiladas. Atenágoras passa logo [...] ao assombroso argumento de que é impossível para a carne humana assimilar carne humana. Afirma até que podemos encontrar uma confirmação empírica para isso no fato de que os canibais perdem peso e se consomem" (BYNUM, C. W. *The resurrection of the body in western christianity*; 200-1336. New York, 1995. p. 33).

[8] *El hombre incondicionado*; lecções metaclínicas. Buenos Aires, 1955. p. 128.

"[...] desejo ardentemente partir para estar com Cristo — o que para mim é muito melhor" (Fl 1,23).[9] Textos nos quais não interessa tanto uma elucidação de possíveis influências gregas,[10] mas mais o fato de que, embora não seja de maneira temática e refletida, supõem uma presença global da *pessoa* com Cristo. O mesmo acontece com expressões, como a já citada de santo Inácio de Antioquia, quando, escrevendo aos romanos para que o deixem morrer mártir, diz: "Chegando ali, serei verdadeiramente pessoa (*ánthropos*)".[11]

O fato de a leitura que proponho desses textos não ser arbitrária recebe uma confirmação quase surpreendente por parte de um autor atual como Hans Kessler, o qual, ao comentá-los em um contexto mais vivencial, vai além de sua própria teoria explícita (contradizendo-a em certo sentido). Embora, quando fala da ressurreição de Jesus, considere como suposto que ela seja a primeira e a única em relação ao tempo, ao tratar da presença de nossos defuntos, afirma de maneira incisiva: "Todos os que — consciente ou inconscientemente — morreram em Cristo já estão, agora, corporalmente (*leibhaftig*) com ele (cf. Fl 1,23) e na vida trinitária de Deus".[12]

Não pode surpreender, portanto, que, à medida que a mudança de paradigma interpretativo faz sentir suas conseqüências, esta nova visão começa a aparecer nos tratados cristológicos. Roger Haight, por exemplo, faz isso com toda a clareza e determinação:

> O que Deus fez em Jesus sempre faz e sempre tem feito. Pois a salvação operada em Jesus Cristo consiste na revelação da verdadeira natureza e ação de Deus. Logo, o que fez em Jesus, Deus vem fazendo desde o início, porque salvar é algo inerente à própria natureza divina. A solicitude de

---

[9] Cf. a detalhada análise de J. Kremer (pp. 117-128), que afirma: Ninguém pode discutir com fundamentos válidos se na Bíblia fala-se muitas vezes da consecução da vida imediatamente depois da morte. Discutível é, de qualquer modo, em que consiste essa vida eterna" (p. 117); e mais tarde observa como se deve prestar atenção em "quão pouco os diversos dados temporais eram experienciados como contradição" (p. 126).
Cf. também as observações de H. U. von Balthasar, *Theodramatik*. Einsieden, 1983. v. IV: das Endspiel. pp. 323-324, o qual nota o quão pouco se distinguem vivencialmente em Paulo o estar *já* com Cristo e a espera futura, de sorte que "o pensamento sobre um 'estado intermediário' é praticamente ignorado" (p. 324). Isso é acentuado ainda mais em João: "O morto na fé vive no Senhor ressuscitado, e a pergunta sobre se é necessário pôr um 'estado intermediário' entre a sua morte e o seu ressuscitar 'no último dia' torna-se também sem resposta e parece inútil" (p. 324, n. 23).

[10] Como faz, por exemplo, a nota da Bíblia de Jerusalém em 2Cor 5,8: "Esta esperança de uma felicidade para a *alma separada* denota uma influência grega que já era perceptível no judaísmo contemporâneo" (1967, p. 1550; o destaque é meu). O mesmo faz O. Cullmann, "¿Inmortalidad del alma ou resurrección de los muertos?", pp. 258-259. Cf., sobre o problema, SIBER, P. *Mit Christus Leben*. Zürich, 1971. pp. 86-94.

[11] *Ad Romanos* VI, 2 (*Padres apostólicos* (ed. de D. Ruiz Bueno). Madrid, 1965. p. 478). [Ed. bras.: *Padres apostólicos*. São Paulo, Paulus, 1995.]

[12] *Sucht den Lebenden nicht bei den Toten*, p. 413. Voltaremos sobre o prolongamento desse texto, que, falando da presença dos defuntos em nossa vida, reforça, porém, ainda mais o que foi dito.

Deus para com a vida de sua criação é indefectível; por conseguinte, o poder de vida de Deus jamais é definitivamente derrotado pela morte.[13]

O exemplo desses dois últimos autores mostra bem como, mais que introduzir novidades absolutas, a principal contribuição da teologia neste ponto — como em tantos outros — é justamente recolher os dados que já estão presentes, mas dispersos, pressentidos e indecisos; de modo que, sem perder nada da riqueza recebida, reintegram-se em uma concepção mais sistemática e coerente. E recolhê-los, tratando de evitar que as conseqüências fiquem no meio do caminho e ameacem encher de ambigüidade o seu significado, colhido na região obscura produzida pela intersecção intricada dos dois paradigmas (com o antigo reconhecido como superado, mas ainda não abandonado por completo, e com o novo reconhecido em sua validez, mas não assumido em toda a sua conseqüência).[14]

Quando o trabalho teológico compreende isso desse modo, assumindo o "risco da interpretação", põe-se em condições de descobrir nos textos uma riqueza que não podia ser claramente visível em seu horizonte original: uma vez mais, graças a eles, pode ir além deles, mostrando a vitalidade da Palavra na história.

CRISTO, "PRIMOGÊNITO DENTRE OS MORTOS" (Ap 1,5)

A verdade é que, se o olhar se adapta à nova perspectiva, não é difícil perceber que tudo se encaixa com mais facilidade, exigindo uma nova coerência, tanto porque se insere no dinamismo teológico da história como porque reflete o movimento vivo da cristologia.

Teologicamente, quando Oséias descobre que Deus é perdão incondicional, incapaz de castigar — porque ao tentar "o coração se comove no meu peito, as entranhas se agitam dentro de mim!" (Os 11,8) —, não significa que Deus passa, então, a perdoar a humanidade: descobre-se o seu perdão agora, mas exatamente porque já estava aí, manifestando-se desde sempre. Mais intimamente ligado ao nosso problema: quando Jesus de Nazaré proclama-o como *Abbá*, não significa que Deus passa, então, a ser pai/mãe, nem sequer que essa revelação seja algo totalmente

---

[13] HAIGHT, R. *Jesus, símbolo de Deus*. São Paulo, Paulinas, 2003. p. 180. Não é por acaso que o autor, tal como aqui venho fazendo, introduz a idéia rompendo o isolamento com que ordinariamente se trata a ressurreição de Jesus: "Gostaria de começar discorrendo genericamente sobre o lugar da ressurreição na economia da salvação que Deus realizou e realiza em Jesus. A ressurreição de Jesus e a recepção humana da revelação dessa ressurreição formam, em conjunto, uma parte integrante e essencial da salvação de Deus, tal como concebida pelos cristãos" (ibidem, p. 180).

[14] Nesse sentido, é muito significativo o fato de que Paulo, em sua etapa final, quando concebe a ressurreição como já presente nesta vida e realizando-se plenamente com a morte, tem de mover-se, porém, com evidente dificuldade, entre o paradigma *grego* da alma imortal e o *semítico* da necessidade de um corpo novo que espera nos céus (cf. 2Cor 5,1); essa é pelo menos a interpretação, muito plausível, de Boismard, op. cit., pp. 95-103 (equivocada, porém, parece-me a equiparação que faz na p. 99 desta explicação com a metempsicose: são perspectivas distintas).

inédito: o que faz é levar à sua plenitude a descoberta, a vivência e a acolhida de uma paternidade que estava aí para qualquer homem e mulher desde a criação do mundo.[15]

Por isso, quando na fé o proclamamos Filho de Deus por antonomásia, falamos certamente de um *novum*, pois ninguém como ele havia vivido a filiação divina nem ninguém havia alcançado a profundidade trinitária da sua; mas nem por isso falamos de uma intrusão a partir de fora na história humana, mas sim de uma plenificação na "plenitude dos tempos". Por isso também é ele próprio quem nos proclama filhos; e quando os apóstolos perguntam-lhe como orar a Deus, a resposta é que façamos como ele: "Quando orardes, dizei: *Abbá*" (Lc 11,2).

Do mesmo modo, quando confessamos que Deus ressuscitou Jesus da morte, não estamos dizendo que Deus passou, então, a ressuscitar os mortos, mas que — como acontecia com a filiação — em Jesus se realiza com uma plenitude única o que o "Deus não de mortos, mas de vivos" (Mc 12,27) estava realizando desde a morte do primeiro homem e da primeira mulher, de seus primeiros filhos e filhas. Também para elas e para eles morrer era ser ressuscitado pelo Deus que, criando-os por amor, não os abandonou ao poder da morte. O verdadeiramente *novum* na experiência cristã é o fato de que a intensidade única da vida de Jesus e o profundo drama de sua morte abriram os olhos para compreender em toda a sua força, radicalidade e atualidade esse amor ressuscitador de Deus.

Isso permite, outrossim, abrir-se generosamente ao *diálogo inter-religioso*, porque desse modo a ressurreição liga-se a partir de dentro, a partir de si mesma, com a idéia de *imortalidade*: não aparece como algo totalmente isolado, mas como o modo concreto — e acreditamos que culminante — de tematizá-la no marco de compreensão aberto pelo Deus bíblico (recorde-se o que foi afirmado a esse respeito no cap. IV, "Ressurreição bíblica e imortalidade grega").

Também *cristologicamente* se percebe a coerência. Como já foi assinalado, abandonados os esquemas da "cristologia alta", que para acentuar o caráter divino de Jesus situava-o à máxima distância possível do humano, a cristologia atual vai na direção contrária. Não nega sua diferença, mas a vê sempre na mais estreita continuidade. Sua singularidade não o isola ou separa, mas o insere no mais profundo da comunhão: quanto mais humano, mais divino.[16] O novo, único e grandioso de sua ressurreição não se enraíza no fato de que ele seja cronologicamente o primeiro

---

[15] Karl Rahner expressou isso enfaticamente: "Imaginamos falsamente a unicidade (*Einmaligkeit*) de Jesus quando o consideramos unicamente como o Filho de Deus que sai ao encontro de alguns homens que inicialmente nada têm a ver com Deus, quando o vemos simplesmente como um enviado de um além divino a um mundo que nada tem a ver com Deus. Na realidade, somos, no entanto, filhos de Deus em toda a história da humanidade" (RAHNER, K. "Kirchliche Christologie zwischen Exegese und Dogmatik", p. 212)

[16] Também Rahner expressa bem isso: "Nesta história da salvação, que é ao mesmo tempo a história de Deus e a do mundo, é que Jesus deve ser visto, sem prejuízo de sua singularidade. Desse modo, essa singularidade não precisa ser obscurecida, mas perde o milagroso (*Mirakulöse*), o mitológico, que está unido à figuração de um representante que Deus envia do além de sua própria vida a um mundo meramente profano" (ibidem, p. 213).

e numericamente o único a ressuscitar, mas antes no modo específico de seu eterno enraizamento trinitário e na riqueza qualitativa de seu ser.

Esse é o sentido de sua proclamação como "primogênito dentre os mortos", na qual o essencial não é a cronologia, mas a excelência; não o isolamento, mas a primazia fraternal.[17] Desse modo, o verdadeiro e autêntico caráter "primicial" da ressurreição de Jesus deixa-se sentir em toda a sua eficácia no que tem tanto de revelação como de abertura de novas possibilidades. Algo que, além disso, ilumina-se com o exemplo paralelo de sua *primazia na criação*: quando na Carta aos Colossenses se afirma que Cristo é "o primogênito de toda a criação" (Cl 1,15), pensa-se com toda a certeza não em "uma prioridade temporal, mas de honra ou dignidade, de senhorio sobre tudo quanto existe".[18] Por isso, uns versículos à frente, ambas as idéias são unidas, a de criação e a de ressurreição, afirmando que ele "é o princípio, Primogênito dentre os mortos" (Cl 1,18).[19]

Trata-se, pois, de uma primazia de *revelação* apoiada em uma primazia ontológica, porque em Cristo vemos em toda a sua profundidade e plenitude o que a humanidade, e dentro dela a Bíblia, vinha pressentindo e intuindo obscura e germinalmente. Sobretudo o caráter *pessoal* da ressurreição: não sombra no *hades* ou o *sheol*, tampouco dissolução no oceano do Absoluto, mas exaltação à comunhão viva com Deus, em plena afirmação da própria identidade — "sou eu" — e em definitiva confirmação dos laços comunitários tanto com os já ressuscitados — o Reino como banquete, como *sym-posium* — como com os que ainda continuam na história: "estarei convosco".

Trata-se também da abertura de *novas possibilidades*, porque essa revelação não é um processo teórico, mas o desvelamento de um modo de ser e de viver. Como aconteceu com Jesus, a ressurreição, na qualidade de vida resgatada e plenamente vivida, reflete sua luz sobre a

---

[17] Recordem-se, aqui, os absurdos a que se chegava quando, partindo da objetivação cronologizante, discutia-se como era possível que o bom ladrão pudesse estar "hoje" no paraíso, quando a ressurreição de Jesus tinha de esperar ainda até o terceiro dia; e o mesmo a respeito dos "ressuscitados" em Jerusalém por causa do "terremoto" provocado por sua morte; ou até o problema do pobre Lázaro da parábola. A caricatura superficial pode ofuscar a percepção do enfoque de fundo. Tampouco parece certo deduzir desse tipo de textos a acepção de "uma distinção platônica entre a alma e o corpo" por parte do próprio Jesus (cf. BOISMARD, M. E. Op. cit., pp. 110-115), embora certamente acentuem a idéia de uma *assunção concreta*.da identidade *humana total* já a partir da morte.

[18] LADARIA, L. F. *Antropología teológica*. Roma, 1983. p. 23 (cf. pp. 17-26, onde analisa, além disso, outros textos paralelos: 1Cor 8,6; Hb 1,2-3; Jn 1,3.10. Cf. também as considerações de H. U. von Balthasar a propósito dessa "ameaçadora questão" de como conciliar os "transbordantes (*überschwenglichen*) atributos" atribuídos a Jesus com a realidade histórica do Nazareno (*Theodramatik*, Einsiedeln, 1978. v. II/2, p. 229 — especialmente pp. 229-238).

[19] Sobre o pano de fundo cultural e teológico deste hino, tão sugestivo — aparentemente pré-paulino, embora com acréscimos — quanto de difícil interpretação, cf., por exemplo, N. Kehl, *Der Christushymnus in Kolosserbrief*; eine motivgeschichtliche Untersuchung, Stuttgart, 1967; P. Benoit, "L'hymne christologique de Col 1,15-20", in J. Neuner (org.), *Christianity, judaism and other greco-roman cults*; Festschrift M. Schmidt, Leiden, 1975. pp. 226-263; J. N. Aletti, *Colossiens 1,15-20*, Roma, 1981; E. Schweitzer, *La carta a los colosenses*, Salamanca, 1987, pp. 55-90; K. J. Kuschel, *Geboren vor aller Zeit?*, München-Zürich, 1990.

existência em seu transcurso terreno, convertendo essa última, desde já, em *vida eterna*:[20] vida revelada como sendo no presente mais forte que a morte, sustentada e acompanhada pelo amor criador de Deus, e por isso desde já, apesar de tudo, "bem-aventurada".

"Ressurreição da carne" e "parusia"

Por outro lado, essa descoberta permite uma *re-leitura* e uma recuperação espontâneas dos dados da tradição que, sem diminuir a sua riqueza, não postula nenhum *sacrificium intellectus*, mas, pelo contrário, torna-se intelectualmente assimilável e experiencialmente vivificadora.

A ênfase tradicional na ressurreição *da carne*, explicável e até admirável com base nos pressupostos antropológicos dentro dos quais foi formulada, é assim direcionada para a sua significação profunda e decisiva: a acentuação da *identidade pessoal*. Ao mesmo tempo, evita-se o perigo de evocar fantasmas imaginativos anacrônicos, que fariam da ressurreição uma crença verdadeiramente absurda.[21] Algo que já são Paulo tratou de prevenir, falando de "corpo espiritual" (*sôma pneumatikón*: 1Cor 15,44) e repreendendo energicamente como "insensato" (*áfron*, "sem mente": 1Cor 15,36) aquele que se empenha em uma continuidade material. De fato, tudo indica que sua postura obedece a um grande — e naquela cultura seguramente muito ousado — esforço reflexivo para manter juntos os dois extremos: a realidade da ressurreição e *seu* caráter transcendente e não-empírico. Vale a pena reproduzir o esclarecimento que James G. D. Dunn oferece sobre este ponto:

> Paulo, em face do problema de como apresentar a fé na ressurreição dentro de um contexto helenístico, resolveu-o separando *sarx* e *soma*; desviou exclusivamente para a "carne" a aversão helenística ao material e com êxito neutralizou o conceito "corpo", de modo que este pudesse ser usado em ambos os sentidos da antítese, entre "espírito" e "carne", ou "espírito" e "alma". Assim, a ressurreição, incluindo a ressurreição de Jesus, poderia ser apresentada não como uma restauração do físico, mas como uma transformação, um modo de existência completamente novo; como

---

[20] Sobre esta categoria, tão joanina, cf., além dos comentários ao quarto evangelho, o magnífico comentário de P. Tillich, *Das Ewige im Jetzt*. Stuttgart, 1964 (principalmente o capítulo que dá título ao livro — O eterno no agora, pp. 119-128. Cf. também *Teología sistemática*. Salamanca, 1984. v. III. pp. 504-506. [Ed. bras.: *Teologia sistemática*. São Paulo/São Leopoldo, Paulus/Sinodal, 1984.]

[21] Andrés Tornos, que estudou muito bem esse aspecto de contextualização cultural, expressa-o assim: "Hoje mudaram os marcos de referência dos quais emergem as perguntas. A palavra 'carne' já não tem um sentido filosófico que sublinha a temporalidade e a passividade. Significa, sobretudo, a parte mórbida do corpo em oposição à parte óssea ('carne e osso'); às vezes também significa o corpo todo, por oposição ao espírito, ou a sede dos impulsos mais corporais ('um homem muito carnal'). O marco de referência dos problemas da ressurreição na carne não é a idéia de que esteja faltando um grande poder para refazer no mundo do além o desfeito pela deterioração, mas é a idéia de que a materialidade da carne está implicada em certos processos biológicos incompatíveis com o tempo vigente em uma existência sempiterna imaginária. Sem esses processos biológicos a carne ou o corpo não seriam o que são e por isso é absurdo pensá-los em um além" (*Escatología*. Madrid, 1991. v. 2, p. 195 — especialmente pp. 192-196).

corpo espiritual (soma pneumatikón) em contraste com o *corpo natural (soma psychikón)*. Desse modo, desenvolvendo essa distinção clara entre "carne" e "corpo", Paulo foi capaz de tornar, de certa maneira, mais inteligível o conceito de ressurreição ao leitor grego mais requintado, e, ao mesmo tempo, conservou a importante compreensão judaica da ressurreição como ressurreição do ser humano todo.[22]

A verdade é que com base em uma visão renovada isso nem sequer se apresenta como problema. A razão está no fato de que em seu aspecto mais decisivo a dificuldade radical nascia da vinculação da ressurreição com o cadáver, pois então a "alma" tinha de esperar o "corpo" para poder restabelecer sua plena identidade. Ao reconhecer a morte como uma passagem atual ao novo modo de ser, a dificuldade desaparece por si mesma. Por isso o Ressuscitado já está plenamente com Deus e plenamente conosco.[23] (Sem que isso signifique, como foi dito, o desaparecimento do osbcuríssimo mistério do *como* é possível e *como* se realiza essa nova identidade da vida em plenitude: como no caso de Jesus, devemos entregá-lo ao amor poderoso de Deus, capaz de manter nossa identidade apesar da terrível "evidência do cadáver".)

Com isso se soluciona também um problema que foi muito vivo até há poucas décadas e que, nos termos em que se discutia, hoje se tornou para nós assombrosamente anacrônico: a discussão acerca do *estado intermediário*; ou seja, desse "tempo/não-tempo" em que a "alma" esperaria pela ressurreição dos "corpos" no fim do mundo.[24] Sem menosprezar seu mérito como contribuição para esclarecer certos temas e, às vezes, também para fomentar o contato entre a escatologia católica e a evangélica,[25] agora não é mais preciso dedicar-lhe muito espaço.

Isso não significa ignorar a profunda verdade que pode esconder-se por detrás dessa discussão: o caráter real da *espera* da plena realização *escatológica*, definitiva e universal. Para isso

---

[22] *Jesús y el Espíritu.* Salamanca, 1981. p. 203.

[23] Isso é muito bem expressado por W. Kasper, *Jesús, el Cristo*, p. 185: "Agora podemos dizer de modo definitivo o que é o corpo pneumático do(s) ressuscitado(s): o todo do ser humano (portanto, não só a alma), que se encontra definitivamente na dimensão de Deus, que se adentrou total e absolutamente no senhorio de Deus. Ou seja, que corporeidade da ressurreição significa que toda a pessoa do Senhor está definitivamente com Deus. Todavia, corporeidade da ressurreição significa também que o ressuscitado continua em relação com o mundo e conosco, exatamente como quem está agora com Deus; está, pois, de um modo divino conosco, quer dizer, de maneira totalmente nova. Por isso Paulo pôde escrever que o corpo do Senhor é o corpo para nós *(to sôma to hyper hymôn)* (1Cor 11,24)".

[24] Entre nós, quem tratou disso amplamente foi J. L. Ruiz de la Peña: cf. principalmente *La otra dimensión*, Bilbao, 1975. Teve ampla repercussão a já lembrada discussão (cap. IV, "Ressurreição bíblica e imortalidade grega") de J. Ratzinger com G. Greshake e G. Lohfink; um bom resumo está em B. Forte, *Teologia della storia*, Torino, 1991, pp. 348-354 [ed. bras.: *Teologia da históriá*. São Paulo, Paulus, 1995], que concorda com Ratzinger. Cf. a hábil contextualização que oferece Tornos, op. cit., pp. 195-198. Se alguém tiver, ainda, algum interesse nos pormenores da discussão, pode ver a ampla e detalhada apresentação de G. Greshake, "Auferstehung im Tod", cit., pp. 538-557 (na p. 557 afirma que com este artigo despede-se do tema).

[25] O problema foi, com efeito, suscitado pela teologia dialética e de certo modo popularizado por O. Cullmann em torno da espera "sob o altar" e a ressurreição como "nova criação": cf. CULLMANN, O. ¿Inmortalidad del alma ou resurrección de los muertos?", pp. 235- 267.

apontam os temas da parusia e do Juízo Final, muito arraigados na tradição e que não só marcaram profundamente a piedade, mas também, por meio da arte, povoaram o imaginário cultural com imagens influentes e poderosas (infelizmente, nem sempre muito de acordo com o genuíno espírito evangélico).

Esses símbolos veiculam, com efeito, um significado fundamental dentro da experiência cristã, pois aludem à existência de *uma incompletude real e de uma espera verdadeira* também para os ressuscitados. De início, para esses últimos poderia parecer anulada pelo fato de que a ressurreição já se torna realidade para todos no momento da morte. Na realidade, a verdade dessa espera acaba sendo reforçada, pois, ao eliminar os esquemas míticos de uma ressurreição geral no fim dos tempos, liberta-se seu autêntico sentido: o da íntima comunhão e solidariedade de todos os humanos, vivos e defuntos; solidariedade que, fundada em Cristo (cf. Gl 3,28), recolhe em si o passado e antecipa o futuro, sem que nem sequer a morte seja capaz de rompê-la.

A expectativa final reflete, pois, o fato decisivo de que todos os homens e mulheres, apoiados em Deus e animados por sua Vida eterna, formam uma comunidade: o fato de que *somos* comunidade. Por isso não existe salvação "acabada" para ninguém enquanto houver membros a caminho, na espera de sua realização plena, já livre das ameaças do mal e da osbcura angústia da morte. Visto a partir do lado mais ameaçador dessa negatividade, atribui-se a Orígenes uma expressão que diz bem isso: "Enquanto ainda houver um pecador no inferno, Cristo permanece na cruz".[26]

É, por outro lado, o que se confessa na penetrante verdade da *comunhão dos santos*, incompleta enquanto algum de seus membros ainda não estiver participando; algo que se manifesta nessa profunda tensão em direção à plenitude, que Paulo soube expressar magnificamente falando de "salvação na esperança" e de "gemidos de parto" (Rm 8,22-25). A mesma plenitude que em outro lugar descreve justamente como culminação do processo pelo qual, por meio da história, a morte, derrotada como clausura aniquiladora, converte-se em porta luminosa através da qual todos iremos entrar rumo àquele fim em que "Deus seja tudo em todos" (1Cor 15,28).

Para terminar este ponto, cabe também aludir à luz que assim se lança — propiciando, além disso, diálogo ecumênico — sobre o dogma mariano da *Assunção*. Prefiro expressá-lo com

---

[26] M. Wiles, que o toma de J. A. T. Robinson, que por sua vez remete a N. Berdiaiev, pensa que, mais do que uma citação literal, é um resumo feito por este (*God's action in the world*. London, 1986. p. 52, com a nota 21 na p. 112). Prova disso são as reflexões de H. de Lubac, que remete à homilia *In Leviticum*, "na qual parece que mostra que Cristo é incapaz de gozar da beatitude perfeita enquanto um só de seus membros permanecer mais ou menos imerso no mal ou no sofrimento" (*Catolicismo*; los aspectos sociales del dogma. Barcelona, 1963. p. 91 — cf. pp. 90-96, com numerosas referências da tradição, e pp. 201-203, onde oferece um amplo trecho da homilia).

Logicamente, não faz falta tomar ao pé da letra a doutrina tradicional sobre o inferno para apreciar o significado da frase. Cf. a esse respeito Torres Queiruga, A. *O que queremos dizer quando dizemos "inferno"?*

palavras de Gisbert Greshake, o qual, por sua vez, reflete a opinião de "um número maior de teólogos".[27] Referindo-se em concreto a O. Karrer e D. Flanagan, sintetiza:

> Ambos os teólogos tentam compreender também a partir daqui [a partir da ressurreição na morte] o dogma da Assunção corporal de Maria ao céu. Caso se aceite que a ressurreição do corpo já acontece fundamentalmente na morte, então com este dogma não se dogmatiza um privilégio particular de Maria, mas formula-se novamente uma proposição soteriológica universal, a saber, que a ressurreição de Jesus não é um acontecimento isolado, mas ele, Jesus, é o "primeiro a ter sido elevado", a quem a comunidade segue. No dogma da Assunção de Maria, a Igreja, cujo modelo é Maria, confessa, portanto, que ela pode participar da ressurreição do Senhor.[28]

O fato de que a perspectiva seja ligeiramente distinta — esses autores não consideram a ressurreição na morte *também* antes de Cristo —, longe de debilitar a proposta, justifica-a, ampliando sua coerência.

A verificabilidade da ressurreição

Significado e importância da questão

Falar de verificabilidade em um tema de transcendência tão inapreensível como o da ressurreição pode parecer excessivo, e desde já exige ser bem interpretado.[29] Contudo torna-se imprescindível, caso não se queira incorrer em um fideísmo mais ou menos encoberto. De fato, ao falar do "descobrimento" da ressurreição ou, o que é o mesmo, da gênese e do processo de sua revelação, já estaremos falando de sua fundamentação realista e, portanto, de sua "verificação" na experiência humana. Todavia, até aqui essa fundamentação referiu-se ao passado, ao período constituinte da revelação no Primeiro e no Segundo Testamento.

---

[27] Mais recentemente fê-lo com vigor e com referência a um novo conceito de ressurreição J. M. Hernández Martínez, "La asunción de María como paradigma de escatología cristiana", *Ephemerides Mariologicae* 50 (2000) 249-271 (resumido em *Selecciones de Teología* 163:41 [2002] 195-206).

[28] Greshake, G. "Das Verhältnis 'Unsterblichkeit der Seele' und 'Auferstehung des Leibes' in problemgeschichtlicher Sicht". p. 119, nota 93. Remete à bibliografia do artigo de Flanagan e, para a exegese, a P. Benoit, "¿Resurrección al final de los tiempos o inmediatamente después de la muerte?". *Concilium* 60 (1970) 98-111; Gnilka, J. "La resurrección corporal en la exégesis moderna". *Concilium* 60 (1970) 126-135; Kremer, J. ... *denn sie werden leben*. Stuttgart, 1972. pp. 101-114.

[29] Vale a pena repassar as considerações de J. L. Segundo, que insiste tanto na necessidade de "verificar" a ressurreição como no caráter específico dessa verificação: *El hombre de hoy ante Jesús de Nazaret*, Madrid, 1982, v. II/1, pp. 259-268 [ed. bras.: *O homem de hoje diante de Jesus de Nazaré*. São Paulo, Paulus, 1995]; mais sinteticamente, em *La historia perdida y recuperada de Jesús de Nazaret*, Santander, 1991, pp. 329-334. [Ed. bras.: *A história perdida e recuperada de Jesus de Nazaré*. São Paulo, Paulus, 1995.]

Contudo, aqui se apresentam dois problemas importantes. De um lado, corre-se um certo perigo de "sacralização idealizadora", tão típica do passado, sempre facilmente magnificado e até mitificado; com a conseqüência de que desse modo perde igualmente toda força de futuro. Isso foi muito bem estudado por H. A. Williams, que insiste com vigor no fato de que sem fundamentação na experiência atual a ressurreição se converte inevitavelmente em algo abstrato, relegado ao passado ou adiado para o futuro, mas sem verdadeira incidência no presente: "Como uma discussão ou acerca do que se pode sustentar como acontecido nos arredores de Jerusalém e da Galiléia no terceiro dia depois de Jesus ter sido crucificado ou acerca do que está reservado para nós depois de nossa própria morte".[30]

No entanto, "o passado, como passado, está morto" e "o futuro, com mais obviedade que o passado, é questão de teoria", e "essa é a razão por que para a maioria das pessoas [a ressurreição] não significa nada".[31] Isto vale para vivenciar *nossa* ressurreição: daí a necessidade de "explorar como e quando no curso de nossa vida somos ressuscitados dos mortos, as ocasiões em que o poder da ressurreição se fez sentir sobre nós".[32] De sorte que, "se nos tornamos conscientes da ressurreição nesta vida, então, e só então, seremos capazes ou estaremos preparados para receber a esperança da ressurreição final depois da morte física".[33] E, como insistiu Marianne Sawicki, vale igualmente para a nossa fé na ressurreição de *Jesus*: só o "veremos", só teremos acesso a ele, se o descobrirmos nas narrativas evangélicas, na liturgia partilhada e na solidariedade com o pobre.[34]

Por outro lado, a partir do início da Modernidade, como já foi indicado no cap. 1 ("Por uma abordagem renovada"), a idéia de ressurreição, tendo em vista que pretende responder às três grandes perguntas humanas — que posso conhecer? que devo fazer? que posso esperar? —, encontra-se no fogo cruzado dos três grandes "mestres da suspeita". A exposição, como não podia deixar de ser, levou sempre muito em conta essas suspeitas: daí a sua insistência na necessidade de uma consideração realista, atenta às exigências da nova cultura no que elas têm de inegavelmente justo e irreversível. Não podemos tratá-las por completo, mas é chegado o momento de, pelo menos, mencioná-las e abordá-las diretamente em seu significado mais fundamental.

Sobre esse primeiro passo, abordar-se-á de imediato a consideração mais positiva, em três aspectos especialmente relevantes.

---

[30] *True resurrection.* 2. ed. London/New York, 2000. p. 4.

[31] Ibidem, pp. 4-5.

[32] Ibidem, p. 12.

[33] Ibidem, p. 13; cf. pp. 3-13.

[34] *Seeing the Lord.* Minneapolis, 1994. pp. 295-299 e passim. Caso contrário, Cristo fica relegado a um passado morto; pois "ele não pode ser, ao mesmo tempo, passado e ressuscitado" (p. 334). "Ironicamente, também a ressurreição de Jesus foi, muito cedo, relegada ao passado na história da comunidade cristã, que converteu a ressurreição numa história (*story*) que ocorreu a outros" (p. 335).

A ressurreição e os "mestres da suspeita"

A partir do próprio começo do cristianismo e, certamente, a partir do nascimento da crítica bíblica, a verdade e o sentido próprio da ressurreição não puderam escapar ao ataque da *suspeita psicológica*. Os índices da obra de *Freud* não me revelaram mais que alusões circunstanciais a esse problema.[35] Contudo, já Tillich observara muito bem que a explicação psicológica "constitui o meio mais fácil e geralmente aceito".[36] E basta recordar o "retorno" do fantasma do pai assassinado, com suas evidentes alusões ao papel do filho, ou à inesgotável "estratégia do desejo", para advertir quão exposta à suspeita está qualquer postura que não se assenta sobre a realidade e não se abre lucidamente à confrontação da história.

De certo modo devemos lamentar que Freud não se tenha ocupado com mais detalhes de uma questão tão decisiva. Como mostrou Paul Ricoeur a propósito do tema da paternidade,[37] a crítica não somente obriga a ir ao real, mas também pode contribuir para que a fé se purifique de seus fantasmas. Tratando-se da ressurreição, é evidente que esses fantasmas assediam não somente as representações comuns, mas também, muitas vezes, a própria especulação teológica.

Em todo caso, talvez agora se entenda melhor a importância que nas abordagens atuais o problema de "como se chegou à fé na ressurreição" ganhou e, desde já, tenho a esperança de que assim fique um pouco mais justificado o espaço que pessoalmente lhe dediquei. A sobriedade conceitual e a renúncia ao extraordinário tornam talvez mais austera a aceitação, mas certamente a protegem muito mais das projeções do inconsciente ou dos equívocos da imaginação.

Quanto à segunda pergunta, não é preciso insistir novamente na transcendência *prática* de toda a abordagem: a remissão à história passada pede para ser complementada com o reenvio ao presente vivo. A ressurreição, se significará algo para o homem e para a mulher posteriores à Revolução Francesa, construtores conscientes da sociedade, terá de validar-se também em seus efeitos sobre a ação humana. A evidência e a justiça dessa pergunta estão hoje tão vivas que não precisam esclarecimentos ulteriores. E também a referência à *crítica de Marx* torna-se evidente por si mesma.

Embora também nele o foco de análise não se dirija diretamente ao problema da ressurreição, ela se encontra no próprio centro da polêmica. O "além" como alienação a alude diretamente,

---

[35] Os textos nos quais aparecem alusões mais claras são: "Totem y tabú" (1912), in *Obras completas*, Madrid, 1972, t. 5, pp. 1.745-1.850; "Moisés y la religión monoteísta" (1939), in: *Obras completas*, Madrid, 1975, t. 9, pp. 3.241-3.324. [Ed. bras.: "Totem e tabu". In: *Obras completas de Freud*. Rio de Janeiro, Imago, 1974. "Moisés e o monoteísmo". In: *Obras completas de Freud*. Rio de Janeiro, Imago, 1974.]

Muito significativo é o fato de que E. Bloch — é bem conhecida a influência de Freud sobre o marxismo humanista — fale de *Wunschmysterien* (mistérios do desejo) precisamente a propósito da ressurreição, da ascensão e da volta de Cristo (cf. *Das Prinzip Hoffnung*. Frankfurt a. M., 1970. v. 3, pp. 1.493-1.504; *Atheismus im Christentum*. Hamburg, 1970. pp. 162-166).

[36] *Teología sistemática*. Barcelona, 1972. v. II, p. 206. [Ed. bras.: *Teologia sistemática*. São Paulo/São Leopoldo, Paulus/Sinodal, 1985.]

[37] Cf. "La paternité: du fantasme au symbole". In: *Le conflit des interprétations*. Paris, 1969. pp. 458-486.

situando-a no centro da suspeita (muito mais, por certo, que as típicas pretensões, de fácil comparatismo e de apressado reducionismo, voltadas a reconstruir, com base no materialismo histórico, "as origens do cristianismo").

Considerando os fatos da história, é impossível menosprezar a força da crítica marxista, e não é exagerado afirmar que a ela, como dura advertência, devem muito a teologia e a Igreja atuais. É evidente que a teologia compreendeu bem a acusação e que tratou de acolher suas justas exigências. A redescoberta da *dimensão práxica da escatologia* foi sua principal e mais fecunda manifestação. A esperança cristã foi resgatada assim de sua prisão abstratamente simbólica, e foi espalhada na operatividade da história como compromisso ativo com o pobre, o humilhado e também com os mortos. Não é casual que a teologia da esperança, a teologia política e a teologia da libertação tenham tanto suscitado numerosos seguidores como se tornado uma autêntica sementeira de novas possibilidades, abrindo perspectivas inéditas para o pensamento e para o compromisso (cf. "Ressurreição e esperança para o mundo").

Resta, finalmente, a terceira suspeita. A ação já evoca a *esperança*, posto que se age sempre com vistas a um fim. Contudo, agora a pergunta cala mais fundo, tornando-se "ontológica": que tipo de pessoa, que tipo de esperança se torna clara na ressurreição?

Porque aqui, sim, o *ataque de Nietzsche* é direto e enfurecido. A suspeita aponta em direção ao mais baixo e desprezível, não descarta sequer o insulto. "Ressentimento" é a palavra-chave; e Paulo, com a sua teologia da morte-ressurreição, o principal alvo do ataque.[38] A vingança, a mentira ou o desejo rabínico e sacerdotal de poder e tirania, a rebelião contra o nobre e elevado da vida, estariam na base do "ensinamento da ressurreição", "[d]essa lascívia de concepção", da "cínica doutrina da imortalidade pessoal".[39] Egoísmo, pois, e negação da vida, para a qual o "centro de gravidade se posiciona no 'além', no nada".[40]

Não é fácil saber o que opõe Nietzsche a isso que tão decididamente nega: vontade de poder, super-homem, eterno retorno... são intuições excessivas, que muitas vezes parecem conduzir ao paroxismo aquilo mesmo que pretende negar.[41] Isso não impede que a teologia se esforce para buscar uma resposta concreta e pertinente, tratando de recolher o que no abrupto desafio nietzschiano há de legítimo como acusação e de sugestivo como abertura.[42]

---

[38] *Der Antichrist*. ed. K. Schlechta. v. II, 40-43, pp. 1.201-1.206.

[39] Ibidem, p. 1.203.

[40] Ibidem, p. 1.205.

[41] Sobre o cuidado com que é preciso proceder nesse ponto insiste P. Valadier, *Nietzsche, l'intempestif*. Paris, 2000.

[42] Cf., por exemplo, as obras de B. Welte, *El ateísmo de Nietzsche y el cristianismo*, Madrid, 1962; E. Biser, *Nietzsche y la destrucción de la conciencia cristiana*, Salamanca, 1974; G. Morel, *Nietzsche*, Paris, 1970-1971, 3 v.; P. Valadier, *Jésus-Christ ou Dionyssos*; la foi chrétienne en confrontation avec Nietzsche, Paris, 1979; _____. *Nietzsche y la crítica del cristianismo*, Madrid, 1982; J. Conill, *El crepúsculo de la metafísica*. Barcelona, 1988.

De fato, a atenção mais compreensiva na base de sua advertência abriu novas possibilidades para uma apreciação justa. Chegou-se até a chamar de "teologia dionisíaca".[43] E, sobretudo, acentuou-se com mais cuidado o enraizamento profundamente humano e humanizador da esperança da ressurreição. Karl Rahner, por exemplo, procurou mostrar como a fé na ressurreição concretiza e recolhe, elevando-a, nossa "esperança transcendental",[44] ou seja, aquilo que é prometido a nós na osbcura intuição do melhor e mais definitivo de nós mesmos: no amor-doação, na fidelidade até a morte, na bondade "inútil", na percepção do belo até mesmo na morte, na serenidade diante do fim...[45]

Contudo, recorde-se que já no Antigo Testamento aparecia o modo como a fé na ressurreição nascia do amor desinteressado a Deus e da fidelidade até a morte na revolta contra a injustiça. No próprio Paulo, quando lido sem preconceitos, torna-se impossível não captar uma elevação moral, uma abertura universal e uma exaltação vital que está nas antípodas do ressentimento. A ressurreição não se apresenta como revanche diante de ninguém, mas como triunfo de todos: "[...] assim em Cristo todos serão vivificados" (1Cor 15,22). A única coisa negada é precisamente a negatividade da morte: "[...] o último inimigo a ser destruído é a morte" (v. 26); vencido justamente como aquilo que em última instância oprime e nega a vida: "[...] o aguilhão da morte é o pecado, e a força do pecado é a Lei" (v. 56). O resultado final é a possibilidade absoluta, a afirmação infinita da vida: "[...] para que Deus seja tudo em todos" (v. 28).

Não resta dúvida, pois, de que a situação atual insere a ressurreição em uma dialética viva, que pode ser dura em alguns aspectos, mas que também se mostra prometedoramente fecunda em outros. Uma vez indicada a direção das possíveis respostas, é melhor desde já tratar de vê-las positivamente: na coerência global da visão de conjunto. É o que pretendem os intertítulos seguintes.

A fundamentação antropológica

Este aspecto é o que possivelmente adquiriu mais relevo. Trata-se, com efeito, de uma necessidade amplamente reconhecida pela teologia atual, a qual renuncia a uma mera remissão fundamentalista aos testemunhos bíblicos, para buscar a encarnação humana da verdade da ressurreição.[46] Se essa fosse radicalmente alheia à nossa experiência, resultaria simplesmente inacreditável. Por sorte, não o é; por isso, sem negar as dificuldades, convém também insistir em sua evidência peculiar.

---

[43] Cf. uma visão geral em V. Codina, "La teología dionisíaca". *Actualidad bibliográfica* 21:11 (1974) 10-34.

[44] RAHNER, K. & THÜSING, W. *Cristología*. Madrid, 1975. pp. 44-45; RAHNER, K. *Curso fundamental sobre la fe*. pp. 315-317 e 321-322.

[45] *Curso fundamental sobre la fe*. p. 503.

[46] Cf., sobretudo, o que foi dito no cap. 3 ("Coerência teológica, a revelação de Deus"), que levaremos muito em consideração aqui.

Nesse sentido, é surpreendente a centralidade que a idéia de imortalidade adquire em um período como o do *Iluminismo* e na religiosidade do século XIX, ou seja, em um ambiente racionalista que à primeira vista pareceria ser radicalmente hostil a ela; até o ponto de que se pôde afirmar que a convicção da imortalidade constitui "o dogma propriamente central do Iluminismo".[47]

Embora não faça parte de suas páginas mais incisivas, basta recordar a importância decisiva que a idéia de imortalidade adquire para o *Kant* da razão prática, que, não se esqueça, é a que mantém o "primado" em sua filosofia. Para ele, somente contando com ela como postulado intrínseco é possível salvaguardar a coerência da pessoa como ser moral, superando a terrível discrepância empírica entre a virtude e a felicidade;[48] por isso a religião se converte no lugar filosófico da esperança.[49]

Antes de Kant, *Espinosa* havia posto no final de sua *Ética* esta afirmação que sempre me impressionou profundamente: "sentimus experimurque nos aeternos esse" ("sentimos e experimentamos que somos eternos").[50] O fato de a frase ser solidária de uma concepção que acentua em excesso nossa identidade com Deus não tira sua força em relação à experiência de perenidade inserida na radicalidade do ser humano.

Sabe-se muito bem que Miguel de Unamuno, com um talento *sui generis*, tão apaixonadamente preocupado com a imortalidade pessoal, a do homem "de carne e osso", liga-a, para mostrá-la, com a idéia espinosista do *conatus essendi*:

> E a outra proposição que segue a essas duas [da parte III da *Ética*], a 8ª, diz: "Conatus, quo unaquaeque res in suo esse perseverare conatur, nullum tempus finitum, sed indefinitum involvit" (ou seja: "O esforço com que cada coisa se esforça por perseverar em seu ser não implica tempo finito, mas sim indefinido"). Isso quer dizer que você, eu e Espinosa não queremos morrer jamais, e que esse nosso desejo de nunca morrermos é nossa essência atual.[51]

Embora a razão sempre o questionasse sobre o que a intuição sentimental — seu "sentipensamento" — ditava-lhe, o grito permanece inalterável ao longo de sua obra, pois aceitara o "belo risco", o *kalós kindynos*, de apostar na imortalidade pessoal:

---

[47] STANGE, C. *Die Unsterblichkeit der Seele*. Gütersloh, 1924. p. 105 (citado por G. Greshake, "Das Verhältnis 'Unsterblichkeit der Seele' und 'Auferstehung des Leibes' in problemgeschichtlicher Sicht", cit., p. 98 — para esse ponto específico levarei muito em conta esse trabalho [pp. 98-99]).

[48] Cf. *KpV* A 219-223 (*Crítica de la razón práctica*. Salamanca, 1994. pp. 153-155 [Ed. port.: *Crítica da razão prática*. Lisboa, Edições 70, 1989.]). Cf. a síntese de E. Colomer, *El pensamiento alemán de Kant a Heidegger*, Barcelona, 1986, v. 1 (La filosofía transcendental: Kant), pp. 231-250.

[49] Cf. SCHÄFFLER, R. *Was dürfen wir hoffen?* Darmstadt, 1979.

[50] Parte V, prop. XXIII, esc. (*Oeuvres complètes*. Paris, 1954. p. 582). Sobre o complexo panorama das interpretações dentro do sistema, cf. P.-F. Moreau, *Spinoza*; l'expérience et l'éternité, Paris, 1994, pp. 532-549; de certo modo, todo o livro é um comentário dessa frase, com a qual se abre (p. V).

[51] *Del sentimiento trágico de la vida* (1913), cap. I (citado em *Obras selectas*, Madrid, 1965, p. 265).

Em face desse risco, e para suprimi-lo, dão-me raciocínios que provam quão absurda é a crença na imortalidade da alma; mas esses raciocínios não me abalam, pois são razões e nada mais que razões, e não é delas que se deleita o coração. Não quero morrer, não, não quero nem quero querer isso; quero viver sempre, sempre, sempre, e eu viver, este pobre eu que sou e me sinto ser aqui e agora, e por isso me tortura o problema da duração de minha alma, da minha própria alma.[52]

Um argumento que talvez mereceria mais atenção, analisando sua presença na *consciência comum*. Em outro lugar sugeri que se "deveria inverter a afirmação de Max Scheler acerca da 'evidência da morte' na própria vivência da vida,[53] com a afirmação simultânea de uma 'evidência da imortalidade'. Se aquela se mostra no perceber obscuro do modo como o conjunto do que podemos viver se limita contínua e irremediavelmente, esta aparece na incessante e transgressiva ampliação desse conjunto como antecipação da imortalidade".[54]

De um modo ou de outro, todos percebemos isso na vontade de viver, que por vezes surpreende a nós mesmos diante da terrível fragilidade da vida: é uma espécie de voto de confiança que a "sabedoria do corpo" — mais profunda às vezes que a da consciência explícita — outorga à perenidade de nosso ser, como se intuísse que, subjacente à sua aparente contingência, brilha uma chama inextinguível de eternidade.[55] Na realidade, sempre me impressionou sua manifestação nesse sentimento curiosamente polar que se produz nos encontros casuais, quando adquirem uma certa intensidade ou uma significação particular: têm tanto valor em si mesmos que parece impossível que se percam para sempre no nada. Isso é bem ilustrado em uma anedota do Caminho de Santiago: "Um casal de peregrinos contava emocionado como, depois de lhes ter dado um copo d'água, uma mulher se despediu dizendo: 'Nos vemos no céu'".[56]

---

[52] Ibidem, cap. III (op. cit., p. 292).

[53] "Tod und Fortleben". In: *Schriften aus dem Nachlass*. Bern, 1957. v. 1, pp. 11-64 (principalmente pp. 16-21).

[54] "Muerte e inmortalidad: lógica de la simiente vs. lógica del homúnculo". *Isegoría* 10 (1994) 99.

[55] Após ter redigido estas páginas, deparei com algumas profundas e iluminadoras reflexões de Paul Ricoeur a respeito. Analisando a estranha falta de uma análise da "carne" no *Sein und Zeit* de Heidegger, encontra ali a razão do excessivo, quase absolutizado, predomínio da morte: o *Dasein* como "ser-para-a-morte". Por outro lado, a atenção à "carne" mostra que, certamente, "a morte é o destino inevitável do corpo-objeto"; mas também que a "mortalidade constitui tão-só 'a outra metade' de uma experiência mais integral e originária. A biologia ensina a verdade geral de que 'é necessário' morrer; mas em um nível mais profundo 'esse saber' permanece heterogêneo ao desejo de viver, ao querer viver, essa figura carnal do cuidado [*Sorge*, 'cura'], do 'poder ser um todo'". Daí o trabalho da consciência sobre si mesma pode levá-la a uma forma diferente de viver ou ter-de-morrer: no extremo, o *Poverello* de Assis "pode amar a morte como uma irmã". E vale para todos: "Caso se persista em distinguir o 'existenciário' originário da variedade de confrontos (*prises de position*) existenciais [...], nesse nível originário entre o querer viver e o ter de morrer subsiste uma distância; esse último faz da morte uma interrupção às vezes inevitável e alternativa (*aléatoire*) do poder-ser mais originário. Completar essa distância por meio da aceitação constitui uma tarefa para a qual todos estamos submetidos e com a qual nos deparamos com maior ou menor sucesso" (*La mémoire, l'histoire, l'oubli*. Paris, 2000. pp. 466-467).

[56] Narrada por E. Mouriño, *Activación patrimonial e ritualización no proceso de revitalización do Camiño de Santiago*, tese de doutorado dirigida por N. Herrero na Universidade de Santiago, 2002, p. 301. Com certeza, todos poderíamos contar episódios semelhantes. Pessoalmente, não esquecerei jamais o

Por sua vez, H. A. Williams, na obra citada anteriormente, faz uma ampla, vívida e segura análise de diversas experiências de ressurreição. Pretende mostrar como ela se antecipa e de algum modo se vivencia naquelas ocasiões, como a arte, o amor correspondido, o encontro autêntico, o conhecimento participativo, a superação ética ou o sofrimento superado... em que a unidade corpo–alma é experimentada como uma descoberta "milagrosa" da própria integridade: como "o milagre por meio do qual descubro que sou mais e diferente daquilo que antes havia imaginado".[57]

Essa ênfase não o leva — como talvez seja o caso de A. J. M. Wedderburn, que também sublinha a ubiedade experiencial da ressurreição[58] — a negar a ressurreição depois da morte; pelo contrário, encontra aí a sua fundamentação:

> Se estamos preparados para a vida no sentido de estar abertos a seu poder e possibilidades, então também estamos preparados para a morte. Se estamos conscientes da ressurreição no presente, então não ficaremos superpreocupados com a ressurreição no futuro.[59]

Karl Rahner, como foi indicado, soube dar forma teológica a essa profunda intuição ou pressentimento, ao falar da "esperança transcendental da ressurreição", que o homem realiza e exerce concretamente quando quer "afirmar-se em direção ao definitivo e experimenta essa exigência na ação de sua liberdade responsável".[60] Até o ponto de que "essa esperança transcendental da ressurreição é o horizonte de inteligência para a experiência crente da ressurreição de Jesus".[61]

Wolfhart Pannenberg, por sua vez, detecta idêntica estrutura, que não só se expressou na "esperança apocalíptica" que constituía o horizonte neotestamentário, mas também que mantém ainda hoje sua vigência perene: "A fenomenologia da esperança remete ao fato de que esperar o além da morte faz parte da essência do ser humano consciente".[62] Por isso, insiste na necessidade de mostrar que "de nenhum modo a espera de uma ressurreição dos mortos há de aparecer

---

encontro com uma mulher indígena em minha primeira visita ao México: chegava cansada, carregando um feixe de lenha, no calor do meio-dia; quando se sentou para descansar, trocamos um sorriso compreensivo, e eu, que estava tomando um refrigerante, ofereci um a ela; aceitou agradecida, mas, antes de abri-lo, suada e sedenta como estava, esperou até que se aproximasse seu filho, que brincava por ali, e antes de beber ofereceu um pouco a ele. Despedimo-nos sem palavras. Não pude, porém, deixar de pensar: será possível que algo tão misteriosamente humano termine por ali e fique por isso mesmo, sem que nunca mais nos encontremos?

[57] *True resurrection*, cit., pp. 52 et passim.

[58] *Beyond resurrection*. princ. pp. 153-169.

[59] *True resurrection*, cit., p. 180 (cf. pp. 169-182).

[60] *Curso fundamental sobre la fe*. p. 315 (cf. pp. 315-322).

[61] Ibidem, p. 316. Cf. uma síntese em F. Schüssler Fiorenza, *Foundational theology*. Jesus and the church, New York, 1985, pp. 13-16.

[62] *Fundamentos de cristología*. p. 105.

necessariamente como absurda com base nos pressupostos da mentalidade moderna, senão que se deve defendê-la como expressão filosoficamente adequada da determinação específica do ser humano".[63]

Na mesma direção vai a reflexão de Joseph Moingt, o qual, remetendo-se à "coragem de existir" de Paul Tillich,[64] fala da "coragem do futuro" como "a intimação de uma esperança que habita no mais íntimo do ser",[65] pois, como acrescenta belamente, "o ser humano vive somente da espera por viver".[66] Também para Moingt essa esperança é a que abre o acesso à compreensão e à aceitação da ressurreição de Jesus:

> A esperança no poder do ser, que sustenta nossa vida através da morte, perderia sua força e sua razão de ser, ou melhor, não poderia ser, se o que se narra de Jesus fosse impossível de manifestar-se. Correr-se-ia o risco de considerar isso impossível, caso devesse acontecer somente com ele, visto que, assim, isso estaria destituído de sentido. Todavia, quando nos é anunciado que Jesus alcançou o fim ilimitado da vida, algo que também nós estamos destinados a alcançar com ele, então a experiência que fazemos do poder ilimitado do ser, do trabalho do futuro no presente, encontra-se sintonizada com esse anúncio.[67]

Em estreito diálogo com o pensamento atual, *Hansjürgen Verweyen* retoma essa idéia, prolongando-a em duas direções importantes. A primeira, como resposta ao mal e como libertação do absurdo da existência; absurdo sempre à espreita na própria morte e sobretudo na do outro — algo "ao qual não posso resignar-me"—, com a seguinte conclusão:

> Pensado até o final, desse pressuposto fundamental para a ação humana chega-se (embora seja um tanto diferente) a um "postulado" de "algo além do qual nada melhor pode ser pensado". Não me é lícito enquadrar o homem em uma figura cuja moldura está definitivamente fixada pela biologia, pois assim atentaria contra a dignidade dele. Então projeto necessariamente um horizonte de esperança no qual a morte não tem a última palavra.[68]

A segunda direção já foi indicada: a esperança não é apenas *para mim*, algo sempre exposto à "suspeita de um egoísmo sublimado e a uma visão do 'aqui' como um tempo de prova para o

---

[63] Ibidem, p. 109 (cf. pp. 102-110). Cf. também suas recentes considerações em "Die Aufgabe der christlichen Eschatologie", pp. 271-282. Cf. KIENZLER, K. *Logik der Auferstehung.* Freiburg Br., 1976. pp. 132-143; BLÁZQUEZ, R. *La resurrección en la cristología de Wolfhart Pannenberg.* Vitoria, 1976; FRAIJÓ, M. *Fragmentos de esperança.* Madrid, 1985. pp. 189-193.

[64] *The courage to be.* New Haven, 1954. [Ed. bras.: *A coragem de ser.* Rio de Janeiro, Paz e Terra, 1972.] Uma obra que, realmente, merece ser relida neste contexto.

[65] *L'homme qui venait de Dieu.* Paris, 1993. p. 325.

[66] Ibidem, p. 328.

[67] Ibidem, p. 329.

[68] "'Auferstehung': ein Wort verstellt die Sache", p. 107, onde remete também à sua discussão com Albert Camus em *Gottes letztes Wort*, 2. ed. Düsseldorf, 1991, pp. 142-145.

'além'".[69] A esperança é também e, talvez de maneira prioritária, *para o outro*.[70] A constituição intersubjetiva da consciência significa que, como somente chego a mim próprio graças ao reconhecimento dos outros, também me sinto obrigado a reconhecer paritariamente a liberdade dos demais, e portanto também a esperança para eles:

> O "tu deves ser!" da liberdade doada abre para mim um horizonte de esperança que não supõe projeção alguma de autoafirmação (embora não esteja livre de futuras projeções desse tipo). Aqui acontece algo semelhante à promessa de uma terra "que aparece a todos na infância e onde ninguém esteve ainda".[71]

A alusão a Bloch mostra como, em sua profundidade, essa esperança é reconhecida também de algum modo pela *filosofia*,[72] pois "liga a um dos anéis mais profundos e mais fortemente enraizados na humanidade, expresso de múltiplas formas e com diferentes conteúdos: sobreviver, vencer a morte, transcender a negatividade da história etc."[73] Na Escola de Frankfurt, sobretudo, o tema tornou-se presente precisamente com especial referência aos outros, principalmente às *vítimas* da história. Adorno enfoca Kant com base nessa perspectiva: "Se a razão kantiana se sente impelida a esperar contra a razão, é porque não há melhora neste mundo que chegue a fazer justiça aos mortos, porque nenhuma melhora afetaria a injustiça da morte";[74] não estranha que chegue a afirmar: "O pensamento de que a morte seja simplesmente o fim é impensável".[75] É bem conhecida a preocupação de Max Horkheimer a respeito, profundamente tratada em seu diálogo com Walter Benjamin, em que a aporia, o protesto e a nostalgia filosóficos apenas intuem uma saída verdadeira e eficaz na (nem assumida, nem rechaçada) resposta teológica da

---

[69] "'Auferstehung': ein Wort verstellt die Sache", p. 107.

[70] Quem insiste sobre esse ponto é M. Fraijó, *La resurrección de Jesús desde la filosofía de la religión*, pp. 9-32 (principalmente pp. 16-20); e anteriormente em *Fragmentos de esperanza*, cit., pp. 215-231.

Em geral, convém notar que essa abertura "para os outros" forma parte da mais genuína experiência cristã: além dos conhecidos desenvolvimentos de Cristo como "o homem para os outros", cf., por exemplo, as reflexões de M. França Miranda, *Libertados para a práxis da justiça*, São Paulo, 1980, pp. 72-78, 95-111.

[71] "'Auferstehung': ein Wort verstellt die Sache", p. 108. A citação é, evidentemente, de E. Bloch, "Das Prinzip Hoffnung", in *Gesamtausgabe*, Frankfurt a. M., 1959, v. V, p. 1.628.

[72] Cf. as sugestivas reflexões de M. Fraijó nos trabalhos citados acima.

[73] Tamayo-Acosta, J. J. *Hacia la comunidad*. Madrid, 2000. v. 6 (Dios y Jesús), p. 169, que continua: "Sintoniza com as utopias que os seres humanos teceram ao longo de sua história: o novo céu e a nova terra, dos profetas de Israel (cf. Is 65,17; 66,22); a República, de Platão; a comunidade ideal, dos Atos dos Apóstolos (cf. At 2,42ss); a Jerusalém celeste, descrita no Apocalipse, em que 'a morte não existirá mais, e não haverá mais luto, nem grito, nem dor' (Ap 21,4); o Milênio, dos apocalípticos; a Era do Espírito, de Joaquim de Fiore; a Utopia, de Thomas Morus; a Nova Atlântida, de Francis Bacon; a Cidade do Sol, de Tomaso Campanella; a paz perpétua, de Kant; a sociedade sem classes, de Marx; a Terra sem males, das tradições pré-colombianas da Ameríndia, recuperada por Pedro Casaldáliga".

[74] *Dialéctica negativa*. Madrid, 1989. p. 384.

[75] Ibidem, p. 371. González Faus, J. I. *Al tercer día resucitó de entre los muertos*. Madrid, 2001. pp. 171-72 (destaca bem a insistência de Adorno nesse ponto).

ressurreição.[76] E Habermas, sempre mais resistente a esses temas, refere-se a esse diálogo para aludir também ele à ressurreição: "A perda da esperança na ressurreição deixa atrás de si um evidente vazio".[77]

O problema da coerência epistemológica

Jamais faltou uma certa busca de fundamentação na história do problema, como mostra, por exemplo, o recurso dos Padres ao ciclo natural de morte e vida na natureza. Todavia, é impossível negar que dentro dessa busca a insistência atual supõe algo novo e adquire uma força até certo ponto impressionante; ela é sintoma de uma mudança profunda nos projetos e da necessidade de uma nova coerência com a situação cultural. Contudo, convém observar uma certa dissonância, que exige e urge ser trazida à luz.

Com efeito, a maioria das abordagens ainda trabalha com o pressuposto de uma *dupla modalidade na ressurreição*: a de Jesus, já ocorrida em sua morte, e a nossa, à espera "até o fim do mundo". É evidente, porém, que nesse caso se mantém uma dualidade que ameaça a coerência do discurso. Porque, à medida que a argumentação mostra a razoabilidade e a validez de *nossa* ressurreição como algo a esperar para o futuro, deixa intocada a razoabilidade da ressurreição de *Jesus*, considerando-a fato já acontecido. E, ao contrário, à medida que essa argumentação é utilizada para tornar compreensível e "verificável" a ressurreição de Jesus, diz muito pouco sobre a nossa ressurreição.

Na realidade, reproduz-se assim — agora agindo em ambas as direções — a famosa dificuldade destacada por Lessing acerca da impossível passagem dos fatos contingentes às verdades universais e vice-versa.[78] No primeiro caso, a verdade *geral* de nossa ressurreição teria de fundar o *fato singular* da de Cristo; no segundo, no *fato singular* da ressurreição de Cristo tentar-se-ia fundar a verdade *geral* da nossa. Não se trata de afirmar a total impossibilidade de encontrar um caminho válido,[79] nem menos de aplicar-se a um jogo lógico ou a uma especulação ociosa, mas sim de chamar uma vez mais a atenção para a importância teológica da

---

[76] Cf. PEUKERT, H. *Wissenchaftstheorie-Handlungstheorie - Fundamentaltheologie*. Düsseldorf, 1976. pp. 278-280, onde podem ser vistos os textos do diálogo. Cf., também: SÁNCHEZ, J. J. "La esperanza incumplida de las víctimas. Religión en la Teoría Crítica de la Escuela de Frankfurt". pp. 617-646. E, levando em consideração os últimos debates, "Religión como resistencia y solidaridad en el pensamiento tardío de Max Horkheimer", pp. 11-48.

[77] *Glauben und Wissen*, discurso ao receber o prêmio dos editores alemães (tomo a citação do *Frankfurter Allegemeine Zeitung*, 15 de outubro de 2001, p. 9).

[78] "As verdades históricas, pelo fato de serem contingentes, não podem servir de prova das verdades de razão, pelo fato de serem necessárias" ("Sobre la demostración en espíritu y fuerza". In: LESSING, G. E. *Escritos filosóficos y teológicos*. Madrid, 1982. p. 447 [ed. preparada por A. Andreu Rodrigo]).

[79] Tentei mostrar isso em *La revelación de Dios en la realización del hombre*, pp. 147-152. [Ed. bras.: *A revelação de Deus na realização humana*.]

solidariedade íntima entre a nossa ressurreição e a de Cristo. Solidariedade que está claramente *atuante* no discurso hodierno, mas que precisa chegar à plena consciência de si, sob o risco de perder a sua força de convicção.

Com isso, por outro lado, não se faz outra coisa que não seja tirar as conseqüências do novo pensamento cristológico, cuja maior revolução consistiu talvez, como já foi dito, em tomar conta de que a "diferença" de Cristo deve ser buscada não em sua separação da humanidade, mas sim na intensificação abissal de sua "continuidade", graças ao peculiar e único enraizamento de seu ser em Deus (a sua "divindade"). É, por outro lado, o que o Vaticano II consagrou como princípio geral, quando afirma que "o mistério do ser humano só se ilumina de fato à luz do mistério do Verbo encarnado", pois Cristo "manifesta plenamente aos seres humanos o que é o ser humano".[80]

Tudo muda, com efeito, quando a ressurreição de Cristo passa a ser compreendida como a realização plena, exemplar e prototípica da nossa, porque então o que aconteceu nele revela em plenitude o que acontece conosco, e o que descobrimos em nós ajuda-nos a compreender e "verificar" o que de modo insuperável e definitivo foi-nos manifestado nele. Desse modo, todo o processo revelador do Antigo Testamento constitui-se verdadeiramente no caminho que, como vimos, cria as categorias e abre a condição de inteligibilidade do que a primeira comunidade conseguiu formular de maneira máxima nos acontecimentos pascais como a ressurreição de Jesus. E por isso também esse mesmo caminho pode prolongar-se até nós na continuidade da história: dessa única história que abarca igualmente a comunidade inicial e aquela que se prolonga no tempo, ambas focalizadas em Cristo como centro revelador e salvador.

Isso se tornou, de certo modo, um vetor fundamental da atual reflexão cristológica. Karl Rahner o destacou com sua sugestiva e fecunda proposta de ver a cristologia como realização plena da antropologia, de sorte que "a encarnação de Deus é o único caso supremo da atualização essencial da realidade humana".[81] De sorte que, alicerçado na ressurreição, esse princípio conduz por si mesmo a ver que os argumentos se reforçam nas duas direções. Sem com isso confundi-las, *na* ressurreição de Cristo encontramos fundada a nossa, como *na* descoberta da nossa se abre o horizonte em que para nós se realiza a compreensão da sua. Ou, expresso de outro modo, somente se o acesso à fé na ressurreição de Jesus — embora contando com as inegáveis diferenças fáticas — tiver a mesma estrutura fundamental para nós e para os apóstolos, podemos chegar também à profissão da mesma fé.

No plano mais diretamente *gnoseológico*, isso foi muito bem destacado por Edward Schillebeeckx, quando afirma que toda a verdadeira cristologia consiste em repetir o *itinerarium mentis* dos primeiros discípulos, pois somente percorrendo com eles passo a passo o caminho que os levou a pressentir, pensar e formular o mistério de Cristo, pode tornar-se significativa,

---

[80] *Gaudium et spes*, n. 22.

[81] *Curso fundamental sobre la fe*, cit., p. 259; cf. a síntese que ele mesmo faz nas pp. 235-271.

apropriável e passível de vivência a nossa própria fé nele.[82] E, fazendo desde já a aplicação a nosso problema, afirma: "Não há uma grande diferença entre o modo como podemos chegar depois da morte de Jesus à fé no Crucificado ressuscitado e o modo como chegaram à mesma fé os discípulos de Jesus!"[83]

Essa convicção de fundo penetrou na teologia atual. E isso é exemplificado de modo eloqüente — e sintomático — pelo fato de que uma idéia idêntica é expressa com base na teologia evangélica por Gerhard Ebeling. Insistindo na *identidade entre a situação dos discípulos e a nossa*, afirma que "seria ridículo" se as primeiras testemunhas da fé estivessem dispensadas dela.[84] Em evidente referência a ele, Walter Kasper reforça a idéia com vigor em sua abordagem das aparições (apesar das ambigüidades assinaladas no cap. 3):

> Equivoca-se, porém, quem entende esse acontecimento no sentido de que se facilitou a fé para suas primeiras testemunhas com base em um acontecimento fantástico, ou como se um milagre exorbitante os tivesse "arrebatado" ao mesmo tempo, pondo-os de joelhos. Seria ridículo concluir inevitavelmente que os primeiros que anunciaram a fé não creram, pois, pelo fato de terem visto, foram dispensados da fé.[85]

Abordando-a pelo lado oposto, Karl Rahner insiste que essa identidade funciona também na direção contrária: como para os discípulos, tampouco para nós a fé se reduz a um simples "crer naquilo que não vemos", confiando unicamente no testemunho dos apóstolos, sem nenhum possível acesso direto de nenhum tipo por nossa parte (como um juiz que somente por meio das testemunhas pode saber do acidente que ele não presenciou). Porque, embora reconhecendo que "nossa fé permanece ligada ao testemunho apostólico", afirma:

> Contudo, por diversas razões, essa dependência seria interpretada falsamente, se quiséssemos entendê-la segundo o modelo profano da "fé" cotidiana em um acontecimento no qual não estivemos presentes e que, no entanto, aceitamos porque quem afirma tê-lo vivido nos parece "fidedigno"[...]. Se [...] o testemunho apostólico da ressurreição for julgado *somente* segundo o modelo profano das afirmações de testemunhas, ter-se-á de rechaçá-lo como pouco fidedigno.[86]

---

[82] Afirma isso desde o prólogo ao primeiro tomo de seu propósito (*Jesús*. Madrid, 1981. p. 11) e o dirá de modo mais claro no tomo suscitado pela discussão: "Seguir com meus leitores o *itinerarium mentis* dos primeiros discípulos, que, tendo entrado em contato com um contemporâneo, seguiram-no e depois de sua morte o confessaram por Cristo e Filho de Deus" (*En torno al problema de Jesús*. Madrid, 1983. p. 52 — cf. pp. 54, 134-136).

[83] *Jesús*, cit., p. 319. Afirmação que reforça com mais vigor na página 607 (a qual pertence às páginas explicativas introduzidas a partir da terceira edição holandesa); cf., também, *En torno al problema de Jesús*, cit., p. 110.

[84] *Das Wesen des christlichen Glaubens*. 5. ed. München/Hamburg, 1967. p. 64.

[85] *Jesús, o Cristo*. Salamanca, 1976. p. 173.

[86] *Curso fundamental sobre la fe*. pp. 322-323.

Nunca agradeceremos suficientemente Rahner por essas reflexões, que, como poucas, contribuíram para dotar de carne experiencial a especulação teológica, sobretudo a católica, tão desconfiada em razão da reação antimodernista contra tudo o que aparentasse "experiência".[87] Sua insistência em demonstrar que a categoria de "testemunho" (da Escritura ou da Tradição), no sentido profano ou jurídico indicado, é insuficiente para dar conta da experiência da fé, constitui hoje uma aquisição irrenunciável. Como até certo ponto também o é a aplicação que, como acabamos de ver, faz à ressurreição.

Por isso, sua postura torna-se especialmente instrutiva para perceber a discordância que, apesar de tudo, persiste em muitas argumentações. Porque, depois de fixar as premissas certas, ele mesmo não chega a tirar todas as conseqüências. E não chega justamente porque nessa questão não inferiu todas as implicações de sua própria teoria cristológica, que convoca à plena solidariedade entre o destino de Cristo e o destino humano, entre sua ressurreição e a nossa. Mantém ainda, com efeito, o esquema herdado que considera a ressurreição de Jesus "como um fato singular",[88] no sentido de distinguir "entre a ressurreição de Jesus [já ocorrida] e a nossa ressurreição [ainda] *esperada*".[89] Com isso introduz uma diferença perturbadora em seu próprio discurso, tornando-o equivocado em seu desenvolvimento, não obstante a justeza de sua intenção.

Não se trata agora de discutir a postura de Rahner, nem de estudar em detalhes esse difícil e complexo problema. As indicações que serão feitas a seguir pretendem unicamente servir como exemplo concreto da dificuldade, pois mostram bem essa típica situação de transição ambígua entre dois paradigmas. (De fato, idêntica consideração caberia fazer acerca de outra cristologia tão sensível e apurada nesse ponto como a de Joseph Moingt.)[90]

Rahner reconhece, por um lado, que a ressurreição de Jesus não é um *fato histórico*, no sentido de acessível a "uma experiência sensível direta"[91] mediante acontecimentos milagrosos. Por outro, ao dotá-lo de um *índice temporal* (Cristo *já* teria ressuscitado, enquanto os demais *ainda* não), converte-o em algo que somente se torna verificável de um modo empírico: daí a

---

[87] Cf. SCHILLEBEECKX, E. *Cristo y los cristianos*. Madrid, 1982. pp. 32-37.

[88] *Curso fundamental sobre la fe.* p. 322.

[89] Ibidem, p. 326. os colchetes e o grifo são meus.

[90] MOINGT, J. Op. cit., p. 330: "Aconteceu-lhe o que devia acontecer-nos: eis o sentido — um sentido inteligível, porque universal — que podemos dar, com base em nossa experiência do ser e do tempo, à ressurreição de Jesus, anunciada na dimensão do futuro e do universal. O fato de lhe ter acontecido algo que nunca havia acontecido antes e que não aconteceu mais depois é a surpresa divina, a Boa-Nova absoluta, que não pode ser mais que contada e crida, porque é a realização do *improvável*. Contudo, a fé que podemos prestar-lhe, visto que esse anúncio fala da vida que *nos* aguarda, não é de uma natureza distinta da que nos faz viver, precisamente a vinda do *improvável*, surpresa sem cessar renovada e sempre nova de ser e não ser. Assim, a fé na ressurreição de Jesus expressa o consentimento ao sentido da aventura humana, à coragem do futuro". Os itálicos de "improvável" são meus; destacam como a incomodidade da postura obriga a um uso equívoco de um conceito claramente diferente nos dois casos: no primeiro, com um claro sentido *empírico*; no segundo, *transcendental*.

[91] Ibidem, p. 324.

210

insistência no peculiar da experiência dos discípulos "como acontecida de 'fora'", "como algo reservado a uma determinada fase da história da salvação, algo esse que, em conseqüência, há de ser necessariamente testemunhado aos outros e, desse modo, confere uma tarefa singular aos discípulos".[92] Contudo, desse modo já se percebe que *para esse fato singular* não resta outro recurso exceto o que ele mesmo chamou de "testemunho profano", aceitando o que eles dizem, sem um possível acesso direto de nossa parte.

Quando — alertados por essa consideração — lê-se com cuidado o texto rahneriano, percebe-se claramente seu caráter atormentado entre o correto de sua intenção e a irremediável dissonância introduzida pela manutenção de um pressuposto incompatível com ela. O recurso à "esperança transcendental" funciona, então, somente graças à sua *indeterminação*. Porque, à medida que se acentua o cronológico, a ressurreição de Jesus se sobrecarrega de uma nota espaciotemporal que abre um "fosso lessinguiano" impossível de ser salvo pela esperança transcendental, ficando *como fato* confiada unicamente ao testemunho dos apóstolos (os quais, realmente, teriam-na vivido como um fato; mas, então, necessariamente empírico). E o próprio Rahner, ao insistir com razão em que essa esperança serve como princípio de *inteligibilidade*, mostra justamente que, desse modo, o lugar dela é somente o universal (ou seja, que somente poderia fundar uma esperança abstrata e geral).[93]

Negativamente, o que tento dizer se entende bem quando se pensa na *interpretação tradicional*: esta, sim, mostra uma coerência perfeita, visto que, ao considerar a ressurreição de Jesus como fato singular cronologicamente isolado, tira a dupla conseqüência de exigir, por um lado, verificações *empíricas* para os apóstolos e de postular, por outro, uma simples remissão *externa* ao testemunho deles para os demais. Rahner tem razão ao rechaçar o segundo, mas torna-o inevitável ao conservar o fundamento do primeiro.[94]

Do "testemunho" à "maiêutica"

Convém, contudo, completar essas observações mostrando como, com base em uma visão conseqüentemente solidária entre a ressurreição de Jesus e a nossa, torna-se possível tanto

---

[92] Ibidem, p. 325. Sejam recordadas aqui as reflexões de capítulos anteriores acerca da oscilação de muitos autores que negam o caráter *milagroso* das aparições para dulcificá-lo em seguida como milagres "não espetaculares".

[93] Cf., também, as considerações de H. Verweyen, *Gottes letztes Wort*, pp. 450-452.

[94] Algo que se confirma indiretamente com o caso de Karl Barth. Em sua primeira explanação (*Die Auferstehung der Toten*. 4. ed. Zürich, 1953), insiste na unidade entre ressurreição e revelação, tendendo a eliminar a diferença com os primeiros discípulos. Contudo, quando na *Dogmática* acentua cada vez mais o realismo temporal das aparições e o sepulcro vazio, abandona essa postura, insistindo no caráter único, físico e sensível da experiência apostólica, até o ponto de que "corre o perigo de reduzir a ressurreição à ressuscitação de um cadáver" (O'COLLINS, G. *Jesús resucitado*. 1988. p. 63; cf. a exposição que faz nas pp. 55-74; a apreciação tem mais valor pelo fato de que esse autor se opõe radicalmente à equiparação entre a experiência apostólica e a posterior: pp. 44-45).

REPENSAR A RESSURREIÇÃO

manter o correto da intenção rahneriana como manter a plena coerência de seus próprios princípios. É o que pretendo mostrar com o recurso à categoria de *maiêutica histórica*. Visto que já anteriormente (cap. 3, "Coerência teológica: a revelação de Deus") indicou-se o fundamental, tanto sobre essa categoria — muito afim, com certeza, à de "mistagogia" no próprio Rahner[95] — como sobre o caráter real, embora não empírico, da experiência (cap. 5, "Os pressupostos próximos da diferença cristã"), aqui bastarão algumas indicações mais básicas.[96] (Ainda assim, por amor à clareza em tema tão transcendental, peço desculpas pelas repetições inevitáveis.)

Em primeiro lugar é preciso recordar que a (perene) ação ressuscitadora de Deus, ao agir na singular morte de Jesus, cria uma *situação nova*. Nova tanto no sentido óbvio de que antes não existia um ressuscitado chamado Jesus como no mais profundo e decisivo — de que esse Jesus não é um ressuscitado qualquer, mas aquele que com a sua vida e a sua morte levou ao seu cume a presença salvadora de Deus na história humana. O problema não estava, pois, na ausência de uma novidade *real*, mas no fato de que essa novidade fosse descoberta, ou seja, que essa nova situação fosse percebida e experimentada em seu verdadeiro significado. Em outras palavras, o problema consistia em interpretá-la de modo que tornasse visível toda a sua força reveladora e salvadora. Esse foi o grande benefício da experiência apostólica, que por isso reveste-se de características únicas, singulares e até normativas em relação à nossa.

Essa descoberta, porém, não tem por que implicar — recordemos — o rompimento da história mediante processos milagrosos (que equivaleriam a um intervencionismo sobrenaturalista). A *experiência*, tomada em seu sentido mais profundo e global de acumulação e resultado convergente de experiências particulares, consiste, como foi visto, na captação e interpretação correta daquilo que a situação concreta, enquanto determinada pela ação salvífica de Deus — agora qualificada pela presença real do Ressuscitado —, está manifestando à consciência crente; ou, o que é a mesma coisa, em dar-se conta do que Deus está *revelando* por meio dela. A análise dos fatores concretos em ação naquele tempo mostrou como essa revelação pode realizar-se em consonância e continuidade com o processo geral da história reveladora.

Uma continuidade *criadora*, porque a novidade no processo revelador não fica, evidentemente, excluída, mas, pelo contrário, está postulada pela própria novidade da situação. Todavia, ela não consiste em acontecimentos milagrosos, e sim no desvelamento daqueles aspectos inéditos que, graças à nova situação, Deus consegue revelar a respeito de sua presença salvadora. Em concreto, mediante o destino de Jesus, a compreensão da ação ressuscitadora do "Deus dos vivos", já anteriormente descoberta em seu sentido fundamental, alcançou seu zênite. A partir de Jesus a ressurreição começa a ser compreendida como já atual e como plena: *graças a ele*, na comunidade primitiva aconteceu a revelação de que *para todos e desde sempre* morrer já é entrar,

---

[95] Cf. uma boa e precoce síntese em *Handbuch der Pastoraltheologie*, Freiburg, 1966, v. II/1, pp. 269-271; e 2. ed., Freiburg Br., 1972, v. III, pp. 529-535.

[96] Ocupo-me detalhadamente dessa categoria, em sua relação de identidade/diferença com a de testemunho, em *A revelação de Deus na realização humana*, pp. 108-112; cf. todo o cap. 4, pp. 99-138.

e com plenitude *pessoal*, na salvação definitiva como comunhão total com Deus (e não, conforme geralmente se pensava até então, como "almas" à espera de um corpo, seja em um reino milenarista na terra, seja no final da história no Reino escatológico).

Aqui, porém, afirma-se algo decisivo para a nossa reflexão. Em sua estrutura fundamental essa situação é *comum aos apóstolos e a nós*. O *mesmo Deus* dos vivos, que sempre ressuscitou os mortos e que em Jesus conseguiu revelar-nos toda a profundidade e a plenitude da ressurreição, é quem continua presente e atuante em nossa vida, como estava na da primeira comunidade: para nós, o mesmo que para eles, é desde já e para sempre o Deus-que-ressuscitou-Jesus. E o *mesmo Ressuscitado*, que a partir de Deus conseguiu fazer com que a sua presença fosse sentida na primeira comunidade, continua fazendo isso na nossa: idêntico é o seu Espírito em nós; idêntica é a sua presença ali "onde dois ou mais se reúnem em seu nome"; idêntica, no pobre para quem se dá o pão; idêntica, quando se lhe descobre na oração, na meditação da Escritura ou na celebração da eucaristia.

Por isso, nossa fé é a mesma que a sua: não cremos em uma *lembrança*, nem na *notícia* a respeito de alguém sobre quem nos é narrado que existiu *in illo tempore* e que apareceu a determinadas pessoas, mas cremos, sim, no Cristo vivo e presente. Trata-se, certamente, de uma presença que já não se reveste de características empíricas. Por isso, não é fácil captá-la, e sua experiência é muito sutil e complexa. Isso, porém, não vale somente para nós; também para os apóstolos isso não foi fácil. Não é o cerne que varia, mas as circunstâncias. E entre elas existe para eles uma decisiva: sua *prioridade* irredutível, no duplo sentido de que foram eles os primeiros a fazer a descoberta reveladora e de que por meio dela converteram-se também em *mediadores* dessa revelação para nós.

A categoria de *maiêutica histórica* tem como intuito explicar o significado e a estrutura peculiar dessa mediação. A contribuição fundamental dessa categoria consiste justamente na afirmação da prioridade do testemunho apostólico — e em geral do testemunho bíblico —, sem com isso negar a identidade estrutural entre a experiência deles e a nossa (essa era exatamente a intenção de Rahner ao buscar uma superação do conceito jurídico de "testemunho").

A maiêutica consegue, com efeito, manter em síntese dinâmica ambos os fatores. Como categoria — não é necessário repetir isso — provém de Sócrates, que dizia ter o mesmo ofício de sua mãe: *maia*, parteira. Do mesmo modo que a parteira não introduz a criança no ventre das mães, mas ajuda-as para que dêem à luz, Sócrates não pretendia introduzir a verdade em seus ouvintes. Sua palavra fazia as vezes de "parteira", para que os ouvintes, sob o estímulo socrático, "dessem à luz" a verdade que os habitava. Desse modo, a palavra maiêutica constituía uma mediação *necessária*, pois sem ela o ouvinte não tomaria consciência da verdade. Todavia, sua influência não remete a ela mesma nem introduz algo externo ao ouvinte, mas leva-o a que *por si mesmo* descubra a verdade que o habita ou o atrai.

Para que o processo seja realmente maiêutico, o ouvinte tem de percorrer com suas próprias pernas o caminho que previamente percorreu o maieuta. A originalidade desse último (em razão de seu caráter, da circunstância ou até mesmo da sorte) consiste em haver sido o primeiro a fazer a descoberta. A *aceitação* autêntica do ouvinte (que não é uma aprendizagem mnemônica nem um mero *iurare in verba magistri*) consiste em reconhecer-se nessa descoberta. Acontece em toda autêntica descoberta ou criação verdadeiramente reveladora em qualquer âmbito da cultura humana. Também no religioso: o profeta ou fundador descobre o que Deus em sua presença determinante da realidade estava dizendo a todos. Desse modo, ao ser ele ou ela o primeiro a tomar consciência, abre o caminho para os demais.[97] Contudo, esses últimos, como sempre afirmou a teologia mais clássica, ao acolherem seu testemunho não fundam a fé em sua palavra, mas na autoridade mesma do Deus que se revela: graças ao mediador, mas não com base nele.

Esse é também o papel da palavra apostólica na ressurreição. Ela supõe o fruto de uma descoberta originária, que somente os primeiros discípulos e discípulas podiam fazer. Não só — e é importante — por causa da óbvia razão cronológica de que ela coube a eles no tempo; mas, sobretudo, porque neles foram reunidas as condições fácticas e históricas que "permitiram" a Deus, e a Jesus a partir de Deus, revelar-lhes a ressurreição em sua plenitude.

Como se viu, o processo foi difícil e muito complexo; mas, em definitivo, cabe vê-lo centrado em torno de três eixos fundamentais: 1) a fé já existente na ressurreição, como contexto herdado; 2) a convivência com Jesus, que os introduziu em uma nova imagem de Deus e os abriu ao (pres)sentimento de seu mistério; 3) o impacto terrível da morte injusta do Justo por antonomásia. Aconteceu em terreno muito fecundo, no qual a fidelidade, a criatividade, a oração e a reflexão da primeira comunidade capacitaram-na a experimentar a presença viva do Ressuscitado. E somente nesse terreno era possível a primeira descoberta. Isso é o que explica o fato constatado pela própria Escritura de que o Ressuscitado apareceu apenas para os crentes:

> Mas Deus o ressuscitou no terceiro dia e concedeu-lhe que se manifestasse, não a todo o povo, mas às testemunhas designadas de antemão por Deus: a nós, que comemos e bebemos com Jesus, depois que ressuscitou dos mortos (At 10,40-41).

Trata-se de um dado que sempre escandalizou a crítica racionalista, de Celso a Reimarus, e causou seus quebra-cabeças à apologética que partia de pressupostos objetivantes (com efeito, por muitas sutilezas que esclareça — ainda hoje —, não cabe negar que uma aparição milagrosa, de caráter físico, seria acessível a todos). Contudo, nessa perspectiva fica claro o seguinte: somente com base em um contexto adequado era possível a percepção crente da nova situação.

Deixemos claro, ao mesmo tempo, que a mistura de paradigmas continua criando confusão nesse ponto, dando origem a especulações sutis e profundas, mas que não podem ocultar uma ponta de artifício. Quando se afirma que a ressurreição é acessível apenas na *fé*, está-se dizendo

---

[97] A estrutura, como tratei de mostrar (op. cit., pp. 131-136), não é solidária do essencialismo grego, com sua repetição das verdades eternas. Por isso procuro falar de maiêutica *histórica*: cada descoberta abre novas possibilidades e novas aberturas à presença perene de Deus, até o ponto de ser possível afirmar com são Paulo que o ouvinte pode converter-se em "nova criatura".

algo verdadeiro, mas equívoco. Falando com rigor estrutural, essa "fé" não pode ser, porém, fé *na ressurreição*; trata-se da fé como *prévio contexto crente*, que torna possível esse passo ulterior. Se os apóstolos já não tivessem a crença da ressurreição em geral, nem "fé" no Jesus que conheceram e que viram morrer, não teriam chegado a experimentá-lo como Ressuscitado. Não significa, porém, que tiveram essa experiência porque já tinham fé na ressurreição; mas que, pelo contrário, graças a essa experiência chegaram à fé na ressurreição. Ou, talvez com mais exatidão, falando de prioridade mais estrutural que temporal: sua fé na ressurreição consistiu em terem feito essa experiência. Advertência elementar contra todas as falsas interpretações com base em um quadro objetivante: Jesus não ressuscitou porque eles tiveram fé na ressurreição, mas eles *chegaram à fé na ressurreição porque Jesus havia ressuscitado*.

Com base nesses pressupostos compreende-se bem o segundo aspecto da maiêutica: uma vez feita a descoberta, a palavra apostólica que a anuncia não remete a si mesma, mas à *nossa* situação (estruturalmente idêntica à sua), permitindo-nos *tomar consciência por meio de nós mesmos* de seu significado. Cristo está tão presente para nós quanto para os primeiros discípulos; e, como para eles, na ressurreição do Crucificado ilumina-se o significado pleno da nossa. Para usar a terminologia de Kierkegaard, uma vez cumprido o processo maiêutico, não existe diferença entre os discípulos de "primeira e segunda mão": todos somos imediatos a Cristo, "contemporâneos" seus.[98] Somente existe verdadeira fé na ressurreição quando o crente, como os samaritanos à sua patrícia, pode dizer aos primeiros discípulos e discípulas: "Já não cremos porque vocês nos contaram: agora nós mesmos experimentamos".

Isso é muito bem expresso por Ghislain Lafont, que, depois de ter indicado que "a narrativa fundante apostólica [...] só foi aceita porque respondia a certas questões fundamentais do ser humano",[99] afirma mais à frente:

> Se as obras literárias do Novo Testamento nasceram de uma *escuta fundante*, essa última repercute, cada vez de um modo novo, em toda a reinterpretação. E o critério de verdade de nossas próprias reinterpretações reside na harmonia que nós, por nossa vez, podemos construir entre a figura de Cristo ressuscitado no Espírito e a expressão de nossas buscas de seres humanos empenhados em uma cultura e em um combate.[100]

Magnífico e desafiante. Desafiante e magnífico. Nisso, porém, consistem o realismo e a aposta de fé viva. Algo que, em sua grandeza e em seu escândalo, já haviam percebido a segunda

---

[98] A alusão a Kierkegaard não é casual. Ele, tão oposto a Sócrates, reconhece que "uma vez cumprida a condição" (de ser transformados pela verdade divina) "tudo se comporta de novo socraticamente" (*Philosophische Brosamen und Unwissenschaftlichen Nachschrift*. München, 1976. p. 79 (editado por H. Diem e W. Rest). Analiso com detalhe essa relação em *A revelação de Deus na realização humana*, pp. 131-136. Em coincidência de fundo com essa proposta, recorre a essa mesma terminologia H. Verweyen, *Botschaft eines Toten?*, pp. 134-141.

[99] LAFONT, G. *Dieu, le temps et l'être*. Paris, 1986. p. 152.

[100] Ibidem, p. 156.

e terceira geração cristã. E perceberam-no a respeito tanto da experiência da ressurreição de Jesus como da nossa.

A respeito de Jesus, o quarto evangelho expressa isso falando nada menos que de um apóstolo: "Bem-aventurados os que não viram, e creram!" (Jo 20,29). E anteriormente, outro evangelista, Lucas, não precisamente inclinado ao espiritualismo nesse assunto, havia-nos ensinado a não interpretar esse "ver" em sentido físico e objetivante. A narrativa de Emaús (cf. Lc 24,13-35), com efeito, remete os ouvintes não à visão física, mas à experiência que nasce do encontro com o Ressuscitado presente na figura do próximo (o desconhecido no caminho), na meditação da Escritura ("Explicou-lhes, em todas as Escrituras, as passagens que se referiam a ele") e na celebração comunitária ("tomou o pão, pronunciou a bênção, partiu-o e deu a eles"). Quando por fim deram-se conta, tudo se lhes tornou claro e evidente ("não estava ardendo o nosso coração?"), convertendo-se em experiência reveladora: "neste momento, seus olhos se abriram".

O significativo desse episódio reside justamente no fato de que não é um acontecimento empírico, mas uma narração simbólica, um profundo e genial constructo teológico, e aí reside o seu significado universal. Alguém afirmou isso de maneira esplêndida: "Emmaus never happened. Emmaus always happens" (Emaús nunca aconteceu, por isso Emaús está acontecendo sempre).[101]

O mesmo, porém, vale também a respeito *de nossa ressurreição*. Isso é demonstrado sobretudo pela íntima solidariedade entre ambas, graças à qual, como foi visto, Paulo podia argumentar na dupla direção: descobrindo na de Jesus nossa ressurreição ou descobrindo na nossa a de Jesus. De outro modo, mais simbólico, expressa-o o quarto evangelho na "ressurreição" de Lázaro (cf. Jo 11,1-44). Quando se ultrapassa o véu objetivante da leitura literal, compreende-se que se está falando da nossa ressurreição: Lázaro está morto, com a morte física e evidente do cadáver; mas Lázaro *não* está morto, como pessoa habitada por uma vida que "não morrerá jamais" (Jo 11,26), visto que essa vida era já nele manancial que sobre o sepulcro "jorra para a vida eterna" (Jo 4,14). (Por isso, como esclarecerei com mais delonga no capítulo final, também aqui cabe dizer: o milagre de Lázaro nunca aconteceu; o milagre de Lázaro acontece sempre.)

Reenfoque Hermenêutico

Como acontece quase sempre nas mudanças profundas de perspectiva, o primeiro choque produz desconcerto e sensação de perda. Contudo, logo tudo se recompõe, e reaparece, mais ampla e atualizada, a riqueza primeira. A princípio, a afirmação exposta da solidariedade entre a

---

[101] Crossan, J. D. *Jesus*; a revolutionary biography. San Francisco, 1994. p. 197. [Ed. bras.: *Jesus*; uma biografia revolucionária. Rio de Janeiro, Imago, 1995.] (Cf. Borg, M. "The irrelevance of the Empty tomb". p. 121.) Borg também faz referência a isso em "The truth of Easter", p. 268, n. 13.

ressurreição de Cristo e a nossa parece minorar a singularidade cristológica. Quando ela é vista no verdadeiro significado, reafirma-a e abre a sua fecundidade: a primazia cronológica se aprofunda em primazia ontológica; e a aparente grandeza sob a perspectiva externa do afastamento converte-se em profundidade real de revelação e em força de capacitação para o seguimento. É, repitamos isso, o processo atual de toda a cristologia: as "cristologias altas" pareciam engrandecer Cristo, mas, na realidade, afastavam-no e tornavam-no abstrato, encerrando-o em um nicho sem contato com a vida; somente a recuperação de sua verdadeira e concreta humanidade o devolveu à carne do seguimento e à eficácia da história.

Para que isso fique mais claro, vejamo-lo sob alguns aspectos.

O diálogo com as religiões e com a cultura

Comecemos destacando um efeito importante, embora de caráter formal e de enfoque. A mudança de perspectiva no modo de entender a ressurreição permite, com efeito, que se sintam as suas conseqüências tanto em direção ao exterior, no diálogo com os demais, como em direção ao interior, na compreensão e vivência dentro da comunidade.

No primeiro caso, a solidariedade frontal e "fundante", que permite ver o testemunho apostólico não como uma declaração jurídica em que se deve crer porque assim nos foi dito, mas como uma oferta maiêutica que remete à experiência mesma, que permite igualmente introduzir o testemunho apostólico no *diálogo religioso e cultural*. E introduzi-lo sem privilégios, pois somente será aceito se puder ser reconhecido como reflexo da própria experiência; além disso, e por isso mesmo, sem restrições, porque não obriga a um extrinsecista "crer no que não vimos", mas abre os olhos para um interior e pessoal "ver o que cremos".

Então o que dissemos acerca do "comum religioso e a diferença bíblica e cristã" (cap. 4, "Ressurreição bíblica e imortalidade grega") adquire seu pleno significado. Aquilo que o amplo processo bíblico, que culminou em Cristo, portava e foi descoberto tanto pela primeira comunidade cristã como, sob a luz dessa última, por nós hoje é o mesmo que Deus estava tentando revelar em todas as religiões da humanidade. Trata-se do mesmo "Deus dos vivos", que desde o começo determinava o ser de seus filhos e filhas, habitando-os com a sua "vida eterna" e que, por isso, sempre os estava ressuscitando, livrando-os do poder da morte. O que muda é o *modo da percepção* por parte dos seres humanos, em cada religião e em cada cultura. Joseph Moingt, apesar do limite antes destacado, expressa bem isso quando afirma:

> A esperança escatológica, que o povo de Israel havia tirado de sua história e que havia preparado inúmeros judeus a crer na ressurreição de Jesus, é acessível a qualquer ser humano, *sem que esteja obrigado a tomar o mesmo caminho*, graças à sua própria experiência da existência.[102]

---

[102] MOINGT, J. Op. cit., p. 329 (grifo meu).

O diálogo com os diferentes modos de compreender a imortalidade ou as diferentes visões da reencarnação é, nesse caso, real, e pode ser frutífero para todos. Não se trata, com efeito, da verdade contra a mentira, do tudo contra o nada, mas de *modos* diferentes de perceber aquela verdade que a todos convoca e supera. Sem que isso implique necessariamente uma nivelação, porque a verdade concreta, visto que nunca é completa, admite graus e está aberta ao debate e ainda à contradição em muitos de seus aspectos ou dimensões.

Como no diálogo das religiões em geral, também aqui cabem tanto a acolhida respeitosa de um pluralismo legítimo da verdade, como a convicção — razoável, e não dogmática — de que uma interpretação é em seu conjunto mais convincente e integral que as demais. É o que pensamos aqueles que — uma vez examinadas as demais propostas e reconhecendo o que nelas há também de melhor — cremos que com a idéia de ressurreição, intuída por meio do destino de Jesus, alcançou-se uma culminação insuperável (no sentido anteriormente indicado).[103]

A seu modo, isso permite também iniciar o diálogo com aquelas *manifestações culturais* que, sem chegar talvez a confessá-la, expressam de modos diversos e mais ou menos implícitos o que com base na fé podemos considerar como o reflexo da imortalidade na experiência humana. O *Catecismo holandês* introduziu em sua época o tema da ressurreição, falando "(d)a luz e (d)o calor" que dimanam da recordação e da obra da pessoa morta e que "continuam atuando nos outros". Não é a própria pessoa, reconhece, mas "tal sobrevivência é mais pessoal do que muitas vezes imaginamos".[104] E o diálogo com autores como Ernst Bloch, com seu "transcender sem transcendência", seu *non omnis moriar* e, sobretudo, com sua afirmação do "caráter extraterritorial" do núcleo pessoal em face da morte,[105] mostra sua fecundidade para um diálogo teológico.[106]

Realismo encarnado ante entusiasmo "gnostizante"

Todavia, também *para dentro da comunidade cristã* dá-se um reajuste das perspectivas. A interpretação cronológica da primazia de Jesus em sua ressurreição teve um efeito negativo,

---

[103] Tratando do diálogo religioso em geral, expliquei melhor o assunto falando de "universalismo assimétrico" e "teocentrismo jesuânico" (*Do terror de Isaac ao Abbá de Jesus*. São Paulo, Paulinas, 2001, c. 6, pp. 315-355).

[104] *Nuevo catecismo para adultos*. Barcelona, 1969. p. 451. [Ed. bras.: *A fé para adultos*; o novo catecismo. São Paulo, Herder, 1969.]

[105] Os temas são recorrentes em sua obra: cf., principalmente, *Das Prinzip Hoffnung*, Frankfurt a. M., 1959, v. III, c. 52, pp. 1.297-1.391, dedicado às "imagens de esperança contra a morte". Uma pequena síntese de seus diversos projetos de resposta à "mais difícil antiutopia" pode ser encontrada em J. J. Tamayo-Acosta, *Religión, razón y esperanza*; el pensamiento de Ernst Bloch, Estella, 1992, pp. 309-313: demonstra transmigração, consciência solidária de classe, extraterritorialidade.

[106] É clássico e pioneiro o diálogo que estabelece J. Moltmann, *Teología de la esperanza*, Salamanca, 1969, pp. 437-466 (Apéndice: el principio esperanza y teología de la esperanza. Un diálogo con Ernst Bloch). Em ambiente espanhol, quem prestou muita atenção a isso, sob este enfoque, foi J. L. Ruiz de la Peña, *Muerte y marxismo humanista*, Salamanca, 1978, pp. 37-74; *Las nuevas antropologías*, Santander, 1983, pp. 62-69.

visto que o isolava, ao introduzir um rompimento em sua solidariedade com a nossa. Em última instância, seu caso mostrava-se diferente e tanto mais distante quanto mais "elevada" a consideração cristológica se apresentava. Isso levou inevitavelmente a uma diminuição considerável em sua capacidade de servir de modelo real e efetivo para a existência cristã normal.

De fato, já no início aí está, a meu ver, uma das raízes profundas — talvez a mais profunda — da crise e dos mal-entendidos provocados pela ressurreição, tal como se refletiram nos "entusiastas" da comunidade de Corinto. À primeira vista essa afirmação pode parecer paradoxal, visto que os entusiastas pretendiam identificar-se *de imediato* com o Cristo ressuscitado. Mas é justamente nesse "de imediato" que está a chave do problema.

Ao conferir-lhe um índice temporal "diferente" — ele sim, os outros *ainda* não —, a ressurreição de Jesus tendeu a ser interpretada como um "fato" empiricamente isolável em si mesmo, com a conseqüente visão de sua vida como uma espécie de "duplicação gloriosa": a vida do Ressuscitado seria uma *segunda* vida, e não a plenificação transcendente da *única* vida de Jesus. Os grupos "entusiastas" não fizeram mais do que adiantar para a história essa "segunda" vida, que ou se incorporaria à vida normal ou simplesmente a substituiria.

A tentação óbvia era apoderar-se dela, crendo ser possível antecipá-la como uma vida consistente em si mesma e não como expansão e culminação da única vida real, que, transpondo a morte, encontra-se a si mesma na qualidade de ressuscitada: pretendiam viver desde *já* uma vida ressuscitada sem *ter construído* antes a vida mesma. Eis por que — convergindo sem dúvida com a desvalorização gnóstica da matéria — essa visão acabou privando a vida normal de toda a sua consistência própria, sem importância alguma para a verdadeira realização da pessoa. Por isso, com o mesmo direito, podiam tirar a conseqüência libertina de que "tudo é permitido" (1Cor 6,12; 10,23), ou a ascética de abster-se até mesmo do lícito, como o matrimônio (cf. 1Cor, 7).[107]

A reação de são Paulo foi inevitável, a ponto de Heinrich Schlier ver aí "o motivo principal da Primeira Carta aos Coríntios".[108] Uma reação indispensável para evitar a ruína do cristianismo, chamando desde o próprio começo da carta ao realismo da cruz (cf. 1Cor 1,23), na humildade da existência histórica (cf. 1Cor 1,26-31), sob a norma suprema do amor e do serviço aos demais (cf. sobretudo 1Cor 13).[109]

---

[107] Ver a respeito o comentário de G. Bornkamm, *Paulus*, 2. ed., Stuttgart/Berlin/Köln/Mainz, 1969, pp. 213-215; apesar de que o próprio Paulo "se inclina a uma resposta 'ascética'", tem de opor-se a essa tendência. Sobre o ambiente geral, cf.: G. Barbaglio, *Pablo de Tarso y los orígenes cristianos*, Salamanca, 1992, pp. 188-192. Com mais detalhe, R. A. Horsley, "How can some of you say that there is no resurrection of the dead?", *New Testament* 20 (1978) pp. 203-231; A. T. Lincoln, *Paradise now and not yet*. Cambridge, 1991.

[108] "Über das Hauptanliegen des 1. Briefes an die Korinther". pp. 147-159.

[109] Cf. BORNKAMM, G. Op. cit., pp. 89-90, 168-169, 188-189, 194-195.

De fato, sem negar a enorme complexidade de outros motivos,[110] a essa mesma reação profunda da consciência cristã cabe atribuir nada menos que o nascimento dos *evangelhos*. A distância tanto geográfica como cronológica das gerações pós-apostólicas a respeito de Jesus ameaçava reduzir a sua pessoa a uma doutrina, diluindo a realidade concreta de sua vida no significado abstrato de sua mensagem e das diversas teorias soteriológicas. Os evangelhos, ao narrar sua vida concreta, embora tenham feito isso à luz da ressurreição, recuperaram a sua concretude e consistência.

Não é estranho que, quando, em distante mas fiel paralelo, dentro da teologia atual, produziu-se uma reação contra a cristologia abstrata em favor da concretude do Jesus histórico, Ernst Käsemann tenha constatado isso com vigor. Ele destaca, com efeito, que nos demais escritos do Novo Testamento "a história de Jesus foi encolhida de maneira assombrosa", até o ponto de ter-se podido afirmar "que na realidade [ela] está presente apenas como uma sombra".[111] A razão estava no fato de que a significação de Jesus para a fé "havia sido tão forte que já no tempo mais antigo quase absorveu a sua história".[112] Os entusiastas de Corinto eram tão-somente uma conseqüência extrema.[113]

Como já foi afirmado de maneira mais concreta, é certo que a ressurreição lança uma luz indispensável sobre Jesus e que sem ela a fé não seria possível. Mas ela não pode ser compreendida como uma vida solidificada e isolada em si mesma. Os evangelhos ensinam que é preciso vê-la antes de tudo a partir da cruz, que a precede e funda: "Jesus é o Senhor ressuscitado e glorificado, mas o Senhor ressuscitado não é senão o Jesus crucificado".[114] Mas não somente a partir da cruz. As narrativas de sua vida nasceram da comprovação de que a ressurreição de Jesus não é nem pode ser a referência direta e imediata para o cristão. Mais aquém de si mesma, a ressurreição remete para trás, para todo o decurso da vida, o qual é o contexto necessário para a compreensão dela.[115]

---

[110] Cf. a respeito o estudo de G. Theissen, *La redación de los evangelios y la política eclesial*; un enfoque socio-retórico. Estella, 2002. Ele insiste em cinco motivos principais: "Construir um consenso, orientar as relações externas [da comunidade], definir uma identidade própria [sobretudo em face do judaísmo], resolver conflitos e configurar a estrutura de autoridade"; mas advertindo que a "sua autoridade fundamental é a voz de Jesus" (p. 171) e que "apenas o relato da paixão dê um objetivo e um critério a todos os ensinamentos de Jesus e aos conseqüentes ensinamentos dos discípulos"; por isso, diferentemente dos gnósticos, "o predomínio dos materiais narrativos garante que a mensagem de Jesus não é somente sabedoria ou pensamento religioso" (p. 183).

[111] *Das Problem des historischen Jesus*. 4. ed. 1965. pp. 187-214 (aqui, p. 193).

[112] Ibidem, p. 194.

[113] É bastante conhecido também o fato de que Käsemann relaciona com isso o problema dos entusiastas de Corinto: cf. a exposição de P. Gisel, *Verité et histoire*, Paris, 1983, pp. 313-326.

[114] AGUIRRE, R. "Introducción a los evangelios sinópticos". In: _____. RODRÍGUEZ CARMONA, A. *Evangelios y hechos de los apóstoles*. Estella, 1992. p. 45.

[115] Vale a pena uma citação um tanto extensa: "É certo que nos evangelhos se escuta o Ressuscitado, mas isso é algo que sempre se pretendeu em todas as perícopes da tradição evangélica anterior. A questão é, mais corretamente, esta: por que, em um determinado momento, por volta do ano 70, surgem esses relatos que chamamos evangelhos e que até então não haviam existido? O mais específico dos evangelhos

É a vida concreta de Jesus, e não a sua ressurreição, o que, "enquanto vivemos no corpo", constitui o modelo real para o seguimento. A ela deve ajustar-se toda vida que, seguindo os seus passos, quiser desde já tanto ser verdadeira como alimentar a esperança de chegar a realizar-se plenamente após a morte como vida ressuscitada.

A existência à luz da ressurreição

Com isso, na realidade, tudo estaria dito nesse contexto: o restante constitui tarefa total da teologia, que, em última instância, consiste na tentativa de iluminar a vida crente no mundo. Aqui será preciso limitar-se a algumas questões fundamentais especialmente relacionadas com esse delineamento. Serão três, em resumo: o problema do mal, o seguimento e a ação histórica.

A ressurreição e o problema do mal

"O último inimigo a ser destruído é a morte" (1Cor 15,26). Essas palavras de Paulo vão ao cerne do problema do mal,[116] pois mostram o terrível de sua dialética e, apesar de tudo, abrem à esperança. Terrível, pois, para ser vencida, a morte tem de acontecer, e essa é a sua vitória inevitável: a presença inevitável da *cruz* na vida humana. Contudo, esperançosa, pois a *ressurreição* mostra que a morte teve seu aguilhão quebrado, que está condenada à derrota final.

De qualquer modo, convém afrontar com rigor a seriedade literalmente mortal do problema, que nunca pode alcançar nem a transparência racional nem a total segurança vivencial. Porque a vitória da morte *se vê*, é empírica, e em seu terreno tem caráter *totalizante*, pois, como

---

é seu caráter narrativo, capaz de desenvolver toda a vida de Jesus até o seu final escandaloso. A narrativa reivindica essa história passada e evita que esta seja esquecida. Os evangelhos pretendem levar-nos até a cruz (essa é a trama) e dizer-nos que é por meio da cruz, e da história que necessariamente implica, que se conhece o Filho de Deus (cf. Mc 15,39)".

"Os evangelhos querem refutar uma espiritualidade tão entusiasta, tão fascinada pela experiência do Senhor glorioso e pelos dons do Espírito, a qual considerava como algo totalmente superado, resquício de uma mentalidade terrena e imperfeita, qualquer referência ao Jesus terrestre? Com efeito, é provável que a reivindicação da história de Jesus realizada pelas narrativas evangélicas não pretendesse apenas impedir que o passar do tempo conduzisse a seu esquecimento, mas, antes de tudo, refutar uma espiritualidade e uma teologia que, em nome da Páscoa e da ressurreição, prescindia do Jesus terrestre, de sua cruz e das exigências históricas que comportavam" (AGUIRRE, R. Op. cit., p. 49).

Ele próprio remete aos importantes estudos de Ch. H. Talbert, "The gospel and the gospels", in J. L. Mays (org.), *Interpreting the gospels*, Philadelphia, 1981; "Once again: gospel genre", *Semeia* 43 (1988) 53-74. Mais acessível e com uma interessante revisão de diversas teorias é J. Gnilka, *El evangelio según san Marcos*, Salamanca, 1986, v. I, pp. 21-30.

[116] O problema do mal, com efeito, de modo mais ou menos evidente, aparece muitas vezes nos tratados sobre a ressurreição, embora nem sempre se considere com detalhe a sua lógica. Cf., por exemplo, BARTON, J. "Why does the ressurrection of Christ matter?" p. 112.

bem afirmara Heidegger, é a possibilidade que anula qualquer outra possibilidade.[117] A vitória da ressurreição, por outro lado, carece de visibilidade mundana, tem de atravessar a contundente "evidência do cadáver" e somente pode realizar-se por meio do amargo cálice do desaparecimento físico. Sua realização é transcendência necessariamente não objetivável, e por isso a sua presença é apenas antecipada: sempre acontece na precária e insegura debilidade da esperança. Paul Tillich tem razão quando previne contra o costume demasiado fácil das fórmulas consabidas:

> Tornamo-nos insensíveis à tensão infinita que está implicada nas palavras do Símbolo Apostólico: "padeceu [...]; foi crucificado, morto e sepultado; desceu à mansão dos mortos; ressuscitou ao terceiro dia". Quando ouvimos as primeiras palavras, já sabemos qual será o final: "ressuscitou", e para muitas pessoas isso não é mais que o inevitável "final feliz".[118]

Isso acontece para muitas pessoas, mas diversas vezes também para a teologia, a qual não chega a tirar todas as suas conseqüências, impedindo que a questão seja posta à altura da nova situação cultural. Repetem-se acriticamente as fórmulas espontâneas herdadas de uma cultura religiosa ainda intervencionista, sem reelaborar o implicado na dura *inevitabilidade* da cruz, que manifesta a inevitabilidade do mal no mundo. E isso é lamentável, pois na dialética cruz-ressurreição é-nos oferecida uma resposta que, se bem pensada, rompe o mais agudo pressuposto de toda objeção que com base no mal se faz contra Deus: a de que ele *poderia*, se quisesse, evitar o mal; mas não o faz.

Em vez de repensar a fundo a questão, continua-se falando da cruz como de "abandono por parte do Pai", quando não de "castigo" ou ainda de "vingança". Sem compreender que desse modo se está *supondo* necessariamente que as coisas poderiam ser de outra maneira, apenas como se Deus "quisesse": pôde livrar seu Filho da cruz, mas não quis..., embora *depois* tenha manifestado seu amor ressuscitando-o. Não se chama a atenção para a profunda contradição — tanto teológica como filosófica — latente nesse pressuposto: se a cruz era evitável, a ressurreição chega demasiado tarde. Hansjürgen Verweyen, a partir de uma perspectiva um tanto diferente, expressa bem isso:

> Com Albert Camus poder-se-ia objetar: embora após a morte de Jesus Deus entroniza com um ato de majestade o justo desolado; com isso no teatro de marionetes da história universal não há nada exceto uma vítima inocente a mais. Com entronizações posteriores não se convence a um Ivã Karamázov para que não devolva a sua "entrada para a harmonia eterna". Essa harmonia foi paga demasiado caro com as lágrimas dos inocentes. Quando tudo isso acontecia, naquele terrível patíbulo, Deus não se deixava sentir de nenhum modo.[119]

---

[117] *Sein und Zeit*. v. I, t. 2, §§ 46-53, principalmente 50 e 53 (*Ser y tiempo*. Trad. de J. Gaos. 2. ed. México, 1971. pp. 258-291). [Ed. bras.: *Ser e tempo*. Petrópolis, Vozes, 1998.]

[118] TILLICH, P. *The shaking of the foundations*. London, 1976. p. 167.

[119] *Gottes letztes Wort*, cit., p. 447. Perspectiva diferente, pois se refere apenas à revelação da presença de Deus na vida de Jesus. Seus argumentos são válidos, mas ela não enfrenta diretamente o problema da derrota *efetiva* do mal. Antes da ressurreição Deus estava com Jesus, como está com todos os que sofrem; mas o mal não foi vencido definitivamente: Jesus morre derrotado, e a dor e a injustiça continuam — e continuarão — na história.

Romper esse pressuposto constitui, em minha opinião, uma das tarefas mais urgentes e importantes do pensamento religioso subjacente à crise da Modernidade. Até ela, em um mundo não secularizado, era possível assimilar "religiosamente" a contradição entre a fé em um Deus-amor, que faz todo o possível contra o mal, e o *pressuposto* tradicional (mas da cultura, não da fé) de que, apesar disso, *permite* esse mal (que poderia evitar). Hoje já não é possível: a razão, que *agora* já não atua mais somente em contexto sacral, não pode continuar ocultando a contradição: um Deus que pudesse evitar o mal do mundo e não o fizesse não seria amor, não seria Deus. Se não há resposta a essa enorme pergunta, a razão secularizada torna-se atéia: não é casual que o sofrimento se tenha convertido na "rocha do ateísmo".[120]

Por sorte, com a nova força da objeção, hoje se abriram também possibilidades para mostrar que não é assim. Dois são os caminhos complementares que se oferecem: um, a "via curta" da argumentação diretamente teológica; outro, a "via longa", que busca a sua universalização mediante a fundamentação filosófica. Indiquemos ambos com brevidade necessariamente telegráfica.[121]

A *via curta* acode diretamente à verdadeira *lógica do amor*, que se apóia na fé no *Deus de Jesus*. Ninguém que veja uma mãe junto ao leito de uma criança que morreu afligida por um câncer duvida de que ela tenha feito todo o possível para evitar isso. Diante de um Deus que nos criou por amor e que é ele próprio amor incondicional e sem medida, não é preciso sequer o menor exercício silogístico para compreender que, se algo de ruim nos acontece, é porque se trata de algo inevitável. Se ainda restassem dúvidas, foi-nos dito da parte do próprio Deus que, embora a mãe possa "esquecer-se do filho de suas entranhas", ele jamais se esquecerá de nós (cf. Is 49,15).

Dentro da fé isso é tão evidente que cada vez me assusta mais o fato de as pessoas continuar sem tirar as conseqüências, mantendo o "pré-suposto" de que Deus poderia evitar o mal. Há, contudo, uma explicação para isso. Engana-nos antes de mais nada um conceito abstrato da onipotência divina: a mãe — pensa-se — não pode, mas Deus, sim, poderia; e esse conceito é continuamente alimentado pelo desejo infantil de onipotência — papai pode tudo — e reforçado pela persistente mentalidade "mítica" de um contínuo intervencionismo divino.

No capítulo anterior ("A morte de Jesus como lugar da revelação definitiva") tratei de mostrar como, com toda a probabilidade, a cruz foi justamente para o próprio Jesus o lugar onde se rompeu definitivamente esse "pré-juízo", onde ele aprendeu "a última grande lição no proces-so revelador". Em sua entrega confiante — não sabemos até que ponto em sua consciência teóri-ca — conseguiu compreender e revelar o definitivo: que o amor de Deus não nos abandona jamais e que, se algo de mal acontece, é porque *não é possível* evitá-lo. Isso não implica falta de onipotência por sua parte, mas constitui uma conseqüência intrínseca da criação, que, limitada, não é capaz de perfeição plena nem no físico nem no moral.

---

[120] BÜCHNER, G. "La muerte de Danton". In: *Obras completas*. Madrid, 1992. Acto III. pp. 77-134.

[121] Uma abordagem um tanto mais ampla ofereço em "Glória de Deus na vida humana num mundo de cruci-ficados", in D. N. Lima e J. Trudel (orgs.), *Teologia em diálogo*, São Paulo, Paulinas, 2002, pp. 141-174.

Mostrar que essa última constatação não é um subterfúgio da fé, mas uma estrita necessidade ontológica, é o papel da *via longa*. Essa última implica, antes de tudo, o que chamei de uma *ponerologia* (do grego *ponerós*, mal); ou seja, um tratado do mal em si mesmo, como problema *humano*, anterior à resposta religiosa ou arreligiosa.[122] Então parece que o mal, como já observara Leibniz (sem tirar todas as conseqüências),[123] tem a sua condição de possibilidade na *finitude*. Esta, em sua constituição histórica, é intrinsecamente incompatível com a perfeição total ou, em outras palavras, com a ausência completa de mal.

Efetivamente, no finito "toda determinação é negação" (Espinosa); por isso sua realização implica sempre também a "negação da negação" (Hegel), ou seja, necessidade, choque e conflito. Basta uma olhada no mundo para compreendê-lo: nenhum círculo pode ser quadrado, nem a cosmogênese ou a antropogênese podem acontecer sem catástrofes, lutas e sofrimentos. Pensar em um mundo perfeito equivale a pensar em um "círculo-quadrado" ou em um "ferro-de-madeira", e pela mesma razão: seria postular uma contradição, um mundo finito-infinito.

Deus "poderia" não ter criado o mundo; mas se o criou, este é finito; e se é finito, nele não podem não aparecer a necessidade e a contradição: o mal. De outro modo, ou o mundo seria infinito como Deus, ou Deus teria de estar desfazendo com uma mão o que havia criado com a outra: para evitar as desgraças ou os choques, teria de estar mudando continuamente as leis naturais; para evitar as injustiças ou os crimes, teria de estar suspendendo a liberdade finita: para arrumar o mundo, teria de desfazê-lo.

Como se vê, esta é uma conseqüência universal: o mal é ineludível para qualquer homem ou mulher, independentemente de crer ou não. O problema é comum: diferentes são apenas as *respostas*, que por isso constituem "visões" diferentes da existência: "fés" em sentido amplo, também filosófico. E aqui entra o segundo nível da consideração. Cada fé ou visão tem suas razões que a justificam: sua *pisteodicéia* (do grego *pistis*, fé). A pisteodicéia pode ser crente, se conta com Deus (*teodicéia*), convicta de que apenas com a ajuda dele é possível a vitória definitiva: a Salvação. E pode ser não-crente, se não conta com ele ou o exclui positivamente: seria uma *"ateo*dicéia", como a de Camus, defendendo o heroísmo contra o absurdo (se esta é a verdadeira interpretação de seu pensamento neste ponto).

A ressurreição marca, nesse sentido, o específico da *pisteodicéia cristã*: reconhecendo o inevitável do mal, que culmina na morte, crê em sua superação definitiva graças ao poder de Deus, capaz até de romper o poder desse último inimigo, ressuscitando os mortos. É o que,

---

[122] Essas indicações esquemáticas têm sua fundamentação mais ampla em outros trabalhos meus. Como síntese, pode-se ver o último, *Del terror de Isaac al Abbá de Jesús*, pp. 235-249, com bibliografia; também: "Ponerología y resurrección: el mal entre la filosofía y la teología", *Revista Portuguesa de Filosofia* 57 (2001) 539-574.

[123] Cf. TORRES QUEIRUGA, A. "O diálogo Bayle-Leibniz acerca do mal: unha encruzillada decisiva na historia do problema". In: *Simposio sobre el pensamiento filosófico y político en la Ilustración francesa*. Santiago de Compostela, 9-11 de outubro de 1989, Universidade de Santiago, 1992. pp. 105-119.

pressentido por todas as religiões, a fé cristã leu de maneira especialmente intensa no destino de Jesus de Nazaré. Poder-se-á aceitar ou não essa leitura; o que não se pode é acusá-la de contraditória ou incoerente.

Algo, como afirmava, muito importante diante das perguntas de uma razão secularizada, porque permite avaliar em todo o seu alcance a importância da ressurreição.

Em um âmbito mais geral, confere maior coerência e capacidade de convicção a um tema tão vivo e atual como o esboçado sobre o *sentido da história*. Foi mencionado no já citado diálogo entre Walter Benjamin e Max Horkheimer e reafirmou-se nas teologias da práxis crítica: a ressurreição parece a única resposta possível ao destino das *vítimas*, que de outro modo desapareceriam para sempre no absurdo de sua derrota irreparável.[124] Uma vez mais se confirma como a confluência da experiência cristã com a razão crítica, que de início causa crise, acaba manifestando-se uma saída verdadeiramente fecunda.

Algo que aparece com mais clareza ainda em um plano mais imanentemente teológico. Em primeiro lugar, compreende-se em toda a sua profundidade — e agora sem lesar em nada o amor divino — o "era necessário (*édei*) que o Cristo sofresse" (Lc 24,26). A consciência religiosa sempre intuiu aí algo forçoso, algo inevitável. Contudo, uma mentalidade que atribuía tudo diretamente a Deus tinha, necessariamente, de interpretá-la pensando que o era porque Deus assim o havia disposto (podendo dispô-lo de outra maneira). Um passo à frente consistiu em descobrir uma necessidade mais íntima: a da contradição provocada na finitude da liberdade humana pelo choque da bondade com os interesses da maldade. É o tema do justo que sofre, presente já na Mesopotâmia[125] e no próprio Platão,[126] vivo no poema bíblico do Servo Sofredor (cf. Is 42,1-9; 49,1-9a; 50,4-11; 52,13–53,12) e aplicado a Cristo no Novo Testamento unido ao tema do profeta perseguido e assassinado (cf. Mt 5,12; 23,34).[127]

---

[124] Falei de maior coerência porque, em geral, até mesmo em obras excelentes nesse campo, continua-se pressupondo (ou não criticando com suficiente vigor) que Deus abandonou — podendo, portanto, não fazê-lo — Jesus na cruz. No artigo citado aludo à obra, sob outros aspectos exemplar, de: J. B. Metz (org.), *El clamor de la tierra*; el problema dramático de la teodicea, Estella, 1996, em que, apesar de pedirem um diálogo radicalmente crítico, nenhum dos três autores questiona esse "pré-juízo". Cf. pp. 25, 69-70, 77.

[125] Cf. textos e comentário em M. García Cordero, *Biblia y legado del Antiguo Oriente*, Madrid, 1977, pp. 626-631.

[126] *Politéia*, livro II, 361e-362a: "Se o justo é assim, será açoitado, torturado, aprisionado, queimar-lhe-ão os olhos e, após ter sofrido toda a espécie de males, será crucificado e compreenderá com isso que não convém ser justo, mas somente parecê-lo" (*Obras completas*. 2. ed. Madrid, 1969. p. 686).

[127] Sobre o problema geral, cf. O. H. Steck, *Israel und das gewaltsame Geschick der Propheten*, Neukirchen, 1967. G. Theissen mostra sinteticamente o reflexo de sua aplicação a Jesus (THEISSEN, G. & MERZ, A. *El Jesús histórico*. Salamanca, 2000. p. 475). [Ed. bras.: O *Jesus histórico*. São Paulo, Loyola, 2002.] O último aspecto é bem explanado por H. Verweyen, *Gottes letztes Wort*, cit., pp. 272-275. N. T. Wright, *Jesus and the victory of God*, pp. 601-604, tende a pensar que o próprio Jesus já fez a identificação.

A mediação "ponerológica" constitui um terceiro passo, que tira as últimas conseqüências ao esclarecer a inevitabilidade objetiva. Desse modo permite ver em toda a sua grandeza o amor divino. Deus não "planeja" ou "permite" a cruz, mas a "suporta": como Jesus, o Pai não quer essa morte, mas a "suporta" como algo inevitável, acompanhando-o e apoiando-o com todo o seu amor para que não traia a sua missão. Deus não quer a cruz *para* a salvação, mas quer a salvação *apesar da* cruz.[128] No problema do mal isso é decisivo, pois então se compreende em toda a sua seriedade que Deus é o Antimal: o que está ao nosso lado diante do mal, mal esse que afeta igualmente a ele, em seu amor, e a nós; e que também por isso nos assegura a vitória definitiva. Sofre com Jesus na cruz, a qual "não pode" evitar; mas anuncia-nos a vitória na ressurreição, que pode sim realizar além dos limites da história.[129]

E aqui reaparece a importância da solidariedade total entre o destino de Jesus e o nosso, entre a sua ressurreição e a nossa. Se o mal o aflige como a nós, acontecerá o mesmo com a vitória. Em compensação, se a sua ressurreição fosse única — já realizada, enquanto a nossa espera —, jamais poderíamos estar verdadeiramente seguros de que o seu afrontamento do mal reflete de verdade o destino de todos os seres humanos e de que a vitória de sua ressurreição representa também idêntica esperança para todos.

Seguimento e vida eterna

Não menos importantes são as conseqüências para dois temas decisivos: o do seguimento e o da vida eterna.

1) Ao falar dos "entusiastas", surgiu o risco mais agudo de uma excessiva separação entre ambas as ressurreições. Sem chegar a tanto, a reação que levou à composição dos evangelhos alerta contra uma tendência excessiva de concentrar a atenção no Ressuscitado, deixando em segundo plano a sua vida. Tomá-lo imediatamente como modelo e referência torna-se mal enfocado e irreal. Ser como o Cristo ressuscitado é a meta que esperamos, mas o caminho para chegar a ela é o que aparece traçado na vida concreta do Jesus terreno.

---

[128] Podem parecer sutilezas, mas aqui está em jogo algo decisivo: é a "lógica do apesar de" em face da "lógica do para" no problema do mal. Cf. minhas reflexões em *Dios y o mal*; de la omnipotencia abstracta al compromiso del amor, pp. 197-222.

[129] E. Schillebeeckx, que, embora sem tirar todas as conseqüências em sua "ponerologia", fala nesse mesmo sentido (cf. *Cristo y los cristianos*. Madrid, 1982. p. 818), expressa isso muito bem: "O 'ter de sofrer' messiânico de Jesus não é um ter-de imposto 'a partir de Deus'. Por meio de Jesus é imposto a Deus por seres humanos e, no entanto, não dá xeque-mate a Deus nem a Jesus. Não. E não por virtude da ressurreição como tal, que seria nesse caso entendida como uma espécie de compensação para o fracasso histórico da mensagem e da práxis da vida de Jesus; mas porque o 'percorrer a Palestina fazendo o bem' já foi o começo do Reino de Deus: de um reino em que a morte e a injustiça já não têm mais lugar. Na práxis do Reino de Deus em Jesus já está antecipada a ressurreição. A fé pascal afirma que o assassinato — e qualquer forma de mal — não tem futuro. Precisamente assim a morte foi vencida. O Crucificado é também o Ressuscitado" (*Los hombres, relato de Dios*. Salamanca, 1994. p. 202. [Ed. bras.: *História humana, revelação de Deus*. São Paulo, Paulus, 1994.]).

A expectativa iminente da parusia e o entusiasmo escatológico inicial de considerar-se presente no tempo definitivo acentuaram no próprio Paulo uma espiritualidade de presente; embora ele nunca tenha menosprezado a diferença entre o presente/passado da morte — "se já morremos (*apethánomen*) com Cristo..." — e o futuro da ressurreição — "... cremos que também viveremos (*sydzésomen*) com ele" (Rm 6,8).[130] Talvez isso encontre sua melhor expressão na dialética indicativo-imperativo. Exatamente porque *já* está iniciado o que seremos é que devemos realizá-lo no que *ainda* somos: "se vivemos pelo Espírito, procedamos também de acordo com o Espírito" (Gl 5,25; cf. Rm 6,1-7; 8,1-17).[131]

Os evangelhos, instruídos no realismo pelo passar do tempo, prolongaram nesse ponto a contribuição paulina, tornando-a mais equilibrada. Como Paulo, vivem à luz do Ressuscitado e alimentam a esperança do futuro; mas para eles o que verdadeiramente ilumina essa luz é a vida terrena de Jesus, que então é revelada na verdade de seu mistério profundo: vida habitada pelo Espírito, realizada na confiança absoluta no Pai e na entrega total aos irmãos, e *por isso* vida que culmina em ressurreição.

Precisamente ali está a referência prioritária para a vida humana, pois a ressurreição, ao iluminar a vida de Jesus, revela também a nossa. Não se trata de negar a verdade de expressões como "estamos ressuscitados com Cristo" ou que Cristo ressuscita "na história",[132] "em sua comunidade",[133] "em nossa vida".[134] Contudo, convém situá-las cuidadosamente em sua precisa intenção objetiva. Em rigor, a ressurreição de Cristo marca o acabamento e a perfeição de *sua* própria vida, a narrada nos evangelhos. A respeito de nós, anuncia o futuro do que seremos, se levamos a sério o *presente* que somos: anuncia a realização transcendente, para que a tornemos possível e a iniciemos no trabalho humilde da história imanente.[135]

Nisso enraíza a força do chamado de Jesus ao *seguimento*. Sua ressurreição, ao mostrá-lo como tendo alcançado a plenitude da realização humana, mostra que o caminho de sua vida é o verdadeiro para qualquer homem e mulher: o que não desvia da meta levando à morte, mas dirige pela via reta rumo à vida em plenitude. Vivendo como ele, ressuscitaremos como ele. Por isso Jesus é o verdadeiro caminho (cf. Jo 14,6).

---

[130] Veja-se, por exemplo, o comentário de U. Wilckens, *La carta a los romanos*, Salamanca, 1992, v. II, pp. 19-49, que resume bem toda a problemática da exegese a esse respeito. Continuam válidas as considerações de R. Bultmann, *Teología del Nuevo Testamento*, Salamanca, 1981, § 40, pp. 407-415.

[131] Cf. BULTMANN, R. *Teología del Nuevo Testamento*, cit., § 38, pp. 391-401.

[132] KOCH, G. *Die Auferstehung Jesu Christi*. Tübingen, 1959. pp. 106, 154 e passim.

[133] SCHOONENBERG, P. *Wege nach Emmaus*. Graz, 1974. p. 63.

[134] SÖLLE, D. In: SÖLLE, D. & STEFFENSKY, F. (orgs.). *Politische Nachtgebet in Köln*. Stuttgart-Mainz, 1969. p. 27. Tomo essas referências de Kessler, *Sucht den Lebenden nicht bei den Toten*, p. 368, n. 169.

[135] Creio que o fato de não levar suficientemente em conta esta "diferença ontológica" carrega de excessivo presentismo as considerações, sob outros aspectos muito sérias e psicologicamente muito aproveitáveis, de J. POHIER, *Quand je dis Dieu*, Paris, 1977, pp. 191-238; em geral, isso vale para as diversas tentativas que, reagindo justamente contra um escapismo abstrato para além, tendem a eliminar ou menosprezar o caráter *também* futuro da ressurreição. Afirmaremos mais sobre isso no texto.

Seria, porém, pobre uma interpretação que ficasse no meramente funcional de uma exemplaridade externa, como se Jesus tivesse ensinado uma teoria. O que ele fez foi revelar em toda a sua profundidade o *mistério humano*, e por isso pôde abrir em sua plenitude o caminho de sua realização autêntica. Um caminho não totalmente desconhecido antes, pois já estava em parte traçado nas diversas formas da revelação anterior, mas que em aspectos importantes permanecia incompleto e incerto.

O próprio fato de que a compreensão plena do caminho se realize à luz da sua ressurreição reveste-se de um significado importante. Uma vida humana em sua particularidade biográfica, embora seja tão intensa como a de Jesus de Nazaré, não pode constituir um modelo *universal*, sob pena de levar à "imitação" mimética e ao fundamentalismo servil. A teologia atual esclareceu isso, optando pela categoria de "seguimento". E Paul Tillich assinalou com razão que esse é o papel da dialética morte–ressurreição. A morte rompe os limites da particularidade; a ressurreição assegura o valor universal da mesma: "Jesus demonstra e confirma a sua natureza de Cristo ao sacrificar-se a si mesmo como Jesus no altar de si mesmo como o Cristo".[136]

O seguimento se faz assim a um tempo concreto e livre, exigente e criativo. *Concreto e exigente* como a palavra e a própria atuação de Jesus, em quem, além de qualquer entusiasmo gnóstico ou de qualquer possível manipulação ideológica, aparecem as chaves fundamentais de qualquer vida que queira ser autêntica e realizar-se "em face de Deus". A confiança amorosa e reconciliada no *Abbá*, Pai/Mãe, como atitude religiosa fundamental; o amor e o serviço aos irmãos, como práxis de vida; a esperança no Reino, como salvação definitiva: esse é o estilo da vida verdadeira, que não será aniquilada pela morte, mas realizar-se-á plenamente como vida ressuscitada.

Contudo, ao mesmo tempo, o seguimento é *livre e criativo*, pois em sua realização concreta essas chaves não estão ligadas aos meios socioculturais em que Jesus viveu como "judeu marginal" (J. P. Meier) ou "camponês mediterrâneo" (J. D. Crossan) do século I. Cada momento histórico, cada grupo humano e ainda cada pessoa individual estão chamados a configurá-las de acordo com as suas perguntas, os seus problemas e as suas possibilidades. Exatamente porque a ressurreição culmina realmente — mas fá-lo agora de um modo transcendente, inapreensível na história — é que ela não fecha o horizonte, mas abre um futuro jamais saturável no tempo.[137]

2) Contudo, há algo mais. "A Páscoa somente tem um sentido: vida."[138] Não é somente o seguimento como ação, mas a profundidade da própria vida o que se revela e potencia como o ser real do homem e da mulher: como *vida eterna*. Uma categoria magnífica, pois na própria conjunção dos componentes verbais permite ver a sua capacidade mediadora. *Vida* real, no tempo, exposta a seus trabalhos e a suas feridas, esperando *ainda* o futuro para a sua libertação plena.

---

[136] *Teología sistemática*. Salamanca, 1972. v. II: La existencia y Cristo. pp. 165-166. [Ed. bras.: *Teologia sistemática*. São Paulo/São Leopoldo, Paulus/Sinodal, 1984.]

[137] Uma exposição clara e concreta das ricas possibilidades para a vida cristã pode ser vista em J. A. Pagola, *Creer en el Resucitado*, Santander, 1991, pp. 3-20.

[138] Neufeld, K. H. *Fundamentaltheologie*. Stuttgart/Berlin/Köln, 1992. v. 1, p. 72 (cf. pp. 72-76).

Contudo, *eterna*, com raíz tão profunda em Deus que *já* se pode viver em plenitude antecipada. Com as chaves de nosso destino desveladas e o amor de Deus como presença segura (pois nada "será capaz de nos separar do amor de Deus": Rm 8,39), a vida humana é a um só tempo mortal e ressuscitada, *sarx* e *pneuma*.

Compreende-se, então, que, conforme se atenda a um ou a outro dos extremos, possa-se, com Charles H. Dodd, falar da ressurreição como "escatologia realizada", ou acentuá-la mais como esperança ainda não realizada. E não estranha que a redescoberta da escatologia pela primeira teologia dialética acentuasse o agora, o *nunc*, da experiência cristã. Assim é o primeiro Barth, que vê a ressurreição como a irrupção de Deus que salva a nossa impotência com o poder de sua graça, convertendo em vida a nossa morte e pondo o nosso tempo em contato com a eternidade.[139] Assim, Bultmann, com sua dialética existencial, que na decisão autêntica tornou presente em cada momento o futuro da ressurreição: "Para quem está aberto a todo o futuro como ao futuro do Deus que vem, a morte perdeu todo o seu horror".[140] Ao mesmo tempo, tampouco estranha que a partir de outro horizonte de preocupações se tenha insistido, como na reação de Moltmann, no realismo e na incompletude de sua futurição histórica.[141]

Manter em seu justo balanço essa dialética constitui hoje uma das tarefas importantes para uma teologia da ressurreição. O escapismo de certas versões tradicionais provocou uma justa reação rumo a uma acentuação da vida presente. Seria, com efeito, triste uma esperança que, em vez de enriquecê-la, desvalorizasse a vida. Compreendem-se, assim, títulos como "Há uma vida antes da morte?", que em sua ironia chamam a atenção para um perigo grave e muitas vezes real.

Se, por exemplo, com A. J. M. Wedderburn se toma por suposto que a fé na ressurreição significa *a belittling of this life*, "um apequenamento desta vida",[142] ou que "desvaloriza e menospreza muito do que é valioso em outras vidas humanas diferentes da de Jesus",[143] então é claro que se deveria negá-la. O autor o faz, advertindo que ao agir assim está consciente de que "vai não apenas além do que Paulo ou o quarto evangelista disseram, mas até além do que disse o próprio Jesus".[144] Expressa assim a tese de seu livro:

---

[139] Cf. a sucinta exposição de Greshake, *Auferstehung der Toten*, pp. 52-61.

[140] "Die christliche Hoffnung und das Problem der Entmythologisierung" p. 90; "Geschichte und Eschatologie im Neuen Testament", pp. 91-106. Greshake, op. cit., pp. 96-133, oferece uma ampla exposição.

[141] Foi o impulso inicial de sua *Teologia da esperança* (1964). Para a contextualização, cf. W.-D. Marsch, (org.), *Diskussion über die "Theologie der Hoffnung"*. München, 1967. Cf. a exposição de Greshake, op. cit., pp. 134-169.

[142] WEDDERBURN, A. J. M. *Beyond resurrection*. pp. 153-156. Trata-se do título da epígrafe, que, há que dizê-lo, apresenta como uma interrogação, embora em seguida opte claramente por responder de maneira afirmativa.

[143] Ibidem, p. 155.

[144] Ibidem, p. 166.

Resumidamente, minha preocupação é ir além da "ressurreição" e de uma fé enfeitiçada (*bewitched*) por esse conceito, a uma fé que é totalmente "cismundana", tanto por amor deste mundo como pela convicção de que as tradições referentes à ressurreição de Jesus não justificam nada além de um completo agnosticismo a respeito do que pode ou não ter acontecido no "terceiro dia" e que o conceito de sobrevivência individual depois da morte está, em todo caso, cheio de incoerência (*riddled with incoherence*).[145]

É injusto, porém, converter a deformação em norma e o abuso, em princípio. Aprofundar *esta* vida rumo àquela raiz que, fincando-a em Deus, a mostra capaz de superar a morte para reencontrar-se *a si mesma* plenamente realizada, não apenas não a desvaloriza, mas confere valor definitivo a cada um de seus atos. Não é isso o que sonhava Nietzsche dizendo que "todo prazer pede eternidade"? E não é isso o que buscava — por *fidelidade à terra* — com o seu "eterno retorno" (que, atrevo-me a afirmar, no fundo constitui um mau substituto, por ser anistórico, da ressurreição, que ele se sentia obrigado a negar por causa de seu rechaço do cristianismo)?

No próximo intertítulo insistiremos de maneira mais concreta sobre essas idéias. Insistamos agora em que tudo isso se reflete desde o primeiro momento no próprio Novo Testamento. O autor dos escritos joaninos, que recorre com prazer à categoria de vida eterna, expressa isso magnificamente: "desde já somos (*nyn... esmen*) filhos de Deus, mas nem sequer se manifestou o que seremos! (*esómetha*)" (1Jo 3,2). A ressurreição mostra o que já é, mas que ainda não se percebe: que, sob a aparência mortal, nossa vida é imortal.

A morte continua sendo uma realidade terrível, por isso o quarto evangelho descreve Jesus chorando em face da morte de Lázaro. Contudo, não alcança a raiz da vida em sua realidade mais verdadeira, que, enraizada em Deus, agüenta seu embate e não só não perece, mas sai fortificada e plena além do sepulcro: "Quem crê em mim, ainda que tenha morrido, viverá" (Jo 11,26). Como todas as vítimas que povoam os sepulcros da história, "Lázaro morreu" (Jo 11,14); mas na experiência pascal foi-nos manifestado que, como para o injustiçado no Gólgota, essa morte, definitivamente, é só aparente: Lázaro e, como ele, todas as vítimas já saíram do sepulcro e, "desatadas as vendas" da morte, "foram" ao Pai (cf. Jo 11,43-44).

Sob as turbulências da superfície e além do rompimento inevitável da morte física, a vida é eterna, pois nasce da fonte inestancável do amor criador que a sustenta para sempre na comunhão de sua vida infinita. Não podemos vê-la em si mesma, mas deixa-se sentir em seus efeitos: "Sabemos que passamos da morte para vida, porque amamos os irmãos" (1Jo 3,14).[146]

---

[145] Ibidem, p. 167.

[146] O comentário de santo Agostinho capta isso admiravelmente: "Pois se na atualidade a presença do Espírito Santo não se manifesta em milagres, como será possível que cada um saiba que recebeu o Espírito Santo? — Que cada um interrogue seu próprio coração: se ama seu irmão, o Espírito de Deus está nele" (*Comentário à primeira carta de são João*, Tract. 6, 10 [SC 75, 299]; encontra-se no ofício das leituras da XIX semana do tempo comum: *Liturgia das horas* III, 1977, p. 397). N.T.: O trecho não consta na edição brasileira.

· São Paulo, com o pano de fundo da simbologia dos dois Adões, fala com mais detalhe dessa "teodramática" da vida verdadeira. Está ameaçada de morte, debilitada pelo poder do pecado (*hamartía*), simbolizado em Adão; mas em Cristo se mostra capaz de vencer o mal, pois em definitivo "tudo contribui para o bem daqueles que amam a Deus" (Rm 8,28). O próprio último mal, a morte, perdeu seu aguilhão (cf. 1Cor 15,55), porque por sua união com Cristo todos retornarão à vida (cf. 1Cor 15,22; cf. Rm 5,20-21). E sabe-se muito bem que Paulo não fala de uma visão abrandada, como se ignorasse a terrível dureza do mal. Basta examinar o capítulo oitavo da Carta aos Romanos para ver que, justo porque reconhece essa dureza, aprecia em todo o seu alcance a vitória indestrutível da vida eterna:

Quem nos separará do amor de Cristo? Tribulação, angústia, perseguição, fome, nudez, perigo, espada? Pois está escrito: "Por tua causa somos entregues à morte, o dia todo; fomos tidos como ovelhas destinadas ao matadouro". Mas, em tudo isso, somos mais que vencedores, graças àquele que nos amou. Tenho certeza de que nem a morte, nem a vida, nem os anjos, nem os principados, nem o presente, nem o futuro, nem as potências, nem a altura, nem a profundeza, nem outra criatura qualquer será capaz de nos separar do amor de Deus, que está no Cristo Jesus, nosso Senhor (Rm 8,35-39).

Práxis histórica e esperança

A liberdade e a criatividade hão de prolongar-se hoje no novo contexto histórico, quando se fizer central a preocupação político-social em um mundo unificado rumo à globalização, mas ainda dividido por barreiras inumanas. A experiência bíblica sempre se preocupou intensamente com essa dimensão, até o ponto de constituir o eixo da pregação profética. Tinha consciência até do quão fácil é deixar-se seduzir pelos privilégios da aliança com o poder e com o dinheiro: também na época havia profetas que, "quando [tinham] alguma coisa para mastigar, eles só anuncia[va]m paz, mas arma[va]m uma guerra santa contra quem nada lhes [punha] na boca! (Mq 3,5). Essa preocupação continua em Jesus de Nazaré, o qual acaba ratificando-a com o próprio sangue; e os resultados da "terceira busca" mostram até que ponto sua preocupação e sua atividade estavam imersas no contexto econômico, social e político de seu tempo.

Não se trata, pois, de algo estranho à mais genuína tradição cristã, mas sim de uma *reconfiguração* no novo contexto. Por sorte, embora com certo atraso histórico, a teologia assumiu a questão e, em suas linhas fundamentais, graças sobretudo à teologia política, à teologia da esperança e à teologia da libertação, pode-se dizer que alcançou a clareza fundamental. Não se trata, pois, de repeti-la aqui, mas sim de introduzir alguns aspectos que estão ligados ao que foi exposto. Dois concretamente: a radicalidade do chamado e o caráter peculiar da esperança.

1) *Radicalidade do chamado*, em primeiro lugar. A emancipação das ciências sociais faz com que os diagnósticos da situação e as medidas técnicas — as mediações — por onde deveriam

passar as soluções não sejam competência específica da teologia.[147] Não é aí que reside a contribuição da fé, pois ela pode e deve aprender das instâncias competentes em cada caso. É no horizonte de sentido dentro do qual as instâncias competentes serão enquadradas e no compromisso vital dentro do qual elas serão assumidas que o específico cristão deve fazer-se sentir. A primazia do pobre como referente, o espírito de serviço como atitude, a fraternidade real como meta aparecem com toda a evidência na vida de Jesus. Sua disponibilidade até a cruz mostra que o caminho continuará sempre aberto rumo a uma generosidade sempre maior, que a maioria nunca alcançaremos; mas pelo menos sinaliza a direção, assegurando que os passos em sua direção nunca serão em vão.

Pode parecer idealismo e de fato muitas vezes ficou-se em mero espiritualismo. No entanto, mesmo reconhecendo todas as falhas da história, não se pode negar que o chamado de Jesus, encarnado em sua vida concreta, sempre se mostrou como um fermento inextinguível, que nem as piores épocas puderam abafar. E a história mostra que muito do que de melhor nesse campo tem-se produzido, e produz-se, na consciência ocidental tem nele sua condição de possibilidade. Infelizmente, muitas vezes seu influxo teve de realizar-se por meio de um protesto contra o cristianismo. É tempo de reconhecer isso com humildade, vendo na parte legítima da denúncia uma autêntica "profecia externa".[148] De fato, a renovação teológica mencionada não seria explicável sem esse chamado de fora: Jürgen Moltmann jamais ocultou o impacto de Bloch sobre a sua teologia,[149] e o estímulo do socialismo marxista nunca foi negado — apesar das interpretações distorcidas de que foi objeto — pelos teólogos da libertação.

Porque o "externo" do chamado não anula o seu caráter "profético": se ele é escutado devidamente, longe de alienar da essência cristã, conduz ao mais original de suas raízes. No terreno vivencial, o contato com Jesus de Nazaré continua sendo fonte viva de generosidade e de entrega, como, apesar de suas falhas, mostra-o a "história da caridade cristã", e foi bem elaborado pela "espiritualidade da libertação".[150] Quanto à prática concreta em um mundo que nem sequer é capaz de cumprir o seu compromisso de entregar 0,7% aos países pobres, recorde-se a contínua chamada de atenção que supõe o convite de Jesus a dar "a metade do que

---

[147] Cf., por exemplo, BOFF, C. *Teologia e prática*: teologia do político e suas mediações. 3. ed. Petrópolis, Vozes, 1993 [1. ed. 1978].

[148] Na importância dessa dialética para o futuro da Igreja insiste E. Schillebeeckx, *Los hombres relato de Dios*, Salamanca, 1994, pp. 341-348. [Ed. bras.: *História humana, revelação de Deus*. São Paulo, Paulus, 1994.]

[149] Cf. a excelente contextualização de sua teologia da esperança em G. Müller-Fahrenholz, *Phantasie für das Reich Gotte; die Theologie Jürgen Moltmanns. Eine Einführung.* Gütersloh, 2000. pp. 32-49. Cf., também, TAMAYO-ACOSTA, J. J. *Cristianismo, profecía y utopía.* Estella, 1987. pp. 178-203.

[150] Toda a obra de G. Gutiérrez é uma prova irrefutável: cf., principalmente, *Beber en su propio pozo*, Salamanca, 1983 [*Beber em seu próprio poço*. São Paulo, Loyola, 2000]; *Hablar de Dios desde el sufrimiento del pobre*, Salamanca, 1986. [Ed. bras.: *Falar de Deus a partir do sofrimento do inocente*. Petrópolis, Vozes, 1987.] Igualmente: SOBRINO, J. "Espiritualidad y seguimiento de Jesús". In: *Mysterium liberationis*. Madrid, 1990. v. II, pp. 449-476. CASALDÁLIGA, P. & VIGIL, J. M. *Espiritualidad de la liberación*. Santander, 1992 (com a bibliografia fundamental). [Ed. bras.: *Espiritualidade da libertação*. Petrópolis, Vozes, 1993.]

tens".[151] A radicalidade do chamado não garante a obediência, mas está sempre aí como "uma força autenticamente crítica e produtiva, uma força libertadora".[152]

De fato, são Paulo explicitou isso de maneira excepcionalmente radical. Para ele, longe de tirar o crente da história, a fé na ressurreição o entrega radicalmente a ela, até o perigo permanente, até a orla mesma da morte, até o martírio violento (cf. 1Cor 15,30-32). E não só como conseqüência pessoal, testemunhada em sua vida, mas como princípio válido para toda a comunidade. Essa é a conclusão que tira no final de toda a sua argumentação: "Portanto, meus amados irmãos, sede firmes, inabaláveis, progredindo sempre na obra do Senhor..." (v. 58).

Pelo contrário, é a renúncia a essa fé — seja por simples negação, seja pelo "entusiasmo" de quem já se considera ressuscitado, seja por uma interpretação espiritualista da sobrevivência apenas da alma — [153] o que, segundo ele, paralisa a ação e o compromisso: "Se os mortos não ressuscitam, 'comamos e bebamos, pois amanhã morreremos'" (v. 32).

2) E junto ao chamado ao compromisso, a *esperança*. Uma esperança com características muito específicas, que se destaca, por um lado, em sua capacidade para preservar a dignidade das vítimas e, por outro, em seu caráter realista.

Permite, com efeito, proclamar a *dignidade das vítimas* e seu triunfo definitivo. E fazê-lo sem cair no cinismo. O destino de Jesus, iluminado pela ressurreição, impede reduzir a esperança à caricatura apologética de um "prêmio" após o final da vida; antes, mostra que desde já a sua vida vale a pena, como valeu a de Jesus.[154] Por isso, ele pôde chamar de "bem-aventurados" os

---

[151] Isso explica o fato de que, na própria práxis política, um cristão conseqüente acaba sendo um fermento crítico, que nem sempre é aproveitado devidamente por certo progressismo de "esquerda": cf. as considerações de R. Díaz-Salazar, *La izquierda y o cristianismo*, Madrid, 1998.

[152] Schillebeeckx, E. Op. cit., p. 205.

[153] Recordem-se as diferentes interpretações a respeito.Todas elas são interpretações possíveis. Cf. Lehmann, K. *Auferweckt am dritten Tag nach der Schrift*. Freiburg/Basel/Wien, 1969. pp. 21-24. Müller, K. "Die Leiblichkeit des Heils". pp. 171-280 (principalmente pp. 172-176). Ver, além disso, Trevijano, R. "Los que dicen que no hay resurrección". *Salmanticenses* 33 (1986) 275-302. Teani, M. *Corporeità e risurrezione*; l'interpretazione di 1Cor 15,35-49 nel Novecento. Napoli, 1994. Que conclui: "A panorâmica da pesquisa sobre a identidade dos negadores da ressurreição [...] é desnorteante" (p. 151); "O conjunto dessas observações críticas sugere a renúncia da pretensão de classificar claramente os adversários de Paulo" (p. 153).

[154] Dada a importância do tema e a sua exposição a equívocos, vale a pena citar por extenso umas lúcidas reflexões de E. Schillebeeckx: "Minha tese é que, se o itinerário vital de Jesus não mostra nenhum sinal antecipatório da ressurreição, sua morte é fracasso puro e, em tal caso, realmente (como quer J. Pohier) a fé na ressurreição é unicamente fruto do desejo humano. Sem antecipações efetivas da ressurreição na vida terrena de Jesus, a Páscoa é uma ideologia. Isso suposto, o sujeito da afirmação de fé que 'ressuscitou' é o Jesus de Nazaré histórico, que creu na promessa dando a ela forma em sua mensagem e, sobretudo, na práxis de sua vida. A fé de Jesus na promessa como fonte de uma práxis original antecipa historicamente o sentido da ressurreição e, por isso, o poder de Deus sobre o mal. Jesus é no caminho de sua vida um 'já'; certamente, ainda dentro do horizonte da morte, mas de uma morte que já está vencida na esperança. A força de Deus já estava atuando na própria vida de Jesus, e sua morte participa dela. Somente partindo desse pressuposto a fé na ressurreição não se torna uma ideologia. Se tão-somente a morte de Jesus antecipa historicamente sua ressurreição (como acontece sobretudo em Bultmann, mas também já em certo sentido para o apóstolo Paulo), a ressurreição, inevitavelmente, é a negação de uma história em que o pecado é o estímulo e a morte, a sua conseqüência" (op. cit., p. 200).

pobres e os perseguidos, pois é certo que Deus está ao lado deles e que, por isso mesmo, a vida deles — tomada em toda a profundidade e integridade — está salva em suas mãos: deles é/será o Reino. A esperança apoiada em Deus ilumina o presente obscurecido pelos homens. Algo decisivo, pois "onde o futuro se torna desesperançado, o presente se torna implacável".[155]

A mais profunda nostalgia da Escola de Frankfurt — que o carrasco não triunfe sobre a vítima — parece assim cumprida, sem por isso negar o legítimo de sua "negação" em face de qualquer utopia totalitária, pois a ressurreição afirma que a realização plena pode ser somente transcendente. Ao mesmo tempo, a cruz livra da heteronomia, pois, tornando evidente a inevitabilidade do mal, não remete a um Deus cuja presença elimina a nossa responsabilidade histórica.[156] Ao apoiá-la com base em sua transcendência, funda-a sem substituí-la e convoca-a sem aliená-la: chama e torna possível socorrer o ferido na beira do caminho; mas a sua ação somente se torna eficaz na responsabilidade livre do samaritano que a acolhe e a prolonga.

Por isso, em segundo lugar, a fé na ressurreição funda e promove o realismo de uma *esperança práxica*, que se move entre os dois maiores perigos que ameaçam a verdadeira eficácia de qualquer compromisso histórico: a utopia e o desespero.

Não cai na *utopia*,[157] pois a ressurreição conta com a cruz e não garante a vitória histórica sobre ela. Não promete, como, porém, sonhavam muitos apocalípticos, o paraíso na terra, nem agora nem em nenhum "milênio", seja de sociedade sem classes comunista ou do "fim da história" capitalista.[158] As ilusões de vitória total dentro da história — nos últimos tempos temos experimentado isso até a saciedade e o horror — acabam levando a Auschwitz ou ao Gulag; e, como destaca Metz, a própria "comunidade ideal" de Apel e Habermas passa com muita facilidade sobre a dor das vítimas.[159]

Contudo, nem por isso cai no outro extremo, o do *desespero*. Porque a ressurreição, ao mostrar que a realidade em seu completo destino está envolta por um Amor absoluto, mais pode-

---

[155] "Wo die Zukunft hoffnungslos wird, da wird die Gegenwart gnadenlos" (MÜLLER FAHRENHOLZ, G. Op. cit., p. 49; destacado no original).

[156] Uma boa síntese dessa problemática, com a bibliografia fundamental, pode-se ver em J. J. Sánchez, "Religión como resistencia y solidaridad en o pensamiento tardío de Max Horkheimer".

[157] Logo se compreende que estou dando um significado muito concreto à palavra "utopia": o de afirmação da possibilidade do paraíso-na-terra e a conseqüente decisão totalitária de realizá-la a qualquer custo. Cabem outros usos terminológicos, como o de J. B. Libanio, "Esperanza, utopía, resurrección", in I. Ellacuría e J. Sobrino (orgs.), *Mysterium liberationis*; conceptos fundamentales de la teología de la liberación, Madrid, 1990, v. II, pp. 495-510, que, com base nas etimologias (*u-topía*, não-lugar; *eu-topía*, bom lugar), aproveita o seu possível sentido positivo, mas denunciando seu mau uso, "que conduz ao totalitarismo, como demonstraram o nazismo e o stalinismo" (p. 504). Cf. J. J. TAMAYO-ACOSTA, *Cristianismo, profecía y utopía*, pp. 47-203.

[158] FUKUYAMA, F. *El fin de la historia y el último hombre*. Barcelona, 1995. [Ed. bras.: *O fim da história e o último homem*. Rio de Janeiro, Rocco, 1992.] Cf. ESQUIROL, J. M. *La frivolidad política del final de la historia*. Madrid, 1998.

[159] METZ, J. B. & WIESEL, E. *Esperar a pesar de todo*. Madrid, 1996. pp. 41-43.

roso que o mal, não permite que este tenha a última palavra. Não nega a sua terrível força histórica, mas não o reconhece como absoluto. Mais ainda, sabe que, definitivamente, já foi vencido, pois quebra o poder da própria morte. Por isso a esperança é *sempre* possível: "A persistência da esperança é o que a ressurreição afirma como última palavra aos crucificados".[160] Uma esperança que sabe finalmente que não existe nada que a obrigue a render-se ou resignar-se, pois à experiência histórica dos pequenos triunfos sobre o mal soma-se a firme promessa da vitória final.

De sorte que, contra o que tantas vezes foi recusado a ela, e até sem negar que em muitas ocasiões deu lugar para isso, longe de cancelar a luta histórica, a esperança cristã insufla-lhe o alento e a coragem definitivos, pois confere a cada vitória, por pequena que seja, uma importância infinita. Visto que as conquistas sobre o mal não acabam com a morte, nem sequer um copo d'água ou uma palavra de carinho ficam sem repercussão literalmente eterna: como dizia Teilhard de Chardin, o crente é o único que pode "prolongar até o infinito" as perspectivas de seu esforço.[161] O Vaticano II soube expressar bem isso: "[...] esperança escatológica não diminui em nada a importância das tarefas terrenas, mas, ao contrário, confere-lhes um motivo e um sentido superiores".[162]

Todavia, a ação histórica se encarna e se prolonga também no que poderíamos chamar de sua eficácia cósmica.

Ressurreição e esperança para o mundo

A história humana, porém, está inserida no mundo, o ser humano é um ser constitutivamente implicado nele. Não é possível pensar nem em seu destino nem em sua esperança sem associá-lo de algum modo ao destino e à esperança do cosmo:

---

[160] SOBRINO, J. *Jesús en América Latina*; su significado para la fe y la cristología. Santander, 1982. p. 242. Continua lucidamente: "[...] e afirma isso porque é manifestação não só do poder, mas também do amor de Deus. O puro poder gera não necessariamente esperança, mas otimismo calculado. O amor, porém, transforma as expectativas em esperança. O Deus crucificado é quem torna crível o Deus que dá vida aos mortos, pois o mostra como um Deus de amor e, por isso, como esperança para os crucificados". Cf. SOBRINO, J. *Cristología desde América Latina*. 2. ed. San Salvador, 1977; *La fe en Jesucristo*; ensayo desde las víctimas. 2. ed. Madrid, 1999.

[161] Veja-se em seu estilo peculiar: "Para vocês (e nisso, justamente, vocês não são ainda suficientemente humanos, não chegaram *até o limite* da humanidade de vocês) trata-se apenas do êxito ou do fracasso de uma realidade que, mesmo concebida a partir de traços de certa super-humanidade, continua sendo vaga e precária. Para nós, em sentido verdadeiro, trata-se da compleição do triunfo do próprio Deus. [...] Como vocês, e até melhor do que vocês (porque dentre todos eu sou o que pode prolongar ao infinito, conforme as exigências de meu querer atual, as perspectivas de meu esforço), quero entregar-me, em corpo e alma, ao sagrado dever da investigação. Exploremos todas as muralhas. Tentemos todos os caminhos. Perscrutemos todos os abismos. *Nihil intentatum...* Deus quer isso, visto que quis necessitá-lo. Vocês são seres humanos? *'Plus et ego'*" (*El medio divino*. Madrid, 1967. p. 59).

[162] *Gaudium et spes*, n. 21.

Não há redenção pessoal sem a redenção da natureza humana e da natureza da terra, à qual os seres humanos estão ligados indissoluvelmente, pois convivem com ela. O nexo entre a redenção vivida pessoalmente na fé e a redenção de toda a criação é a *corporeidade* dos seres humanos.[163]

São Paulo expressou isso em palavras eloqüentes e acertadamente repetidas pela tradição:

De fato, toda a criação espera ansiosamente a revelação dos filhos de Deus; pois a criação foi sujeita ao que é vão e ilusório, não por seu querer, mas por dependência daquele que a sujeitou. Também a própria criação espera ser libertada da escravidão da corrupção, em vista da liberdade que é a glória dos filhos de Deus. Com efeito, sabemos que toda a criação, até o presente, está gemendo como que em dores de parto [...] (Rm 8,19-22).

Com certeza, a história humana e a do cosmo terão um fim; a revelação não nos informa dos detalhes, mas a ressurreição assegura aquilo que é o decisivo: "Nesse final não está o nada, mas sim Deus. Deus, que assim como é o princípio, é também o fim".[164] A riqueza do que está implicado nisso é grande, e autores como Jürgen Moltmann insistem vigorosamente na necessidade de explicitá-la, a ponto de falarem de uma "doutrina ecológica da criação"[165] e até de uma "cristologia ecológica".[166]

Em um mundo onde a preocupação com a natureza e com a corporalidade em geral ganhou importância fundamental, é extremamente necessário insistir no caráter realista da ressurreição, tradicionalmente simbolizado na ressurreição "da carne". Com efeito, ela seria gravemente deformada, caso fosse reduzida a uma "salvação da alma" ou, ainda pior, a uma platônica e cartesiana "libertação da alma" da prisão do corpo.[167] E sua fecundidade seria desperdiçada, caso fosse descuidado seu potencial libertador em face das tendências manipuladoras e destrutivas de uma abordagem objetivante e puramente instrumental por meio dos recursos naturais e humanos; tudo isso, segundo Moltmann, ameaça por meio do situar a humanidade em um "tempo final" de morte nuclear massiva — *nukleare Endzeit* —, de destruição da terra e das formas de vida — *ökologische Endzeit* —, e por meio do empobrecimento do Terceiro Mundo — *ökonomische Endzeit*.[168] Finalmente, sua profundidade seria ignorada, caso não fosse recuperado o mistério da criação como a "casa" e a "habitação" de Deus;[169] a ponto de Deus retornar "depois de sua criação a si mesmo, mas agora já não mais sem ela".[170]

---

[163] MOLTMANN, J. *El camino de Jesucristo*. Salamanca, 1993. p. 382.

[164] KÜNG, H. *Ewiges leben?* München, 1982. p. 272.

[165] *Gott in der Schöpfung*. München, 1985.

[166] *Cristo para nosotros hoy*. Madrid, 1997. p. 71. Cf. os amplos desenvolvimentos em *El camino de Jesucristo*, cit.

[167] *Gott in der Schöpfung*, cit., pp. 248-259.

[168] MOLTMANN, J. *Das Kommen Gottes*. Gütersloh, 1995. pp. 229-242.

[169] *Gott in der Schöpfung*, cit., p. 12.

[170] Ibidem, p. 282.

Com razão constatou Hans Urs von Balthasar: "O problema está no centro da escatologia moderna".[171] Não pode ser ignorado. Todavia, uma vez isso assegurado, convém sermos cautelosos na explicação teológica de como tudo acontecerá. O perigo de cair no que Yves Congar chamou, já faz um bom tempo, de "uma física das coisas últimas"[172] está sempre por perto. O próprio Moltmann admite que alguns o repreenderam por ele "exagerar teologicamente e dizer mais do que se pode saber".[173] E mesmo um de seus comentadores mais cordiais, Geiko Müller-Fahrenholz, reconhece que certas teorias moltmannianas são "jogos de pensamento" (*Gedankenspiele*).[174]

Se insisto nisso é porque creio que Moltmann é aqui sintoma de uma tendência mais geral, a qual mostra a necessidade de salvaguardar em toda a sua riqueza o realismo da ressurreição (e devemos agradecer por isso e aproveitar das vantagens), mas ao mesmo tempo corre o perigo de incorrer em certas especulações que sintonizam bem com a sensibilidade atual, mas que podem levar a um excesso teológico, nocivo com o tempo. A reserva paulina acerca do *como* e o reconhecimento do corte introduzido pela *morte* podem aproximar melhor do mistério, sem por isso diminuir sua fecundidade. Mais que entregar-se a especulações cosmológicas acerca do "novo céu e da nova terra", convém manter viva a consciência de que "as imagens são imagens: se não devem ser eliminadas, tampouco devem ser objetivadas e coisificadas".[175]

A questão da relação entre escatologia e esforço histórico humano foi vivamente discutida na teologia francesa do pós-guerra. De um lado estava a tendência *escatologista*, defendida sobretudo por Jean Daniélou: sua acentuação da importância do pecado, da cruz e da transcendência do Reino de Deus imprimia nela uma marca pessimista, que acentuava a descontinuidade e a heterogeneidade radical entre as realizações terrenas e o Reino escatológico.[176] De outro, aparecia a tendência *encarnacionista*, representada sobretudo por Pierre Teilhard de Chardin: com resoluto otimismo, insistia na continuidade, vendo a encarnação e a graça prolongadas no avanço cósmico e tendendo a identificar o ponto Ômega da evolução com o Cristo cósmico e universal de são Paulo.[177] No meio, Yves Marie Congar procurou uma *mediação* que de algum

---

[171] *Theodramatik*. Einsiedeln, 1983. v. IV: das Endspiel. p. 133.

[172] "Bulletin de théologie dogmatique". *RScPhTh* 33 (1949) 463.

[173] *Das Kommen Gottes*, cit., no prólogo.

[174] *Phantasie für das Reich Gottes*, cit., p. 177. E mais adiante (p. 183) reconhece a sua dificuldade em segui-lo em muitas etapas de sua escatologia: cf. a excelente exposição nas pp.128-140, 169-184. Cf. também a exposição de B. Fernández Cuesta, *Cristo esperanza*; la cristología de J. Moltmann, Salamanca, 1988; e as observações de H. U. von Balthasar, *Theodramatik*, cit., v. IV: das Endspiel, pp. 148-155.

[175] Küng, H. *Ewiges Leben?*, cit., p. 279.

[176] Cf. Daniélou, J. "Christianisme et histoire". *Études* 254 (1947) 166-184 (e seu conhecido *Ensayo sobre el misterio de la historia*, San Sebastián, 1963).

[177] Cf., principalmente, *El medio divino*. Madrid, 1967. Cf., também, Chenu, M. D. *Hacia una teología del trabajo*. Barcelona, 1965.

modo fizesse justiça a ambas as instâncias: buscando um certo equilíbrio entre continuidade e descontinuidade, afirmava que o sentido do esforço humano baseia-se em esforçar-se pelo Reino sem poder realizá-lo, embora sentindo-se realizado nele. Recorria a uma comparação eloqüente:

> O fruto dos projetos humanos e o positivo de seus esboços são assumidos e são-lhe [ao ser humano] devolvidos no dom gratuito final. Como um mestre que pede a seus alunos um rascunho, toma-o para si e transfigura-o completamente, mas assumindo sempre em seu trabalho o que uma mão inábil havia lutado para esquematizar. Deus dará tudo a partir do céu e certamente tudo novo, mas sua vontade é que tenhamos cooperado antes com eficiência.[178]

Karl Rahner, com base em sua reviravolta antropológica, retomou a questão, centrando tudo fortemente na realização do cosmo *no* homem e por meio do homem como responsável, ao mesmo tempo, da continuidade e da descontinuidade cósmicas.[179] De início, essa visão pode parecer excessivamente antropocêntrica: de um lado, parece descuidar e até pôr em perigo a preocupação, o respeito e o cuidado da natureza; e, de outro, dá a impressão de diminuir a glória de Deus em todas as suas criaturas. De fato, esse é, por exemplo, o motivo por que M. Kehl renunciou a essa explicação, a qual, segundo confissão pessoal, havia previamente aceitado.[180]

---

[178] *Jalones para una teología del laicado.* 2. ed. Barcelona, 1961. p. 124 (cf. pp. 118-129). Esta é a sua versão pessoal de um exemplo tomado de L. Malevez, que havia citado na página anterior: "Um professor apresenta a um aluno uns quantos problemas muito difíceis. O aluno não encontra a solução, embora mais ou menos se aproxime, multiplicando assim as tentativas. O próprio professor os resolverá, mas somente quando, graças aos exercícios, tiver desenvolvido o espírito e as potencialidades do aluno a tal ponto que esse último não suspeitava que pudesse ser feito. O discípulo estará então, de certo modo, no nível da solução; ele a *receberá* somente de acordo com a medida que, graças a seu esforço, seu grau alcançou (*Études* [febrero, 1948] p. 214).

Para uma visão geral da discussão, cf. L. Malevez, "Deux théologies catholiques". *Bijdragen* 10 (1949) 225-240; B. Besret, *Incarnation ou eschatologie?*, Paris, 1964; G. Gutiérrez, *Teología de la liberación*, Salamanca, 1972. pp. 199 e 242 [ed. bras.: *Teologia da libertação*. São Paulo, Loyola, 2000]; J. Alfaro, *Hacia una teología del progreso humano*, Barcelona, 1969; *Esperanza cristiana y liberación del hombre*, Barcelona, 1972, principalmente pp. 171 e 277; H. U. von Balthasar, *Theodramatik*, cit., v. IV: das Endspiel, pp. 122-167; B. Forte, *Teologia della storia*, Torino, 1991, pp. 342-348 [ed. bras.: *Teologia da história*. São Paulo, Paulus, 1995]; J. Lois Fernández, *Jesús de Nazaret, el Cristo liberador*, Madrid, 1995, pp. 147-160; F. Donadio, *Elogio della storia*; orizzonti ermeneutici ed esperienza credente, Roma, 1999, pp. 152-178 e 179-187.

[179] "Immanente und transzedente Vollendung der Welt". pp. 593-608 (e as páginas finais do *Curso fundamental sobre la fe*, pp. 511-513). Aceitaram e prolongaram, ao seu modo, essa visão, entre outros, G. Greshake, "Die Leib-Seele Problematik und die Vollendung der Welt", 1978, pp. 156-184; W. Breuning, "Elaboración, sistemática de la escatología", p. 845.

[180] *E cosa viene dopo la fine?* p. 221 (cf. pp. 218-229).

Todavia, tendo em vista que a vida humana não está desvinculada do cosmo, mas sim em íntima solidariedade com ele — solidariedade esta que faz dele, em um sentido muito real, o corpo dela —, não há razão para esses inconvenientes continuarem a existir. A íntima solidariedade entre todos os componentes do cosmo torna profundamente verdadeira a afirmação de que no pássaro que canta na ponta da árvore está cantando todo o universo. Os idealistas, por sua vez, deram forma filosófica à intuição romântica de que no ser humano o universo encontra a si mesmo: nele alcança a consciência e a liberdade. Curiosamente, a descoberta da evolução, tanto cósmica como biológica, veio confirmar isso. O propagado tema de que o evolucionismo significaria uma das grandes humilhações para o ser humano somente é válido dentro do paradigma pré-moderno. Na verdade, nada como a evolução confirma tanto a centralidade humana, pois a apresenta, até mesmo intuitivamente, como o seu cume e o seu fruto mais maduro

Por isso afirmar que a salvação do cosmo se realiza na salvação humana não constitui uma metáfora superficial nem uma depreciação dele, mas a sua mais profunda e autêntica realização. Não é depreciação, pois há uma forma mais íntima de respeito e de cuidado da natureza do que senti-la como se ela formasse parte de nossa constituição mais íntima, como o nosso próprio "corpo" (cf. 1Cor 12,12-26)? Quanto à realização, que sentido teria falar da "salvação" de uma pedra, de uma árvore ou até de um animal, considerados em si mesmos, quando neles, como "equações resolvidas" (Ricoeur), não existem nem o horizonte do ser, nem a paixão da liberdade nem a aspiração infinita da realização plena? Apenas uma abordagem extrinsecista, que considerasse o ser humano como alguém que entra no mundo a partir de fora e não como a culminação de seu processo, pode deixar de perceber que *nele* as demais realidades mundanas alcançam, de fato, a plenitude que não podem alcançar por si mesmas.[181]

Isso, evidentemente, não nega a possibilidade de que, *se* existirem outros mundos habitados por seres livres e racionais, o que foi afirmado sobre o ser humano valha também para eles. Pelo contrário, o argumento anterior mostra que também eles seriam, dentro de suas próprias coordenadas cosmológicas, culminação do processo evolutivo e que também em sua salvação

---

[181] Não sem certa ambigüidade, que reflete o elemento trágico da transformação finita, expressa-o bem uma espécie de parábola que cita Dorothy Day como contada a um enfermo por um sacerdote amigo seu: "Comecei com a terra e expliquei-lhe o que a flor disse à terra: 'Você gostaria de ser como eu, bonita, cheirosa, e balançada pela brisa?' E a terra respondeu: 'Oh, sim, gostaria'. Então, as raízes da flor absorveram a terra, e esta se transformou em uma flor. E o coelho se aproximou e disse à flor: 'Você gostaria de ser como eu, e saltitar daqui pra lá e brincar pelos campos?', e a flor respondeu: 'Oh, sim, gostaria de mover-me e de ser como você'. Então o coelho absorveu a flor, e esta se transformou em coelho. Em seguida, apareceu o homem e disse ao coelho: 'Você gostaria de ser um homem, caminhar daqui para lá, pensar, rezar?', e o coelho respondeu: 'Oh, sim, gostaria!' Então o caçador matou o coelho e o comeu" (*La larga soledad*; autobiografia. Santander, 2000. p. 263).

estar-se-ia "salvando" o cosmo, pois, como nós, também eles teriam a sua origem e constituição nele.[182] Apenas uma hipótese, mas que convém manter aberta, pois, em um futuro extremamente voltado para a exploração e a escuta cósmica, algum dia pode tornar-se uma questão viva e uma abertura instigante.

De qualquer forma, o que foi afirmado não pretende tanto negar o direito das posturas que defendem uma participação mais autônoma do cosmo na salvação final quanto indicar que, em sua sobriedade, a que foi proposta aqui é suficiente para aproximar-se do mistério da ressurreição em seu alcance integral como resgate definitivo de *toda* a realidade.

---

[182] Com sua linguagem, neste caso particularmente complexa, expressa-o bem K. Rahner: "Se em uma hipótese, acerca da qual nada sabemos com maior precisão, pressupomos que no cosmo — também em lugares diferentes de nossa terra — a matéria, pela própria dinâmica de Deus, transcende rumo à subjetividade, rumo à transcendentalidade ilimitada e à liberdade, se supomos que esta transcendentalidade de fato também em outras partes — embora por graça — foi levada pela comunicação do próprio Deus (graça como fundamento da criação), então podemos aproximar-nos da idéia de que o cosmo material, cujo sentido e fim é de antemão a consumação da liberdade, chegará a desembocar (transformado) ao longo de várias histórias da liberdade, as quais não acontecem apenas em nossa terra, na comunicação consumada do próprio Deus a este mundo material e espiritual ao mesmo tempo" (*Curso fundamental sobre la fe*. p. 512).

Capítulo **6**

Jesus, o primogênito dos defuntos

Tornou-se comum afirmar que as palavras, assim como as moedas, desgastam-se com o uso; elas continuam sendo reconhecíveis e conservam o seu valor de troca, contudo as formas perdem a vivacidade e a sua capacidade de evocação diminui. Já ouvimos e lemos tantas vezes que "Jesus é o primogênito dos mortos", e isso acaba soando normal para nós. Usar "defuntos" em vez de mortos desperta-nos para a estranha grandeza do que aí é dito. Se, além disso, falamos, no singular, de "nosso irmão defunto Jesus", algo se comove, assombrado, no interior. Confesso que foi essa, ao menos, minha reação quando, em um bate-papo sobre a relação de fé com os defuntos, essa expressão veio-me à boca: senti uma espécie de susto pelo que eu mesmo acabava de pronunciar.

E, todavia, em si é o mais normal. Para a nossa fé, um defunto é alguém que morreu, que cumpriu a sua passagem pela terra (*defunctus*, que "cumpriu a sua função"), mas que acreditamos estar vivo em Deus. Não é isso exatamente o que confessamos sobre Jesus? Não foi nele que aprendemos isso plena e definitivamente?

O título deste capítulo final não é, portanto, casual. Pretende indicar, de maneira viva e realista, seu propósito: tomando Jesus como modelo — como "primogênito" (*protótokos*) e "pioneiro" (*arkhegós*) —, tentar compreender qual deve ser a nossa relação com os defuntos, dedicando especial atenção ao significado da liturgia fúnebre. Mas antes precisamos dizer algo sobre a nossa relação atual com Jesus, modelo dessa relação e fundamento de nossa esperança.

Nossa relação com Jesus morto e ressuscitado

O problema

O capítulo anterior, ao acentuar o seguimento como uma adoção das atitudes de Jesus, para viver, agir e orar *como ele*, pode ter deixado a impressão de que diminuiu a sua importância ou até mesmo de que não considerou a relação *com ele*. Isso seria realmente falso e empobrecedor, pois converteria a relação com ele em algo meramente instrumental e privaria da vivência mais importante e decisiva: a relação direta de intercâmbio pessoal, de conhecimento vivo, de amor e de amizade (cf. Jo 14,13-15).

Não foi essa a intenção. Essa última norteou-se mais pelo asseguramento do realismo da vida cristã, que não pode ter como modelo imediato a vida do *já* Ressuscitado, mas sim a que ele havia vivido antes, como caminho até a ressurreição. Contudo, convém restabelecer o equilíbrio, não só porque a esse mesmo realismo pertence a relação viva com o Cristo atual, mas também porque essa relação constitui o modelo exemplar e fundador de nossa relação com os defuntos, tema mais explícito deste capítulo.

A questão, com certeza, não é simples. Por menos que se pense com certa concreção, há algo de estranho, ou pelo menos de impensado, na relação *atual* dos cristãos com Jesus. Não se trata, como com os grandes personagens do passado, de uma mera lembrança histórica. Tampouco é a relação normal que mantemos com as pessoas vivas à nossa volta: Jesus de Nazaré, o homem de carne e osso, com quem fisicamente se podia falar e a quem se podia escutar, a quem se podia ver e tocar, com quem se podia comer, já não existe; morreu há cerca de dois mil anos.

No entanto, a relação é real: morreu, porém está vivo. Convém, então, dar-se conta de que essa relação constitui algo singular. Deve, portanto, ser pensada por si mesma, na tentativa de encontrar sua verdade e de descobrir seu estilo específico, algo que, por certo, apesar de se tratar de um aspecto tão fundamental da vida cristã, não mereceu uma suficiente atenção teológica.

O título prometedor de um breve livro de um grande teólogo — *Jesus nos conhece? Conhecemos Jesus?*[1] — deixa-nos desamparados. Foi uma pena, pois poucos como Hans Urs von Balthasar estavam tão preparados — de fato, em sua *Teodramática* é muito mais rico — para abordar essa questão decisiva. Aqui — devido, sem dúvida, à preocupação de resistir aos efeitos, que acredita serem exagerados e até mesmo nocivos, da leitura crítica dos evangelhos — reduz-se a uma leitura fundamentalista dos textos, falando quase exclusivamente do que, segundo ele, Jesus foi *no passado*.

Mais realista e fecundo é o breve trabalho de outro grande teólogo. Karl Rahner, com o título O *que significa amar Jesus?*,[2] empreende uma consideração realista. Centra o problema em seu núcleo decisivo, ao reconhecer de início que a "nossa relação com Jesus é uma realidade complexa", visto que se move necessariamente entre um "jesuanismo", agarrado à história particular e subjetiva de Jesus de Nazaré, e "o culto de uma idéia abstrata sobre Cristo", tão identificado com Deus que se transforma em uma mera cifra, perfeitamente prescindível ou intercambiável com outras. Mostra, assim, a necessidade de conjugar ambos os pólos: o da rela-

---

[1] BALTHASAR, H. U. von *Kennt uns Jesus; Kennen wir ihn?* Freiburg, 1980 (o título da tradução espanhola perde um pouco a força do original alemão: *¿Nos conoce Jesús? ¿Lo conocemos?* Barcelona, 1982).

[2] RAHNER, K. *Was heisst Jesus lieben?* Freiburg Br., 1982 (na edição espanhola aparece com outro trabalho [*Wer ist dein Bruder?* Freiburg Br., 1991], sob o título *Amar a Jesús. Amar al hermano.* Santander, 1983).

ção atual e imediata com Jesus, o Cristo glorioso; mas de modo que a "sua história de outrora" continue tendo importância para nós.[3] Desse modo, ainda que, pelo menos na expressão espontânea, insista excessivamente na *"distância espacial, cultural e temporal entre nós e Jesus"*,[4] mostra bem a essência da questão.

Seria interessante a análise de outros estudos a respeito. De qualquer modo, seguramente dever-se-á buscar uma verdadeira concreção não tanto em autores preocupados com a dogmática, mas sim naqueles outros que buscam uma vivência e uma piedade realistas (tomando as palavras em sua verdadeira seriedade), atentas à história e enraizadas no humano. Penso concretamente em Marcel Légaut, cuja humaníssima e profunda reflexão espiritual, apoiada ao longo de toda uma vida, é exemplar em tantos sentidos e que merece nesse uma atenção muito particular. Uma prova excelente da sensatez de seu enfoque é a contínua e espontânea transição, em um mesmo texto, do falar reflexivo *sobre* Jesus ao falar orante com Jesus.[5]

O que fica claro de tudo isso é que aqui só se torna válida uma consideração dialética, que consiga acolher os dois pólos bem destacados por Rahner: atenção rememorante ao Jesus da história e relação direta, imediata e atual com o Cristo vivo e ressuscitado, presente em nossa história.[6]

A relação pessoal com Jesus, o Cristo

A relação com Cristo, para ser verdadeiramente real, deve traduzir-se em contato vivo com ele, em intercâmbio de conhecimento e amor com a sua pessoa tal como ela é em sua realidade atual. Contudo, já se percebe que isso confere a essa relação um caráter muito peculiar, um aspecto único e específico. Se ela pretende ser verdadeira, e não fingida, não se pode reduzir a simples memória de uma figura histórica, por mais concreta e imaginável que seja, porque como tal essa figura já não existe. Por outro lado, na qualidade de realidade atualmente existente, Cristo não apresenta para nós um rosto visível, pois seu ser atual foge aos modos normais de relação próprios de nossa corporalidade histórica, a qual busca e precisa a concreção do rosto, a tangibilidade da presença.

---

[3] Ibidem, pp. 12-19.

[4] Cf., ibidem, pp. 22, 25 (cf. pp. 19-26). Atua como um pressuposto não explicitamente pensado: "Creio que, no amor, superando o tempo e o espaço por meio da essência do amor em geral e por meio do poder do Espírito Santo de Deus, podemos e devemos amar realmente Jesus com imediatez e concreção" (p. 25). Para amar Jesus *hoje*, não é necessário superar nem tempo nem espaço, pois quem amamos é Cristo vivo e presente, aqui e agora: ele é o único Jesus realmente existente (que certamente inclui o seu passado).

[5] Uma boa síntese ele oferece em *Meditación de un cristiano del siglo XX*. Salamanca, 1989.

[6] No intertítulo seguinte seguirei muito de perto a exposição que fiz desse tema em *Repensar la cristología*, 3. ed., Estella, 2001, pp. 291-298. [Ed. bras.: *Repensar a cristologia*. São Paulo, Paulus, 2000.] Pensado em outro contexto e com intenção diferente, considero que o texto continua sendo válido, o que confirma a centralidade e a importância do problema.

Trata-se, pois, de uma pergunta séria e de equilíbrio muito difícil. O mais normal é a tendência espontânea de concentrar-se em Jesus, com sua figura histórica e seu estilo tal como aparece descrito nos evangelhos. Nesse caso, porém, corre-se o risco da irrealidade imaginativa, da simples relação com uma recordação ou uma sombra do passado. Como Eduard Le Roy assinalou há bastante tempo, de modo certeiro, "o estado presente de Jesus é tal que, para corresponder à sua realidade inefável [...], a atitude e a conduta requeridas de nossa parte são as que conviriam em relação a um contemporâneo".[7] Torna-se claro que a solução só pode vir de uma adequada articulação entre os dois planos, passado e presente, atribuindo a cada um a sua função real.

Nesse sentido, o que dissemos sobre as aparições do Ressuscitado representa um bom roteiro. Hoje sabemos que as narrações não podem ser tomadas ao pé da letra, pois são construções imaginativas com base nas recordações do Jesus a quem os discípulos haviam visto e ouvido.[8] Todavia, narram uma relação real, pois verdadeiramente o Senhor, morto e desaparecido da visibilidade histórica, fez-se para eles presença viva e pessoal, reavivando a sua fé e transformando a sua vida. Desse modo, torna-se claro que a função da recordação imaginativa consiste em dar concretude à experiência atual, que de outro modo tornar-se-ia indeterminada, diluída e psicologicamente ineficaz; uma recordação, porém, que não se confunde com a presença configurada por meio dele: daí o desconcerto e o "desconhecimento" iniciais nas narrações.

Visto desse modo, o processo é legítimo, e não mero artifício. E ele também vale para nós. Porque neste caso a distância temporal, dado o caráter transcendente da realidade a que remete, não afeta a identidade estrutural da experiência: os "discípulos de primeira e segunda mão" — recorde-se — estamos, definitivamente, na mesma situação. Por isso, é válido agora o que foi válido então: a proximidade dos acontecimentos não muda o essencial.

Como os discípulos, estamos privados da presença física de Jesus, morto na história; como eles, encontramo-nos situados perante a presença, transcendente mas real, do Ressuscitado. Profundamente mudado, porque já alcançou sua plenitude definitiva, ele é o mesmo Jesus que os discípulos e as discípulas conheceram. Como Cristo glorioso identificado com o Pai, o Nazareno tem agora um novo modo de existência; contudo, continua sendo o mesmo: com idêntico amor e idêntica ternura, com o mesmo cuidado e a mesma entrega.

Na realidade, embora elevado ao extremo, estamos aqui diante do problema fundamental da identidade humana, que não é abstrata, senão dinâmica; que não é apreensível com os simples meios da teoria, mas também precisa da narração. Identidade na diferença: *soi-même comme un autre* [si-mesmo como um outro], segundo a expressão paradoxal tão bem comentada e estudada por Paul Ricoeur.[9]

---

[7] Le Roy, E. *Dogme et critique*. Paris, 1907. p. 225 (tomo a citação de R. Winling, *La résurrection et l'exaltation du Christ dans la littérature de l'ère patristique*. Paris, 2000. p. 14).

[8] P. Sequeri (*Il Dio affidabile*. Brescia, 1996. pp. 206-211) insiste com perspicácia hermenêutica sobre a necessidade da recordação para a "identificação" do Ressuscitado.

[9] *Sí mismo como otro*. Madrid, 1996. [Ed. bras.: *O si-mesmo como um outro*. Campinas, Papirus, 1991.]

Basta ler nessa ótica as narrações para dar-se conta de que essa é justamente a sua intenção. Cristo é confessado e acreditado como profundamente diferente, como o Senhor que perdoa e impulsiona a missão; todavia, continua sendo o mestre que infunde paz e confiança — "a paz esteja convosco" —, o amigo que anima e cuida com ternura, chamando pelo nome — "Maria!" —, e convidando para comer os peixes preparados com carinho nas brasas. Seus traços e características pessoais já não são mais visíveis, mas não porque foram anulados, senão porque agora estão potencializados ao máximo, superando a nossa capacidade de imaginação e compreensão. Não vemos Cristo: mas na fé — "é bom para vós que eu vá" (Jo 16,7) — sabemos que, mais do que nunca, está conosco.

A recordação do passado executa, assim, um esquema que nos permite vivenciar de modo concreto a presença atual. E já que falamos de "esquema", perdoem-me recorrer uma vez mais ao lugar-comum kantiano: a recordação sem a presença seria vazia, a presença sem a recordação seria cega. (Com isso torna-se novamente mais clara a necessidade da ajuda "maiêutica" dos evangelhos. Justamente porque a presença de Jesus como ressuscitado tem caráter transcendente, torna-se difícil detectá-la e interpretá-la. Os evangelhos — recorde-se que esse foi seguramente o motivo principal de sua escritura —, mediante a concreção da recordação histórica, não suplantam o Cristo real que habita entre nós, mas ajudam a descobrir e discernir a sua presença e o seu chamado por meio de nosso ser em cada situação concreta.)

Como se percebe, esse resultado não contradiz, mas reforça, o adquirido nos capítulos anteriores. O chamado ao seguimento tem de continuar baseando-se na pauta concreta da recordação, porque *nós* estamos na história: iluminados pela ressurreição, não estamos, ainda, ressuscitados e temos de viver como viveu Jesus antes de sua morte. O que importa sublinhar é que neste viver sentimos Cristo como companhia viva, em relação interpessoal: não só como aquele *com quem* se olha como deve-se olhar, mas também como aquele *para quem* se olha; não só como aquele que, identificando-nos consigo, pediu-nos que, como ele, oremos ao Pai, mas também como aquele com quem se fala e a quem se ora;[10] não só como aquele que, com o seu exemplo e a sua comunhão, dinamiza-nos para que sirvamos e amemos o próximo, mas também como aquele com quem se convive e a quem se ama.

Compreende-se, porém, que nessa altura do discurso interessa mais outra conseqüência: a que nos leva a ver em Jesus o modelo e o fundamento da relação com os demais defuntos.

---

[10] Aqui vem à tona um tema muito importante para a oração. Há muitas vezes o perigo de uma certa confusão e indeterminação por não partir do elementar: falar com Deus (*com o Pai*) não é o mesmo que falar com *Cristo*. Falar com Deus é entrar no mesmo dinamismo de Cristo, digamos, no movimento "vertical" que se dirige ao "Pai do céu". Falar com Cristo é interromper o movimento normal, a fim de experimentar "horizontalmente" a sua companhia, aprender sua lição ou agradecer-lhe a sua ajuda salvadora.

A relação com Cristo, modelo da relação com os defuntos

Com esse enunciado, o presente capítulo não faz mais que tirar a conseqüência daquilo que já dissemos, mostrando, assim, que também aqui se torna plenamente válido o fecundo princípio geral estabelecido pelo Vaticano II: "O mistério do ser humano só se ilumina de fato à luz do mistério do Verbo encarnado".[11] Isso acontece, de modo especial, no obscuro mistério da morte e de nossa relação com os que já passaram seu umbral, algo que tanto tem preocupado e preocupa a humanidade desde a sua origem até hoje. (Em razão dessa índole ressuntiva do capítulo, serão inevitáveis algumas repetições, que, por outro lado, terão a vantagem de esclarecer muito do exposto anteriormente e — espero — de mostrar também a sua coerência.)

Jesus é o ser humano que encontrou completamente a si mesmo. Todavia, estando em total solidariedade, seu destino consistiu e consiste em revelar e potenciar o nosso ser para torná-lo capaz de dirigir-se — embora de maneira assintótica — a essa mesma plenitude. Sua exaltação como ressuscitado o introduz na plenitude divina, tornando-o "espírito" (2Cor 3,17) que nos habita e anima. Segui-lo e amá-lo equivale, portanto, a identificar-se com ele, a entrar em seu próprio movimento, vivendo já com uma "vida eterna", a qual, por meio da morte, reencontrar-se-á na ressurreição.

Por isso, o que dissemos de Cristo na qualidade de ressuscitado vale igualmente para todos os que, com ele e como ele, estão ressuscitados. Daí a insistência em considerá-lo "o primogênito dos mortos", segundo disse belamente o Apocalipse (cf. 1,5) ou, na expressão paulina, "como primícias (*aparkhé*) dos que morreram" (1Cor 15,20). Já insistimos repetidas vezes e com vigor nessa implicação mútua, verdadeiramente circular (recorde-se Paulo em 1Cor 15,12-21) entre o destino de Jesus e o de todos e cada um de nós; contudo, nunca meditaremos nisso suficientemente. Porque é nela que devemos buscar não só a compreensão verdadeira de nossa ressurreição, mas também modelar com base nela nossa relação tanto privada como litúrgica com os defuntos.

Relação com os defuntos e "comunhão dos santos"

Advertência preliminar: Para todo este capítulo, mas sobretudo para as reflexões seguintes, não será exagero relembrar o que foi indicado antes — cap. 4, "A verdade da interpretação" — sobre o dificílimo problema *do como* dessa realidade nessa dialética extrema de *identidade e diferença* entre ambos os modos de vida, presente e futuro. Aqui, sem insistir na literalidade do

---

[11] *Gaudium et spes*, n. 22.

imaginativo, pretendemos insinuar, por meio da precariedade de uma linguagem simbólica, e evocativa, o significado fundamental de alguma maneira "pensável".[12]

Vida bem-aventurada e relação interpessoal

A respeito da relação pessoal, nada pode ajudar mais do que o exemplo de Jesus, para lutar contra uma concepção vaga *da vida dos bem-aventurados* (normalmente irrefletida, mas por isso mesmo muito eficaz). Uma concepção muito propagada que, como os antigos a respeito do *sheol* ou do *hades*, pensa neles como seres etéreos, despersonalizados, com uma identidade imperfeita, alheios a qualquer relação e a qualquer carinho. Em Jesus vemos que isso está muito longe da autêntica esperança cristã, a qual vai exatamente na direção oposta.

A esse respeito muitas vezes se interpretam mal suas palavras na controvérsia com os saduceus: "Na ressurreição não haverá homens e mulheres casando-se, mas serão como anjos no céu" (Mt 22,30). Essas palavras, porém, não anunciam uma vida abstrata e despersonalizada, mas sim, apesar das aparências, exatamente o contrário: aludem à plenitude do novo modo de existência, com a superação das fronteiras materiais e a possibilidade de uma comunhão já totalmente compartilhável. O amor, porque estará livre do egoísmo, não se submeterá à rivalidade e à exclusão, nem conhecerá fronteiras particularizantes e monopolizadoras; por *isso mesmo* não será neutro e anódino, senão mais personalizado e incomparavelmente mais intenso; os vínculos e o amor conservar-se-ão — evidentemente —, mas já não limitarão a vida e as relações, mas expandi-las-ão para proveito e alegria de todos.

Falar desse modo é arriscado e pode até parecer pretensioso. Todavia, levando em conta o caráter analógico, simbólico e aproximativo das expressões, explicitar essa verdade torna-se muito importante por dois motivos fundamentais. O primeiro para evitar mal-entendidos muito generalizados, sobretudo o de não compreender a *mudança qualitativa* que a vida bem-aventurada supõe, interpretando-a como uma *in-mortalidade* no sentido mais monótono e linear: como um prolongamento indefinido desta vida terrena. Basta recordar *Los inmortales* [*Os imortais*] de Jorge Luis Borges, para dar-se conta do horror literalmente infernal que resulta de uma tal visão; o mesmo manifestou Álvaro Cunqueiro, que definia a si mesmo como um "grande crente na ressurreição", mas que rechaçava radicalmente a "imortalidade" assim entendida.[13]

---

[12] Pense-se na distinção kantiana entre *kennen* (o qual pode remeter-se à experiência, que ele restringe demasiado à experiência sensível) e *denken*, que, como "fé racional", ajuda a "orientar no pensar": cf. toda a sua obra "prática" e o seu sugestivo opúsculo *Was heisst sich im Denken orientieren?*, editado por W. Weischedel (2. ed. Frankfurt a. M, 1978. v. 5, pp. 267-283). Cf. Gómez Caffarena, J. *El teísmo moral de Kant*. Madrid, 1983 (principalmente pp. 127-137). Eu mesmo, a propósito do inferno, faço a respeito algumas considerações: ¿*Qué queremos decir cuando decimos "infierno"?* Santander, 1995. pp. 50-63. [Ed. bras.: *O que queremos dizer quando dizemos "inferno"?* São Paulo, Paulus, 1995.]

[13] "Disse isso muitas vezes: pertenço a esse grupo de pessoas que caso lhes fosse oferecida a imortalidade, diriam que não. Ulisses não a quis, Salomão tampouco. E quase pelas mesmas razões que a pomba deu a Salomão: não bebe essa água porque serás imortal, e, quando fores imortal, verás tuas mulheres

O segundo motivo remete à *vivência* dessa grande e frágil esperança. Tomo a liberdade de citar uma recordação pessoal: quando ficou viúva, minha mãe costumava perguntar-me com espontânea simplicidade: "Andrés, *ali* encontrarei seu pai? Porque então já não me importa morrer".[14] Com base na fé, sempre lhe respondi que sim, sem duvidar disso. Do contrário, como poderia haver salvação real e verdadeira? Justamente aí é que se enraíza, por exemplo, a diferença entre a *esperança* cristã, apoiada na comunhão pessoal com Deus, e o *nirvana* budista, que consiste na dissolução da própria pessoa (se, como indiquei anteriormente, essa difícil categoria for interpretada assim).

O significado, porém, não remete unicamente às relações dos bem-aventurados entre si. Em Cristo, aprendemos — talvez só a partir dele podemos vencer o pudor de falar dessas coisas — que isso vale igualmente para as *relações mútuas entre os vivos e os defuntos*. Se levarmos a sério seu caráter de "defunto prototípico", precisaremos tirar todas as conseqüências disso. Não vemos Cristo, mas acreditamos que ele está presente e atuante em nossa vida e procuramos tornar-nos conscientes de sua presença e do fato de estarmos envoltos em sua comunhão e acompanhados por sua graça. Por isso, falamos com ele na oração e contamos com seu amor e apoio nos avatares da existência. Mantendo-se a devida proporção, o mesmo acontece com os nossos defuntos.

Com base em sua identificação com Deus, também eles, agora já definitivamente universalizados e purificados, estão presentes em nossas vidas, com o seu amor e a sua preocupação. Como acontece com Jesus, segundo o caráter transcendente da vida bem-aventurada, eles não se tornam acessíveis a nossos sentidos; todavia, como ele, certamente o são de algum modo para a nossa fé. Com eles podemos estabelecer, ou restabelecer, uma autêntica relação interpessoal, sentindo-nos acolhidos e acompanhados, falando com eles nessa peculiar e difícil, mas real, linguagem da fé orante.

De fato, isso pode muito bem se ligar à tendência natural de senti-los presentes e falar com eles, que surge espontaneamente, sobretudo quando se trata de falecidos muito queridos: um fenômeno universal, que continua presente em nossos dias, apesar das dificuldades e reticências da cultura atual (muitas vezes, cultura asséptica de necrotério).

---

morrer, teus filhos morrer e teus netos morrer, e o mais importante: um dia estarás em um enorme deserto e não terás ninguém para compartilhar uma recordação da infância ou da juventude. Não, não, de modo algum. O ser humano é um ser mortal e deve morrer" (*Presencia y ausencia de Álvaro Cunqueiro*. Madrid, 1984. pp. 115-116).

Por outro lado, veja-se como expressa a mudança qualitativa com a inimitável leveza de sua intenção poética: *Se chegase a xuntar nun, nun pronto, todos os soños seus, este home resucitaría. Quizaves este seña o grande segredo da vida futura i eterna* ["Se conseguisse juntar em um só, de imediato, todos os seus sonhos, este homem ressuscitaria. Talvez seja esse o grande segredo da vida futura e eterna"] ("Comenzando por un morto". *Grial* 41 [1973] 323).

[14] O fato de tratar-se de uma preocupação séria e real é confirmado, embora seja *às avessas*, pelo paralelismo com a pergunta que a mãe de Faulkner havia feito a este último: "Verei seu pai ali?" "Não — respondeu o filho complacente —, não se a senhora não quiser". "Fico feliz — replicou a mãe —, nunca gostei dele" (tomo a citação de J. A. Gurpegui, *ABC cultural* [19.9.1997] 19).

E, sem dúvida, é exatamente isso que expresa a *comunhão dos santos*: essa verdade esplêndida, que explicita a maravilhosa universalidade da "vida eterna", a qual não só rompe as barreiras da morte, mas também supera os limites que na história restringem dolorosamente a comunhão interpessoal. A partir de Deus, toda a história humana torna-se verdadeiramente a nossa história presente, em uma fraternidade viva que abarca toda e cada uma das pessoas, por mais remota que tenha sido a sua existência no tempo ou por mais distantes que elas tenham estado no espaço.

A veneração dos "santos"

Sei que esse tipo de discurso é um tanto estranho e, talvez, pouco usual na teologia (o que, sem dúvida, representa um déficit importante). Talvez ajude a torná-lo mais familiar pensar em algo tão tradicional e tão aceito como a *veneração dos santos*.

Os santos, com efeito, são "defuntos" como os outros, com a única diferença do reconhecimento público de sua exemplaridade (que, na realidade, não tem motivo para ser sempre superior à de outros defuntos, até, talvez, conhecidos nossos). As funções que tradicionalmente são atribuídas a eles não devem ocultar a identidade fundamental. Então, torna-se claro que o que vale para eles vale, em princípio e com as peculiares diferenças, para todas e cada uma das pessoas "mortas no Senhor". Tradicionalmente, de certo modo a festa de "Todos os Santos" teve sempre esse significado.

Por sua vez, esse significado permite uma revisão crítica de certas concepções, que, não por serem amplas, deixam de ser discutidas e são até mesmo evitadas. Um exemplo disso é o fato de pensar nos santos como "intercessores" diante de Deus: a letra dos textos da tradição, e muitas vezes da Escritura, não deve servir de escusa para compreender que a concepção comum — evidentemente calcada sobre as relações sociais de prestígios, influências e recomendações — torna-se inapropriada quando aplicada aqui. É evidente que os santos não nos amam mais do que Deus, nem têm por nós um interesse maior que ele. Considerando bem, afirmar que Deus necessita de "recomendações" parece, com toda a clareza, teologicamente falso, e — em sua objetividade — pode ser blasfematoriamente ofensivo para com seu amor. Deve-se, pois, com respeito, mas também com clareza, resgatar a verdadeira intenção dessas tradições, que está subjacente à letra.

Na verdade, isso não é muito difícil, desde que se faça uma reflexão realista. Um santo ou uma santa é alguém que, no seguimento de Jesus, repetiu o destino desse último. Repetiu-o a seu modo e na circunstância peculiar que pôde viver. Dessa maneira, sua vida reflete nas diferenças do temperamento individual e da história coletiva o modelo fundamental e comum a todos, tornando-se, assim, encorajamento e exemplo para os demais na circunstância de cada um deles. De fato, muito além do maior ou menor acerto das teologias subjacentes, a "vida dos santos" tem sido ao longo da história uma escola excelente de alento no caminho e de modelo de realização cristã.

A vida dos santos enriqueceu também a compreensão do mistério de Deus. Essas vidas, com suas diferenças de tempo, de lugar e de estilo pessoal, são como os espelhos múltiplos que refletem aspectos distintos da inesgotável riqueza do ser divino e de seu amor por nós. Também aqui Jesus representa o protótipo e abre a compreensão. Nossa visão de Deus está em boa medida configurada pelo que aprendemos em sua palavra e em sua vida, em sua morte e em sua ressurreição. Por isso, ele é a grande "parábola de Deus",[15] pois as suas qualidades e atitudes são símbolos e reflexo na história do oceano infinito dos atributos divinos: "resplendor da glória do Pai, a expressão do seu ser" (Hb 1,3), quem o vê, vê o Pai (cf. Jo 12,45). Guardando as devidas proporções, o mesmo vale em relação aos santos.

Uma pessoa amiga, de excelente e profunda sensibilidade em sua vivência religiosa, fez-me tomar consciência desta aplicação direta a nossos defuntos: desde que morreu minha irmã — disse-me —, Deus tem para mim "outro aspecto", porque o vejo também através das qualidades nas quais ela refletia a sua presença e a sua relação com ele. Nesse sentido, a natural e espontânea idealização que se faz dos mortos, esquecendo seus defeitos e passando para o primeiro plano as suas virtudes, adquire um novo significado e pode ter um papel provindencial: abre-nos com matizes sempre renovados à compreensão do mistério inesgotável.

Verdadeiramente, Deus não é Deus dos mortos, mas dos vivos: os ressuscitados são, eles mesmos, a melhor expressão da glória divina, que neles resplandece também para nós.

O núcleo da liturgia funerária

Se Cristo é o modelo para a compreensão da relação pessoal com os defuntos, também o é para a relação com eles na liturgia. Seguindo com a intuição que nos tem servido de guia, embora continue sendo um tanto chocante, devemos partir do fundamental e decisivo: a *Eucaristia é, antes e sobretudo, a celebração litúrgica da morte e ressurreição "de nosso irmão defunto Jesus de Nazaré"*. Quando, de fato, queremos refletir sobre a celebração cristã da morte, temos aí o núcleo da compreensão, o foco luminoso com base no qual se esclarece o seu autêntico significado.

Escrevendo na e a partir da Galícia, não é preciso insistir na importância da justa compreensão e da correta orientação da liturgia funerária. Algo, além disso, de relevância geral para um tempo que, sendo pavorosamente mortífero, faz o possível para ocultar os mortos e converter a morte em tabu.[16] Um livro sobre a ressurreição tem de levar muito a sério esse problema, para examiná-lo precisamente à luz de tudo aquilo que se aprendeu no estudo da ressurreição de Cristo.

---

[15] SCHWEITZER, E. *Jesus, das Gleichnis Gottes.* 2. ed. Göttingen, 1996 (que remete também para essa denominação a D. Sölle, E. Jüngel, E. Schillebeeckx e L. E. Keck [cf. p. 114, nota 189]).

[16] Cf., por exemplo, GONDAR, M. *Romeiros do alén.* 2. ed. Vigo, 1993; GARCÍA-SABELL, D. *Paseata arredor da morte.* Vigo, 1999.

Necessidade de repensar a celebração

Exatamente porque são tão importantes e porque tocam instâncias espirituais tão profundas, os hábitos ancestrais, as rotinas teológicas e litúrgicas e até os condicionamentos econômicos tendem a perpetuar um estilo na celebração, que em aspectos muito decisivos fica aquém do que exige uma consciência teológica e espiritual verdadeiramente atualizada.[17] O Concílio Vaticano II centra a atenção no princípio fundamental: "As exéquias devem exprimir melhor o caráter pascal da morte cristã".[18] Por seu turno, o *Ritual de exéquias* não faz mais do que concretizar essa evidência com uma chamada bem concreta:

> [...] Aceite-se de bom grado o que houver de bom nas tradições familiares, nos costumes locais e nos serviços das empresas funerárias; o que, porém, estiver em contradição com o Evangelho, procure-se transformar, de modo que a celebração das exéquias cristãs manifeste realmente a fé pascal e o espírito do Evangelho.[19]

Essa transformação não é fácil, caso se queira, de verdade, levar a sério a profunda remodelação que, tanto em seu conjunto como concretamente no tocante ao mistério da morte e ressurreição, a teologia está experimentando. Por um lado, repitamo-lo mais uma vez, a fidelidade à letra pode converter-se aqui em traição ao espírito; por outro, os temas são delicados demais para que devamos medir com extraordinário cuidado a própria responsabilidade teológica. Compreende-se que nesse ponto não interessa a discussão dos ritos e detalhes celebrativos, mas sim tão-só aquilo que é teologicamente fundamental: o que significa, à luz do que dissemos, a *celebração eucarística da morte*, e, pela mesma razão, como expressar e vivenciar nela a nossa relação com Deus, com os defuntos e com a comunidade.

É óbvio que convém levar em conta tudo o que afirmamos anteriormente, mas não será demais recordar em especial dois pressupostos fundamentais. O principal é, naturalmente, o conceito da *ressurreição como vida já atual em Deus*: morrer é entrar na salvação, na vida eterna de Deus, ou seja, morrer é ressuscitar.

O segundo refere-se à *oração cristã* na qualidade de dirigida a um Deus que é amor e só amor: um Deus, portanto, diante de quem não só não precisamos de "intercessores", mas também a quem não necessitamos convencer de nada, pois é muito mais ele quem, com a iniciativa absoluta de sua graça salvadora, está sempre tratando de convencer-nos para que nos deixemos

---

[17] Usarei aqui as reflexões feitas em meu artigo "Sentido y vivencia de la liturgia funeraria", *Encrucillada* 21/104 (1997) 317-333 (condensado em: "Sentido y vivencia de la liturgia funeraria", *Selecciones de Teología* 37/147 [1998] 229-237). O artigo adiantou as idéias que, como então anunciei — "Algum dia deverei explicar-me com mais delonga" (p. 319) —, pretendo explicar e fundamentar neste livro: agrada-me pensar que a boa acolhida que, na época, o artigo teve pode ser uma garantia da fecundidade da interpretação geral proposta no livro.

[18] *Sacrosanctum Concilium, Constituição sobre a sagrada liturgia*, n. 81.

[19] *Ritual de exéquias.* São Paulo, Paulinas, 1971. n. 2.

ajudar, salvar e perdoar. Longe de exigir nossas súplicas, está esperando que nós lhe abramos a porta de nossa liberdade e colaboração: "Eis que estou à porta e bato; se alguém ouvir minha voz e abrir a porta, eu entrarei na sua casa e tomaremos a refeição, eu com ele e ele comigo", diz misteriosa e maravilhosamente o livro do Apocalipse (3,20).[20]

Finalmente, o terceiro: *uma leitura não fundamentalista* tanto dos textos bíblicos como dos litúrgicos. Em um contexto cultural profundamente mudado, empenhar-se na leitura literal de textos veneráveis, mas escritos em uma cosmovisão definitivamente passada, além de ser impossível, equivale quase sempre à máxima infidelidade. Com efeito, ou se os obriga a dizer muitas vezes algo absurdo — podem as almas ser afastadas das "portas" do inferno? existe um lugar da terra onde no fim do mundo poder-se-iam reunir todas as gerações passadas, presentes e futuras? —, ou então se afirma algo contrário à sua intenção mais profunda: seríamos nós melhores e mais compassivos do que o "Deus de amor e de misericórdia" para que pretendamos "aplacá-lo" com as nossas orações, a fim de que seja "compassivo", precisamente em favor de alguém que antes de mais nada é o seu filho ou a sua filha?

Em textos que atravessaram séculos existem tesouros de experiência que seria estupidez não aproveitar com máximo cuidado. Contudo, por sua vez, seria ingênuo não reconhecer que existem também reminiscências obscuras de uma "pastoral do medo",[21] resquícios de concepções superadas, exageros que precisam ser equilibrados. No fundo, toda a autêntica teologia deve consistir em pretender a sua correção e o seu equilíbrio com base no núcleo fundamental e irradiante de um Deus que, antes e acima de tudo, conseguiu, em Jesus, revelar-nos que "é amor" (1Jo 4,8.16), ou seja, que seu ser consiste única e exclusivamente em amar.[22]

Celebração da morte e ressurreição

O hábito prolongado tende a levar ao esquecimento de que na própria origem da celebração eucarística está implícita uma referência funerária. Fundada em alguém que está para morrer, a eucaristia remete à recordação da morte desse alguém e afirma a fé na ressurreição dele. É o que expressamente dizemos em seu centro: "Anunciamos a vossa morte e proclamamos a vossa ressurreição...". A celebração refere-se antes e acima de tudo a Jesus. Entretanto, quando a uma celebração eucarística associamos um determinado defunto, convém sermos conseqüentes: tam-

---

[20] Remeto à minhas reflexões em "Más allá de la oración de petición", *Iglesia viva* 152 (1991) 157-193; "A oración de petición: de convencer a deixarse convencer", *Encrucillada* 83/17 (1993) 239-254; *Recuperar la creación*, cap. 6, pp. 247-294.

[21] Cf. Delumeau, J. *La peur en Occident aux XIV-XVII siècles*. Paris, 1978. [Ed. bras.: *História do medo no Ocidente*, 1300-1800. São Paulo, Cia. das Letras, 1989.] *Le peché et la peur*. Paris, 1983. [Ed. bras.: *O pecado e o medo*. Bauru, Universidade do Sagrado Coração, 2003. 2v.]. "Le péché et la peur, un système de societé" (entrevista). *Choisir* 291 (1984).

[22] Lembre-se de que um místico, são João da Cruz, alimentado por essa evidência, chegou a dizer de si mesmo: "Que já somente em amar consiste meu ofício" ("Cántico espiritual", estr. 28: *Vida y obras completas*. 5. ed. Madrid, 1964. p. 629]. [Ed. bras.: "Cântico espiritual". *Obras completas de são João da Cruz*. Petrópolis, Vozes, 1989.]

bém desse último estamos dizendo o mesmo. Em cada celebração funerária, unidas às de Jesus, "anunciamos a morte e proclamamos a ressurreição" de nosso irmão ou de nossa irmã N. N.

Aqui se enraíza o núcleo da eucaristia funerária. Nela celebramos um dos grandes títulos de Deus: aquele que salva da morte. Por isso, glorificamo-lo e podemos viver a alegria pela derrota da morte, "o último inimigo" (1Cor 15,26). Aprendemos em Jesus, a quem" Deus ressuscitou dos mortos" (At 3,15), tal como proclama o mais primitivo querigma; mas, como insistia são Paulo, aprendemos isso para todos nós: os que morrem com Cristo também ressuscitarão com ele.

Na eucaristia não se pensa em Jesus como um "morto" simplesmente, mas como aquele que por meio da morte está definitivamente vivo: "Estive morto, mas agora estou vivo para todo o sempre" (Ap 1,18). Pois do mesmo modo convém pensar naquele ou naquela de quem celebramos a morte, porque também eles estão definitivamente vivos: "Quem crê em mim, ainda que tenha morrido, viverá. E todo aquele que vive e crê em mim, não morrerá jamais" (Jo 11,25-26).

As palavras se desgastam e muitas vezes, em razão da excessiva repetição, a grandeza do que dizem para nós pode desaparecer. O que, desse modo, estamos proclamando representa a utopia máxima da humanidade: vencer a morte, quebrar por fim suas mandíbulas, que, como repetia Ernst Bloch, são as mais horríveis devoradoras de toda esperança humana. Falar, pois, de *celebração* não constitui um "como se", um estilo retórico ou uma sutileza litúrgica, senão uma verdade profunda e gloriosa. Porque na dor real da morte estamos celebrando a alegria, difícil mas não menos real, da ressurreição; e apesar da terrível evidência do cadáver, estamos acompanhando alguém que goza da plenitude da vida.

LÁZARO COMO EXEMPLO SIMBÓLICO

A esta altura não é exagero repetir, embora nem sempre se tenha suficientemente em conta, que, quando se fala de Lázaro, não se deveria usar a palavra "ressurreição". Porque, até mesmo quando o relato é tomado ao pé da letra, não se trata de verdadeira ressurreição. O que aconteceu com Lázaro foi, em todo caso, uma simples *volta à vida biológica*, não só com todas as suas limitações e misérias de antes, mas também, de novo, com a perspectiva da morte. Nesse aspecto Saramago demonstra uma intuição certeira, quando em seu romance sobre Jesus — tão desenfocado em aspectos fundamentais — faz com que Madalena o convença a não "ressuscitar" o irmão dela, pois "ninguém na vida teve tantos pecados que mereça morrer duas vezes".[23]

Contudo, não vai por aí a intenção deste discurso, o qual pretende mais examinar o gênero do relato, para descobrir o profundo significado simbólico de uma narrativa magistral. De qualquer modo, não foi inútil recordar algo tão evidente, porque a consciência do caráter secundário da questão — um morto, entre milhões, que voltasse à vida em nada mudaria a profundidade deste imenso problema — permite uma reflexão mais livre e serena.

---

[23] *O evangelho segundo Jesus Cristo*. Lisboa, 1991. p. 428. [Ed. bras.: *O evangelho segundo Jesus Cristo*. São Paulo, Companhia das Letras, 1991.]

Para ser mais breve e concreto, evitando que a reflexão se perca pelos meandros da teoria, vale a pena um *experimento mental*: em um funeral diante dos familiares de um ente muito querido, alguém tem de pregar depois da leitura da "ressurreição" de Lázaro. Pode fazê-lo com base em uma dupla perspectiva: tomar a narrativa ao pé da letra ou interpretá-la em sentido simbólico. Tentemos ver o resultado.

À primeira vista, parece mais respeitoso para com a Bíblia, e até mesmo mais "piedoso" para com os defuntos, tomar a narrativa ao pé da letra. No entanto, pense-se nas conseqüências. Por um lado, para que serve aos familiares essa narrativa? Jesus havia ressuscitado, sim, seu amigo Lázaro; mas o familiar continua morto. As irmãs de Lázaro podem ter ficado muito contentes, mas isso pouco consolaria os familiares do defunto; pelo contrário, aumentar-lhes-ia a dor. Para não falar da "ofensa da comparação": também nesse aspecto horrível haveria os privilegiados e as pessoas comuns. Por outro lado, a inteligência de uma pessoa normal, ao ser obrigada a tomar essa narrativa ao pé da letra, seria gravemente ofendida. Basta pensar no detalhe final. O morto agüenta quatro dias no sepulcro e depois começa a se decompor. Vejam-se, no entanto, as palavras de Jesus:

"Lázaro, vem para fora!" O morto saiu, com as mãos e os pés amarrados com faixas e um pano em volta do rosto. Jesus, então, disse-lhes: "Desamarrai-o e deixai-o ir! *(hypágein)*" (Jo 11,43-44).

Qualquer um nota, sobretudo se levar em conta que no quarto evangelho cada palavra foi posta milimetricamente, que o absurdo "literal" da narrativa — primeiro sai e logo o desatam; todos esperam Lázaro, e Jesus pede que o deixem ir — está pedindo aos gritos uma leitura não-literal, mas simbólica. Rudolf Schnackenburg recorda que já os Padres da Igreja haviam observado aí "um milagre dentro do milagre".[24]

Faça-se agora a contraprova. Leia-se o relato, observando o simbolismo de sua intenção. Conforme o estilo peculiar do "livro dos sinais", o evangelista expressa uma verdade em forma *teórica*, a qual ilustra com um exemplo prático (como faz, por exemplo, com "o pão da vida" e a multiplicação dos pães, com a "luz do mundo" e a cura do cego).[25] Aqui a expressão "eu sou a ressurreição e a vida" é esclarecida pela "ressurreição" de Lázaro.

---

[24] *El evangelio según san Juan*. Barcelona, 1980. v. II, p. 420.

[25] Como se sabe, foi C. H. Dodd quem, com maior ênfase, insistiu nessa estrutura: "Os incidentes narrados recebem uma interpretação de seu significado evangélico nos discursos; ou, para dizer de outra forma, as verdades enunciadas nos discursos recebem expressão dramática nas ações descritas" (*The interpretation of the fourth gospel* [1953]. Cambridge, 1970. p. 384 (há edição em espanhol: *La interpretación del cuarto evangelio*. Madrid, 1978). [Ed. bras.: *A interpretação do quarto evangelho*. São Paulo, Paulus, 1977.]

A propósito dessa intepretação, R. E. Brown disse: "É válido o princípio geral de Dodd, o qual consiste em unir cada sinal a um discurso, e sua brilhante análise de cada uma destas unidades deixará uma marca permanente nos estudos joaninos" (*El evangelio según san Juan*. Madrid, 1979. v. I, p. 165). O mesmo autor estende-se em problemas de detalhe. Cf., igualmente, Schnackenburg, R. *El evangelio según san Juan*. Barcelona, 1980. v. I: Los "signos" joánicos [Os "sinais" joaninos] , pp. 381-394.

Nessa perspectiva, tudo se torna claro: o evangelista quer falar da *vida eterna*, que em Jesus Cristo é-nos anunciada como libertação da morte. Essa última está aí, inexorável e dolorosa: também Jesus "comoveu-se interiormente e perturbou-se" (v. 33). A morte, porém, não é o último e o definitivo: "Quem crê em mim, ainda que tenha morrido, viverá" (v. 25). Por isso, apesar das aparências, Lázaro não está preso nos laços da morte — "desamarrai-o" —, mas foi para a vida do Pai: "deixai-o ir".[26]

Não só tudo se encaixa perfeitamente e o leitor entra na intenção profunda do autor, mas também — e sobretudo — o que aí se diz tem plena vigência para todos e para sempre. O mistério da morte passa a ser iluminado com a luz radiante e misteriosa da vida eterna: "Quem sai [do sepulcro] está morto e ostenta todos os atributos da morte, mas sai o mesmo, pois está vivo".[27] E aos familiares está-se anunciando algo que vale tanto para eles como para as irmãs de Lázaro, tanto para Lázaro como para o defunto.[28] Porque essa é a verdade sublime e definitiva que ali nos é revelada: *Lázaro somos todos nós*. A todos e a cada um é-nos anunciada a esperança da ressurreição, a vitória sobre a morte.

Uma vez mais, quando a fé assume a coragem de sua atualização e o esforço adulto de repensar-se a fundo, mostra a sua fecundidade. Então o que parecia menos "piedoso" passa a ser profunda e decisivamente evangélico.

O sentido concreto da celebração

Celebrar "com" o defunto, não "pelo" defunto

Levando tudo isso em conta, a *aplicação decisiva* torna-se evidente, e deveria levar-nos a ter muito cuidado com a linguagem: não celebramos a eucaristia *por* nosso irmão defunto, mas *com* nosso irmão defunto (como não se celebra por Jesus, mas com Jesus). A pessoa morta não é uma mera recordação ou um objeto passivo, nem alguém indiferente, surdo e cego diante da nossa presença. É mais, como Cristo, a partir de sua presença em Deus, embora não o possamos ver ou sentir, presença transfigurada, amor direcionado a todos, já livre de limitações e egoísmos.

---

[26] "O texto apresenta um paradoxo. Quem sai está morto e ostenta todos os atributos da morte, mas sai o mesmo, porque está vivo. [...] Jesus não devolve Lázaro à comunidade; deixa-o ir, mas agora livre. O caminho de Lázaro leva ao Pai [...], com quem Lázaro está vivo" (MATEOS, J. & BARRETO J. *El evangelio de Juan*; análisis lingüístico y comentario exegético. Madrid, 1979. p. 518 — cf. pp. 488-519. [Ed. bras.: *O evangelho de João*. São Paulo, Paulus, 1989.]). Cf. também: Léon-Dufour, X. *Lectura del evangelio de Juan*; Jn 5-12. Salamanca, 1992. v. II, pp. 319-340.

[27] MATEOS, J. BARRETO, J. *El evangelio de Juan*, cit., p. 518.

[28] "Ao desatar Lázaro *morto*, são eles que se desatam do medo da morte que os paralisava. Desse modo, todos saem do sepulcro, que os submetia à escravidão da morte. Só agora, sabendo que morrer não significa deixar de viver, a comunidade poderá entregar sua vida como Jesus, para reavê-la" (ibidem).

Celebrar sua morte e ressurreição significa, *verdadeiramente*, poder falar com ela sabendo que nos escuta, comungar com ela sabendo que nos ama mais do que nunca, viver — no mistério, mas também na alegria da fé — a sua própria vida, que é a vida eterna, a vida de Deus em todos.

Na realidade, a eucaristia — repito, como acontece com Cristo — não é o único lugar dessa presença, mas tão-só um momento privilegiado, o principal. Porque a partir dela compreendemos que nossos defuntos e defuntas estão sempre presentes, atentos e atuantes, visto que já participam da plenitude de Deus e, para nós, podem identificar-se com a sua presença e o seu amor. A celebração consiste justamente em tornarmo-*nos* sensíveis, em abrirmo-nos a essa presença — misteriosa, mas viva e irrestrita — a partir das limitações que a corporalidade impõe-nos, a partir da incapacidade de estarmos sempre atentos.

Contudo, por isso mesmo, como acontece em qualquer celebração sacramental, essa intensificação, graças à vivência litúrgica, não fica separada, como um parêntese cindido da vida, mas converte-se em sinal e "sacramento" da realidade verdadeira e profunda: *nossos mortos-ressuscitados estão sempre e em todas as partes conosco*. Não é algo artificial falar com eles, vivenciar a sua presença, gozar de sua felicidade, sentir-se acompanhados por seu amor. (Embora nessas circunstâncias a psicologia, por estar muito presente, deva ser levada em conta com *muita cautela*, não se deveria desprezar em definitivo a possibilidade de aproveitar a capacidade de vivência mais intensa e concreta que com freqüência se experiencia depois do falecimento de entes muito queridos. Toda a antropologia do "luto" e da "perda" tem, seguramente, muito a dizer[29] e merece a atenção da teologia. Não, imediatamente, para fomentar estranhas experiências parapsicológicas ou para causar neuroses mais ou menos obsessivas, mas unicamente para aproveitá-las como uma espécie de base natural que ajuda a viver a realidade que conhecemos pela fé.)

De qualquer modo, dentro da grande sobriedade com que convém proceder nesses assuntos, tanto se intui aquilo que seria isso como se torna elevado o significado do que aqui se pretende celebrar a partir da fé. Nessa perspectiva, certas deformações são automaticamente desmascaradas, certas práticas perdem qualquer legitimidade e organiza-se o autêntico espaço da vivência, em sua dupla direção: rumo a Deus (e aos defuntos) e rumo a nós.

A Deus não precisamos nem "convencer" nem "aplacar"

Antes de mais nada, muda de maneira radical o modo de situuarmo-nos em face de Deus e de expressarmos nossa oração. Por menos que se vivencie a estrutura fundamental da liturgia, que trata justamente de celebrar a vitória de Deus sobre a morte, compreende-se sem a menor dificuldade que não faz nenhum sentido "suplicar" a Deus, e menos ainda "aplacá-lo" a fim de que seja piedoso com o defunto. Em geral, como se disse no começo, pela maravilha de Deus,

---

[29] Cf. GORER, G. *Death, grief, and mourning*. London, 1965; e mais especificamente para a Galícia: GONDAR PORTSANY, M. *Romeiros do alén*; antropoloxía da morte en Galicia. Vigo, 1989. pp. 133-161. Cf. também meu artigo "La lamentación y la muerte masiva", *Concilium* 247 (1993) 61-72.

que na absoluta iniciativa de seu amor, *antes que nós peçamos a ele*, está já sempre amparando, ajudando e salvando; e aqui mais especificamente por causa da bondade infinita do "Deus da vida", que fez e continua fazendo tudo para resgatar da morte seus filhos e suas filhas.

Verdadeiramente, quando a sensibilidade está um pouco aguçada, assusta pensar que possamos ter a idéia de pretender "convencê-lo", como se o nosso amor pelos defuntos fosse maior que o dele ou como se a nossa preocupação com a felicidade deles fosse mais profunda. É claro que ninguém aspira a tal exorbitância em sua intenção subjetiva, mas a *objetividade* das preces e dos ritos realiza-se muitas vezes como se nós é que fôssemos os bons, os amorosos e os misericordiosos, e que estamos esforçando-nos para comover um deus cruel, justiceiro e terrível, a quem convém "propiciar" através de todos os meios.[30]

Não ajuda, certamente, o fato de que a própria liturgia está repleta de orações que vão nessa direção, sobretudo por aparecerem quase sempre em forma de súplica. Tais orações não deixam certamente de manifestar grandes valores, mas *do modo como são expressas* fazem a misericórdia de Deus depender de nossas súplicas, e pelo mesmo motivo parecem pôr em dúvida o amor primeiro, gratuito e incondicional do Senhor.

Inegavelmente, é isso o que implica a lógica geral de sua construção: "Escutai nossas súplicas... e fazei com que o nosso irmão...". Normalmente — deve-se dizê-lo — aparecem o respeito e a confiança; mas às vezes as fórmulas se tornam chocantes: "Ó Deus, inclinai vosso ouvido à nossa súplica, ao implorarmos vossa misericórdia...";[31] "Pai de misericórdia, que este vosso filho não sofra o castigo de seus atos" (p. 33); "Não me condeneis, Senhor, quando vierdes para o julgamento" (p. 27). Por outro lado, não foram eliminadas fórmulas que dão a impressão de que é Deus quem manda a morte, reforçando assim uma visão incorreta do problema do mal, que muitas vezes pode tornar-se insuportável ou traumatizante: a quem "chamastes deste mundo" (p. 21), "embora não compreendamos por que quiseste privar-nos tão dolorosamente da presença de nosso irmão"[32] etc.

---

[30] M. Regal expressou isso muito bem: "Duvidamos de que um observador alheio, que contemplasse as nossas celebrações da morte, recolhesse delas o convencimento de que por detrás dos limites da morte que traspassa o defunto haja um Deus Pai, bem disposto a receber o seu filho por mais perdido que ele estivesse, e não um caprichoso e endurecido personagem que não amolece o coração enquanto não se sentir abrandado pelo clamor das súplicas" ("A pastoral de defuntos. Onte, hoxe e mañá", *Encrucillada* 10/49 [1986] 361-376" — aqui, p. 374). Todo esse aspecto recebe uma excelente análise em X. A. Miguélez, "A celebración cristiá da morte e a oración polos defuntos", *Encrucillada* 16/79 (1992) 375-398.

[31] *Ritual de exéquias*, p. 200; indico apenas um lugar; como se sabe, normalmente as fórmulas se repetem em diversas ocasiões. Em outras referências ponho a página no texto, entre parênteses. [A última citação não possui correspondência na versão brasileira do *Ritual de exéquias*. Uma invocação de sentido aproximado poderia ser a seguinte: "Ó Deus... vós permitistes que estes pais sejam oprimidos pela saudade do filho que lhes foi arrebatado (p. 222) — N.T.]

[32] Um fato que aconteceu com um colega permite perceber a pertinência da questão. Uma garota confessava-lhe sempre, angustiada, por que ela "não queria ser boa". Quando, atento, perguntou a ela, ficou sabendo da razão: sua melhor amiga havia morrido e disseram a ela que, como a amiga havia sido tão boa, Deus a levara consigo ao céu. Visto que ela não queria morrer, negava-se a ser boa; então se angustiava, pois considerava-se má... Somente quem ignora a existência de traumas pode menosprezar indícios dessa envergadura.

O fato está aí, e não pode ser negado. Sabemos, porém, que não é preciso cair em um fundamentalismo que sustente ao pé da letra essas expressões. As sensibilidades mudam, e o que em épocas passadas podia não estranhar torna-se muitas vezes intolerável na atualidade (quem, em nosso tempo, como fizera Agostinho no seu, colocaria no inferno as crianças sem batismo,[33] ou pensaria, como Tomás de Aquino, que a contemplação dos tormentos dos condenados ao inferno aumenta o gozo dos justos na glória?).[34] Não se trata de julgar o passado, mas reconhecer a historicidade humana, vivendo a responsabilidade do presente. Pela enésima vez: como sobre a Escritura em geral havia dito Paulo (cf. 2Cor 3,6), tomar ao pé da letra a liturgia não é o melhor modo de preservar seu espírito.

Muito mais quando sabemos que a *letra* de muitas orações, exatamente por sua antigüidade venerável, nasceu em tempos nos quais a concepção literalista da revelação tendia a considerar iguais todos os textos bíblicos, sem levar em conta o seu caráter temporal. Resulta, então, que com freqüência são adotadas idéias do Antigo Testamento ignorando as correções que a novidade do Deus revelado em Jesus está solicitando. Assim aconteceu com o famoso texto do segundo livro dos Macabeus (cf. 12,45), quando diz que "[...] era santo e piedoso o seu modo de pensar. Eis por que mandou fazer o sacrifício expiatório pelos falecidos [defuntos], a fim de que fossem absolvidos do seu pecado". Em um tempo tão ritualizado como o do segundo templo e quando apenas se começava a tomar consciência expressa da idéia de ressureição, essas palavras tornam-se compreensíveis, e até supõem um avanço magnífico; mas depois do *Abbá* de Jesus e da experiência de sua ressurreição nada obriga a conservar ao pé da letra o sentido expiatório (embora falaremos, depois, sobre um possível sentido mais profundo).

As *conseqüências pastorais* de uma visão ruim são ampla e tristemente conhecidas: a salvação tem um preço, e diante de Deus são mantidas as classes e as rivalidades. Por sorte, avançou-se muito. O escândalo dos enterros de primeira ou terceira categoria — nossa poetisa Rosalía de Castro é um eco lamentoso: "enterrar han de enterrarme / anque non lles den diñeiro" [enterrar hão de enterrar-me / ainda que não lhes dêem dinheiro] — está quase extinto, e a visão comercial — quanto mais missas e intenções, maior a certeza da salvação — está desaparecendo. Não é demais, porém, relembrar isso. Em primeiro lugar, porque estes fenômenos tinham *estrita similaridade* com aquelas idéias, as quais, desse modo, estão sendo claramente desmascaradas em sua falsidade. Em segundo lugar, porque não podem ser consideradas extintas, pois tanto permanecem formando profundamente o imaginário coletivo como podem continuar presentes sob formas renovadas e sutis.

---

[33] De fato, o Concílio adverte expressamente que "reveja-se o rito do sepultamento das crianças e se componha uma missa própria" (*Const. sobre a Sagrada Liturgia*, n. 82). Contudo, não deixa de ser curioso que ainda se mantenha uma sutil distinção, nas orações da missa, entre as crianças batizadas e as não-batizadas: a respeito dessas últimas não se expressa (tão) claramente a certeza da salvação.

[34] *STh Suppl.*, q. 94, a.1-3: cf. q. 99, a. 1, ad 4); remete também a são Gregório Magno, *IV Dialog.*, c. 44 (ML 77, 404).

Desde já convém não baixar a guarda. As empresas funerárias estão aí para lutar "pomposamente" contra a gratuidade da salvação e contra a absoluta igualdade dos filhos e filhas de Deus.

E uma pastoral que não tenha a coragem de renovar-se profundamente, tanto nas idéias de sua pregação como no sentido de configurar a liturgia — aniversários indefinidos e multiplicados, tríduos, setenários, novenas etc. — e de administrar os estipêndios, pode cair facilmente na armadilha e continuar as velhas rotinas sob o abrigo de novos modos.

Liturgia para a nossa salvação

A reflexão anterior insistiu sobretudo no grande cuidado — nunca suficiente — que devemos ter ao falar com Deus, por respeito à sua grandeza e bondade infinitas. Além disso, partiu sempre do ideal, ou seja, da "essência" autêntica do que celebramos. Chega o momento de apontar para a outra direção: para o caráter deficiente de nossas realizações e para a deficiente obscuridade de nossa fé. Porque a maravilha do que celebramos está aí em seu mistério, mas necessitamos assimilá-lo e abrirmo-nos à irradiação de sua eficácia, sobretudo em três dimensões principais.

Em primeiro lugar, celebrar a eucaristia na morte de nossos defuntos consiste, certamente, em confessar a nossa fé e vivenciar a alegria de nossa esperança. Contudo, ao mesmo tempo, significa tratar de *alimentar essa fé e garantir essa esperança.* Porque a terrível obscuridade da morte corrói continuamente a certeza da ressurreição, e as evidências concretas do mundo palpável põem à prova, sem cessar, as íntimas e obscuras claridades da fé. Nesse sentido, a celebração — com a recordação viva da morte-ressurreição de Cristo, com a força dos textos bíblicos, com a viva luz de sua expressão simbólica e com o calor da vivência comunitária — constitui um alimento permanente, um viático necessário para este caminho infindável de assegurar a esperança. (Daí uma vez mais a necessidade de prestar atenção nas expressões e de esclarecer com exatidão os significados.)

Em seguida, o cultivo da *solidariedade.* Celebrar juntos — sempre o souberam ao longo da história os diversos ritos funerários — constitui a melhor forma de acompanhar a dor dos mais diretamente afetados. Primeiro sob a forma mais psicológica e imediatamente humana da proximidade física, ajudando a assimilar o trauma que a morte sempre provoca. E também, enquanto essa proximidade se transcende e se reforça mediante a oração comum, a proclamação conjunta da fé e a celebração da mesma esperança. A consciência cristã soube e proclamou isso desde o primeiro momento: "Reconfortai-vos, pois, uns aos outros com estas palavras" (1Ts 4,18).

Solidariedade que, por certo, não deve ficar reduzida nem ao momento da morte nem à mera celebração litúrgica, mas que deverá estender-se à realidade de cada dia. A *meditatio mortis* sempre foi luz para a autenticidade da vida, e alcançou importância até em nosso tempo. Realiza-se no aspecto mais intimamente existencial, como em Martin Heidegger ("ser de frente para a morte" — *Sein zum Tode* —, como condição da autenticidade em Heidegger). E Franz Rosenzweig começa sua obra principal assim: "Pela morte, pelo medo da morte começa todo o conhecimento do Todo";[35] embora, diferentemente de Heidegger, faça-o, muito significativamente, com palavras de vida: "Para que direção se abrem as folhas dessa porta? Não sabes? Para a vida";[36] e acontece o mesmo no aspecto social e histórico, como na preocupação pelas vítimas na teologia política e da libertação.[37] Para a consciência religiosa, a celebração da morte, com a sua referência aos valores últimos e à visão da existência como englobada na comunhão dos santos e no amor insondável e solidário de Deus, constitui sem dúvida um momento privilegiado para orientar a vida pessoal e romper indiferenças, ódios ou divisões que emperram a convivência comunitária.

Há, ainda, um terceiro aspecto, mais sutil e misterioso: a *solidariedade "cismundana" com os defuntos*.[38] Já foi dito que o movimento de transformação não deve ir para cima, para "convencer" ou "aplacar" a Deus, nem sequer para "aliviar" a irmã ou o irmão defunto, que já está acolhido e amparado no amor e na vida divina. O movimento só tem sentido para "baixo", para este mundo, para a transformação de nossa vida.

Existe, além disso, um aspecto muito importante no qual a comunicação com nossos defuntos pode ter uma *efetividade prática* aqui na terra: tendo em vista que, para bem ou para mal, o influxo de sua vida e de sua conduta continua agindo nas pessoas ou nas instituições, continua aberto para a história e de algum modo entregue também à nossa solidariedade. Uma obra começada e não concluída por causa de sua morte pode ser uma chamada para continuá-la por nossa conta: esse é o realismo verdadeiramente carnal da comunhão dos santos, e pode constituir a melhor prova de amor, agradecimento e união com eles. Do mesmo modo, também os efeitos perniciosos de ações ruins ou simplesmente não acertadas podem requerer a nossa colaboração: que os "ajudemos" — agora que eles já não intervêm na facticidade da história — a reparar os danos e até a obter o perdão dos ofendidos.

Eis aqui um significado profundo — possível e legítimo — da afirmação citada do livro dos Macabeus, quando convida a "orar pelos defuntos, para que fiquem livres de seus pecados". Uma visão literal, que trate de obter em seu lugar o perdão de Deus, oferece todos os motivos

---

[35] "Vom Tode, von der Furcht des Todes, hebt alles Erkennen des All an" são, como se sabe, as palavras que abrem seu principal livro, *Der Stern der Erlösung*. 3. ed. Frankfurt a. M., 1990. p. 3. [Ed. esp.: *La estrella de la redención*. Salamanca, 1997. p. 43]. Cf. MATE, R. *Memoria de occidente*; actualidad de pensadores judíos olvidados. Madrid, 1977. pp. 121-148.

[36] "Wohinaus aber öffnen sich die Flüglel dieses Tors? Du weisst es nicht? Ins Leben" (ibidem, p. 472; ed. esp., p. 496).

[37] Sobre as "vítimas", cf., entre outros, J. B. Metz (org.), *El clamor de la tierra*, Estella, 1996; ____. E. Wiesel, *Esperar a pesar de todo*, Madrid, 1996; J. Sobrino, *La fe en Jesucristo*, Madrid, 1999. [Ed. bras.: *A fé em Jesus Cristo*. Petrópolis, Vozes, 2001.]

[38] Devo indicar que esta idéia foi-me sugerida, faz algum tempo, por Xosé Antón Miguélez, em seu artigo citado (pp. 383, 387-388), ao qual para o restante remeto novamente, pois trata de maneira excelente tanto o aspecto da "petição" como o da autêntica práxis cristã em relação ao mistério da morte.

para a crítica irritada de Kant, o qual protestava com razão contra uma "satisfação" de caráter moral, que substituiria a liberdade do interessado sem presumir uma mudança interna nele.[39] Essa interpretação, ao contrário, mantém intacta a intimidade moral da pessoa defunta, que permanece nas mãos amorosas de Deus; mas abre os efeitos de sua presença histórica à solidariedade dos irmãos. A comunhão dos santos completa, desse modo, seu sentido vertical, por assim dizê-lo, com um sentido horizontal, que age como uma bênção na vida real da comunidade.

Resurrectio, spes unica.

---

[39] Cf., por exemplo: "Pois pela dedução enunciada vê-se que uma absolvição diante da justiça do céu para o ser humano marcado com a culpa só pode ser pensada sob o pressuposto da total mudança do coração; portanto, todas as expiações, tanto de índole penitencial como de índole solene, todas as invocações e glorificações (até mesmo a do ideal suplente do filho de Deus) não podem reparar a ausência de tal mudança ou, se esta está presente, não podem aumentar em nada sua validez diante daquele tribunal" (*La religión dentro de los límites de la mera razón*. Madrid, 1969. p. 79 — cf. pp. 69-70, 85-86, 157).

Epílogo

A fé comum na diferença das interpretações

Ao chegarmos ao final de um longo e sinuoso caminho, não é exagero tentar esclarecer seu resultado fundamental. Um resultado que, como o enunciado do título indica, apresenta um caráter claramente dialético. Por um lado, a reflexão procurou mover-se sempre dentro daquela compreensão prévia comum da qual, de um modo ou de outro, partem todos os que se ocupam da ressurreição (por esse motivo, dão por suposto que tratam do mesmo assunto). Por outro, ela esteve durante todo o tempo consciente de que o aparentemente "comum" está desde o início — e necessariamente — traduzido de acordo com os padrões das interpretações concretas. A interpretação apresentada neste livro é *uma* delas. Por isso ela se esforçou, durante todo o tempo, em mover-se dentro da *fé comum* e ao mesmo tempo não ocultou nunca a sua liberdade para elaborar a sua peculiar proposta dentro da *diferença teológica*.

Fazê-lo com a responsabilidade exigida por um tema tão sério tornou mais difícil, não sei se mais do que o necessário, a exposição, obscurecendo talvez tanto a intenção como o conteúdo preciso do próprio resultado. Agora, com o conjunto à vista, torna-se mais fácil perceber tanto o percurso do processo reflexivo como a sua estrutura global e as suas linhas principais. De fato, a impressão de conjunto, unida a uma verificação do índice sistemático, seria talvez suficiente, e convém tê-la à vista. O epílogo procura unicamente mostrar de maneira mais simplificada, porém, as preocupações e os resultados fundamentais.

A tarefa atual

O comum da fé

Em todo o momento, a preocupação básica foi insistir na comunidade e identidade fundamental do *referente comum* que as distintas teologias tratam de compreender e explicar, pois isso torna mais evidente o caráter secundário e relativo das diferenças teóricas.[1] Algo que pode trazer serenidade à discussão dos resultados, reconhecendo a legitimidade do *pluralismo* e limando possíveis tentações de dogmatismo.

Isso já havia sido uma necessidade nas primeiras comunidades cristãs. Porque, embora, como bem refletem os escritos paulinos, também nelas houvesse fortes discussões, nem por isso deixa-se de perceber uma vasta base comum, presente tanto nas distintas formulações como nas expressões litúrgicas e nas conseqüências práticas. Essa necessidade se acentua na circunstância atual, tão marcada pela mudança e pelo pluralismo, pois também hoje a comunidade cristã vive, e precisa viver, na convicção de estar compartilhando a mesma fé. Talvez hoje, mais do que a uma visão teo*lógica* unitária, somente seja possível aspirar à comunidade com um "ar de família"; todavia, mantido no respeito dialogante, isso será suficiente para que as "muitas mansões" teóricas não ocultem a pertença à casa comum (cf. Jo 14,2).

Tempos atrás, expressei isso insistindo na necessidade de "recuperar a experiência da ressurreição",[2] esse húmus comum, rico e vivencial, anterior às distintas teorias em que desde o seu início a comunidade cristã foi expressando a sua fé. Tal experiência manifestou-se fundamentalmente como uma *dupla convicção* de caráter vital, transformador e comprometido. Em relação a *Jesus*, significa que a morte na cruz não foi o último, senão que, apesar de tudo, ele continua vivo, em pessoa; e que, embora de um modo diferente, continua presente e atuante na comunidade cristã na história humana. Em relação a *nós*, significa que em seu destino o nosso se ilumina, de sorte que em sua ressurreição Deus se revela de maneira plena e definitiva como "o Deus dos vivos", que, como fez com Jesus, ressuscita todos os mortos; conseqüentemente, a ressurreição exige e possibilita um estilo específico de vida que, marcada pelo seguimento de Jesus, já é "vida eterna".

A inevitável diversidade da teologia

Afirmado isso, tudo o mais é secundário, pois o que foi dito marca o comum da *fé*. A *teologia* vem em seguida, com suas diferenças inevitáveis e, em princípio, legítimas, desde que se esforcem para permanecer dentro desse âmbito, versando sobre "o mesmo", de modo que as diferenças teóricas não rompam a comunhão entre aquilo em que se crê e aquilo que se vive.

Isso situa e delimita a importância do trabalho teológico, mas não o anula de modo nenhum, nem, portanto, exime-o de sua responsabilidade. Porque toda experiência é sempre

---

[1] A essa preocupação refere-se também W. Pannenberg, quando afirma: "É após uma descrição provisória da realidade (*Sachverhalt*) fundamental que tem por conteúdo o anúncio cristão da ressurreição que podem ser tratados os problemas vinculados com ela e que precisam de maior esclarecimento" (*Grundfragen systematischer Theologie*. 2. ed. Göttingen, 1991. p. 387).

[2] Refiro-me ao capítulo V de meu livro *Repensar a cristologia*, São Paulo, Paulinas, 1999, pp. 153-172, que havia sido antecipado em "Recuperar la experiencia de la resurrección", *Sal Terrae* 70 (1982) 196-208. Evidentemente, o tempo transcorrido desde a primeira redação não passou em vão: introduzo aqui algumas modificações significativas. Mas, afinal, posso afirmar que esta obra cumpre o que fora anunciado em suas predecessoras.

experiência *interpretada* em um contexto determinado, e somente dentro desse contexto é que ela se torna significativa e atualizável. A aposta consiste em conseguir uma interpretação correta, que recupere para hoje a experiência válida para sempre. Contudo, a mudança pode ser malfeita, anulando a verdade ou a integridade da experiência; ou pode ser feita de modo insuficiente, dificultando-a e até a impedindo: não entrando nem deixando entrar — segundo a advertência evangélica — em sua compreensão e vivência atual. O certo é que a ruptura moderna supôs uma mudança radical de paradigma, de sorte que obriga a uma reinterpretação muito profunda. Essa situação aumenta o delicado e arriscado dessa tarefa; mas também a torna inevitável, sob pena de tornar absurdo e não crível o mistério da ressurreição.

O trabalho de reinterpretação precisa tomar três direções distintas, embora intimamente solidárias: uma aponta para a elucidação histórico-crítica da *origem*, explicitação e consolidação da experiência; outra, para o propósito de alcançar alguma compreensão de seu *conteúdo*, ou seja, do ser da ressurreição e do modo como ela se realiza; finalmente, outra pretende elucidar as *conseqüências*, tanto para a vida na história como para o destino depois da morte. Em si, a última direção é a mais importante, mas, dado que a revolta da mudança se produziu sobretudo nas duas primeiras, elas foram as que ocuparam um espaço maior na discussão teológica. Também neste estudo não foi possível escapar desse "desequilíbrio", embora se tenha tentado compensá-lo no possível.

A gênese da fé na ressurreição

A mudança cultural se manifestou em dois fenômenos principais. O primeiro foi o fim da leitura literal dos textos, que, tornando impossível tomá-los como um "registro de cartório" do acontecido, obrigou a buscar seu sentido subjacente ao teor imediato da letra. O segundo consistiu no surgimento de uma nova cosmovisão, que obrigou a ler a ressurreição segundo coordenadas radicalmente diferentes das pressupostas em sua versão original.

Na nova compreensão da gênese influiu e influi sobretudo o primeiro fenômeno. Porque o *fim do fundamentalismo* forçou uma mudança profunda na leitura e ao mesmo tempo proporcionou os meios para levá-la a cabo. E o fez não só porque, ao romper a escravidão da letra, abriu a possibilidade de novos significados, mas também porque, ao introduzir a leitura na dinâmica viva da história da revelação, carregou-a de um realismo concreto e vitalmente significativo. Isso vale tanto para o Antigo como para o Novo Testamento.

A ressurreição no Antigo Testamento

Foi, com efeito, importante recordar o Antigo Testamento e remontar de algum modo à dura aprendizagem que ele supôs, com os seus dois caminhos principais. O primeiro (que talvez devesse ter recebido uma atenção ainda maior) remete à vivência da profunda *comunhão com*

Deus. Comunhão que, sem negar a austeridade da vida terrena e sem ter ainda clareza acerca do além dela, permitiu intuir que o seu amor é "forte como a morte" (Ct 8,6). Por isso, a consciência da fidelidade divina foi capaz de dar sentido à terrível ambigüidade da existência, tal como aparece, por exemplo, no Salmo 73: "Minha carne e meu coração desfalecem; rochedo do meu coração e minha porção é Deus para sempre!" (v. 26). O segundo caminho passa pela aguda *experiência de contraste* entre o sofrimento do justo e a intolerável injustiça de seu fracasso terreno. Como se anuncia com clareza já nos Cantos do Servo e formula-se de maneira impressionante com os mártires da luta macabéia (cf. 2Mc 7), somente a idéia de ressurreição podia conciliar o amor fiel do Senhor com o sofrimento incompreensível do justo.

Um fruto importante dessa recordação é que os longos séculos sem crença clara no outro mundo ensinam, ao vivo, que não se alcança a autêntica fé na ressurreição com uma fuga rápida para o além, mas que ela se forja na fidelidade da vida real e na autenticidade da relação com Deus. Além disso, é muito provável que nesses textos Jesus encontrava um importante alimento para a sua própria experiência; e, seguramente, ali o encontraram os primeiros cristãos para a sua compreensão do destino do Crucificado.

A ressurreição de Jesus no Novo Testamento

Essa herança preciosa passou ao Novo Testamento como pressuposto fundamental, que não se deve esquecer, pois constituia o marco de vivência e compreensão tanto para Jesus como para a comunidade. A fé na ressurreição dos mortos já estava presente na vida e na pregação do Nazareno: a novidade que a confissão da sua ressurreição introduz realiza-se dentro dessa continuidade radical.

Nesse sentido, não é casual, e desde já é essencial, a atenção renovada a sua *vida* para compreender a gênese e o sentido da profunda reconfiguração que o Novo Testamento realiza no conceito de ressurreição herdado do Antigo. A vida de Jesus e aquilo em que se crê e que se vive em companhia dele constituíram sem sombra de dúvida um componente fundamental do terreno fecundo em que o alvissareiro e o específico da experiência pascal fincaram raízes.

Dois aspectos, em especial, tiveram uma enorme força de revelação e convicção. Em primeiro lugar, a consciência do caráter "escatológico" da missão de Jesus, que adiantava e sintetizava em sua pessoa a presença definitiva da salvação de Deus na história: o seu destino tinha o caráter do único e definitivo. Em estreita dialética com ele, está, em segundo lugar, o fato terrível da crucifixão, que parecia anular essa presença. A duríssima "experiência de contraste" entre, de um lado, a proposta de Jesus, garantida por sua bondade, sua pregação e sua conduta, e, de outro, o seu incompreensível final na *mors turpissima crucis*, constituía uma "dissonância cognoscitiva" de tamanha magnitude que só com a fé na ressurreição podia ser superada (um processo que, a sua maneira, o caso dos Macabeus já havia antecipado).

O fato da fuga e do ocultamento dos discípulos foi, com muita probabilidade, historicamente certo; mas a sua interpretação como traição ou perda da fé constitui uma "dramatização" literária, de caráter intuitivo e apologético, para demonstrar a eficácia da ressurreição. Na realidade, além de injusta para com alguns homens que, entusiasmados, deixaram tudo para seguir Jesus, essa visão é totalmente inverossímil. Algo que se confirma na história dos grandes líderes assassinados, que aponta justamente na direção contrária, pois o assassinato do líder autêntico confirma a fidelidade dos seguidores: a fé na ressurreição, que os discípulos já tinham por tradição, encontrou no destino trágico de Jesus sua máxima confirmação, bem como o seu significado último e pleno. O querigma primitivo, pela boca de Pedro, expressou muito bem isso: Jesus não podia ser presa definitiva da morte, pois Deus não podia consentir que o seu justo conhecesse a decomposição (cf. At 2,24-27).

O NOVO NA RESSURREIÇÃO DE JESUS

A conjunção de ambos os fatores — caráter definitivo e experiência de contraste — tornou possível a revelação do *novo* na ressurreição de Jesus: ele *já* está vivo, sem ter de esperar pelo fim dos tempos (que de qualquer maneira começaria com ele); e o está na *plenitude* de sua pessoa, já sem o menor indício de uma existência diminuída ou obscurecida no *sheol*. O que se esperava para todos (pelo menos para os justos) no fim dos tempos realizou-se nele, que por isso já está exaltado e plenificado em Deus. E com base nessa plenitude — única como único é o seu ser — continua presente na comunidade, reafirmando a fé e impulsionando a história.

Tal novidade não precisava, contudo, de certos antecedentes no Antigo Testamento e no judaísmo intertestamentário (recordem-se as alusões aos patriarcas, a Elias ou ao próprio Batista); e, embora menos, tampouco era totalmente alheia ao entorno religioso médio-oriental e helenístico, com deuses que morrem e ressuscitam ou com personagens que se fazem presentes depois de mortos. De qualquer forma, o caráter único da pessoa e da missão de Jesus fez com que — pela certeza de sua existência, por sua concreção histórica e por seu caráter plena e individualizadamente pessoal — a fé em sua ressurreição supusesse um avanço definitivo na história da revelação. De ninguém se havia falado assim: nunca de nenhuma pessoa se havia proclamado com tamanha clareza e intensidade o seu já estar vivo, plenamente "glorificado" em Deus e presente na história.

Os textos, lidos criticamente, não permitem uma reconstrução exata do processo concreto por meio do qual se chegou a essa visão específica. Apenas o resultado está claro. E dos textos resulta que essa convicção firme, essa fé na ressurreição atual de Jesus e na permanência de sua missão se gestou e se manifestou em vivências extraordinárias de seu novo modo de presença real, que, naquele ambiente marcado por uma fortíssima emotividade religiosa, os protagonistas interpretaram como "aparições". De qualquer modo, como tais foram narradas *a posteriori* no Novo Testamento, como explicitação catequética e teológica do mistério que se tentava transmitir. Nesse mesmo quadro se forjaram também as narrativas acerca do "túmulo vazio".

O caráter teológico das narrativas é decisivo: nele tanto se expressa a sua intenção como se baseia o seu ensinamento; por meio delas é-nos entregue o objeto da fé. Em razão de sua composição por escritores que, exceto no caso de Paulo (tão peculiar em muitos aspectos), não foram testemunhas diretas, mas escreveram baseados em recordações e relatos alheios, entre quatro e sete décadas mais tarde, não podem ser consideradas, de imediato, descrições de acontecimentos "fáticos", tal como os narrariam, por exemplo, um cronista ou um historiador atual. De sorte que a interpretação mais concreta do sucedido faticamente constitui uma delicada e complexa tarefa hermenêutica, que deverá levar em conta o distinto quadro cultural e os novos instrumentos de leitura crítica. Circunstância essa que se torna decisiva na hora de interpretar o modo da ressurreição e do próprio ser do Ressuscitado.

O modo e o ser da ressurreição

Considerações prévias

De início, convém insistir uma vez mais que o problema se move agora em um *nível distinto* do anterior: antes se descrevia o fundamental da experiência, agora se pretende uma maior elucidação conceitual. Como foi afirmado e repetido ao longo de toda a obra, o pretendido neste nível não tenciona nunca questionar a verdade do anterior, e as discrepâncias nele não têm por que significar uma ruptura da unidade de fé expressa no primeiro. Pertencem mais ao inevitável e legítimo *pluralismo* teológico.

Se antes o que importava era sobretudo a queda do fundamentalismo, agora é a *mudança cultural* o que se deixa sentir como prioritário. Mudança na visão de mundo, que, desdivinizado, desmitificado e reconhecido no funcionamento autônomo de suas leis, *obriga* a uma releitura dos dados. Pense-se novamente no exemplo da Ascensão: tomada ao pé da letra, hoje redunda simplesmente absurda. Mudança também na própria teologia, que, justamente por causa desses fatores, encontra-se em uma situação nova, sobretudo — como foi indicado no início ("A inevitável diversidade da teologia") — no que diz respeito à concepção de criação, revelação e cristologia. A *ação de Deus* não é concebida segundo um padrão intervencionista e "milagroso", que não corresponde à experiência nem religiosa nem histórica e que ameaçaria a transcendência divina. A *revelação* não é um "ditado" milagroso e autoritário que deve ser tomado ao pé da letra. E a *cristologia* não busca o peculiar de Jesus em seu isolamento sobrenaturalista, mas em sua plena realização do humano: a cristologia como realização plena da antropologia, a divindade *na* humanidade.

Nesse sentido, torna-se hoje de suma importância levar a sério o *caráter transcendente* da ressurreição, que é incompatível, ao contrário do que até há pouco se pensava com toda a naturalidade, com dados ou cenas típicos de uma experiência empírica: tocar com o dedo o Ressuscitado, vê-lo regressar sobre as nuvens do céu ou imaginá-lo comendo são descrições de inegável caráter mitológico, que a nós se apresentam simplesmente impensáveis.

Como resultado, não é a exegese de detalhe que acaba decidindo a interpretação final, mas a *coerência do conjunto*. Essa exegese é necessária, e graças a ela estamos onde estamos. Seus resultados, porém, conduzem somente até o modo peculiar como os hagiógrafos interpretavam a ressurreição com os meios de *sua* cultura. Agora convém fazer justamente o mesmo com os meios da *nossa*. Por isso, não se trata de discussões exegéticas, cujos pontos concretos acabam muitas vezes em catálogos ou tabelas — "não se pode refutar isso, tampouco se pode provar o contrário" —, mas trata-se, sim, da completa visão de conjunto que se move em busca de uma nova "imagem" da compreensão. Essa imagem é a que, em definitivo, convence ou não, conforme ela se torna significativa e "realizável" na cultura atual, ou apareça como incompreensível com base em suas perguntas legítimas, ou incompatível com as suas justas exigências.

Finalmente, também agora convém ir por partes, do mais claro ao mais discutível. Esse procedimento tem duas vantagens importantes: permite ver o avanço já realizado, que na realidade é enorme; e pode ajudar a descobrir a verdadeira direção da mudança que se está produzindo. O sentido histórico bem administrado não só traz serenidade à discussão, mas também, normalmente, aumenta a lucidez para perceber o futuro.

O "sepulcro vazio"

Não é demasiado otimista falar da grandeza da mudança já ocorrida. Entre um manual pré-conciliar e uma abordagem atual, até mesmo a das mais conservadoras, a distância é astronômica, tanto no quantitativo do espaço dedicado como no qualitativo do modo de ver a ressurreição.

Sem dúvida, ninguém mais confunde a ressurreição com a *revivificação* ou volta à vida de um cadáver. Portanto, ela não é comparada nem muito menos confundida com as "ressurreições" narradas não só na Bíblia, atribuídas a Eliseu, a Jesus ou a Paulo (que, por sua vez, quase ninguém leva ao pé da letra), mas também na cultura daquele tempo, como no caso de Apolônio de Tiana. A ressurreição de Jesus, a verdadeira ressurreição, significa uma mudança radical na existência, no próprio modo de *ser*: um modo transcendente, que supõe a comunhão plena com Deus e foge por definição às leis que regem as relações e as experiências no mundo empírico.

Por isso ela deixou de ser compreendida com base na categoria *milagre*, pois em si mesma não é perceptível nem verificável empiricamente. Tanto que, por essa mesma razão, reconhece-se até de maneira quase unânime que não se pode qualificá-la de *fato histórico*. Isso não implica, evidentemente, negar a sua realidade, senão insistir que é *outra* realidade: não mundana, não empírica, não apreensível ou verificável por meio dos sentidos, da ciência ou da história comum.

Pode-se afirmar que essas idéias constituem hoje um bem comum da teologia. Acontece, porém, que o estado de "transição entre paradigmas" que caracteriza a situação atual nem sempre permite ver com clareza as conseqüências: uma vez afirmado o novo princípio, muitas vezes ainda continuam sendo utilizados os conceitos e pressupostos antigos. Isso se torna evidente e até surpreendente quando um mesmo autor, depois de reconhecer de maneira expressa que a ressurreição não é um milagre, aplica-se a matizá-la dizendo que não é um milagre "espetacular" (como se se afirmasse que alguém está morto, mas só "um pouco" morto). Isso acontece sobretudo com os problemas do sepulcro vazio e com as aparições. Com intensidade desigual, no entanto.

No caso do *sepulcro vazio*, progrediu-se mais. Exegeticamente, não é possível decidir a questão, pois, segundo uma análise puramente histórica, há razões sérias tanto para a sua afirmação como para a sua negação. Contudo, houve uma mudança importante, no sentido de que já são muitos os autores que fazem a *fé* na ressurreição independer da postura que se adote a respeito: reconhece-se que podem crer nela tanto os que pensam que o sepulcro ficou vazio como os que afirmam o contrário.

A opção, portanto, depende, em definitivo, do marco teológico em que se enquadra. E a verdade é que, superados os apegos imaginários que representam o Ressuscitado como alguém que retornou sob uma figura (mais ou menos) terrena, e considerado em toda a sua seriedade o caráter transcendente da ressurreição, a subsistência ou não do cadáver perde a sua relevância. O resultado vivencial e religioso é o mesmo em ambos os casos. Uma realidade pessoal tão identificada com Deus, cuja presença pode ser experimentada simultaneamente em uma aldeia africana ou em uma metrópole européia, que não é visível nem palpável: em suma, uma realidade que está totalmente acima das leis do espaço e do tempo não pode sustentar nenhuma relação *material* com um corpo espaciotemporal. Mais ainda, tal relação não parece pensável, pois o desaparecimento do cadáver deveria obedecer ou a uma aniquilação (a qual simplesmente anularia a relação) ou a uma transformação tão qualitativamente diferente que parece anular igualmente qualquer possibilidade de relação (nenhuma lei mundana vale para a pessoa ressuscitada). O Ressuscitado é invisível e intangível tanto para quem afirma que o sepulcro ficou vazio como para quem afirma o contrário.

Isso é importante, pois o que, no fundo e com toda a legitimidade, a afirmação do sepulcro vazio pretende salvaguardar é a *identidade do Ressuscitado*; é também isso o que se tenta expressar com o simbolismo da "ressurreição da carne". Todavia, sem considerar o fato de que nem sequer na vida mundana pode-se simplesmente considerar o corpo como o verdadeiro sustentáculo da identidade, visto que os componentes dele se renovam continuamente, parece claro que a preservação da identidade deverá ser buscada no âmbito de categorias estritamente pessoais. Embora estejamos em uma das mais árduas questões da antropologia, o fundamental é que a identidade se constrói no corpo, mas não se identifica com ele. O que o corpo vivo significou nessa construção conserva-se na pessoa transcendente que nele e com base nele foi-se realizando; não se percebe quanto a transformação (?) do corpo morto, do cadáver, poderia contribuir com isso.

O modo *como* isso acontece constitui, sem dúvida — e para qualquer concepção —, um mistério muito obscuro, visto que, por definição, está além das leis terrenas. Somente cabe prevê-las mediante uma "lógica da semente": quem poderia, antes de comprovar *a posteriori*, considerar possível a continuidade entre a bolota e o carvalho? Já disse são Paulo: "[...] semeado corruptível, o corpo ressuscita incorruptível; semeado na humilhação, ressuscita na glória; semeado na fraqueza total, ressuscita no maior dinamismo; semeia-se um corpo só com vida natural, ressuscita um corpo espiritual [...]" (1Cor 15,42-44).

Por outra parte, rompida a linearidade literal das narrativas, torna-se muito difícil, quando não impossível, interpretar com um mínimo de coerência a hipótese contrária. Que sentido poderia ter o tempo cronológico em que o cadáver permaneceria no sepulcro a fim de ser "revivificado" em um momento ulterior? Que tipo de identidade pessoal seria a do Ressuscitado *enquanto* espera a "revivificação" do cadáver? Que significaria essa mistura de vida transcendente e espera cronológico-mundana?

Em compensação, dentro da irredutível obscuridade do mistério, tudo passa a ter coerência quando se pensa a morte como uma *passagem*, como um "novo nascimento", no qual a pessoa "morre rumo ao interior de Deus"; algo como se do "útero" terreno a pessoa fosse dada à luz rumo à sua vida definitiva: "Chegando ali, serei verdadeiramente pessoa", afirma santo Inácio de Antioquia. E o quarto evangelho vê na cruz a "hora" definitiva, em que a "elevação" (*hýpsosis*) é simultaneamente morte física no alto da cruz e "glorificação" no seio do Pai. Morrer já é ressuscitar: ressurreição-na-morte.

As aparições

Na verdade, ao menos à medida que as aparições são consideradas como percepção sensível (seja qual for o seu tipo, a sua clareza ou a sua intensidade) do corpo do Ressuscitado, o problema é estritamente paralelo ao anterior. Porque desse modo não só se volta necessariamente a interpretar a ressurreição como "milagre", como também se pressupõe algo contraditório: a experiência *empírica* de uma realidade *transcendente*. Aqui, porém, a percepção do problema não mudou tanto como no caso anterior; de sorte que muitos que não fazem a fé na ressurreição depender da aceitação do sepulcro vazio fazem-no com relação às aparições. A razão é também diferente: se antes havia a preocupação de preservar a identidade do Ressuscitado, agora se crê que as aparições são o único meio de garantir a *objetividade* e a *realidade* própria da ressurreição.

Essa impressão, porém, só é válida se permanece prisioneira da antiga visão, sobretudo em dois pontos fundamentais. O primeiro é continuar considerando a atuação das realidades transcendentes sob a ordem das atuações mundanas, que interfeririam no funcionamento da realidade empírica e que, portanto, poderiam ser percebidas mediante experiências de tipo sensível. O segundo é conservar um conceito extrinsecista e autoritário de revelação, como verdades que seriam "ditadas" pelo revelador e que os demais devem aceitar somente porque "ele disse que Deus disse a ele". Em razão da complexidade e delicadeza da questão, um esclarecimento fundamentado deve remeter ao detalhe do que foi explicado no texto. Aqui é preciso limitar-se a umas ligeiras indicações.

A primeira é recordar que a *experiência pode ser real sem ser empírica*; ou melhor, sem que o seu objeto próprio tenha sobre ela um efeito empírico direto. Trata-se de experiências cujo objeto próprio (não empírico) é experimentado *em* realidades empíricas. O próprio caso de Deus é paradigmático. Já a Escritura disse que ninguém pode ver a Deus (cf. Ex 33,20), e, no entanto, a humanidade sempre o descobriu. Esse é o verdadeiro significado das "provas" de sua existência: respondem a um tipo de *experiências* com realidades empíricas — sentimento de contingência, beleza do mundo, injustiça irreparável das vítimas... — *nas quais* se descobre a existência de Deus, pois somente contando com ela podem ser compreendidas em toda a sua verdade.

Isso faz com que tais experiências sejam tão peculiares e difíceis. Entretanto, esse é *seu* modo de ser, e não há outra alternativa. Por isso são tão chocantes posturas como as de Hanson, pretendendo que, para que ele acreditasse em sua existência, Deus teria de aparecer-lhe empiricamente, visível e falando como um Júpiter estrondoso, registrável em vídeo e em gravador. Bem analisado, isso não só seria justamente a negação de sua transcendência, como também, como demonstrou Kolakowski, constituiria uma contradição lógica. E pelo mesmo motivo, exigir de Deus um tipo de experiência empírica, como no caso da famosa "parábola do jardineiro"* de Anthony Flew, é o modo de tornar impossível a *de*monstração de sua existência.

Muitos teólogos que insistem com firmeza na existência das aparições sensíveis para ter provas *empíricas* da ressureição não compreendem que isso é justamente ceder à mentalidade empirista, a qual não admite nenhum outro tipo de experiência significativa e verdadeira. Paradoxalmente, com sua aparente defesa estão tornando impossível a aceitação dela por parte de uma consciência atual e *justamente* crítica. Além do mais, o próprio sentido comum, se supera a vasta herança imaginativa, pode compreender que "ver" ou "ouvir" algo ou alguém que não é corpóreo seria simplesmente falso, como o seria tocar com a mão um pensamento. E uma piedade que leve a sério a fé no Ressuscitado como presente em toda a história e a geografia humana — "onde dois ou três estiverem reunidos em meu nome, eu estou ali, no meio deles" (Mt 18,20) —, não pode *pensar* para ele um corpo circunscritível e perceptível sensorialmente.

(E note-se que, quando se tenta harmonizar, falando, por exemplo, de "visões intelectuais" ou "influências especiais" no espírito dos testemunhos, já se reconheceu que não há *aparições* sensíveis. E, uma vez reconhecido isso, continuar empenhados em sustentar que pelo menos existiram "fenômenos luminosos" ou "percepções sonoras" é entrar em um terreno ambíguo e teologicamente infrutífero, quando não insano. Isso não nega a veracidade dos testemunhos — se foram *eles* que contaram isso, e não se trata de construções simbólicas posteriores —, tampouco que o exegeta possa discutir se histórico-criticamente se chega ou não a esse dado. O que está em questão é se *o visto ou ouvido* empiricamente por eles é o Ressuscitado ou são apenas mediações

---

* Certa vez, dois exploradores encontraram uma clareira na selva. Nessa clareira cresciam muitas flores e plantas. Um dos exploradores disse ao outro: "Deve haver um jardineiro que cuida desse jardim". O outro discordou: "Não há nenhum jardineiro". Após terem montado suas barracas, foram à procura do jardineiro; talvez fosse um jardineiro invisível. Assim, instalaram uma cerca de arame farpado e eletrificação, e fizeram ronda com cães, mas nenhum grito foi ouvido, nem os cães latiram. Apesar disso, o crente não se convenceu: "Mas há um jardineiro, invisível, intocável, não suscetível às descargas elétricas, um jardineiro que não tem odor, nem faz barulho, um jardineiro que vem secretamente cuidar do jardim que ama". Por fim, o cético não se conteve e desabafou: "Em que difere este seu jardineiro invisível, intocável, eternamente evasivo, de um jardineiro imaginário ou até de nenhum jardineiro?" [N. T.]

psicológicas — semelhantes, por exemplo, às produzidas muitas vezes na experiência mística ou no sentimento de pesar por entes queridos — que *nessas ocasiões e para eles* serviram para vivenciar sua presença transcendente, e talvez até ajudaram a revelar a verdade da ressurreição. Repito, porém, que isso não é *ver ou ouvir* o Ressuscitado; se aconteceram, foram experiências sensíveis, *nas quais* descobriram ou vivenciaram sua realidade e sua presença.)

A isso está ligada a segunda indicação: a *revelação pode revelar a verdade sem ser um ditado milagroso.* Basta pensar que esse foi o caso para a própria ressurreição no Antigo Testamento: longe de ser um ditado, obedeceu a uma duríssima conquista, apoiada na interpretação de experiências concretas, como a desgraça do justo ou o martírio dos fiéis; experiências que somente contando com a ressurreição podiam ser compreendidas. Assim se descobriu — se revelou — a ressurreição, que alimentou a fé dos antepassados (imediatos) e dos contemporâneos de Jesus. Ressurreição *real*, porque corresponde a uma experiência reveladora, que mesmo não sendo empírica não deixou de levar a uma descoberta objetiva.

O que acontece é que a *novidade* da ressurreição de Jesus, em vez de ser vista como um aprofundamento e uma revelação definitiva dentro da fé bíblica, tende a ser concebida como algo isolado e sem conexão alguma com ela. Por isso, precisa-se do "milagroso", crendo que somente assim se garante a novidade. Todavia, repitamo-lo, isso obedece a um reflexo inconsciente de corte empirista. Não se chega a perceber que, embora não haja irrupções milagrosas, existe realmente uma *experiência nova* causada por uma situação inédita, *na qual* os discípulos e discípulas conseguiram *descobrir* a realidade e a presença do Ressuscitado. A revelação consistiu justamente no fato de terem compreendido e aceitado que essa situação somente era compreensível porque estava *realmente* determinada pelo fato de que Deus havia ressuscitado Jesus, o qual estava vivo e presente de uma forma nova e transcendente. Maneira não empírica, mas nem por isso menos real: presença do Glorificado e Exaltado.

Se a ressurreição não fosse real, para eles tudo perderia o sentido. Sem a ressurreição, Cristo deixaria de ser o que é e a sua mensagem seria refutada. Deus permaneceria em sua distância e em seu silêncio em face da terrível injustiça de sua morte. E eles se sentiriam abandonados a si próprios, perdidos entre a sua angústia real e uma esperança talvez para sempre frustrada. Tudo ganhou, pelo contrário, sentido quando descobriram que Jesus fora constituído "Filho de Deus com poder" (Rm 1,4) e que Deus se revelava definitivamente como quem dá vida aos mortos (1Cor 15,17-19).

Isso não pretende, evidentemente, ser um "retrato" exato do processo, mas unicamente desvelar sua estrutura radical. Estrutura universalizável, que continua sendo fundamentalmente a mesma para nós e que por isso, quando se nos desvela hoje graças à ajuda "maiêutica" da interpretação apostólica, pode resultar significativa para nós e — em seu modo específico — "verificável". Cremos porque "ouvimos" (*fides ex auditu*: Rm 10,17); mas também porque, graças àquilo que foi ouvido, nós mesmos podemos "ver" (cf. Jo 4,42, o episódio da samaritana e seus conterrâneos). Esse é o realismo da fé, quando levado a sério, e não, conforme diria Kant, como algo puramente "estatutário". Não, portanto, um mero aceitar "de cor", afirmando o mesmo que se poderia afirmar de *b* ou de *c*; mas afirmar porque a própria vida como um todo se sente interpretada, interpelada, comprometida e salva por isso em que se crê.

"Primogênito dentre os mortos"

Esse último aspecto, contextualizado pelo que foi afirmado nos pontos anteriores, permite um passo a mais, creio que natural, mas que de início pode parecer surpreendente, visto que difere do que espontaneamente vem sendo aceito. Como sempre acontece na revelação, o que é descoberto já estava aí. E é descoberto graças ao fato de que uma circunstância especial, mediante sua "estranheza" (*oddness*, na terminologia de I. T. Ramsey), desperta a atenção do "profeta" ou revelador, fazendo com que ele "se dê conta": "Sem dúvida, o Senhor está neste lugar, e eu não sabia" (Gn 28,16).

Mostremos isso com alguns exemplos, que não precisam ser literais em todos os seus pormenores. Deus sempre esteve ao lado das vítimas contra a opressão injusta; mas foi a peculiar circunstância do Egito que permitiu à genialidade e fidelidade religiosa de Moisés "dar-se conta" dessa presença. Todavia, isso não significa que Deus tenha começado a ser libertador quando Moisés o descobriu. Apesar disso, houve um começo *real*, não um simples "como se" teórico, pois a nova consciência abriu novas possibilidades *reais* para a acolhida humana e, portanto, para a penetração da ação libertadora do Senhor na história. O mesmo — para aproximarmo-nos mais de nosso caso — acontece com a paternidade divina. Quando Jesus, em sua peculiar experiência (com tudo aquilo que ela implicava), conseguiu percebê-la, vivê-la e proclamá-la com definitiva e insuperável clareza, não aconteceu que, só então, essa paternidade tivesse "começado": Deus era e é desde sempre "pai/mãe" para todo homem e mulher. O que unicamente ocorreu foi que, a partir de Jesus, Deus se revelou com clareza, transformando *realmente* a vida humana, haja vista que, desde então, a filiação pode ser vivida de maneira mais profunda e conseqüente.

Com a ressurreição acontece o mesmo. Em Jesus revelou-se em plenitude definitiva aquilo que Deus estava sendo desde sempre: o "Deus dos vivos", como disse o próprio Jesus, "aquele que ressuscita os mortos"; graças ao destino de Jesus, os discípulos reformularão a fé que já tinham na ressurreição, confirmando-a e aprofundando-a com força definitiva.

Essa compreensão supõe certamente uma mudança na visão teológica; mas é perfeitamente coerente com o experimentado pela cristologia em geral, que, como foi dito, aprendeu a ver a singularidade de Jesus não no afastamento do humano, mas em sua plena revelação e realização. Por isso, com essa visão não se anula, mas se confirma, a confissão de fé: Cristo continua sendo "o primogênito dentre os mortos" (Ap 1,5), só que não no sentido cronológico de primeiro no tempo, mas como o primeiro em glória, plenitude e excelência, como o revelador definitivo, o modelo fundador e o "pioneiro da vida" (At 3,15). Daí essa reciprocidade íntima, autêntica *perichoresis*, que Paulo proclama entre a sua ressurreição e a nossa: se ele não ressuscitou, tampouco nós; se nós não, tampouco ele (cf. 1Cor 15,12-14).

Realmente, quando são superados os inúmeros lugares-comuns imaginativos com os quais uma leitura literal tem povoado a consciência teológica, compreende-se que essa visão é a mais natural e, sobretudo, a mais coerente com um Deus que, tendo criado por amor, jamais deixou seus filhos e filhas entregues ao poder da morte. Por isso, a humanidade, embora não tenha sido capaz de descobrir essa plenitude da revelação até a chegada de Jesus, pressentiu-a e a seu modo sempre a conheceu, expressando-a de mil maneiras. Contudo, sobre isso falaremos depois.

As conseqüências

Uma das maneiras mais eficazes de verificar a verdade de uma teoria consiste no exame de suas conseqüências. Nelas se desdobram o seu verdadeiro significado e a sua força de convicção. A respeito da ressurreição, vale a pena mostrar isso brevemente em três frentes principais.

Ressurreição e imortalidade

O isolamento que o estudo da ressurreição sofreu em relação ao processo da revelação bíblica foi ainda maior com respeito à tradição religiosa em geral. Pretendeu-se, em demasia, assegurar a sua especificidade acentuando a diferença. Todavia, a ressurreição, em razão de sua própria natureza, pertence de fato a um entrelaçamento religioso fundamental e, de certo modo, comum a todas as religiões: a idéia de imortalidade. A ressurreição não é algo isolado da idéia de imortalidade, mas um modo específico de tematizá-la e de vivê-la.

É natural que cada religião interprete a verdade comum com base em sua própria religiosidade. A bíblica, baseada no Antigo Testamento, vê-a sobretudo dentro de seu *acento personalista* fundamental: por um lado, a partir da relação com um Deus cujo amor fiel resgata do poder da morte, chamando à comunhão com ele e, por outro, a partir de uma antropologia unitária, que não pensa na salvação de uma parte da pessoa apenas. O Novo Testamento herda essa tradição, levando-a a seu cume graças ao enorme impacto da experiência crística.

Sua originalidade enraíza-se aí, e é compreensível a ênfase que foi dada a ela. No entanto, o melhor caminho para assegurá-la e oferecê-la como contribuição aos demais não é acentuar a diferença a ponto de romper a continuidade fundamental. Isso aconteceu sobretudo quando, por meio da *idéia grega de imortalidade*, insistiu-se em sua diferença. Embora essa diferença seja real — visto que os gregos configuravam o fundo comum dentro de seu próprio referencial religioso e filosófico —, ela não pode ser tomada como uma contraposição radical às outras concepções e como incompatibilidade total com elas. Bastaria analisar isso sob o ponto de vista histórico para provar que essa idéia é falsa, pois é bem conhecido o fato de que, na etapa decisiva da configuração dessa verdade, a Bíblia recebeu um forte estímulo do mundo helenístico (esse último, em razão de seu dualismo antropológico mais acentuado, tornava mais fácil a tarefa de superar a impressão de que tudo acaba com a morte). Além disso, como já vimos, na própria Bíblia nem sempre foi tão clara e imediata essa distinção, e há nela textos que se expressam como os gregos ou então misturam ambas as concepções, helenística e judaica.

A partir do momento em que se compreende a ressurreição de Jesus como a revelação definitiva do que "o Deus dos vivos" faz com todas as pessoas de todos os tempos, torna-se mais fácil ver o que há de comum. A ressurreição de Jesus de Nazaré representa algo específico e constitui uma contribuição irredutível; mas isso é assim graças sobretudo ao fato de que nele foi-nos revelado em plenitude aquilo que já havia sido revelado, a seu modo, nas demais religiões: Deus *já* está ressuscitando, sem esperar pelo fim do mundo, e ressuscita *plenamente*, ou seja, *toda* a identidade pessoal (que nem é apenas a "alma", nem está à espera de ser completada pelo "corpo" resgatado de seu estado de cadáver).

Isso não tira o sentido da espera de uma "ressurreição no final dos tempos". Essa última significa algo de verdadeiro e importante, mas não no sentido mitológico de uma reunião final da humanidade no "vale de Josafá", e sim no de uma esperança de comunhão plena. A comunidade dos ressuscitados, com efeito, não está completa e fechada em si mesma, desinteressada pela história. Enquanto essa última não terminar, enquanto houver alguém a caminho, há uma espera e incompletude real, uma comunhão de presença dinâmica até que culmine o processo no qual, com toda a humanidade reunida, "Deus seja tudo em todos" (1Cor 15,28).

O mais importante é que esta visão cristã não tem motivo para ser apresentada como algo isolado e excludente, mas como uma realização da verdade comum. Isso é muito importante para um tempo em que o *diálogo entre as religiões* alcançou uma relevância transcendental. A ressurreição bíblica não renuncia à própria riqueza, mas a oferece como contribuição à busca comum. E, ao mesmo tempo, compreende que existem aspectos nos quais também ela pode enriquecer-se com a contribuição específica das demais religiões. Tentou-se isso muitas vezes com a *transmigração* e existem projetos interessantes com base nas religiões *africanas* e *ameríndias*. Em todo caso, o mais importante é o reconhecimento da fraternidade por meio da fé nesse mistério e do diálogo na busca de sua melhor compreensão.

Ressuscitados com Cristo

Até aqui insistimos sobretudo na primeira das perguntas kantianas: que podemos *saber* da ressurreição? Agora cabe dizer algo da segunda: que devemos *fazer* a partir da fé nela? Trata-se de sua dimensão mais imediatamente prática, com dois aspectos fundamentais.

1. O primeiro é o *problema do mal*. A cruz o torna visível em todo o seu horror; a ressurreição mostra a resposta que, com base em Deus, podemos vislumbrar.

A cruz, com efeito, permite ver de modo quase intuitivo que o mal é algo inevitável em um mundo finito, pois Deus somente poderia eliminá-lo à custa de destruir a sua própria criação, interferindo continuamente nela e anulando-a em seu funcionamento: para livrar Jesus do patíbulo, teria de suprimir a liberdade dos que o condenaram ou suspender as leis naturais para que os instrumentos não o machucassem ou as feridas não o matassem... Além disso, se fizesse isso com ele, por que não com as outras vítimas da tortura, da guerra, das catástrofes, das doenças...? Contudo, que seria do mundo? Equivaleria simples e indubitavelmente a seu aniquilamento. Compreender essa inevitabilidade foi talvez a "última lição" que Jesus teve de aprender na cruz (cf. Hb 5,7-8), pois a sua tradição religiosa certamente o inclinava a pensar que Deus interviria no último momento para libertá-lo.

A experiência do *Abbá* e a fidelidade à missão permitiram-lhe compreender que Deus não nos abandona jamais e que — como havia descoberto o livro de Jó — a desgraça não é um sinal dè sua ausência, mas algo forçosamente causado pela finitude do mundo ou pela malícia da liberdade finita. Mas também permitiram-lhe compreender — indo além de Jó — que exatamente por isso Deus está sempre ao nosso lado, acompanhando-nos quando somos atingidos pelo mal e apoiando-nos na luta contra ele; sobretudo, assegurando-nos de que o mal não tem a última palavra, embora nem sempre seja fácil perceber isso, principalmente quando a morte parece dar a ele o triunfo definitivo. Os evangelistas intuiram essa dialética quando se atreveram a pôr nos lábios de Jesus, de um lado, o grito do questionamento angustiado: "Meu Deus, meu Deus, por que me abandonaste?" (Mc 15,34; Mt 27,46); e, de outro, as palavras da entrega confiante: "[...] em tuas mãos entrego o meu espírito" (Lc 23,46).

Da parte de Deus, a ressurreição foi a resposta: é a resposta. Graças à fidelidade de Jesus, paradoxalmente para nós torna-se mais fácil compreender: o que para ele foi uma conquista difícil, nós podemos acolher agora na clareza da fé, bem como tirar as conseqüências teológicas. De um lado, o caráter *transcendente* da ressurreição não permite esperar "milagres" divinos, mas convoca à práxis histórica, colaborando com Deus em sua luta contra o mal: é a única tarefa — o "*novo* mandamento" — que Cristo nos deixa. De outro, porém, o seu caráter real e definitivo é o único que nos permite responder à terrível pergunta pelas *vítimas*, que, mortas, nada podem esperar quanto a soluções a partir da história: somente a ressurreição pode oferecer uma saída "à nostalgia de que o verdugo não triunfe definitivamente sobre a sua vítima".

Basta pensar na importância deste tema na teologia da libertação e em sua repercussão no diálogo com a teoria crítica, de Horkheimer a Habermas, para convencer-se da importância desta conseqüência.

2. O segundo aspecto — a *vida eterna* — está intimamente ligado ao anterior. Quem ressuscita é o Crucificado: a sua vida, a vida plenamente real e autêntica, não é rompida pelo terrível trauma da morte, mas é acolhida e potenciada — glorificada — pelo Deus que ressuscita os mortos. Não se trata de uma vida distinta e sobreposta, mas de sua única vida, agora revelada na profundidade de suas latências e realizada na plenitude de suas potências (para usar a terminologia de Ernst Bloch). A ressurreição nem é uma "segunda" vida nem um simples "prolongamento" do presente (o qual, como muitos viram, seria um verdadeiro horror, um autêntico inferno), mas o pleno desabrochar *desta* vida, graças ao amor poderoso de Deus.

É importante insistir nisso, pois até alguns teólogos caem aqui em uma interpretação redutora, argumentando que a ressurreição implicaria uma desvalorização da vida terrena. É exatamente o contrário. Bem compreendida, supõe a sua máxima potencialização. A própria Escritura percebe isso, especialmente no quarto evangelho, falando de *vida eterna*. Uma vida que, desde já, reconhecendo-se radicada de maneira inseparável no próprio ser divino, confere um valor literalmente infinito a todo o seu ser e a todas as suas vantagens: "[...] ainda que seja apenas um copo de água fresca [...]: não ficará sem receber sua recompensa" (cf. Mt 10,42; Mc 9,41).

Por isso a esperança da ressurreição não significa uma fuga ao além, mas uma radical remissão ao aqui, ao cultivo autêntico da vida e ao compromisso do trabalho na história. Foi o que, diante do abuso dos "entusiastas" — que se crendo *já* ressuscitados menosprezavam esta vida, seja na renúncia ascética, seja no abuso libertino —, a primeira comunidade cristã compreendeu. Tal foi com certeza o motivo principal pelo qual os evangelhos foram redigidos: recordar que o Ressuscitado é o Crucificado, que a sua ressurreição foi gestada em sua vida de amor, fidelidade e entrega. A vida eterna, a que se encontrará a si mesma plenamente realizada na ressurreição, é a mesma que, como Cristo, vive-se aqui e agora em toda a radicalidade, a que é gestada no *seguimento*. Por isso se retomou, como modelo e chamado, a realização de sua vida histórica: vivendo como ele, ressuscitaremos como ele.

Jesus, "o primogênito dentre os defuntos"

Permanece, contudo, a terceira pergunta: que podemos *esperar* a partir da fé na ressurreição? Na verdade, o fundamental já foi dito. Há dois pontos, porém, que precisam ser ressaltados, pois a abordagem tradicional normalmente não os esclarece o suficiente. Também nesta terceira pergunta Jesus continua sendo o modelo para chegar até a resposta.

O primeiro ponto refere-se a ele próprio. Falar de Jesus como primogênito dentre os *defuntos*, em vez de primogênito dentre os "mortos", pode soar de início um tanto estranho, até mesmo forte. Embora as palavras sejam sinônimas, o hábito anula a radicalidade do significado na primeira, enquanto a mudança pode avivá-la na segunda. Trata-se, pois, de perceber que, de fato, Jesus, o Cristo, adapta-se perfeitamente à definição cristã de defunto: alguém que morreu biologicamente, mas que na identidade radical de seu ser vive plenamente em Deus. Isso nos leva à negligenciada questão — não muito na prática, mas mais na teoria teológica — de nossa relação atual com ele.

Seu desaparecimento da visibilidade mundana põe essa relação em uma situação peculiar. Ela não é como a relação que os discípulos mantiveram, pois podiam vê-lo, ouvi-lo e tocá-lo. Tampouco pode reduzir-se à mera recordação de um personagem histórico, nem considerá-lo uma figura imaginária. A ressurreição afirma que Cristo está vivo hoje e que, portanto, a sua presença é *real*; tão real que somente faz sentido manter com ela uma relação *atual*. Não o vemos, mas ele nos vê; não o tocamos, mas sabemos que está presente, afetando as nossas vidas e sendo afetado por elas. Por isso, podemos falar com ele na oração e colaborar com ele no amor e no serviço: "a mim que o fazeis".

Nesse sentido, a lembrança, tomando cuidado para que não seja reduzida a *mera* lembrança, pode ajudar como mediação imaginativa para a presença. Segundo o lugar-comum kantiano: a presença "preenche" a lembrança, pois, sem essa última, aquela poderia parecer "cega".

Não é uma relação fácil, pois rompe os esquemas ordinários das relações humanas; mas é viva e eficaz, como mostra toda a história da vida cristã. Constitui um problema importante, que preocupou intensamente os nossos místicos clássicos,[3] mas que sem dúvida deveria receber uma atenção mais explícita por parte da teologia atual.

Isso nos leva ao segundo ponto: a relação com os *defuntos*. A visão que procuramos elaborar mostra com toda a clareza que o decisivo para a sua compreensão é que essa relação encontra seu modelo fundador na relação que temos com Jesus, o Cristo. E isso significa que também com os defuntos existe uma relação de presença real e atual, de comunhão e intercâmbio. Para isso aponta o precioso mistério da *comunhão dos santos* — de todos, não somente os que estão nos altares. Um mistério que também precisa ser pensado teologicamente, para evitar deformações — por exemplo, a de utilizá-los como "intercessores", como se eles fossem mais próximos de nós ou favoráveis a nós do que o próprio Deus, ou como se Deus necessitasse ser "convencido" por eles — e, sobretudo, para situá-lo em sua verdadeira fecundidade: como ânimo e companhia, como a presença de inúmeros espelhos em que se reflete a infinita riqueza dos atributos divinos, como solidariedade com eles na história.

Um caso de importância especial é o repensar da *liturgia funerária*, muitas vezes tão terrivelmente deformada, e ainda comercializada por causa de sua instrumentalização como "sufrágio", como se Deus necessitasse que o aplacássemos para que seja "piedoso" com os defuntos. Por sorte, em Jesus, sobretudo na celebração da eucaristia, temos o modelo luminoso. Como fazemos com Cristo — salvo, evidentemente, o carácter específico e único de seu ser —, também com relação a eles o que fazemos é "celebrar sua morte e ressurreição": como ação de graças ao Deus da vida, como exercício comunitário e especialmente intenso da comunhão viva e atual, como solidariedade com a dor do próximo, como ânimo para a vida e, de maneira muito especial, como alimento de nossa fé — sempre precária, sempre ameaçada — na ressurreição.

Há também um aspecto que permite recuperar, agora sem deformações, a nossa solidariedade efetiva com eles. Toda morte é uma interrupção e por isso todo defunto deixa coisas inacabadas na terra: sejam positivas, obras empreendidas e não terminadas, iniciativas que esperam continuidade; sejam negativas, danos causados e não reparados, dívidas não saldadas. Pois bem, aqui sim pode existir um verdadeiro "ajudar" os defuntos: prolongando com amor a sua obra autêntica ou reparando no possível aquilo que de defeituoso e negativo deixaram atrás de si.

Como se vê, há aqui uma riqueza enorme, que poderia fazer da celebração cristã da morte uma profunda celebração da Vida e uma fonte extraordinária de esperança.

---

[3] Cf. CASTRO, S. "La experiencia de Jesucristo, foco central de la mística". In: RUIZ, F. (org.). *Experiencia y pensamiento en san Juan de la Cruz*. Madrid, 1990. pp. 169-193. MARTÍN VELASCO, J. *El fenómeno místico; estudio comparado*. 2. ed. Madrid, 2002. pp. 220-231 (com a bibliografia fundamental sobre o tema).

Consideração final

No começo da obra, valendo-me de algumas palavras de Spinoza (cap. 1, *in fine*), pedia ao leitor que esperasse o final para fazer um juízo sobre ela. Chegou o momento, e nesse sentido gostaria de fazer algumas advertências importantes. Penso sobretudo naqueles leitores ou leitoras que, talvez pouco habituados aos resultados da exegese crítica e da hermenêutica teológica, podem ter ficado inquietos ou desconcertados diante de certos resultados aqui propostos.

A primeira advertência é lembrar mais uma vez que se trata de um trabalho teo*lógico*, que, por isso, sempre se oferece de maneira hipotética. O *cantus firmus* da fé decompõe-se em variações que tentam expressá-lo o melhor possível, mas que não podem pretender identificar-se com ele; tais variações devem estar conscientes até de que algumas vezes podem tê-lo deformado. Por isso, mais de uma vez distingui de maneira manifesta o que me parecia geral, ou praticamente geral, daquilo que era proposta mais particular ou inovadora. De qualquer forma, a apresentação sempre foi feita expondo as razões sobre as quais se apoiava, oferecendo-se, assim, ao *diálogo*, abrindo-se à crítica e até mesmo à possível refutação — desde que, naturalmente, houvesse razões — e, de imediato, dispondo-se à colaboração na busca conjunta da verdade.

Desse modo, o resultado foi uma *visão global*. O propósito, portanto, não foi reduzido à exposição isolada de pontos concretos, mas, como indica o título, a um repensar o conjunto. E como tal deve ser analisado, buscando interpretar cada parte à luz da totalidade e dentro da perspectiva global adotada. Uma perspectiva que, como reiteradamente se afirmou, quer levar muito a sério a mudança de paradigma cultural introduzida pela Modernidade — o que de modo algum significa submeter-se acriticamente a essa mudança — e que se esforçou para sustentar com clareza e rigor a conseqüência dos pressupostos adotados. Portanto, tudo torna-se passível de discussão; mas, por isso mesmo, tudo tem também direito de ser entendido em seu referencial próprio e em sua intencionalidade específica.

Estou muito consciente, e adverti desde o início, de que, se não se leva isso em conta, o livro pode dar a impressão de uma teologia demasiado "idiossincrática", como diriam os anglo-saxões, ou até de um afastar-se do caminho comum em alguns pontos importantes. Mas também é certo que, quando se capta bem a perspectiva adotada e o referencial intelectual dentro do qual me situo, tudo, ou quase tudo, adquire uma coerência clara e uma força espontânea de convicção. Essa, afora a minha experiência pessoal, é ao menos a impressão tanto de muitas pessoas que têm acompanhado esta reflexão quanto daquelas que, honrando-me com a sua amizade, leram o manuscrito. Cabe ao leitor dizer, livre e criticamente, qual dos dois campos parece-lhe o mais legítimo e correto.

A isso é preciso acrescentar uma observação de cunho profundamente hermenêutico e que cada vez mais julgo importante. Pode parecer — e algumas vezes me acusaram disso — que esse tipo de abordagem segue demasiado o lugar-comum da *crítica racionalista*. Nada mais distante não somente de minha intenção, mas também da realidade. A crítica racionalista, situando-se fora do trabalho propriamente teológico, tende a identificar fé e teologia; de sorte que, ao detectar as falhas ou a inadequação cultural dessa última, crê estar desqualificando aquela. Pelo contrário, o que se pretendeu aqui foi uma abordagem a partir de dentro, que, distinguindo com cuidado fé de teologia, buscou certamente o maior rigor possível na crítica dos *conceitos* teológicos, mas com o propósito específico de alcançar uma melhor, mais significativa e mais atualizada compreensão e vivência da fé.

Compreender-se-á melhor o que tento dizer por meio de um problema mais geral, e até, talvez, mais profundo: o da relação entre a teologia e a filosofia. Há um bom tempo, destaquei-o falando da contraposição entre a "síndrome Morel" e a "síndrome Galot" (tomando, naturalmente, as expressões em sentido objetivo, sem pretender de modo algum entrar em juízos pessoais).[4] Ambos destacam duas possibilidades de certa maneira extremas, que tornam impossível uma verdadeira fecundação recíproca.

Georges Morel, a partir do ponto de vista filosófico, tomou uma filosofia desenvolvida com esmero e confrontou-a com uma teologia tradicional recebida de forma simples e aceita como tal. O resultado foi a constatação de uma incompatibilidade cultural, que acabou levando-o a abandonar o cristianismo: seu modo de interpretar teo*logicamente* alguns pontos fundamentais da fé tornou esses pontos incompreensíveis e inaceitáveis.[5]

Jean Galot, por sua parte, a partir do ponto de vista teológico, orientou a sua dedicação à teologia sem uma preocupação real de atualização cultural e filosófica. O resultado foi uma desconfiança exacerbada diante de qualquer renovação, vendo heresias em (quase) toda a tentativa de atualização legítima.[6]

Embora sempre seja ousado emitir um juízo sobre problemas desse calibre, atrevo-me a pensar que nos dois casos houve o mesmo erro de enfoque.[7] Ambos partiram de uma espécie de "sacralização" dos conceitos teológicos recebidos, como se esses conceitos fossem inamovíveis e a fé dependesse completamente deles. Os dois enfoques não levaram em conta, pelos menos

---

[4] Cf. TORRES QUEIRUGA, A. "Problemática actual en torno a la encarnación". *Communio* 1 (1979) 45-65. Também *Repensar a cristologia*, pp. 220-226 (cf. pp. 61-63 e 123-124).

[5] Em *A revelação de Deus na realização humana*. pp. 280-281 (no original galego, pp. 273-275), procuro mostrá-lo com um exemplo concreto.

[6] Em seu artigo "La filiation divine du Christ. Foi et interprétation", *Gregorianum* 58 (1977) 239-275, na p. 257, desqualifica como negando a divindade de Cristo não somente a teologia holandesa (da época), mas também autores como J. I. González Faus, J. Sobrino e X. Pikaza; chega a levantar suspeita até contra O. González de Cardedal.

[7] Valeria a pena também estudar o caso, bem diferente, de Hans Urs von Balthasar. A sua preocupação e o seu estudo foram fundamentalmente teológicos, mas, em seu caso, acompanhados de uma enorme e reconhecida competência filosófica. Todavia, apesar do respeito que a sua obra impõe, não posso deixar de desconfiar de que, paulatinamente, foi dando cada vez mais por suposta e indiscutível a validade da teologia *tal como estava formulada*; de sorte que, em vez de aplicar seu gênio para renová-la, tendeu a usar a sua enorme erudição filosófica para aguçá-la e imunizá-la diante dos desafios da história. Isso talvez explique o seu progressivo talante apologético e a sua oposição, às vezes claramente injusta, a importantes e muito responsáveis tentativas de renovação teológica.

suficientemente, nem a *maior dissimilitudo* do Concílio Lateranense IV (quando falamos de Deus, a dessemelhança entre os nossos conceitos e a sua realidade é maior que a semelhança) nem o princípio tomístico de que "o fim do ato de fé não é o conceito, mas a própria coisa" ("actus autem credentis non terminatur ad enuntiabile sed ad rem": 2-2, q. 1. a. 2. ad 2).

Os conceitos teológicos são *constructos* que, sem deixar de serem verdadeiros, nunca o são de maneira adequada, e por isso precisam estar em contínua revisão, sobretudo quando as mudanças culturais trazem à tona a sua inadequação dentro de um novo contexto. Contudo, se eles são sacralizados, em vez de pôr os recursos filosóficos a serviço de sua renovação e transformação, tende-se ou a abandoná-los (caso de Morel) ou a fossilizá-los, sem possibilidade de atualização (caso de Galot). A verdade é que tenho a impressão de que em ambos os casos perde-se totalmente a oportunidade de renovação teológica.

Não tenho certeza, é claro, de que o diagnóstico esteja correto. Mas, mesmo no caso de estar equivocado, pelo menos serve para expressar a intenção desta obra: dentro de seus limites, procura colocar seus modestos conhecimentos filosóficos a serviço da *fé* na ressurreição mediante o "repensar" os *conceitos* teológicos por meio dos quais se expressa. Esse serviço representa, decisivamente, a finalidade última da teologia e constitui por isso um critério decisivo de seu acerto ou desacerto. Essa foi uma das preocupações da obra, e na hora de emitir um juízo convém que o leitor a leve em conta, examinando se a visão assim adquirida ajuda a fazer com que a fé na ressurreição torne-se *hoje* um pouco mais significativa culturalmente e um pouco mais vivenciável religiosamente.

Bibliografia

(Da bibliografia usada, elenco apenas a que se relaciona mais diretamente com o tema do livro.)

AGUIRRE, R. *Ensayos sobre los orígenes del cristianismo*; de la religión política de Jesús a la religión doméstica de Pablo. Estella, 2001.

_____. Introducción a los evangelios sinópticos. In: _____ & RODRÍGUEZ CARMONA, A. *Evangelios e hechos de los apóstoles*. Estella, 1992.

ALEGRE, X. Perspectivas de la exégesis actual ante la resurrección de Jesús. In: FRAIJÓ, M.; ALEGRE, X.; TORNOS, A. *La fe cristiana en la resurrección*. Santander, 1998.

ALETTI, J.-N. *El arte de contar a Jesucristo*; lectura narrativa del evangelio de Lucas. Salamanca, 1992.

ALEXIOU, M. *The ritual lament in greek tradition*. New York, 1974.

ALONSO DÍAZ, P. J. *En lucha con el misterio*; el alma judía ante los premios e castigos e la vida ultraterrena. Santander, 1966.

ALSUP, J. Auferstehung. 1. In den Schriften des Neuen Testaments. *Evangelisches Kirchenlexikon* 1 (1986) 309-313.

_____. *The pos-resurrection appearance stories of the gospel tradition*; a history-of-tradition analysis with textsynopsis. Stuttgart, 1975.

ALTHAUS, P. *Die Wahrheit der kirchlichen Osterglaubens*; Einspruch gegen Emmanuel Hirsch. Gütersloh, 1940.

ARANDA PÉREZ, G.; GARCÍA MARTÍNEZ, F.; PÉREZ FERNÁNDEZ, M. *Literatura judía intertestamentaria*. Estella, 1996.

BALTHASAR, H. U. von. El misterio pascual. In: *Mysterium salutis*. Madrid, 1971. v. III, t. 2.

_____. Escatología. In: FEINER, J.; TRÜTSCH, J.; BÖCKLE, F. (orgs.). *Panorama de la teología actual*. Madrid, 1961.

_____. *Theodramatik*. Einsiedeln, 1980. v. III (*Die Handlung*) e v. IV (*Das Endspiel*).

_____. *Kennt uns Jesus*; Kennen wir ihn? Freiburg Br., 1980. [Trad. cast.: *¿Nos conoce Jesús? ¿Lo conocemos?* Barcelona, 1982.]

BARBAGLIO, G. *Pablo de Tarso y los orígenes cristianos*. Salamanca, 1992.

BARTH, K. *Die Auferstehung der Toten*; eine akademische Vorlesung über 1Kor 15. 4. ed. Zürich, 1953.

_____. *Die Kirchliche Dogmatik*; der Gegenstand und die Probleme der Versöhnungslehre. Zürich, 1986. v. IV, t. 1 (Jesus Christus der Herr als Knecht [1953]).

BARTON, J. Why does the ressurrection of Christ matter? In: ____ & STANTON, G. (orgs.). *Ressurrection*; essays in honour of Leslie Houlden. London, 1994.

BECHERT, H. Buddhismus. *TRE* 7 (1981/1993) 317-335.

BEECK, F. J. van. Divine revelation: intervention or self-communication? *Theological Studies* 52 (1991) 199-226.

BEINERT, W. Der Leib-Seele Problematik in der Theologie. *Stimmen der Zeit* 218 (2000) 673-687. [Resumido em: Problemática corpo-alma em teologia. *Selecciones de Teología* 41/161 (2002) 39-50.]

BENOIT, P. ¿Resurrección al final de los tiempos o inmediatamente después de la muerte? *Concilium* 60 (1970) 98-111.

BERGER, K. *Die Auferstehung des Propheten und die Erhöhung des Menschensohnes*; Traditionsgeschichtliche Untersuchung zur Deutung des Geschickes Jesu in frühchristlichen Texten. Göttingen, 1976.

____. *Ist mit dem Tod alles aus?* Stuttgart, 1997.

BERNABÉ, C. "Yo soy la resurrección". In: GÓMEZ-ACEBO, I. & NAVARRO, M. *Y vosotras, ¿quién decís que soy yo?* Bilbao, 2000.

BERTRAM, G. Auferstehung I (des Kultgottes). *Reallexikon für Antike und Christentum* 1 (1950), 919-930.

____. Hypsos. *Th WNT* 8, pp. 600-619.

BESRET, B. *Incarnation ou eschatologie?* Paris, 1964.

BIGELMAIR, A. Apollonius v. Tyana. *LfThK* 1 (2. ed. 1957) 718-720.

BLÁZQUEZ, R. *La resurrección en la cristología de Wolfhart Pannenberg.* Vitoria, 1976.

BLOCH, E. *Atheismus im Christentum.* Hamburg, 1970.

____. *Das Prinzip Hoffnung.* Frankfurt a. M., 1970. v. III.

BOFF, L. *Jesus Cristo libertador.* 5. ed. Petrópolis, 1976.

____. *La resurrección de Cristo, nuestra resurrección en la muerte.* 4. ed. Santander, 1986.

BOISMARD, M. E. *¿Es necesario aún hablar de "resurrección"?* Bilbao, 1996.

BORG, M. J. A temperate case for a non-eschatological Jesus. In: ____. *Jesus in contemporary scholarship.* Valley Forge, 1994.

____. The irrelevance of the empty tomb. In: COPAN, P. (org.). *Will the real Jesus please stand up?* Grand Rapids, 1998.

____. The truth of Easter. In: ____ & WRIGHT, N. T. *The meaning of Jesus*; two visions. San Francisco, 2000.

____ (org.). *Jesus at 2000.* Westview Press, 1998.

BORNKAMM, G. *Jesus von Nazareth.* 9. ed. Kohlhammer, 1971.

____. *Paulus.* 2. ed. Stuttgart-Berlin-Köln-Mainz, 1969.

BOVON, F. Milagro, magia e curación en los hechos apócrifos de los apóstoles. In: PIÑERO, A. (org.). *En la frontera de lo imposible*; magos, médicos e taumaturgos en lo Mediterráneo antiguo en tiempos del Nuevo Testamento. Córdoba-Madrid, 2001.

BRAMBILLA, F. G. *Il crocifisso risorto*; risurrezione di Gesù e fede dei discepoli. 2. ed. Brescia, 1999 (1. ed. 1998).

BREUNING, W. Elaboración sistemática de la escatología. In: *Mysterium salutis*. Madrid, 1984. v. V.

BROER, I. *Die Urgemeinde und das Grab Jesu*; eine Analyse der Grablegungsgeschichte im Neuen Testament. München, 1972.

_____. "Seid stets bereit, jedem Rede und Antwort zu stehen, der nach der Hoffnung fragt, die euch erfüllt" (1Pe 3,15). Das leere Grab und die Erscheinungen Jesu im Lichte der historischen Kritik. In: _____ & WERBICK, J. (orgs.). *"Der Herr ist wahrhaft aufgestanden" (Lk 24,34)*. Stuttgart, 1988.

BROWN, R. E. "And the Lord said?" Biblical reflections on scripture as the word of God. *Theological Studies* 24 (1981) 3-19.

_____. *The death of the Messiah*; from Getsemani to the grave. A commentary on the Passion narratives in the four gospels. New York, 1994. 2 v.

BROX, N. El cristianismo primitivo y su debate en torno a la transmigración de las almas. *Concilium* 249 (1993) 875-882. [O debate sobre a reencarnação [transmigração das almas] na Antigüidade cristã. *Concilium* 249 (1939) 92 [752].]

BRUCE LONG, J. *Reincarnation*. In: ELIADE, M. (org.). *The Encyclopedia of Religion*. New York/London, 1987. v. XII.

BULTMANN, R. Der Begriff der Offenbarung im Neuen Testament. In: *Glauben und Verstehen*. 2. ed. Tübingen, 1967. v. IV.

_____. Die christliche Hoffnung und das Problem der Entmythologisierung. In: *Glauben und Verstehen*. 3. ed. Tübingen, 1965. v. III.

_____. Geschichte und Eschatologie im Neuen Testament. In: *Glauben und Verstehen*. 3. ed. Tübingen, 1965. v. III.

_____. Jesus Christus und die Mythologie. In: *Glauben und Verstehen*. 2. ed. Tübingen, 1967. v. IV. [Trad. cast.: *Jesucristo e mitología*. Barcelona, 1970.]

_____. Neues Testament und Mythologie. In: *Kerygma und Mythos*. 3. ed. Hamburg/Volksdorf, 1954. v. I.

_____. *Teología del Nuevo Testamento*. Salamanca, 1981.

_____ & JASPERS, K. *Jesús*; la desmitologización del Nuevo Testamento. Una polémica. Buenos Aires, 1968.

BURKERT, W. & STURLESE, L. Seelenwanderung. *HistWPhil* 9 (1995) 117-121.

BUSTO SÁIZ, J. R. El resucitado. In: TAMAYO-ACOSTA, J. J. (org.). *10 palabras clave sobre Jesús de Nazaret*. Estella, 1999.

BYNUM, C. W. *The resurrection of the body in western christianity*. New York, 1995.

CABA, P. *Resucitó Cristo, mi esperanza*; estudio exegético. Madrid, 1986.

CABADA, M. *El Dios que da que pensar*. Madrid, 1999.

CAMPENHAUSEN, H. von. Der Ablauf der Osterereignisse und das leere Grab (1952). In: _____. *Tradition und Leben*; Kräfte der Kirchengeschichte. Tübingen, 1960.

CAMPENHAUSEN, H. von. *Ostergeschehen und Osterberichte* (1956). 4. ed. Göttingen, 1970.

CASSEL, J. F. *The reader in Mark*; the crucifixion. Ann Arbor (MI), 1983.

CAVALLIN, H. C. Leben nach dem Tode im Spätjudentum und im frühen Christentum I. Spätjudentum. *ANRW II* 19/1 (1979) 240-345.

CHAREIRE, I. *La résurrection des morts... tout simplement.* Paris, 1999.

CHARLESWORTH, J. H. *Jesus within judaism*; new light from existing archeological discoveries. New York, 1988. [Trad. it.: *Gesù nel giudaismo del suo tempo alla luce delle più recenti scoperte.* Torino, 1994.]

CONZELMANN, H. Jesus Christus. *RGG* (3. ed. 1959/1986) 619-653.

CORRIENTE, F. & PIÑERO, A. *Apócrifos del Antiguo Testamento.* Madrid, 1983. v. II.

CRAIG, W. L. *Assessing the New Testament evidence for the historicity of the resurrection of Jesus.* Lewiston/Lampeter, 1989.

CROATO, S. La esperanza de la inmortalidad en las grandes cosmovisiones de Oriente. *Concilium* 60 (1970) 17-29.

CROSSAN, J. D. *A long way from Tipperary*; a memoir. San Francisco, 2000.

_____. *Jesus*; a revolutionary biography. San Francisco, 1994.

_____. *The birth of christianity*; discovering what happened in the years immediately after the execution of Jesus. New York, 1999. [Ed. bras.: *O nascimento do cristianismo.* São Paulo, Paulinas, 2004.]

_____. *The cross that spoke*; the origins of the Passion narrative. San Francisco, 1988.

_____. *The historical Jesus*; the life of a mediterranean jewish peasant. 2. ed. San Francisco, 1992. [Trad. cast.: *Jesús:* vida de un campesino judío. Barcelona, 1994.]

CULLMANN, O. El rescate anticipado del cuerpo humano según el Nuevo Testamento. In: _____. *Del evangelio a la formación de la teología cristiana.* Salamanca, 1972.

_____. ¿Inmortalidad del alma o resurrección de los muertos? In: _____. *Del evangelio a la formación de la teología cristiana.* Salamanca, 1972.

CURA, S. del. Fe cristiana i reencarnaciò. In: MATABOSCH, A. (org.). *La vida després de la vida.* Barcelona, 1996.

DALFERTH, I. D. *Der auferweckte Gekreuzigte*; zur Grammatik der Christologie. Tübingen, 1994.

_____. *Jenseits von Mythos und Logos*; die christologische Transformation der Theologie. Freiburg Br., 1993.

DANIÉLOU, J. *La resurrección*; mito o realidad. Madrid, 1971.

DENEKEN, M. *La foi pascale*; rendre compte de la résurrection de Jésus aujourd'hui. Paris, 1997.

DÍEZ MACHO, A. (org.). *Apócrifos del Antiguo Testamento.* Madrid, 1984. v. I (Introducción general).

_____. *La resurrección de Jesús e la del hombre en la Biblia.* Madrid, 1977.

DODD, C. H. The appearences of the risen Christ: an essay in form criticism of the gospels. In: NINEHAM, D. E. (org.) *Studies in the gospels*; essays in memory of R. H. Lightfoot. Oxford, 1957.

DONADIO, F. *Elogio della storia*; orizzonti ermeneutici ed esperienza credente. Roma, 1999.

DOORE, G. (org.). *¿Vida después de la muerte?* Barcelona, 1993.

DUCHESNE-GUILLEMIN, J. *La religion de l'Iran ancien*. Paris, 1962.

DUNN, J. G. D. *Jesús y el espíritu*. Salamanca, 1981.

DUPONT, J. Ressuscité "le troisième jour". *Biblica* 40 (1959) 742-761.

EBELING, G. *Das Wesen des christlichen Glaubens*. 5. ed. München/Hamburg, 1967.

_____. Thesen zur Frage der Auferstehung von den Toten in der gegenwärtigen theologischen Diskussion. In: _____. *Wort und Glaube*. Tübingen, 1975. v. III.

EDSMANN, C. M. Auferstehung. II Auferstehung des Menschen, religionsgeschichtlich 4. In der iranischen Religion. *RGG* 1 (1957/1986) 691.

ELIADE, M. *Historia de las ideas e creencias religiosas*. Madrid, 1980. v. IV (Las religiones en sus textos).

ESSEN, G. *Historische Vernunft und Auferweckung Jesu*; Theologie und Historik im Streit um den Begriff geschichtlicher Wirklichkeit. Mainz, 1995.

FAVARO, G. Rinascita, morte e immortalità nell'induismo e nel buddhismo. In: _____; RAVASI, G., RIZZARDI, G.; CHIODI, M.; PIANO, S. *La vita e la morte nelle grandi religioni*. Milano, 2000.

FILÓSTRATO. *Vida de Apolonio de Tiana*. Madrid, 1992.

FIORENZA, F. S. & GALVIN, J. P. (orgs.). *Systematic theology*; roman catholic perspectives. Minneapolis, 1992. [Ed. bras.: *Teologia sistemática*. São Paulo, Paulus, 1997.]

FORTE, B. *Teologia della storia*. Torino, 1991. [Ed. bras.: *Teologia da história*. São Paulo, Paulus, 1995.]

FRAIJÓ, M. *Fragmentos de esperanza*; utopía e esperanza cristiana. Madrid, 1985.

_____. La resurrección de Jesús desde la filosofía de la religión. In: _____; ALEGRE, X.; TORNOS, A. *La fe cristiana en la resurrección*. Santander, 1998.

FRAZER, J. G. *The golden bough*. 3. ed. 1912. v. 3 (The dying God). [Ed. cast. parcial: *La rama dorada*. 2. ed. México, 1951.]

FRIDIKSEN, P. *From Jesus to Christus*; the origins of the New Testament images of Jesus. New Haven/London, 1988.

FULLER, R. H. *The foundations of New Testament christology*. New York, 1965.

GARCÍA CORDERO, M. *Biblia y legado del Antiguo Oriente*. Madrid, 1977.

GARCÍA MARTÍNEZ, F. Literatura de contenido escatológico [en Qumrán]. In: _____; ARANDA PÉREZ, G.; PÉREZ FERNÁNDEZ, M. *Literatura judía intertestamentaria*. Estella, 1996.

GARCÍA-SABELL, D. *Paseata arredor da morte*. Vigo, 1999.

GELABERT, M. *Creo en la resurrección*. Madrid, 2002.

GHIBERTI, G. *La risurrezione di Gesù*. Brescia, 1982.

GNILKA, J. *El evangelio según san Marcos*. Salamanca, 1986.

_____. La resurrección corporal en la exégesis moderna. *Concilium* 60 (1970) 126-135.

GOLDSTEIN, J. A. II Maccabees. In: *The anchor Bible*. 1984. v. 41A.

GÓMEZ CAFFARENA, J. *El teísmo moral de Kant*. Madrid, 1983.

GONDAR, M. *Romeiros do alén*. 2. ed. Vigo, 1993.

GONZÁLEZ, A. *Teología de la praxis evangélica*; ensayo de una teologia fundamental. Santander, 1999.

GONZÁLEZ DE CARDEDAL, O. *Jesús de Nazaret*; aproximación a la cristología. Madrid, 1975.

GONZÁLEZ FAUS, J. I. *Acceso a Jesús*. 4. ed. Santander, 1981.

_____. *Al tercer día resucitó de entre los muertos*. Madrid, 2001.

_____. *La humanidad nueva*; ensayo de cristología. Santander, 1981.

GORER, G. *Death, grief and mourning*. London, 1965.

GOULDER, M. Did Jesus of Nazareth rise from the dead? In: BARTON, S. & STANTON, G. (orgs.). *Resurrection*; essays in honour of Leslie Houlden. London, 1994.

GRAMAGLIA, P. A. *La reincarnazione... altre vite dopo la morte o illusione?* Casale Monferrato, 1989.

GRASS, H. Der Ablauf der Osterereignisse und das leere Grab (1952). In: _____. *Tradition und Leben*. Tübingen, 1960.

GRESHAKE, G. *Auferstehung der Toten*; ein Beitrag zur gegenwärtigen theologischen Diskussion über die Zukunft der Geschichte. Essen, 1969.

_____. Auferstehung im Tod. Ein "parteischer" Rückblick auf eine theologische Diskussion. *Theologie und Philosophie* 73 (1998) 538-557.

_____. Das Verhältnis "Unsterblichkeit der Seele" und "Auferstehung des Leibes" in problemgeschichtlicher Sicht. In: _____ & LOHFINK, N. *Naherwartung, Auferstehung, Unsterblichkeit*; Untersuchungen zur christlichen Eschatologie. Freiburg Br., 1978.

_____ & KREMER, J. *Resurrectio mortuorum*; zum theologischen Verständnis der leiblichen Auferstehung. Darmstadt, 1986.

_____ & LOHFINK, N. *Naherwartung, Auferstehung, Unsterblichkeit*; Untersuchungen zur christlichen Eschatologie. Freiburg Br., 1978.

GUTIÉRREZ, G. *Hablar de Dios desde el sufrimiento del pobre*; una reflexión sobre el libro de Job. Salamanca, 1986.

_____. *Teología de la liberación*. Salamanca, 1972.

HAIGHT, R. *Jesus, símbolo de Deus*. São Paulo, Paulinas, 2003.

HÄLLSTRÖM, G. af. *Carnis resurrectio*; the interpretation of a credal formula. Helsinki, 1988.

HÄRING, H. & METZ J. B. Reencarnación o resurrección? Se abre un debate. *Concilium* 249 (1993) 775-779. [Reencarnação ou ressurreição? *Concilium* 249 (1993) 6 [666].]

HARRIS, M. J. *Raised immortal*; resurrection and immortality in the New Testament. Grand Rapids, 1983.

HARVEY, A. "They discussed among themselves what this 'rising from the dead' could mean" (Mark 9,10). In: BARTON, S. & STANTON, G. (orgs.). *Resurrection*. London, 1994.

HAUFE, G. Los misterios. In: LEIPOLDT, J. & GRUNDMANN, W. (orgs.). *El mundo del Nuevo Testamento*. Madrid, 1973. v. I.

_____. Religiosidad helenística popular. In: LEIPOLDT, J. & GRUNDMANN, W. I. (orgs.). *El mundo del Nuevo Testamento*. Madrid, 1973. v. I.

HEMPEL, J. Religionsgeschichtliche Schule. *RGG* 3 (1961) 991-994.

HENGEL, M. Ist der Osterglaube noch zu retten? *Theologische Quartalschrift* 153 (1973) 252-269.

_____. *Judentum und Hellenismus*. Tübingen, 1969.

_____. *Zur urchristlichen Geschichtsschreibung*. Stuttgart, 1979.

HICK, J. *Death and eternal life*. 2. ed. London, 1985.

HOFFMANN, P. Auferstehung. I/3 Im Neuen Testament. *TRE* 4 (1979/1993) 450-467.

_____. Die historisch-kritische Osterdiskussion von H. S. Reimarus bis zu beginn des 20. Jahrhunderts. In: _____. (org.). *Zur neutestamentlichen Überlieferung von der Auferstehung Jesu*. Darmstad, 1988.

_____. *Die Toten in Christus*; eine Religionsgeschichtliche und exegetische Untersuchung zur paulinischen Eschatologie. Münster, 1966.

HOHEISEL, K. Apollonius v. Tyana. *LfThK* 1 (3. ed. 1993) 831-832.

HORSLEY, R. A. How can some of you say that there is no resurrection of the dead? Spiritual elitism in Corinth. *New Testament* 20 (1978) 203-231.

HOYE, W. J. *Gotteserfahrung*? Klärung eines Grundbegriffs der gegenwärtigen Theologie. Zürich, 1993.

JEREMIAS, J. *Jerusalén en tiempos de Jesús*. Madrid, 1977.

_____. *Teología del Nuevo Testamento*. Salamanca, 1974. v. I.

JÜNGEL, E. *Dios como misterio del mundo*. Salamanca, 1984.

KARRER, M. *Jesucristo en el Nuevo Testamento*. Salamanca, 2002.

KÄSEMANN, E. Wunder IV. Im NT. *RGG* 6 (1962/1986) 1.835-1.837.

KASPER, W. Der Glaube an die Auferstehung Jesus vor dem Forum historischer Kritik. *Theologische Quartalschrift* 153 (1973) 229-241.

_____. *Jesús, el Cristo*. Salamanca, 1976.

KEHL, M. *Und was kommt nach dem Ende*? Von Weltuntergang und Vollendung, Wiedergeburt und Auferstehung. Freiburg Br.,1999. [Trad. it.: *E cosa viene dopo la fine?* Sulla fine del mondo e sul compimento finale, sulla reincarnazione e sulla risurrezione. Brescia, 2001.]

KELLER, C. A. (org.). *La réincarnation*; théories, raisonnements et appréciations. Bern, 1986.

KESSLER, H. *Sucht den Lebenden nicht bei den Toten*; die Auferstehung Jesu Christi in biblischer, fundamentaltheologischer und systematischer Sicht. 2. ed. Düsseldorf, 1987 (enriquece a 1. ed., de 1985, que está traduzida em espanhol: *La resurrección de Jesús en el aspecto bíblico, teológico e pastoral*. Salamanca, 1989). Tb. ed. Würzburg, 1995.

KIENZLER, K. *Logik der Auferstehung*; ein Untersuchung zu R. Bultmann, G. Ebeling und W. Pannenberg. Freiburg Br., 1976.

KLIJN, A. F. 1 Thessalonians 4,13-18 and its background in apocalyptic literature. In: HOOKER, M. D. & WILSON, S. G. (orgs.). *Paul and paulinism*. London, 1982.

KLINGER, E. Bosquejo formal y introducción histórica. In: *Mysterium salutis*. Madrid, 1971. v. III, t. 1.

KOCH, G. *Die Auferstehung Jesu Christi*. Tübingen, 1959.

KOLAKOWSKI, L. *Si Dios no existe*... Sobre Dios, el diablo, el pecado e otras preocupaciones de la llamada "filosofía de la religión". Barcelona, 1985.

KREMER, J. Auferstehung der Toten in bibeltheologischer Sicht. In: _____ & GRESHAKE, G. *Resurrectio mortuorum*; zum theologischen Verständnis der leiblichen Auferstehung. Darmstad, 1986.

_____. Auferstehung IV. Im Neuen Testament. *LfThK* 1 (3. ed. 1993) 1.195-1.198.

_____. *Das älteste Zeugnis von der Auferstehung Christi*; eine bibeltheologische Studie zur Aussage und Bedeutung von 1Kor 15,1-11. 2. ed. Stuttgart, 1967.

_____. Die Auferstehung Jesu Christi. In: *Handbuch der Fundamentaltheologie*. Freiburg Br., 1985. v. 2.

KREMER, K. ... *denn sie werden leben*. Stuttgart, 1972.

KÜNG, H. *El cristianismo*; esencia e historia. Madrid, 1997.

_____. *El judaísmo*; pasado, presente e futuro. 3. ed. Madrid, 2001.

_____. Zur Entstehung des Auferstehungsglaubens. Versuch einer systematischen Klärung. *Theologische Quartalschrift* 154 (1974) 103-117.

_____. H. *Ewiges leben?* München, 1982.

_____. et alii. *El cristianismo e las grandes religiones*. Cristiandad, 1987.

KUSCHEL, K. J. *Geboren vor aller Zeit?* Der Streit um Christi Ursprung. München/Zürich, 1990.

LACHENSCHMIDT, R. Christologie und Soteriologie. In: *Bilanz der Theologie im 20. Jahrhundert*. Freiburg Br., 1970. v. III.

LADARIA, F. L. *Antropología teológica*. Roma, 1983.

LAFONT, G. *Dieu, le temps et l'être*. Paris, 1986.

LAMB, L. La resurrección e la identidad cristiana como *conservatio Dei*. *Concilium* 249 (1993) 921-935. [A ressurreição e a identidade cristã como *conservatio Dei*. *Concilium* 249 (1993) 133(793) - 146(806)].

LANCZKOWSKI, G. Iranischen Religionen. *TRE* 16 (1987/1993) 247-258.

LAPIDE, P. *Auferstehung*; ein jüdisches Glaubenserlebnis. Stuttgart/München, 1977.

LE ROY, E. *Dogme et critique*. Paris, 1907.

LEFÈVRE, A. Maccabées (Livres I et II). *Supplement au Dictionnaire de la Bible* 5 (1957) 597-612.

LEFÈVRE, Ch. Métempsycose. *Catholicisme* 8 (1976) 36-45.

LÉGAUT, M. *Meditación de un cristiano del siglo XX*. Salamanca, 1989.

LEHMANN, K. *Auferweckt am dritten Tag nach der Schrift*; früheste Christologie Bekenntnisbildung und Schriftauslegung im Lichte von 1Kor 15,3-5. Freiburg/Basel/Wien, 1969.

LÉON-DUFOUR, X. *Resurrección de Jesús y mensaje pascual*. Salamanca, 1973.

LESSING, G. E. Über die Auferstehung Geschichte. In: _____. *Werke*. Darmstadt, 1976. v. VIII.

BIBLIOGRAFIA

LIBANIO, J. B. Esperanza, utopía, resurrección. In: ELLACURÍA, I. & SOBRINO, J. (orgs.). *Misterium liberationis*; conceptos fundamentales de la teología de la liberación. Madrid, 1990. v. II.

_____. *Teologia da revelação a partir da modernidade*. 3. ed. São Paulo, Loyola, 1997.

LINCOLN, A. T. *Paradise now and not yet*. Cambridge, 1991.

LOHFINK, G. Der Ablauf der Osterereignisse und die Anfänge der Urgemeinde. *Theologische Quartalschrift* 160 (1980) 162-176.

LOHSE, E. Die Wahrheit der Osterbotschaft. In: VÖGTLE, A. *Biblischer Osterglaube*; Hintergründe - Deutungen - Herausforderungen. Neukirchener/Vluyn, 1999.

LOHSE, G. Auferstehung. IV Im Judentum. *RGG* 1 (1957/1986) 694-695.

LOIS FERNÁNDEZ, J. *Jesús de Nazaret, el Cristo liberador*. Madrid, 1995.

LORENZEN, Th. *Resurrección y discipulado*; modelos interpretativos, reflexiones bíblicas e consecuencias teológicas. Salamanca, 1999.

LÜDEMANN, G. *Die Auferstehung Jesu*; Historie, Erfahrung, Theologie. Göttingen, 1994 (2. ed. rev. Stuttgart, 1994).

_____. Zwischen Karfreitag und Ostern. In: VERWEYEN, H. (org.). *Osterglaube ohne Auferstehung?* Diskussion mit Gerd Lüdemann. Freiburg Br., 1995.

_____ & ÖZEN, A. *La resurrección de Jesús*; historia, experiencia, teología. Madrid, 2001.

MACALUSO, G. *La reincarnazione, verità antica e moderna*. Roma, 1968.

MARION, J. L. Aspekte der Religionsphenomenologie: Grund, Horizont und Offenbarung. In: HALDER, A.; KIENZLER, K.; MÖLLER, J. (orgs.). *Religionsphilosophie heute*; Chancen und Bedeutung in Philosophie und Theologie. Düsseldorf, 1988.

MARSCH, W.-D. (org.). *Diskussion über die "Theologie der Hoffnung"*. München, 1967.

MARTELET, G. *L'au-delà retrouvé*. 2. ed. Paris, 1995.

MARTÍN VELASCO, J. *El fenómeno místico*; estudio comparado. 2. ed. Madrid, 2002.

MARTIN-ACHARD, R. Résurrection dans l'Ancien Testament et le judaïsme. *Supplement au Dictionnaire de la Bible* 10 (1985) 437-487.

MARTÍNEZ, G. Imaginario y teología sobre el más allá de la muerte. *Iglesia Viva* 206 (2001) 9-44.

MARXSEN, W. *Die Auferstehung Jesu von Nazaret*. Gütersloh, 1968. [Trad. cast.: *La resurrección de Jesús de Nazaret*. Barcelona, 1974.]

_____. *Die Sache Jesu geht weiter*. Gütersloh [s.d.].

_____. *La resurrección de Jesús como problema histórico y teológico*. Salamanca, 1979.

_____. et alii (orgs). *Die Bedeutung der Auferstehungsbotschaft für den Glauben an Jesus Christus*. Gütersloh, 1966.

MATABOSCH, A. (org.). *La vida després de la vida*. Barcelona, 1996.

MCARTHUR, H. K. On the third day. *New Testament Studies* 18 (1971/1972) 81-86.

MCELENEY, N. J. 1-2 Maccabees. In: BROWN, R. E.; FITMYER, J. A.; MURPHY, R. E. *The New Jerome Biblical Commentary*. Englewood Cliffs (NJ), 1993.

291

MEIER, J. P. *A marginal jew*. New York, 1991-2000. vv. I-III. [Trad. cast. de I-II originais: *Un judío marginal*; nueva visión del Jesús histórico. Estella, 1998-2001.]

MERKLEIN, H. *Auferstehung und leeres Grab (Mk 16,1-8)*. Stuttgart, 1994.

MERLO, M. La reencarnaciò en la cultura actual. In: MATABOSCH, A. (org.). *La vida desprès de la vida*. Barcelona, 1996.

METZ, J. B. (org.). *El clamor de la tierra*; el problema dramático de la teodicea. Estella, 1996.

____. ¿Tiempo sin fin? Antecedentes del debate sobre "resurrección o reencarnación". *Concilium* 249 (1993) 937-946. [Tempo sem termo final? Fundamentos para o debate sobre "ressurreição ou reencarnação". *Concilium* 249 (1993) 147(807)-156(816).

____ & WIESEL, E. *Esperar a pesar de todo*. Madrid, 1996.

MICHEL, A. *Résurrection des morts*. DThC 13 (1937) 2.501-2.571.

MIGUÉLEZ, X. A. *A celebración cristiá da morte e a oración polos defuntos*. Encrucillada 16/79 (1992) 375-398.

MOINGT, J. *L'homme qui venait de Dieu*. Paris, 1993.

MOLTMANN, J. *Das Kommen Gottes, christiliche Eschatologie*. Gütersloh, 1995.

____. Esperanza en la resurrección y praxis liberadora. In: ____. *El futuro de la creación*. Salamanca, 1979.

____. *Gott in der Schöpfung*; Ökologische Schöpfungslehre. München, 1985.

____. Gott und Auferstehung. Auferstehungsglaube im Forum der Theodizeefrage. In: ____. *Perspektiven der Theologie*; gesammelte Aufsätze. München, 1968.

____. *Teología de la esperanza*. Salamanca, 1969.

MOREAU, P.-F. *Spinoza*; l'expérience et l'éternité. Paris, 1994.

MOREL, G. *Problèmes actuels de religion*. Paris, 1968.

MÜLLER, K. Die Leiblichkeit des Heils. In: LORENZI, L. de (org.). *Résurrection du Christ et des chrétiens (1Cor 15)*. Roma, 1985.

MÜLLER, U. B. *Die Entstehung des Glaubens an die Auferstehung Jesu*; historische Aspekte und Bedigungen. Stuttgart, 1998.

NEIRYNCK, F. John and the synoptics. The empty tomb stories. *New Testament Studies* 30 (1984) 161-187.

NEUFELD, K. H. *Fundamentaltheologie*. Stuttgart-Berlin-Köln, 1992. v. I (Jesus, Grund christlichen Glaubens).

NEWMAN, C. C. (org.). *Jesus & the restoration of Israel*; a critical assessment of N. T. Wright's Jesus and the victory of God. London, 1999.

NICKELSBURG, G. W. E. *Resurrection, immortalilty and eternal life in intertestamental judaism*. Cambridge, 1972.

NICOLAS, M. J. *Theologie de la résurrection*; "je suis la résurrection et la vie". Paris, 1982.

NIETZSCHE, F. *Der Antichrist*. ed. K. Schlechta II, 1201-1206. [Trad. cast.: *El anticristo*. Madrid, 1974.]

NÖTSCHER, F. *Altorientalischer und alttestamentlicher Auferstehungsglauben* (1926). Reed. Darmstadt, 1970 [com o importante *Nachtrag zum Nachdruck*, de J. Scharbert (com bibliografia exaustiva)].

O'COLLINS, G. *Jesús resucitado*; estudio histórico, fundamental y sistemático. Barcelona, 1988.

_____. The resurrection of Jesus: the debate continued. *Gregorianum* 81/3 (2000) 589-598.

OBERLINER, L. (org.). *Auferstehung Jesu - Auferstehung der Christen*; Deutungen des Osterglaubens. Freiburg/Basel/Wien, 1986.

_____. Die Verkündigung der Auferweckung Jesu im geöffneten und leeren Grab. *ZNW* 74 (1982) 159-182.

OGDEN, S. *Christ without myth*; a study based on the theology of Rudolf Bultmann. New York, 1961.

_____. What sense does it make to say: "God acts in history"? *The reality of God and other essays*. London, 1967.

OHLIG, K.-H. *Fundamentalchristologie*. München, 1986.

_____. Thesen zum Verständnis und zur theologischen Funktion der Auferstehungsbotschaft. In: VERWEYEN, H.-J. (org.). *Osterglaube ohne Auferstehung?* Diskussion mit Gerd Lüdemann. 2. ed. Freiburg Br., 1995.

ORBE, A. Textos y pasajes de la escritura interesados en la teoría de la reincorporación. *Estudios Eclesiásticos* 33 (1959) 77-91.

OSBORNE, K. B. *The resurrection of Jesus*; new considerations for its theological intepretation. New York/Mahwah (NJ), 1997.

PAGOLA, J. A. *Creer en el resucitado*; esperar en nuestra resurrección. Santander, 1991.

PANIKKAR, R. *El silencio del Buddha*; una introducción al ateísmo religioso. Madrid, 1996.

PANNENBERG, W. Die Aufgabe der christlichen Eschatologie. In: _____. *Natur und Mensch — und die Zukunft der Schöpfung*. Göttingen, 2000.

_____. Dogmatische Erwägungen zur Auferstehung Jesu. In: _____. *Grundfragen systematischer Theologie*. Göttingen, 1991. v. II.

_____. *Fundamentos de cristología*. Salamanca, 1974.

PERKINS, Ph. *Resurrection*; New Testament witness and contemporary reflection. New York, 1984.

PESCH, R. *Der Prozess Jesu geht weiter*. Freiburg Br., 1988.

_____. Stellungnahme zu den Diskussionsbeiträgen. *Theologische Quartalschrift* 153 (1973) 270-283.

_____. Zur Entstehung des Glaubens an die Auferstehung Jesu. Ein neuer Versuch. *FZPhTh* 30 (1983) 73-98. [Trad. francesa: La genèse de la foi en la résurrection de Jésus; une nouvelle tentative. In: BENZERTATH, M., SCHMID, A. GUILLET, J. (org.). *La Pâque du Christ, mystère de salut*. Paris, 1982.

_____. Zur Entstehung des Glaubens an die Auferstehung Jesu. Ein Vorslag zur Diskussion. *Theologische Quartalschrift* 153 (1973) 201-228.

_____. *Zwischen Karfreitag und Ostern*; die Umkehr der Jünger Jesu. Zürich/Einsiedeln/Köln, 1983.

PESCH, R. & VÖGTLE, A. *Wie kam es zum Osterglauben?* Düsseldorf, 1975.

PEUKERT, H. *Wissenschaftstheorie - Handlungstheorie - Fundamentaltheologie*. Dusseldorf, 1976.

PIEPER, J. *Muerte y inmortalidad*. Barcelona,1970.

PIERIS, A. La reencarnación en el budismo: valoración cristiana. *Concilium* 249 (1993) 31-40. [A reencarnação no budismo: uma avaliação do ponto de vista cristão. *Concilium* 249 (1993) 23-30.]

PIKAZA, X. *Camino de Pascua*. Salamanca, 1996.

_____. *El fenómeno religioso*; curso fundamental de religión. Madrid, 1999.

_____. *Éste es el hombre*; manual de cristología. Salamanca, 1997.

_____. *Vida y Pascua de Jesús*. Salamanca, 1990.

PILCH, J. J. Appearences of the risen Jesus in cultural context. Experiences of alternate reality. *BTB* 28 (1998) 52-60.

_____. Visions in revelation and alternate consciousness: a perspective from cultural anthropology: listening. *Journal of Religion and Culture* 28 (1993) 231-244.

POHIER, J. *Quand je dis Dieu*. Paris, 1977.

POTTERIE, I. de la. L'exaltation du fils de l'homme (Jn 12,31-36). *Gregorianum* 49 (1968) 460-478.

PRÜMM, K. *Der christliche Glaube und die altheidnische Welt*. Leipzig, 1935. 2v.

_____. Mysterien. *LfThK* 7 (1968) 718-720.

PUECH, E. *La croyance des esséniens en la vie future*; immortalité, résurrection, vie eternelle? Paris, 1993. 2 v.

_____. Mesianismo, escatología e resurrección en los manuscritos del Mar Muerto. In: TREBOLLE BARRERA, J. (org.). *Paganos, judíos e cristianos en los textos de Qumrán*. Madrid, 1999.

RAHNER, K. Chalkedon — Ende oder Anfang? In: GRILLMEIER, A. & BACHT, H. (org.). *Das Konzil von Chalkedon*. Würzburg, 1954. v. III. [Trad. reelaborada: Problemas actuales de cristología. In: *Escritos de teología*. Madrid, 1965. v. I.]

_____. *Curso fundamental sobre la fe*. Barcelona, 1979.

_____. Immanente und transzedente Vollendung der Welt. *Schriften zur Theologie* 8 (1967) 593-608.

_____. Kirchliche Christologie zwischen Exegese und Dogmatik. *Schriften zur Theologie* 9 (1970) 197-226.

_____. Theologische Bemerkungen zum Begriff "Zeugnis". *Schriften zur Theologie* 10 (1972) 164-180.

_____. *Visionen und Prophezeiungen*; zur Mystik und Transzendenzerfahrung. 2. ed. Freiburg Br., 1989.

_____. *Was heisst Jesus lieben?* Freiburg Br., 1982. [Trad. cast. — unida a *Wer ist dein Bruder?* Freiburg. Br., 1981: *Amar a Jesús*; amar al hermano. Santander, 1983.]

_____ & THÜSING, W. *Christologie*; systematisch und exegetisch. Freiburg Br., 1972. [Trad. cast.: *Cristología*; estudio teológico y exegético. Madrid, 1975.]

RATZINGER, J. *Escatología*; la muerte e la vida eterna. Barcelona, 1980.

_____. Zwischen Tod und Auferstehung. *Int. kath. Zeitschrift* 9 (1980) 209-223. [Resumido em *Selecciones de Teología* 81/21 [1982] 37-46.]

REES, W. D. The hallucinations of Widowhood. *British Medical Journal* (2 October 1971) 37-41.

RICOEUR, P. *La mémoire, l'histoire, l'oubli*. Paris, 2000.

_____. *Sí mismo como otro*. Madrid. 1996.

RIES, J. Les creences en la resurrecció dels cossos en les religions no cristianes. In: MATABOSCH, A. (org.). *La vida després de la vida*. Barcelona, 1996.

RODRÍGUEZ CARMONA, A. *Targum y resurrección*. Granada, 1978.

ROSENZWEIG, F. *Der Stern der Erlösung*. 3. ed. Frankfurt a. M., 1990. [Trad. cast.: *La estrella de la redención*. Salamanca, 1997.]

ROVIRA BELLOSO, J. Prólogo. In: MARXSEN, W. *La resurrección de Jesús de Nazaret*. Barcelona, 1974.

RUIZ DE A PEÑA, J. L. *La Pascua de la creación*; escatología. Madrid, 1996.

_____. *Las nuevas antropologías*. Santander, 1983.

_____. *Muerte y marxismo humanista*; aproximación teológica. Salamanca, 1978.

SABUGAL, S. *Anástasis*; resucitó y resucitaremos. Madrid, 1993.

SACHS, J. R. ¿Resurrección o reencarnación? La doctrina cristiana del purgatorio. *Concilium* 249 (1993) 107-114. [Ressurerição ou reencarnação? A doutrina cristã do purgatório. *Concilium* 249 (1993) 99 (759)-106 (766).]

SÁNCHEZ, J. J. La esperanza incumplida de las víctimas. Religión en la teoría crítica de la Escuela de Frankfurt. In: FRAIJÓ, M. (org.). *Filosofía de la religión*; estudios e textos. Madrid, 1994.

_____. Religión como resistencia y solidaridad en lo pensamiento tardío de Max Horkheimer. In: HORKHEIMER, M. *Anhelo de justicia*; teoría crítica y religión. Madrid, 2000.

SANTOS, A. de. *Los evangelios apócrifos*. 2. ed. Madrid, 1963.

SAWICKI, M., *Seeing the Lord*: resurrection and early christian practices. Minneapolis, 1994.

SCHÄFFLER, R. *Was dürfen wir hoffen?* Die katholische Theologie der Hoffnung zwischen Blochs utopischen Denken und der reformatorischen Rechtfertigungslehre. Darmstadt, 1979.

SCHARBERT, J. Nachtrag zum Nachdruck. In: NÖTSCHER, F. (org.) *Altorientalischer und alttestamentlicher Auferstehungsglauben* (1926). Reed. Darmstadt, 1970.

SCHEFFCZYK, L. *Auferstehung*; Prinzip christlicher Glaubens. Einsiedeln, 1976.

SCHELER, M. Tod und Fortleben. In: *Schriften aus dem Nachlass*. 2. ed. Bern, 1957. v. I.

SCHELKLE, K. H. Schöpfung des Glaubens? *Theologische Quartalschrift* 153 (1973).

SCHILLEBEECKX, E. *Cristo y los cristianos*. Madrid, 1982.

_____. *En torno al problema de Jesús*; claves de una cristología. Madrid, Cristiandad, 1983.

_____. *História humana, revelação de Deus*. São Paulo, Paulus, 1994.

_____. *Jesús*; la historia de un viviente. Madrid, 1981.

SCHLIER, H. *De la resurrección de Jesucristo*. Bilbao, 1970.

_____. Religionsgeschichtliche Schule. *LThK* 8 (1963) 1.184-1.185.

_____. Über das Hauptanliegen des 1. Briefes an die Korinther. In: *Die Zeit der Kirche*; exegetische Aufsätze und Vorträge. Freiburg Br., 1966.

SCHMITHALS, W. Evangelien. 5.4 Die Spruchsammlung (Q). *TRE* 10 (1982/1993) 620-623.

SCHMUCK, K. D. Makkabäer/Makkabäerbücher. *TRE* 21 (1991) 736-745.

SCHOONENBERG, P. *Un Dios de los hombres*. Barcelona, 1972.

_____. *Wege nach Emmaus*; unser Glaube an die Auferstehung Jesu. Graz, 1974.

SCHULZ, S. *Die Stunde der Botschaft*. Einführung in die Theologie der vier Evangelien. Hamburg, 1976.

SCHÜRER, E. *Historia del pueblo judío en tiempos de Jesús*. Madrid, 1985. v. I.

SCHÜRMANN, H. *¿Cómo entendió y vivió Jesús su muerte?* Reflexiones exegéticas y panorámica. Salamanca, 1982.

SCHÜSSLER FIORENZA, F. *Foundational theology. Jesus and the Church*. New York, 1985.

SCHWEITZER, A. *Das Mesianitäts- und Leidensgeheimnis*; eine Skizze des Lebens Jesu. Tübingen, 1901 (3. ed. 1956). [Trad. cast.: *El secreto histórico de la vida de Jesús*. Buenos Aires, 1967.]

_____. *Geschichte der Leben-Jesu-Forschung*. 4. ed. Tübingen, 1984. [Trad. cast.: *Investigación sobre la vida de Jesús*. Valencia, 1990].

SCHWEITZER, E. *Erniedrigung und Erhöhung bei Jesus und seinen Nachfolgern*. 2. ed. Zürich, 1962.

_____. Jesus Christus I. Neues Testament. *TRE* 16 (1987/1993) 671-726.

_____. *Jesus, das Gleichnis Gottes*; was wissen wir wirklich vom Leben Jesus? 2. ed. Göttingen, 1996.

SEGAL, A. F. Il Cristo risorto y le figure di mediatori angelici alla luce di Qumran. In: CHARLESWORTH, J. H. *Gesù e la comunità di Qumran*. 2. ed. Casale Monferrato, 1999.

SEGUNDO, J. L. *El hombre de hoy ante Jesús de Nazaret*. Madrid, 1982. v. II, t. 1 (Historia e actualidad. Sinópticos y Pablo). [Ed. bras.: *O homem de hoje diante de Jesus de Nazaré*. São Paulo, Paulinas, 1985.]

_____. *La historia perdida y recuperada de Jesús de Nazaret*; de los sinópticos a Pablo. Santander, 1991. [*A história perdida e recuperada de Jesus de Nazaré*. São Paulo, Paulus, 1995.]

SEQUERI, P. *Il Dio affidabile*; saggio di teologia fondamentale. Brescia, 1996.

SESBOÜÉ, B. *La résurrection et la vie*. Paris, 1990.

SIBER, P. *Mit Christus leben*. Zürich, 1971.

SIMONIS, W. *Auferstehung und ewiges Leben? Die wirkliche Entstehung des Osterglaubens*. Düsseldorf, 2002.

SMITH, J. Z. Dying and rising Gods. In: ELIADE, M. (org.). *The Encyclopedia of Religions* 4 (1987) 521-527.

SOBRINO, J. *Cristología desde América Latina*. 2. ed. San Salvador, 1977.

_____. *La fe en Jesucristo*; ensayo desde las víctimas. 2.ed. Madrid, 1999. [Ed. bras.: *A fé em Jesus Cristo*. Petrópolis, Vozes, 2001.]

SOLÀ I SIMON, T. Os 6,2: o gran referent de la resurrecciò. *Revista Catalana de Teologia* 22 (1998) 249-265.

SPINOZA, B. *Oeuvres complètes*. Paris, 1954.

SPONG, J. S. *La resurrección ¿mito o realidad?* Barcelona, 1996.

STANGE, C. *Die Unsterblichkeit der Seele*. Gütersloh, 1924.

STECK, O. H. *Israel und das gewaltsame Geschick der Propheten*. Neukirchen, 1967.

STEGEMANN, E. W., STEGEMANN, W. *Historia social del cristianismo primitvo*; los inicios en el judaísmo e las comunidades cristianas en el mundo mediterráneo. Estella, 2001.

STEMBERGER, G. Auferstehung. I/2 Judentum. *TRE* 4 (1979/1993) 441-450.

_____. *Der Leib der Auferstehung*; Studien zur Anthropologie und Eschatologie des palästinischen Judentums im neutestamentlichen Zeitalter (ca. 170 v.Chr.-100 n.Chr.). Rome, 1972.

STUHLMACHER, P. Kritischer müssten wir sein! *Theologische Quartalschrift* 153 (1973) 244-251.

SWINBURNE, R. *The resurrection of God incarnate*. Oxford, 2003.

TAATS, R. Auferstehung I/4. Alte Kirche. *TRE* 4 (1979/1993) 467-477.

TALBERT, Ch H. Once again: gospel genre. *Semeia* 43 (1988) 53-74.

_____. The gospel and the gospels. In: MAYS, J. L. (org.). *Interpreting the gospels*. Philadelphia, 1981.

TAMAYO-ACOSTA, J. J. *Hacia la comunidad*. Madrid, 2000. v. VI (Dios y Jesús).

TEANI, M. *Corporeità e risurrezione*; l'interpretazione di 1Cor 15,35-49 nel novecento. Napoli, 1994.

TEILHARD DE CHARDIN, P. *El medio divino*. Madrid, 1967.

THEISSEN, G. *Colorido local y contexto histórico en los evangelios*; una contribución a la historia de la tradición sinóptica. Salamanca, 1997.

_____. *Die Religion der ersten Christen*; eine Theorie des Urchristentums. Gütersloh, 2000.

_____. *La redación de los evangelios y la política eclesial*; un enfoque socio-retórico. Estella, 2002.

_____ & MERZ, A. *El Jesús histórico*. Salamanca, 2000.

THÜSSING, W. *Erhöhungsvorstellungen und Parusieerwartung in der ältesten und nachösterlichen Christologie*. Stuttgart, 1969.

TILBORG, S. van, CHATELION CONNET, P. *Jesus'appearances and desappearances in Luke 24*. Leiden, 2000.

TILLICH, P. *Das Ewige im Jetzt*. Stuttgart, 1964.

_____. *Teología sistemática*. Salamanca, 1972. v. II (La existencia y Cristo).

_____. *The courage to be*. New Haven, 1954. [Ed. bras.: *A coragem de ser*. Rio de Janeiro, Paz e Terra, 1972.]

Tipler, F. J. *La física de la inmortalidad*; cosmología contemporánea: Dios y la resurrección de los muertos. Madrid, 1996.

Tornos, A. *Escatología*. Madrid, 1991. v. II.

_____. Reflexiones sobre la fe en la resurrección desde perspectivas de teología sistemática. In: Fraijó, M.; Alegre, X.; Tornos, A. *La fe cristiana en la resurrección*. Santander, 1998.

Torres Queiruga, A. *A revelación de Deus na realización do home*. Vigo, 1985 [Trad. cast.: *La revelación de Dios en la realización del hombre*. Madrid, 1997; trad. it.: *La rivelazione di Dio nella realizzazione dell'uomo*. Roma, 1991; trad. bras.: *A revelação de Deus na realização humana*. São Paulo, Paulus, 1995; trad. al.: *Die Offenbarung Gottes in der Verwirklichung des Menschen*. Frankfurt a. M. Berlin/Bern/New York/Paris/Wien, 1996).

_____. Die biblische Offenbarung als geschichtliche Maieutik. In: Kessler, M.; Pannenberg, W.; Pottmeyer, H. J. (Hrsg.). *Fides quaerens intellectum. Beiträge zur Fundamentaltheologie*. Tübingen, Francke Verlag, 1992.

_____. La apuesta de la cristología actual: la divinidad "en" la humanidad. In: Instituto Superior de Pastoral. *¿Quién decís que soy yo?* Dimensiones del seguimiento de Jesús. X Semana de Estudios de Teologia Pastoral. Estella, 2000.

_____. La lamentación y la muerte masiva. *Concilium* 247 (1993) 61-72.

_____. Muerte y inmortalidad: lógica de la simiente vs. lógica del homúnculo. *Isegoría* 10 (1994) 85-106.

_____. Philosophy and revelation: the opportunity of the enlightenment. *Archivio di Filosofia* 62 (1994) 741-755.

_____. Ponerología y resurrección: el mal entre la filosofía e la teología. *Revista Portuguesa de Filosofía* 57 (2001) 539-574.

_____. *¿Qué queremos decir cuando decimos "infierno"?* Santander, 1995. [*O que queremos dizer quando dizemos "inferno"?* São Paulo, Paulus, 1995.]

_____. *Repensar la cristología*; ensayos hacia un nuevo paradigma. 3. ed. Estella, 2001. [Ed. bras.: *Repensar a cristologia*. São Paulo, Paulinas, 1999.]

_____. Senso e vivencia da liturxia funeraria. *Encrucillada* 21/104 (1997) 317-333.

Tracy, D. Dios de la historia, Dios de la psicología. *Concilium* 249 (1993) 907-920. [O Deus da história e o Deus da psicologia. *Concilium* 249(1993) 120(780)-132(792).]

Trebolle Barrera, J. (org.). *Paganos, judíos y cristianos en los textos de Qumrán*. Madrid, 1999.

Tresmontant, C. *El problema de la revelación*. Barcelona, 1973.

Trevijano, R. Los que dicen que no hay resurrección. *Salmanticenses* 33 (1986) 275-302.

Tuilier, A. Didache. *TRE* 8 (1981/1993) 731-736.

Unamuno, M. de. Del sentimiento trágico de la vida (1913). In: _____. *Obras completas*. Madrid, 1961. v. XVI.

Uribarri, G. La inculturación occidental de la creencia en la reencarnación. *Miscelánea Comillas* 56 (1998) 297-321.

URIBARRI, G.La reencarnación en occidente. *Razón y Fe* 238 (1998) 29-43.

_____. Necesidad de un imaginario cristiano del más allá. *Iglesia Viva* 206 (2001) 45-82.

VALADIER, P. *Jésus-Christ ou Dionyssos*; la foi chrétienne en confrontation avec Nietzsche. Paris, 1979.

_____. *Nietzsche y la crítica del cristianismo*. Madrid, 1982.

VERMES, *The changing faces of Jesus*. New York/London, 2000.

VERWEYEN, H. "Auferstehung": ein Wort verstellt die Sache. In: _____(org.). *Osterglaube ohne Auferstehung*; Diskussion mit Gerd Lüdemann. 2. ed. Freiburg Br., 1995.

_____. *Botschaft eines Toten?* Den Glauben rational verantworten. Regensburg, 1997.

_____. *Gottes letztes Wort*; Grundriss der Fundamentaltheologie. 2. ed. Düsseldorf, 1991.

VIA TALTAVULL, J. M. La immortalitat en la història de les religions i en la filosofia. In: MATABOSCH, A. (org.) *La vida després de la vida*. Barcelona, 1996.

VIDAL, S. *La resurrección de Jesús en las cartas de san Pablo*. Salamanca, 1982.

VÖGTLE, A. *Biblischer Osterglaube*; Hinergründe - Deutungen - Herausforderungen. Neukirchener/Vluyn, E. Lohse, 1999.

_____ & PESCH, R. *Wie kam es zum Osterglauben?* Düsseldorf, 1975.

VOLZ, P. *Die Eschatologie der jüdischen Gemeinde im neutestamentlichen Zeitalter nach den Quellen der rabinischen, apokalyptischen und apokryphen Literatur*. Hildesheim, 1966.

VON SODEN, W. Auferstehung I. Sterbende und auferstehende Götter. *RGG* 1 (1957/1986) 689-690.

WEDDERBURN, A. J. M. *Beyond resurrection*. Canterbury, 1999.

WEGER, K. H. Ist Gott erfahrbar? *Stimmen der Zeit* 210 (1992) 333-341. [Condensado em *Selecciones de Teología* 32/217 (1993) 165-171.]

WELTE, B. "*Homoousios hemin*". In: *Das Konzil von Chalkedon*. Würzburg, 1951-1954. v. III.

WERBICK, J. Die Auferweckung Jesu: Gottes "eschatologische Tat"? Die theologische Rede vom Handeln Gottes und die historische Kritik. In: _____ & BROER, I. *"Der Herr ist wahrhaft auferstanden" (Lk 24,34)*; biblische und systematische Beiträge zur Entstehung des Osterglaubens. Stuttgart, 1988.

_____. *Den Glauben verantworten*; eine Fundamentaltheologie. Freiburg Br., 2000.

WIDENGREN, G. *Die Religionen Irans*. Stuttgart, 1965.

WILCKENS, U. *La resurrección de Jesús*; estudio histórico-crítico del testimonio bíblico. Salamanca, 1981.

WILES, M. A naked pillar of rock. In: VARTON, S. B., STANTON, G. *Resurrection*; essays in honour of Leslie Houlden. London, 1994.

_____. *God's action in the world*. London, 1986.

WILLIAMS, H. A. *True resurrection*. 2. ed. London/New York, 2000.

WINLING, R. *La résurrection et l'exaltation du Christ dans la littérature de l'ère patristique*. Paris, 2000.

WISSMANN, H. Auferstehung I/1. Religionsgeschichtlich. *TRE* 4 (1979/1993) 442-443.

WRIGHT, N. T. *Christian origins and the question of God.* Minneapolis, 1992. v. I (The New Testament and the people of God).

_____. *Christian origins and the question of God.* Minneapolis, 1996. v. II (Jesus and the victory of God).

_____. *The original Jesus;* the life and vision of a revolutionary. Michigan, 1986.

_____. The resurrection of the Messiah. *Sewanee Theological Review* 41/2 (1998) 107-156.

_____. *The resurrection of the son of God.* Minneapolis, 2003.

_____. The transforming reality of the bodily resurrection. In: _____ & BORG, M. J. *The meaning of Jesus;* two visions. San Francisco, 2000.

ZELLER, D. Die Mysterienkulte und die paulinische Soteriologie (Röm 6,1-11). Eine Fallstudie zum Synkretismus im Neuen Testament. In: SILLER, P. (org.). *Suchbewegungen;* Synkretismus — kulturelle Identität und kirchliches Bekenntnis. Darmstadt, 1991.

_____. Hellenistische Vergaben für den Glauben an die Auferstehung Jesu? In: HOPE, R. & BUSSE, U. (orgs.). *Von Jesus zum Christus.* Berlin/New York, 1998.

ZWI WERBLOWSKY, R. J. Transmigration. In: ELIADE, M. (org.). *The Encyclopedia of Religion* 15 (1987) 21-26.

Índice onomástico

A

Acevedo, C. M. 41
Adorno, Th. W. 206
Agostinho de Hipona 44, 98, 104, 145, 230, 258
Aguirre, R. 164, 220, 221
Alegre, X. 23
Aletti, J. N. 67, 186, 193
Alexiou, M. 171
Alfaro, J. 238
Alonso Díaz, J. 59
Alsup, J. 52
Althaus, P. 84, 131
Ambrósio de Milão 44
Amor Ruibal, A. 172
Apel, K.-O. 234
Aranda Pérez, G. 58
Ariès, Ph. 189
Aristóteles 123, 124, 129, 135
Aurobindo, S. 128
Ayer, A. J. 180

B

Balthasar, H. U. von 26, 104, 177, 190, 193, 237, 238, 242, 281
Barbaglio, G. 148, 219
Barreto, J. 255
Barth, K. 25, 26, 37, 45, 104, 107, 160, 211, 229
Barton, J. 221
Baruzi, J. 173
Bastin, M. 166
Bauer, Ch. 70
Baumann, P. Th. 172
Baumgartner, H. M. 95
Bechert, H. 119, 120
Beeck, F. J. van 104
Beinert, W. 181
Benjamin, W. 206, 225
Benoit, P. 44, 193, 197
Berdiaiev, N. 196
Berger, K. 62, 65, 66, 67, 69
Bernabé, C. 171
Bertram, G. 62, 149

Bigelmair, A. 65
Billerbeck, P. 60
Biser, E. 200
Blázquez, R. 205
Bloch, E. 199, 206, 218, 232, 253, 277
Blondel, M. 107, 135
Blumenberg, H. 41
Boaventura 40
Boff, C. 232
Boff, L. 114
Boismard, M.-É. 28, 69, 90, 187, 188, 191, 193
Bonhoeffer, D. 107
Bonnet, Ch. 129
Borg, M. J. 147, 161, 163, 175, 216
Borges, J. L. 247
Bornkamm, G. 141, 219
Bousset, W. 63
Bovon, F. 150
Brambilla, F. G. 30, 110, 170, 172
Brandon, S. G. F. 156
Breuning, W. 238
Broer, I. 66, 84, 85, 91, 115
Brown, R. E. 33, 50, 150, 167, 254
Brox, N. 130
Büchner, G. 223
Bultmann, R. 26, 40, 41, 53, 73, 93, 95, 103, 104, 134, 146, 147, 160, 227, 229, 233
Burkert, W. 128
Bynum, C. W. 63, 189

C

Caba, J. 77, 101, 149
Cabada, M. 25, 105
Campehausen, H. von 50
Camus, A. 205, 222, 224
Casaldáliga, P. 206, 232
Cassel, J. F. 157
Cassirer, E. 41
Castelao, P. F. 28
Castillo, J. M. 25
Castro, R. de 258
Castro, S. 279
Cavallin, H. C. 57, 60

Celso 144, 214
Cencillo, L. 41
Charlesworth, J. H. 54
Chatelion Connet, P. 147
Chenu, M.-D. 237
Codina, V. 201
Colomer, E. 202
Congar, Y. 237
Conill, J. 200
Conzelman, H. 56, 73, 83
Copan, P. 24
Corriente, F. 68
Craig, W. L. 24
Croato, S. 62
Crossan, J. D. 24, 50, 51, 74, 75, 83, 155, 157, 162, 163, 170, 171, 185, 216, 228
Cullmann, O. 122, 190, 195
Cunqueiro, A. 247, 248
Cura, S. del 46, 130

D

Dalferth, I. U. 40, 146
Daniélou, J. 237
Darwin, Ch. 72, 74
Day, D. 239
Delumeau, J. 252
Deneken, M. 30, 83, 84, 85, 134, 179, 182
Descamps, A. 91
Díaz-Salazar, R. 233
Diem, H. 215
Díez Macho, A. 57, 65, 69, 71
Dodd, C. H. 52, 229, 254
Domínguez, A. 38
Donadio, F. 238
Doore, G. 171
Dostoiévski, F. 101
Dunn, J. G. D. 148, 194
Dupont, J. 176

E

Ebeling, G. 94, 209
Eckhart, M. 127
Edsmann, C. M. 64
Eicher, P. 158
Eliade, M. 41, 62, 64, 118, 120, 121, 128
Ellacuría, I. 155, 234
Esquirol, J. M. 234
Essen, G. 95, 122

Estrada, J. A. 41
Eusébio de Cesaréia 44
Evans-Pritchard, E. E. 62
Evémero de Messina 62

F

Faulkner, W. 248
Favaro, G. 129
Fernández Cuesta, B. 237
Ferrater Mora, J. 133
Festinger, L. 158
Fichte, J. G. 95
Fílon de Alexandria 60, 83
Filóstrato 64, 65
Firth, A. R. 118
Flanagan, D. 197
Flávio Josefo 60, 83, 155
Flegón 70
Flew, A. 88, 180, 272
Floristán, C. 41
Forte, B. 26, 195
Fraijó, M. 55, 88, 205, 206
França Miranda, M. de 206
Frazer, J. 62
Frediksen, P. 156
Freud, S. 37, 199
Fukuyama, F. 234

G

Gadamer, H.-G. 24, 42, 76, 133
Galileu 72, 160
Galot, J. 281, 282
Galvin, J. P. 132, 133
Gandhi, M. 155
Gaos, J. 222
García Cordero, M. 225
García Gual, C. 41
García Martínez, F. 58
García Yebra, V. 135
Geffré, C. 76, 145
Gisel, P. 220
Gnilka, J. 53, 59, 66, 197, 221
Godley, A. D. 64
Goldammer, K. 62
Goldstein, J. A. 141
Gómez Caffarena, J. 89, 247
Gondar Portsany, M. 256
González, A. 148
González de Cardedal, O. 168, 281

González Faus, J. I. 130, 206, 281
Gorer, G. 256
Goulder, M. 172
Gramaglia, P. A. 130
Grass, H. 50
Gregório Magno 258
Greisch, J. 76
Greshake, G. 26, 121, 122, 123, 125, 160, 181, 182, 189, 195, 197, 202, 229, 238
Groos, H. 166
Grundmann, W. 63
Gurpegui, J. A. 248
Gursdorf, G. 41
Gutiérrez, G. 232

H

Habermas, J. 207, 234, 277
Haight, R. 190, 191
Halder, A. 76
Hällström, G. af 175
Hanson, N. R. 87, 88, 89, 272
Häring, H. 128
Harnack, A. 25
Harris, M. J. 125
Harvey, A. 156
Haufe, G. 60, 63
Hegel, G. W. F. 74, 88, 105, 127, 128, 134, 174, 224
Heidegger, M. 76, 145, 203, 222, 259, 260
Hempel, J. 62
Hengel, M. 23, 67, 73, 138, 156
Henrich, D. 127
Hernández Martínez, J. M. 197
Heródoto 64
Herondas 70
Hick, J. 131
Hoffmann, P. 45, 48, 50, 52, 54, 57, 61, 69, 70, 188
Hoheisel, K. 65
Hölderlin, F. 127
Holzer, V. 177
Horkheimer, M. 158, 206, 207, 225, 234, 277
Horsley, R. A. 219
Houlden, L. 94
Hoye, W. J. 135
Hübner, K. 41
Hume, D. 89, 95

I

Inácio de Antioquia 126, 190, 271

J

Jacoby, F. 70
Jarczyk, G. 127
Jasão de Cirene 140
Jaspers, K. 76, 95
Jeremias, J. 45, 46, 48, 82, 84
João da Cruz 127, 173, 252
Jüngel, E. 89, 250
Justino 25, 26

K

Kant, I. 37, 88, 96, 202, 206, 261, 273
Karrer, M. 42, 43, 67, 142, 156, 197
Käsemann, E. 97, 220
Kasper, W. 23, 81, 93, 94, 111, 112, 177, 195, 209
Keck, L. E. 250
Kehl, M. 130, 238
Kehl, N. 193
Keller, C. A. 128
Kessler, H. 30, 31, 48, 49, 91, 92, 95, 101, 102, 111, 139, 148, 149, 170, 177, 190, 227
Kienzler, K. 76, 110, 205
Kierkegaard, S. 215
King, M. L. 155
Kirk, G. S. 41
Klijn, A. F. 164
Klinger, E. 113
Knitter, P. 129
Koch, G. 227
Kolakowski, L. 89, 272
Kremer, J. 46, 57, 58, 59, 60, 61, 65, 68, 70, 101, 160, 190, 197
Kuhn, Th. S. 31, 91
Kuitert, H. 91
Küng, H. 43, 58, 95, 120, 130, 158, 177, 236, 237
Kuschel, K.-J. 40, 193

L

Labarrière, J. P. 127
Lachenschmidt, R. 112
Ladaria, L. F. 193

Lafont, G. 215
Lagrange, M.-J. 44
Lamb, L. 129
Lanczkowski, G. 64
Lapide, P. 157
Lara Peinado, F. 72
Le Roy, E. 79, 244
Lefèvre, Ch. 128, 141
Légaut, M. 167, 243
Lehmann, K. 63, 176, 233
Leibniz, G. W. 224
Leipoldt, J. 63
Léon-Dufour, X. 46, 77, 142, 149, 150, 166, 182, 255
Lessing, G. E. 45, 95, 207
Libanio, J. B. 104, 234
Lincoln, A. T. 219
Lohfink, G. 56, 122, 123, 160, 172, 195
Lohse, E. 173
Lohse, G. 59
Lois Fernández, J. 238
Loisy, A. 63
Lonergan, B. 30
Long, J. B. 93, 98, 128, 129
López Salvá, M. 65
López Sastre, G. 89
Lorenzen, Th. 30, 64, 134
Lorenzi, L. de 186
Lubac, H. de 25, 196
Luciano de Samosata 64
Lüdemann, G. 24, 136, 137, 143, 148, 169, 170, 171

M

Macaluso, G. 130
Malevez, L. 238
Mardones, J. M. 41, 89
Marion, J. L. 74, 76
Maritain, J. 145
Marsch, W.-D. 229
Martín Velasco, J. 173, 279
Martin-Achard, R. 57, 60, 138
Martínez, G. 180
Marx, K. 37, 199, 206
Marxen, W. 22, 23, 144, 179
Matabosch, A. 119
Mate, R. 260
Mateos, J. 255
Mays, J. L. 221

McArthur, H. K. 176
McEleney, J. M. 139
Meier, J. P. 51, 59, 73, 155, 164, 228
Menchén, J. 140
Merklein, H. 83
Merleau-Ponty, M. 25
Merlo, V. 128
Merz, A. 45, 46, 47, 48, 51, 52, 54, 73, 155, 163, 164
Metz, J. B. 128, 129, 158, 225, 234
Michel, A. 30, 40, 56, 84, 87
Miguélez, X. A. 257, 260
Moingt, J. 34, 117, 177, 179, 205, 210, 217
Möller, J. 76
Moltmann, J. 26, 37, 86, 111, 158, 218, 229, 232, 236, 237
Moreau, P.-F. 202
Morel, G. 25, 173, 200, 281, 282
Mouriño, E. 203
Müller, U. B. 57, 66, 67, 69, 83, 142, 158
Müller-Fahrenholz, G. 232, 234, 237

N

Neirynck, F. 50
Neufeld, K. H. 228
Newman, C. C. 162
Newman, J. H. 135, 169
Nickelsburg, G. W. E. 57, 122, 138, 141, 157
Nietzsche, F. 37, 200, 230
Nötscher, F. 62
Nützel, J. M. 67

O

Oberliner, L. 85
O'Collins, G. 23, 26, 30, 144, 171, 211
Oepke, A. 69
Ogden, S. 104
Ohlig, K.-H. 70, 81, 100, 159
Olivetti, M. M. 126
Orbe, A. 130
Orígenes 130, 144, 196
Ortega y Gasset, J. 135
Osborne, K. B. 30, 37, 112, 115
Otte, M. 118
Ozankom, C. 40
Özen, A. 24, 136, 170

P

Pagola, J. A. 228
Panikkar, R. 120, 129
Pannenberg, W. 84, 107, 108, 109, 110, 111, 112, 113, 153, 160, 204, 264
Pérez Fernández, M. 58
Pesch, R. 23, 24, 26, 62, 66, 84, 91, 94, 95
Peukert, H. 158, 207
Pieper, J. 122, 124, 125, 182
Pieris, A. 128
Pikaza, X. 41, 152, 168, 281
Pilch, J. J. 171
Piñero, A. 65, 68
Platão 25, 70, 123, 124, 125, 129, 206, 225
Porfírio 144
Potterie, I. de la 149
Pröper, Th. 95
Prümm, K. 63
Puech, É. 58, 60, 83, 141

Q

Quint, J. 127
Quintanilla, M. A. 88

R

Rahner, K. 28, 93, 94, 95, 99, 107, 109, 114, 135, 172, 177, 192, 201, 204, 208, 209, 210, 211, 212, 213, 238, 240, 242, 243
Ramsey, I. T. 106, 153, 274
Ratzinger, J. 122, 123, 124, 125, 195
Rees, W. D. 171
Regal, M. 257
Reimarus, H. S. 45, 53, 214
Reitzenstein, R. 63, 70
Renan, E. 103
Rest, W. 215
Ricoeur, P. 29, 41, 57, 68, 72, 76, 92, 121, 145, 180, 199, 203, 239, 244
Ritschl, A. 163
Robinson, J. A. T. 196
Rodrigo, A. 207
Rodríguez Carmona, A. 57, 220
Roloff, J. 155
Rosenzweig, F. 259
Rovira Belloso, J. 23
Ruiz Bueno, D. 126, 190
Ruiz de la Peña, J. L. 195, 218
Ruiz, F. 279

S

Sabugal, S. 57, 62, 67, 70, 101, 176
Sachs, J. R. 131
Sádaba, J. 88
Sánchez, J. J. 158, 207, 234
Sanders, E. P. 156
Santos, A. de 80
Saramago, J. 253
Sawicki, M. 56, 95, 171, 198
Schäffler, R. 202
Scheffczyk, L. 125
Scheler, M. 203
Schillebeeckx, E. 24, 51, 70, 91, 158, 170, 208, 210, 226, 232, 233, 250
Schlechta, K. 200
Schleiermacher, F. 96, 180
Schlier, H. 62, 149, 150, 219
Schmidt, H. H. 193
Schmithals, W. 51
Schmuck, K. D. 141
Schnackenburg, R. 149, 150, 186, 254
Schoonenberg, P. 23, 227
Schulz, S. 51
Schupp, F. 41
Schürer, E. 58
Schürmann, H. 166
Schüssler Fiorenza, F. 30, 204
Schwager, R. 95
Schweitzer, A. 44, 45, 73, 159, 166
Schweitzer, E. 51, 85, 149, 173, 193, 250
Segal, A. F. 65
Segundo, J. L. 46, 87, 106, 147, 148, 197
Sequeri, P. 167, 168, 244
Siber, P. 190
Simonis, W. 134, 161
Smith, J. Z. 62
Sobrino, J. 37, 232, 234, 235, 281
Sócrates 25, 124, 213, 215
Soden, W. von 63
Sófocles 70
Solà i Simon, T. 176
Solano, J. 30
Sölle, D. 227, 250
Spinoza, B. 38, 95, 280
Stange, C. 202
Steck, O. H. 225
Steffensky, F. 227
Stegemann, E. W. 155
Stegemann, W. 155
Stemberger, G. 57, 58, 59, 60
Strack, L. 60

Strawson, F. 180
Sturlese, L. 128, 129
Suárez, F. 56

T

Taats, R. 115
Talbert, Ch. H. 221
Tamayo-Acosta, J. J. 142, 206, 218, 232, 234
Teani, M. 233
Teilhard de Chardin, P. 235, 237
Teresa de Jesus 172
Tertuliano 155
Theissen, G. 45, 46, 47, 48, 50, 51, 52, 54, 63, 64, 73, 115, 141, 155, 156, 158, 163, 164, 167, 220
Thüsing, W. 94, 201
Tilborg, S. van 147
Tillich, P. 28, 199, 205, 222, 228
Tipler, F. 111
Tomás de Aquino 25, 40, 56, 93, 94, 182, 258
Tornos, A. 23, 34, 194, 195
Torres Queiruga, A. 89, 99, 103, 113, 126, 196, 224
Tracy, D. 129
Tresmontant, C. 103
Trevijano, R. 233
Troelsch, E. 86
Tuilier, A. 51

U

Unamuno, M. de 202
Uribarri, G. 128, 180

V

Valadier, P. 200
Valle, A. R. van de 189

Vermes, G. 37, 188
Verweyen, H. 24, 28, 55, 95, 101, 102, 155, 178, 205, 211, 222, 225
Via Taltavull, J. M. 118
Vigil, J. M. 232
Vögtle, A. 23, 24, 32, 46, 83, 84, 85, 90, 136, 137, 170
Volz, P. 57

W

Wedderburn, A. J. M. 67, 83, 180, 204, 229
Weger, K. H. 135
Weischedel, W. 37, 88, 247
Weiss, J. 159
Weissmahr, B. 95
Wellhausen, J. 141
Welte, B. 113, 200
Werbick, J. 91, 95, 99
Werblowsky, R. J. Z. 128
Whitehead, A. N. 98, 133
Widengren, G. 64
Wiesel, E. 234
Wilckens, U. 57, 227
Wiles, M. 94, 196
Williams, H. A. 33, 198, 204
Winling, R. 41, 44, 63, 79, 176, 244
Wissmann, H. 62, 64
Wright, N. T. 42, 57, 134, 142, 147, 157, 160, 161, 162, 166, 175, 225

Z

Zager, W. 158
Zeller, D. 64
Ziegenaus, A. 125
Zubiri, X. 99

Índice alfabético-remissivo

abordagem tradicional: 44, 93, 103
ação de Deus: 41, 43, 92-102, 104, 114,
176, 182, 186, 190-191, 268
– configurações atuais: 93-94
– deísmo intervencionista: 96
– dilema da abordagem tradicional: 93
– e autonomia: 98
– e milagre: 93-97, 100
– e novidade da história: 99
– e oração de pedido: 98
– solução a partir da criação: 97-99
ação de Deus e r.: 100-102
além como alienação: 199-200 (*v. r.* como
alienação; mestres da suspeita)
alma-corpo (*v.* antropologia; corpo;
imortalidade)
amor e fidelidade de Deus: 58-59, 124, 158,
201, 277 (*v.* fé na r.)
analogia: 60, 86, 109
– onipotência da a.: 86
antigo Testamento: 57, 58, 59, 68, 71, 72,
138, 142, 181, 201, 208, 258, 265-
266, 267, 273, 275
Antimal, Deus como: 226
antropofagia, canibalismo (*v.* carne)
antropologia: 37, 60, 69, 84, 100, 109, 111,
114, 118, 124, 128, 162, 174-175,
179, 180, 208, 256, 268, 270, 275
– a. bíblica e r.: 162, 174-175, 192
– dificuldade: 180
– dualista ("grega"): 60, 191
– não-clareza na distinção alma-corpo:
69, 181
– unitária ("bíblica"): 60, 191
antropologia social (*v.* nova busca)
aparições: 23, 27, 31, 32, 40, 41-42, 45, 50,
51, 53, 74, 75-76, 80, 82, 83, 88, 89,
90, 91, 94, 111, 113, 133, 135, 147,
148, 151, 154, 165, 172, 173, 178,
179, 187, 188, 209, 210, 211, 244,
267, 269-270, 271, 272
– de defuntos: 55, 64-65, 172
aparições do Ressuscitado: 31, 40, 50, 147-
148, 171-173, 271-274
– cronologia: 46
– e demitologização: 147-148

– e elemento visual (Pesch e
Schillebeeckx): 91
– e experiência da r.: 173
(*v.* experiência e r.)
– e experiência mística: 173
– e mentalidade empirista: 88
– e sem-sentido: 89
– importância para a transmissão: 173,
177-178
– incompatibilidade das narrativas:
82-83, 90-91
– não argumento em Paulo: 83
não caráter físico: 80, 81-83, 89,
267-268, 271
– não fundamentam a fé na r.: 173
– paralelismo com o sepulcro vazio:
271 (*v.* sepulcro vazio)
– paralelo com a invisibilidade de
Deus: 80-81, 87-89
– quadro: 47
– somente para crentes: 143-144, 214
– veracidade e verdade: 91-92
apocalíptica: 61, 139, 159, 162, 164, 174,
178, 204 (*v.* escatologia)
– um modo concreto da escatologia:
163, 165
apócrifos: 79-80, 149-151 (*v. Quelle;*
evangelho de Pedro; evangelho de
Tomé)
– caráter mítico: 150-151
apologética: 53, 71, 74-75, 90, 109, 154,
214, 233
apóstolos: 84, 151, 192, 209, 211, 213, 215
– não traíram nem negaram Jesus: 154-
156, 162, 266-267
– repetir o caminho dos apóstolos:
213-214, 215
– sinceridade e verdade: 53-54
(*v.* veracidade)
– também eles, fé na r.: 208-209, 213
– testemunhas mediadoras: 209-210
– traição e negação, como recurso
apologético: 154
Ascensão: 41, 45, 56, 75-76, 148, 150, 199,
268
Assunção de Maria: 196-197

307

Ateísmo: 38, 119, 200, 259
atraso da parusia: 188
atualização, necessidade de: 17, 27-31, 35, 39-44, 55, 77, 100, 145, 216, 251, 255, 264-265, 281-282

Batista: 66, 70, 85, 130, 141, 142, 153, 154, 155, 158, 161, 162, 267 (*v.* r. dos mortos, do Batista)
bênçãos (*v.* dezoito bênçãos)
Bíblia e r. (*v.* fé na r.)
Bíblia e religiões ambientes: 71, 72
biblicismo (*v.* fundamentalismo)
busca do Jesus histórico (*v.* nova busca)

cadáver: 27, 35, 41-42, 59, 68, 78-80, 83-86, 100, 111, 143, 148, 150, 161, 175, 176, 178, 179, 181, 186, 188, 195, 211, 216, 222, 253, 269-271, 276
 – "evidência do cadáver": 222
 – não ligado à r. (*v.* sepulcro vazio)
 – permanência do: 68, 78-81
canibalismo, antropofagia: 189 (*v.* carne)
carismáticos (*v.* entusiastas)
carne: 83, 109, 113, 115, 124-125, 161, 175, 179, 180, 189, 194-197, 202, 203, 210, 217, 236, 242, 270 (*v.* r. da carne)
Catecismo holandês: 218
causa e pessoa: 143-144, 151, 179 (*v. pro nobis*; r. de Jesus)
centralidade da r.: 61, 114-115, 129, 135, 202, 239
circularidade da r. de Cristo e nossa (*v.* solidariedade)
coerência: 35, 43, 58, 78, 81, 83, 86, 90, 92, 110, 112, 117, 120, 134, 168, 176, 179, 185, 187, 191, 192, 197, 202, 207, 211, 225, 246, 268-269, 271, 280
 – necessidade de c. global: 32, 175, 191, 201, 210-211, 222, 268
comunhão dos santos: 196, 246-247, 260-261, 279
 – dos bem-aventurados conosco: 247-248
 – dos bem-aventurados entre si: 247
 – e relação com os defuntos: 246-248 (*v.* defuntos)
conatus essendi e r.: 202 (*v.* imortalidade)
conceitos teológicos
 – caráter constructo: 28, 176, 216, 272, 282
 – caráter hipotético: 151

concepção virginal e r.: 75
concordismo (*v.* fundamentalismo)
conhecimento histórico e r.
contexto, contextualização: 26, 27, 35, 39, 41, 42, 48, 54, 55, 56, 66-70, 73, 74, 75, 77, 80, 81, 85, 91, 101, 109, 110, 112, 119, 120, 125, 127, 132, 146, 152, 153, 156, 157, 159, 160, 161, 162, 169, 170, 172, 176, 190, 194-196, 205, 214, 220, 221, 223, 229, 231, 232, 243, 252, 265, 269, 282
 – contemporâneo: 67, 81-85, 188-189, 197-198, 231, 269
 – do ambiente neotestamentário: 42, 55, 69-71, 269
 – e diferença na interpretação: 217-218
contingência histórica e verdade: 207, 211-212
 – a r. não fato histórico: 30, 53, 76, 111-114, 132, 161-162, 210-211, 269, 272-273
 – distinção *story/history*: 74-75
 – e analogia: 86-87
 – e elementos visuais nas aparições: 90-91
 – mediação histórica e transcendência: 94-95, 108, 111-112, 136, 161
 – r. considerada fato histórico: 161
 – somente chega na fé pascal: 53
continuidade: 29, 42, 67, 73, 91, 101, 120, 122, 125, 140, 142, 149, 152, 158, 180, 181, 182, 192, 194, 208, 212, 238, 266, 270, 275 (*v.* diferença-continuidade)
 – AT-NT: 42, 152, 158, 208, 212, 266
continuidade-diferença (*v.* diferença-continuidade)
contradição pragmática: 186
controvérsia com os saduceus: 58-61, 247
controvérsias de Paulo em Corinto (*v.* entusiastas)
Corinto: 115, 219, 220 (*v.* entusiastas)
corpo: 27, 41, 56, 60, 61, 64, 68, 69, 78-79, 121-125, 129, 139, 142, 148, 161, 167, 168, 170, 175, 176, 178, 179, 180, 181, 182, 186, 188-195, 197, 203, 204, 213, 221, 235-240, 266, 270-272, 276
 – como expressividade da pessoa: 182
 – c. espiritual: 79, 161, 181-182, 194-195, 270

ÍNDICE ALFABÉTICO-REMISSIVO

– c. material: 79
– c. psíquico: 161, 194-195
corpo dos ressuscitados (*v.* diferença-continuidade)
corporeidade do ressuscitado: 151, 194-195, 236 (*v.* corpo)
cosmo (*v.* r. e cosmo)
cremação: 189
criação: 18, 36, 37, 72, 96, 97, 98, 101, 103, 104, 105, 129, 139, 145, 182, ·192, 193, 195, 214, 223, 236, 240, 268, 276
– e milagre: 36
cristologia: 26, 28-31, 35, 40, 43, 51, 63, 110-114, 117, 150, 168, 177, 191, 192, 205, 208-211, 217, 220, 235-237, 268, 274
– a partir de baixo: 110, 112-114, 191-192, 208, 217, 268
– do *maranathá*: 51
– integração da r. na cristologia: 112-115
– *Mysteria Vitae Christi*: 112
– renovação da cristologia: 26, 35-36
critérios de legitimidade: 78-92
– preservação do valor salvívico: 78-81
– sentido prévio à verdade: 86-92
– significado atual: 81-85
crítica: 17, 22-29, 37, 38, 40, 44, 45, 53, 55, 62, 66-67, 73-76, 81, 91, 97, 103, 107, 109, 134-136, 152, 154-158, 162, 166,173, 180, 188, 199-201, 214, 225, 233, 242, 249, 260-261, 265, 268, 272, 278, 280, 281
– como acusação contra a fé: 21-24
– como acusação de ateísmo: 24-26
– legítima: 74
crítica bíblica: 17, 25, 26, 33, 44, 55, 73-76, 103, 136, 152, 156, 188, 199
crítica histórica: 97 (*v.* conhecimento histórico)
criticismo: 71-72, 75
croyable disponible: 57, 68, 132, 180, 187-188 (*v.* imaginário)
crucifixão: 75, 149, 154, 156, 157, 165, 179, 266
– como dissonância cognitiva: 154-159 (*v.* dissonância cogn[osc]itiva)
– como exaltação: 51, 149, 151 (*v.* exaltação)
– lugar da revelação definitiva: 165-169

– negação do intervencionismo divino: 165-169
– não "abandono de Deus": 222-223, 225
– não "maldição": 156
– última lição para Jesus: 165-169; para os apóstolos: 168-169
cruz: 80, 102, 114, 115, 137, 149-151, 154-158, 164-169, 174, 177, 179, 196, 219-226, 232, 234, 237, 264, 271, 276, 277
culpabilidade reprimida: 169 (*v.* experiência e r.)
culto aos mortos e r.: 118

defuntos: 55, 57, 70, 138, 164, 171, 189-191, 195, 196, 241, 246-250, 253, 254, 255-261, 278-279 (*v.* relação com os defuntos)
deísmo: 96-97, 98-99 (*v.* ação de Deus)
deísmo intervencionista: 96-97, 98
demitologização: 40-42, 94-95, 103, 144-149
– e vida de Jesus: 162, 164
– no NT: 148-149
"dentre os mortos": 64-66, 69-70, 214, 222, 253
Deus de vivos: 152, 187, 188, 192, 212, 213, 217, 250, 264, 273, 274, 275, 276
dezoito bênções: 58
dialética do amor e r.: 127, 223
diálogo: 38, 42, 43, 71, 75, 78, 105, 118, 120, 122, 126, 145, 192, 196, 205, 206, 207, 217, 218, 224, 225, 276, 277, 280
– d. das culturas: 217-218
– d. das religiões: 43, 192, 217-218, 276
Didaché: 51
diferença bíblica: 72, 118, 217
diferença cristã: 131, 141, 146, 151, 162, 267 (*v.* r. de Jesus; religiões; imortalidade; nirvana; reencarnação)
diferença-continuidade (*v.* imortalidade e r.)
– AT-NT: 42, 152, 159, 197, 208, 212, 266
– e renovação criadora: 212
– na r. (*v.* carne; identidade)
– história-escatologia: 236-240
– ressuscitados-vida terrena: 120-122, 149, 181-182, 192, 194-195, 208, 270
– tradição e atualidade: 28-29, 67, 73, 91, 101-102, 140, 157-158, 180, 208, 212, 275

309

discípulos de primeira e segunda mão: 215, 244 (*v.* apóstolos)
dissonância cogn(osc)itiva: 154, 158, 266 (*v.* crucifixão; experiência do contraste)
distância temporal: 76, 77, 146, 148, 244 (*v.* hermenêutica)

ecologia (*v.* r. e cosmo)
edei (*v.* era necessário)
ek nekrón: 70 (*v.* "dentre os mortos")
elemento visual: 91, 175
Emaús: 47, 50, 148, 216
  – e gênese da fé na r.: 216
  – nunca aconteceu, acontece sempre: 216
empirismo, empírico: 30, 32, 36, 76, 80, 85, 87-92, 94, 133, 137, 144, 148, 161, 164, 177, 187, 194, 195, 210-213, 216, 219, 221, 269-273
engano, teorias do engano: 45
entusiastas de Corinto: 219, 220, 226, 278
era necessário: 225
escatologia: 26, 57, 58, 71, 108, 109, 111, 122, 123, 142, 162, 163, 182, 195, 196, 197, 200, 229, 237
  – caráter definitivo de Jesus: 162-165, 266
  – como contexto: 159-162
  – e apocalíptica: 162-164, 234
  – e milênio: 234
  – e práxis histórica: 200
  – e protologia: 151
  – e teologia dialética: 229 (*v.* teologia dialética)
  – entusiasmo inicial: 227
  – oscilações em Paulo: 188
  – realizada: 229
  – redescoberta da e.: 26, 159, 229, 237
Escola Histórica das Religiões: 62, 71-72
espera da criação (*v.* esperança escatológica)
esperança: 17, 18, 25, 29, 31, 39, 62, 66, 69, 77, 86, 87, 99, 101, 109, 114, 125, 141-143, 149, 157, 159, 163, 167, 178, 190, 196-207, 211, 217-222, 226-236, 241, 247, 248, 253, 255, 259, 273, 276, 278, 279
  – entre a utopia e o desespero: 233-235
  – para os demais e r.: 205-207
    (*v.* vítimas)
  – e r.: 235-240

esperança escatológica: 108, 195, 217, 233-235 (*v.* escatologia; parusia)
  – e espera da criação: 196
  – e juízo final: 195, 196
  – e práxis histórica: 231-235
  – e vítimas: 233-235 (*v.* vítimas)
  – transcedental: 201, 204, 205
espiritualidade: 173, 220, 227, 232
essênios (*v.* Qumrã)
estado intermediário: 195
estados alterados de consciência: 171
    (*v.* experiência e r.)
estudo da r.
  – o trabalho do tempo: 33-34, 39-42, 54-55, 110, 112, 269-270
  – transformação e avanços na teologia atual: 29-34, 268-269
eucaristia: 79, 213, 250, 252, 253, 255, 256, 259 (*v.* liturgia funerária)
  – e episódio de Emaús: 216
evangelho de Pedro: 51, 80, 156
  – descrição da r.: 80
evangelho de Tomé: 51
evangelhos: 44, 45, 46, 50, 51, 54, 60, 61, 65, 66, 67, 69, 70, 74, 75, 115, 219, 220, 226, 227, 242, 244, 245, 278
    (*v.* nova busca)
  – causa de seu nascimento: 220, 226
  – e cruz como iluminação: 220
  – e descoberta do Jesus histórico: 220
  – e política eclesial: 220
  – e vida de Jesus como modelo: 220-221
    (*v.* seguimento)
evangelhos apócrifos (*v.* apócrifos)
evidência do cadáver: 100, 195, 222
exaltação (*hýpsosis*): 51, 66, 68, 69, 92, 101, 143, 149-152, 158, 171, 176, 177, 193, 201, 246 (*v.* crucifixão)
  – como esquema espacial: 149
exegese: 23, 25, 27, 28, 33, 44, 70, 72, 93, 163, 165, 170-171, 176, 182, 197, 227, 268-269, 280
  – ainda demasiado literalista: 42
  – impasses no detalhe: 32, 48
exegese e dogmática: 28
experiência: 17, 22, 28, 29, 31, 34-38, 43, 48, 49, 50, 54, 59, 76, 90, 92, 94, 99, 109-110, 117, 123, 126-129, 133-140, 146, 148, 152, 153, 158, 159, 161, 162, 166, 170, 171, 173-180, 192,

196-198, 201-206, 210-217, 220, 225, 229-231, 235, 244, 247, 252, 258, 264-275, 279, 280
– dificuldade do conceito de experiência: 48, 133-134
– e. singulares e e. global: 135, 153, 169-170, 272, 273-274
– sempre interpretada: 264-266
experiência de contraste: 59, 157-158, 159, 162, 167-168, 266, 267 (*v.* crucifixão;
– dissonância cogn[osc]itiva)
experiência de desvelamento: 106, 153
experiência e r.
– de contraste (*v.* crucifixão; dissonância cogn[osc]itiva)
– e aparições: 172-173
– e busca na escritura: 170-171
– e iniciativa divina: 136-137
– e lamento; estados alterados de consciência: 170-171
– e mulheres: 170-171
– e perdão, culpabilidade reprimida: 169-170
– invisibilidade da r. e e. de Deus: 135-136, 271-272
– invisibilidade e revelação: 136
– não empírica, embora real e nova: 133-137, 178-179, 271-273
– não milagrosa: 179 (*v.* milagre[s])
– necessidade de fundamentação atual: 197-198, 201-202, 263-264
experiência mística e r.: 172-173

fariseus: 58, 60, 139, 156
fé: 17-27, 30, 31, 35-39, 49, 53, 54, 58, 59, 63, 66-67, 72-75, 78-85, 89, 91, 93, 94, 98-102, 106-110, 113, 114, 117, 118, 123, 131-146, 152-154, 157-159, 161, 165-201, 208-218, 220, 223-226, 229, 230, 232-241, 244-248, 251, 252, 255-256, 259, 260, 263-282
fé e teologia: 24-25, 31, 35, 117, 185, 263, 267-268, 280 (*v.* atualização; pluralismo)
– o comum da fé e o plural da teologia: 122-123, 140, 263, 264, 265, 280
fé na r. (*v.* gênese da; inteligibilidade da r.)
– apoiada na *realidade* de Deus e do Ressuscitado: 179, 214-215
– e imortalidade (*v.* imortalidade)
– e amor de Deus: 58, 124, 201, 265-266 (*v.* amor e fidelidade de Deus)

– e esperança transcendental: 204-205
– e monoteísmo: 115
– e Paulo: 115
– e sofrimento do justo: 138-139, 157-158, 162, 266 (*v.* sofrimento do justo)
– e sentido: 205, 225
– em Jesus e nos discípulos: 114-115, 153, 214-215
– em Qumrã: 58
– na apocalíptica: 58
– no AT: 57-61, 138-140, 265-266
– no helenismo: 60
– no judaísmo tardio: 58, 65
fidelidade de Deus e r. (*v.* amor)
filosofia: 17, 37, 55, 88, 124, 130, 133, 135, 143, 148, 158, 202, 206, 224, 281
– f. e r.: 17, 181-182
final de Marcos: 33
física da imortalidade: 111
física das coisas últimas: 237 (*v.* r. e cosmo)
Fonte dos ditos (*v.* Quelle)
fosso lessinguiano: 211 (*v.* história e verdade)
fuga dos discípulos: 154 (*v.* apóstolos)
fundamentação: 110, 111, 126, 136, 138, 139, 166, 168, 201-202, 207, 223, 224 (*v.* inteligibilidade)
– agudização atual do problema: 207, 225
– antropológica: 201-207
– e experiência atual: 201
fundamentalismo: 40, 44-55, 70, 73, 108, 117, 152, 162, 176, 257-258, 266, 268
– declínio do: 30
– na teologia atual: 161-162
– na teologia clássica: 55-56
fusão de horizontes: 42, 54, 76, 146 (*v.* hermenêutica)

geena: 61
gênese da fé na r.: 117-182, 197, 199, 214-215, 265-268 (*v.* fé na r.; crucifixão)
– descoberta gradual: 174-175
– diferença entre gênese e conteúdo real: 132-133, 191-192
– e episódio de Emaús: 216
– e morte de Jesus: 161-162, 214-215, 266
– e tradição bíblica: 152-153 (*v.* fé na r.)
– e vida de Jesus: 115, 132, 165-166, 214-215, 266

– Macabeus como paradigma
(*v.* Macabeus)
gnose, gnosticismo, gnósticos: 42, 113, 175, 177, 218-221, 228

helenismo: 42, 60, 64, 69, 121-125
(*v.* platonismo; imortalidade e r.)
hermenêutica: 24, 26, 38, 41, 42, 55, 76, 81, 137, 216-221, 244, 268, 280
– conseqüente e integral: 26-29, 137, 210-211
– da suspeita: 37, 198, 199
– intenção objetiva e expressão textual: 29
– necessidade e importância: 17, 76, 81
– "traição semântica": 28
história: 23, 25, 29, 31, 33, 36, 38, 41, 43, 46, 56, 59, 75, 81, 82, 86-87, 90-91, 96, 98-100, 104-109, 114, 118, 119, 121, 126, 129, 130, 135-142, 144, 148, 151-156, 159, 163-165, 168, 172, 173, 174, 179, 185-188, 191-194, 196-200, 206-213, 217-237, 242-245, 249-250, 259, 260, 264-282
– h. e r.: 132, 161, 210-211, 233
– h. e verdade: 207, 212
(*v.* conhecimento histórico)
história da salvação e r.: 56, 100, 109, 155, 185-187, 191-192, 208
história do problema: 29-34 (*v.* trabalho do tempo)
– mudança no estudo: 29-31
horizonte: 42, 76, 81, 91, 131, 132, 137, 146, 154, 158, 159, 160, 178, 191, 204, 205, 206, 208, 228, 229, 232, 233, 239 (*v.* fusão de horizontes; hermenêutica)
hýpsosis (*v.* exaltação)

iconografia: 46 (*v.* aparições)
idealismo: 99, 239
identidade: 18, 43, 67, 70, 72, 113, 120, 125, 129, 144, 148, 151, 168, 178-181, 193-195, 202, 209, 212, 213, 220, 244, 246, 249, 263-264, 270, 271, 276, 278 (*v.* diferença-continuidade)
– e r.: 179-180, 193-195 (*v.* carne)
– lógica da semente: 181
– não igual à corporalidade física: 151
Ilustração/Iluminismo: 25, 134, 202, 224

imaginário: 26, 64, 72, 97, 98, 157, 173, 180, 196, 258 (*v. croyable disponible*)
imortalidade: 17, 59, 62, 64, 68, 69, 111, 121, 122, 123, 124-125, 135, 181, 192, 200, 202, 203, 218, 247, 275
– a diferença bíblica: 123, 275-276
– central na Ilustração: 202
– como simples prolongamento seria uma desgraça: 247, 253
– complementaridade com a r.: 122-125
– condição para compreender a r.: 204-205
– e consciência comum: 203
– e esperança apocalíptica: 204, 205
– e experiência atual em Spinosa: 202-203
– e esperança transcendental: 204-205 (*v.* esperança escatológica transcendental)
– e experiências elevadas: 204
– e platonismo: 124
– e razão prática de Kant: 202
– e r.: 17, 68-69, 192
– e "sabedoria do corpo": 203-204
– e teologia evangélica: 122
– grega: 121-125, 275-276
inferno: 258
iniciativa divina: 97-98, 136, 137
inobjetivabililade da r. (*v.* invisibilidade; transcendência)
inteligibilidade: 26, 35, 67, 70, 181, 208, 211 (*v.* fé; interpretação; religiões; filosofia)
– da r.: 181-182, 211
– distinção entre conhecer (*kennen*) e pensar (*denken*): 246-247
– não exige um *sacrificium intellectus*: 194
intenção, intencionalidade: 17, 28-29, 36-38, 41-43, 48, 52-53, 56, 67, 72-76, 78, 119, 121, 125, 127, 140, 143, 144, 165, 174, 179, 186, 210-213, 227, 241-244, 247, 249, 252-257, 263, 267, 268, 280-282 (*v.* textos e intenção objetiva)
intenção e método da obra (*v.* método)
interpretação: 22, 24, 27, 28, 41, 42, 54, 66, 73, 74, 76, 78, 80-82, 91, 92, 107, 117, 122, 132, 134, 135, 145, 147, 150, 158, 173-178, 188, 190-193, 211, 212, 218, 219, 224, 228, 233, 251, 254, 260-261, 264-269, 273, 274, 278 (*v.* inteligibilidade da r.; pluralismo)

– conflito de interpretações: 145-146
– conservadorismo e criatividade: 21-22
– e antropologia bíblica: 162
– e relativismo: 145
– e verdade: 178-182
– entre a vigilância e a suspeita: 21-24
– *interpretament*: 144-154, 179
– necessidade e legitimidade: 17-18, 26, 35
– "risco da interpretação": 191
interpretament: 144, 179 (*v.* hermenêutica; interpretação)
intervencionismo divino: 18, 103, 111, 134, 136, 146, 212, 223 (*v.* crucifixão)
– e mentalidade bíblica: 166-169
– e subida de Jesus a Jerusalém: 166-167
invisibilidade do Ressuscitado: 76, 87-88, 90, 111, 132, 133, 134, 137, 150, 272 (*v.* aparições do ressuscitado)
Israel: 57, 58, 60, 138-141, 146, 159-160, 217

Jerusalém: 44, 45, 58, 82, 84, 85, 166, 190, 193, 198, 206
– e sepulcro vazio: 84
– habitantes no tempo de Jesus: 84
– mortos ressuscitados em Jerusalém: 193
– subida de Jesus a: 84, 166
Jesus ressuscitado (*v.* defuntos; relação atual com Jesus ressuscitado)
– identidade-diferença com o Jesus terreno: 244-245
Josefo: 60, 83, 155 (*v.* testemunho flaviano *testemunium flavianum*)
Judaísmo: 42, 57, 58, 60, 65, 73, 220, 267 (*v.* teologia judaica)
– judeus: 58, 70, 144, 155, 156, 159, 217, 260

lamento e r.: 171, 256, 273 (*v.* experiência e r.)
lamento ritual (*v.* pranto ritual)
Lázaro (*v.* r. de Lázaro)
legitimação: 101
leitura literal (*v.* fundamentalismo)
limbo: 258
linguagem: 53, 63, 76, 79, 99, 137, 143, 148, 150, 153, 239, 240, 246-247, 248, 255
– dimensões da: 53, 143
– objetivante: 76

literalismo (*v.* fundamentalismo)
liturgia funerária: 250-261, 254-261
(*v.* relação com os defuntos; eucaristia)
alimento da fé e esperança na r.: 259-260, 279
– celebração da morte e a r. de Jesus e dos defuntos: 250, 252-253
– conseqüências pastorais: 258
– cultivo da solidariedade com os defuntos: 259-261, 279
– cultivo da solidariedade entre os vivos: 259-261, 279
– e empresas funerárias: 259
– importância na Galícia: 250
– lugar privilegiado (*v.* não único) da relação com os defuntos: 256
– não sentido da oração de petição: 251-252, 256-259 (*v.* oração de petição)
– orar *com* e não *pelos* defuntos: 252, 255-257, 260-261
lógica da semente: 181, 270 (*v.* identidade, e r.)
lógica do amor: 127, 223 (*v.* diferença bíblica)

Macabeus: 59-60, 65, 66, 69, 138, 139, 141, 152, 153, 154, 157, 258, 260, 266
– como paradigma da revelação da r.: 138-140, 152-153
maiêutica e r.: 107, 108, 211-217, 245, 273 (*v.* testemunho; verificabilidade)
– caráter histórico: 213-214
– e experiência: 211-212
– e mistagogia: 212
– e testemunho: 212
mal e r.: 131, 165-169, 196, 205, 231 (*v.* problema do mal)
mártires: 59, 65, 69, 139, 152, 155, 157, 266
mestres da suspeita e r.: 37, 199-201 (*v.* r. como alienação)
– Freud e a suspeita psicológica: 199
– Marx e a suspeita prática: 199-200
– Nietzsche e a suspeita vital: 200-201
metáfora: 28, 63, 149, 178, 185, 239 (*v.* símbolo; mito)
metempsicose (*v.* reencarnação)
método e propósito desta obra: 38, 40, 43-44, 77-78, 117, 281-282
– caráter hipotético: 26, 78-79, 81, 151, 175, 280
– e mestres da suspeita e r.: 37-38
– julgá-la a partir de seus pressupostos: 18, 117, 132, 137, 175, 176, 251

– julgar o conjunto: 38, 280-281
– perguntas kantianas e r.: 37-38
– princípios ordenadores: 37
método histórico-crítico: 46 (v. conhecimento
histórico; história e verdade; nova busca)
milagre: 22, 23, 30, 33, 36, 88-89, 93-97,
100, 103-109, 111-113, 133-134, 138,
140, 152-154, 162, 204, 209, 210,
211, 212, 214, 216, 230, 254, 269,
271, 273, 277 (v. experiência e r.)
– adaptações impossíveis: 32, 272-273
– e r.: 30, 133-137, 179
milênio: 234 (v. escatologia)
mística: 172, 173, 273, 279 (v. experiência
mística e r.)
mito, mitologia: 40-41, 75, 118, 129, 145-
147, 150, 151, 169 (v. demitologização;
símbolo, simbolismo)
modernidade: 18, 26, 35, 39, 72, 95, 107, 134,
178, 198, 223, 280 (v. secularização)
monoteísmo: 115, 158
morte: 17, 34, 45, 48-51, 58-65, 69, 75-76,
83, 89, 93, 95, 100-102, 109, 114-127,
131-132, 135, 138-140, 144, 150, 155-
172, 176-237, 245, 246, 248-251, 252-
278, 279 (v. crucifixão)
– como tabu: 250-251
– e evidência do cadáver: 222
– e filosofia: 259-260
– morrer e ressuscitar: 150, 177
– último inimigo: 201, 221, 224-225, 253
mortos: 21, 25, 49, 55-66, 69, 70, 75, 100,
114, 115, 118-119, 122, 130, 138, 146,
151, 157, 159, 164-165, 170, 181-193,
195-196, 198, 200, 204-205, 206, 213,
214, 222, 224, 231, 233, 235, 241,
248, 250, 253, 255-256, 264-267, 274,
277, 278, 279 (v. defuntos)
mudança de paradigma: 17-18, 31-38, 39-
43, 90-91, 97-98, 117, 190, 197, 268
– e coerência global: 32
– necessidade e legitimidade: 35
mulheres: 45, 58, 85, 87-88, 170, 171, 196, 247
– lamento: 170, 256

narrativas: 26, 27, 30-32, 36-37, 39-43, 50,
55, 64, 65, 68, 71, 73-76, 82, 83, 86,
91-92, 109, 131-136, 139-148, 152,
154-157, 161, 165, 169, 170-178, 187,
220, 244, 245, 267-268, 271

– da r.: 36-37
– descrição do evangelho de Pedro: 79-80
– irreconciliáveis entre si: 36-37, 43-44
– quadro dos tipos de narrativa: 52
natureza (v. r. e cosmo)
New Quest (v. nova busca)
nirvana e r.: 119-120, 248
nova busca do Jesus histórico: 54, 73, 231
novidade da interpretação (v. interpretação)
– desconcerto inicial e fecundidade
posterior: 216-217
novidade da r.: 192, 210-211, 212
– como novo nascimento: 271
– da experiência: 133, 137, 179, 273
– da situação: 211
– e continuidade criadora: 212
– e "onipotência da analogia": 86-87
– não irrupção: 186-187
novo céu e nova terra: 237-238 (v. r. e
cosmo)
novum (v. novidade da r.)

objetivação, objetivante: 76, 88, 113, 143-
144, 146, 147, 149, 151, 164, 165,
166, 168, 174, 175, 176, 178, 187,
214, 215, 216, 236 (v. empirismo)
onipotência da analogia (v. analogia;
novidade da r.)
oração de petição: 38, 96-97, 99, 163, 251-
252, 256-261
– não convencer nem aplacar a Deus:
251-252, 256-261
origem da fé na r. (v. gênese)
ossários dos crucificados: 83 (v. sepultura de
Jesus)

Padres da Igreja: 41, 44, 63, 115, 126, 176,
190, 207, 254
– e dificuldades "fisiológicas": 189
– e r. de Lázaro: 254
– não centralidade da r.: 115
paixão: 45, 48, 49, 51, 120, 157, 170-171,
220, 239
– anúncios da p.: 49
paradigma: 33, 35, 40, 43, 77, 86, 91, 95,
100, 102, 105, 110, 117, 191, 197,
239, 265 (v. mudança de paradigma)
parusia: 157, 187, 188, 194-197
Paulo: 21, 32, 38, 45, 49, 56, 60, 72, 79, 83,
92, 115, 148, 150, 161, 166, 170, 174,

181, 185, 188, 189-190, 191, 194, 195, 196, 200, 201, 214, 216, 219, 221, 227, 229, 231, 233, 236, 237, 246, 253, 258, 267-268, 269, 270, 274 (*v.* entusiastas)
Pedro (*v.* evangelho de Pedro)
pensável disponível (*v. croyable disponible*)
Pentecostes: 170
perdão e r.: 136, 170, 191, 260 (*v.* experiência e r.)
perguntas kantianas: 38, 198, 276
petição (*v.* oração de petição)
platonismo e r.: 124, 127 (*v.* helenismo; imortalidade)
pluralismo: 18, 35, 39, 145, 218, 268, 280-281 (*v.* interpretação)
  – e complementaridade: 123-125
  – legítimo e inevitável: 18, 39, 145
  – "síndrome de Morel" e "síndrome de Galot": 281
pobres: 25, 232, 233 (*v.* vítimas)
pranto ritual: 170, 256 (*v.* mulheres)
práxis: 37, 39, 97, 148, 159, 225, 226, 228, 233, 260, 277
pregação: 21, 59, 61, 84, 85, 90, 114, 115, 141, 162, 163, 173, 189, 231, 259, 266
presença de Jesus glorificado
  – real, embora não empírica: 213, 241-243, 255-256 (*v.* empirismo; experiência; objetivação)
primogênito dentre os defuntos, dentre os mortos: 187-189, 191-194, 241-261, 274, 278, 279
  – Jesus como defunto: 241, 278
  – Jesus, modelo de nossa relação com os defuntos: 241, 278-279
  – não primazia cronológica: 192-193, 274-275
pro nobis: 179, 195 (*v.* causa e pessoa)
problema do mal: 101, 131, 221-226, 257, 276-277 (*v.* mal; cruz)
  – Deus como Antimal: 226
  – inevitabilidade da cruz: 222, 277
  – ponerologia e pisteodicéia: 224-225
  – rever os pressupostos: 221-223
  – via larga e via estreita da teodicéia: 223-224
profecia externa: 232
propósito desta obra (*v.* método)
protestante (*v.* teologia evangélica)

Quelle (Q): 51, 157
Qumrã: 58, 65 (*v.* fé na r.)
realismo: 36, 61, 64, 67, 69, 72, 89-90, 91, 110, 112, 114, 152, 153, 163, 173, 177, 211, 215, 219, 220, 227, 229, 234, 242, 260, 265, 273 (*v.* vida ressuscitada; entusiastas)
  – e AT: 265-266
  – e entusiastas de Corinto: 218-221 (*v.* entusiastas)
  – e gnosticismo: 218
  – e nascimento dos evangelhos: 220 (*v.* evangelhos, causa do seu nascimento)
recordação: 81, 135, 141, 213, 218, 242, 244, 245, 247, 248, 252, 255, 259, 265, 278, 279 (*v.* relação atual)
reencarnação e r.: 125-131, 218, 276
  – a diferença bíblica: 126-131
  – complementaridade: 126-128
  – diversas concepções e denominações: 125
  – fascinação da filosofia: 129
  – não bíblica: 129-130
Reino de Deus: 157, 163, 237
  – como banquete: 193
relação atual com Jesus ressuscitado: 241-246 (*v.* primogênito)
  – dialética recordação-presença: 245
  – dificuldade de compreensão: 241-243
  – modelo para a relação com os defuntos: 242, 246-249, 250 (*v.* relação com os defuntos)
  – relação memória-presença: 241-244
  – viva e pessoal: 243-245
relação com os defuntos: 241-261, 278-279 (*v.* liturgia funerária)
  – dialética recordação-presença viva: 256-279
  – e comunhão dos santos: 246-250, 279 (*v.* comunhão dos santos)
  – Jesus como defunto: 241, 250
  – Jesus, modelo de nossa relação com os defuntos: 242, 246-247
  – sempre estão conosco: 256
religiões: 43, 62, 75, 82, 100, 103, 105, 118-122, 126, 128, 159, 173-175, 192, 217, 218, 224, 225, 275, 276
  – budismo e hinduísmo: 119-120

- deuses que morrem e ressuscitam: 62-63
- diferença na continuidade com o cristianismo: 118-121
- mistérios: 63
- na Mesopotâmia, Egito, Irã: 118-119
- no helenismo: 60
- religiões do ciclo natural: 72
- religiões históricas: 72
- religiões orientais: 121
- zoroastrismo: 64

Religionsgeschichtliche Schule: 62 (*v.* Escola Histórica das Religiões)

ressurreição (*v.* fé na r.; sujeito da r.; verificabilidade; gênese; imortalidade; reencarnação; nirvana; problema do mal)

ressurreição ao morrer: 188-189, 207, 251
- constante antropológica: 189-190
- na pregação e na piedade: 188-189
- "morrer rumo ao interior de Deus": 187, 271
- Paulo e NT: 189-190
- teologia atual: 190-191

ressurreição como alienação: 199-200, 229-230, 278-279
- sem mais além: 229-230

ressurreição da carne: 125, 179, 180, 194-197, 236, 270
- dificuldades "fisiológicas": 189

ressurreição de Jesus: 22, 23, 42, 50-51, 61-63, 67-68, 69, 84-85, 108, 133, 135, 140, 141, 144, 145, 152, 153, 160, 172, 173, 176, 179, 185-190, 193, 194-195, 197, 204, 205, 207-211, 215-220, 230, 266-270, 272, 273, 275-276 (*v.* diferença cristã; Jesus ressuscitado; solidariedade)
- a pessoa e a causa: 143-144, 151, 179 (*v. pro nobis*; causa e pessoa)
- e revelação do mistério humano: 228, 246
- interpretada como já realizada somente para ele: 210-211
- já plena, já acontecida: 140-153, 162-165, 195, 212-213, 267

ressurreição de Lázaro
- caráter simbólico: 254-255
- e compreensão da r.: 253-255
- e pregação: 254-255

- e Padres da Igreja: 254
- Lázaros somos todos: 255
- nunca aconteceu, acontece sempre: 216, 230-231
- seria uma "desgraça": 253-254 (*v.* imortalidade; vida ressuscitada)

ressurreição desde sempre e para todos: 185-240 (*v.* solidariedade)
- e "mas ainda não": 219, 245

ressurreição e cosmo: 235-240
- cosmo como "corpo humano": 236, 238
- e escatologia moderna: 237
- e evolução: 239-240
- e "física das coisas últimas": 237
- e reviravolta antropológica: 238
- e possibilidade de outros seres racionais e livres: 239-240
- e teologia francesa do pós-guerra: 237-238 (*v.* teologia francesa)
- ecologia da criação: 236
- se realiza na realização humana: 239-240

ressurreição e interpretação (*v.* transcendência; objetivação; história; inteligibilidade)
- e analogia dos mistérios: 35
- e caráter transcendente: 132
- e *croyable disponible*: 57, 68, 132
- e dialética existencial: 229
- e experiência: 38
- e história da revelação: 165-166
- e imortalidade: 17
- e integração na cristologia: 112-115
- e reinterpretação de Deus: 24
- e renovação teológica: 35
- "metáfora perigosa" ou que se deve abandonar: 28, 178
- não central na pregação de Jesus: 115
- não central nos Padres: 115
- não descritível: 79
- não milagrosa: 30, 133-137
- no texto do evangelho de Pedro: 80
- real, embora não empírica: 161
- renovação da abordagem: 29-31, 33-34

ressurreição e práxis histórica: 194, 231-235

ressurreição e vida atual: 227-228, 229-230 (*v.* realismo; seguimento)

ressurreição no final dos tempos: 144, 151,

153, 186, 188, 195, 196, 213, 267, 276
– e teologia tradicional: 187-188, 196-197, 207, 209-211, 276
– oscilações em Paulo: 187-188
ressurreição sem mais além: 204 (*v. r. como alienação*)
ressurreições dos mortos: 55, 267
– de indivíduos particulares: 62-68, 177
– do Batista: 66-67
– em geral: 57-61, 177
– milagrosas não como r.: 269-270
– nos evangelhos: 68
ressuscitação: 211 (*v. revivificação*)
restauração de Israel (*v. Israel*)
revelação: 36, 43, 49, 71, 89, 91, 95, 96, 99, 103-112, 114, 122, 126, 133, 134, 136, 146, 151-153, 159, 162, 165, 168, 174, 179, 187, 188, 190-194, 197, 207, 211-213, 215, 217, 222, 227-228, 236, 259, 265-275, 281
– como maiêutica: 36, 106-108
– criação como revelação: 104-105
– insuficiência da concepção tradicional: 103-104
– não empírica, porém real: 103-105, 179, 274-275
– verificabilidade: 106-108, 109-112
revelação e r.: 108-112
revivificação, reviviscência: 27-29, 42, 64, 101, 148, 253, 269, 271
Romantismo: 239

sabedoria do corpo: 203
sacralização do passado: 197-198
saduceus: 57-61, 247
samaritanos: 215
santos: 150, 165, 189, 249, 250
(*v. comunhão dos santos; oração de petição*)
– não "intercessores", mas modelos: 249-250
– santos como defuntos: 249-250
(*v. defuntos*)
sarx: 194-195 (*v. carne*)
secularização: 74, 178, 224, 225
(*v. modernidade*)
seguimento: 72, 113, 141, 143, 217, 221, 226-231, 232-233, 241, 249, 264, 278
(*v. evangelhos*)
– concreto e exigente: 227-229

– e cultura ocidental: 232
– e história da caridade cristã: 232
– livre e criativo: 228
seio de Abraão: 57
semente: 63, 142, 181, 270
sentido e verdade: 86-88
sentimus experimurque nos aeternos esse: 202
sepulcro vazio: 27, 30, 40, 50, 82-85, 161, 174-178, 267
– coerência em sua negação: 177-178
– e antropologia bíblica: 84-85
– e anúncio em Jerusalém: 84-85
– e dificuldades: 85, 269-270
– e incompreensibilidade do hiato temporal do "terceiro dia": 177, 270
(*v. terceiro dia*)
– e "teologia dos três dias": 177
– e visão objetivante: 176
(*v. objetivação, objetivante*)
– não argumento para a r.: 85, 178
– não demonstrável nem refutável
– exegeticamente: 175, 270
– não implicado na fé: 78-81
sepultura de Jesus
– e antropologia judaica: 84
– e ossários de crucificados: 83
– e vala comum: 83
Servo de Deus: 157, 160, 225, 266
(*v. mártires; sofrimento do justo*)
Shemoné Esré, bênçãos (*v. dezoito bênçãos*)
Sheol: 57
símbolo, simbolismo: 41, 53, 72, 76, 113, 141, 143, 160, 181, 186, 200, 216-217, 221, 226-229, 232-233, 242, 245, 249, 251, 255, 260-261, 264, 274, 278
(*v. metáfora, mito*)
síndrome de Galot: 281 (*v. fé e teologia; pluralismo*)
síndrome de Morel: 281 (*v. fé e teologia; pluralismo*)
sofrimento do justo e r.: 138-139, 157-158, 162, 266, 277 (*v. fé na r.*)
– na Mesopotâmia e em Platão: 255
solidariedade entre r. de Cristo e a nossa: 36, 138, 180, 185-187, 188, 195-196, 206, 207-209, 216-219, 226, 234, 246, 259, 260, 261, 274, 279
soma: 161, 194-195 (*v. corpo*)

subida de Jesus a Jerusalém: 166
(v. Jerusalém)
sujeito da r.
  – Cristo: 49,101
  – Deus: 49, 101

teodicéia: 138, 224 (v. problema do mal)
teologia atual: 35-36, 38, 40, 42, 43, 86, 90,
  93, 95, 97, 108-109, 115, 158, 177,
  188, 200, 201-202, 209, 220, 228,
  232, 250, 252, 279, 280
teologia da esperança: 229, 231-233
  (v. práxis)
teologia da libertação: 25, 200, 231-233,
  277 (v. práxis)
teologia dialética: 26, 122, 159-160, 195, 229
  – e escatologia: 229
  – e imortalidade: 122-123
  – e teologia católica: 229
teologia dionisíaca: 201
teologia do processo: 99
teologia dos três dias: 177
teologia evangélica: 22, 122, 182, 209
teologia francesa do pós-guerra: 237-238
  (v. r. e cosmo)
teologia fundamental: 74, 129
  – e teologia dogmática: 55, 152
teologia judaica e r.: 156-157
teologia política: 200, 231-233, 260
  (v. práxis)
terceiro dia: 48, 62-63, 130, 143, 167, 176-
  177, 193, 198, 206, 214, 222, 230
terceiro mundo: 236 (v. vítimas)
testemunho e fé na r.: 209-211
  (v. maiêutica, testemunhos)
testemunho flaviano: 155-156
testemunhos: 23, 137, 138, 143, 209, 210,
  214, 268, 272
  – somente para crentes e objeções
    pagãs: 143-144, 214
textos (v. narrativas, da r.)
  – gênese dos: 52, 55-57, 66-67
  – importância para a transmissão: 178
  – não de testemunhos diretos: 268
  – tradição formulária: 48-49
  – tradição narrativa: 50-52
textos e intenção objetiva: 46, 52-55, 56-72,
  73-76, 144, 174, 179, 267-268
  (v. interpretação)

Third Quest: 73 (v. nova busca)
Tomé (v. evangelho de Tomé)
trabalho do tempo: 33, 77
tradição bíblica: 17, 23, 42, 54, 118, 122,
  140, 146, 152
traição semântica: 28
transcendência, transcendental: 21, 42, 79,
  99, 104, 110, 126, 135, 146, 151, 159,
  172, 186, 197, 199, 204, 211, 212,
  222, 228, 234, 237, 268, 272, 276
  (v. empirismo, experiência)
transcender sem transcendência: 218
transmigração: 128, 129, 130, 276
  (v. reencarnação)
tumba vazia: 27, 187, 211, 268, 271
  (v. sepulcro vazio)

universalidade da r. (v. r. desde sempre e
  para todos)
utopia: 218, 232, 234, 253

vala comum: 83 (v. sepultura de Jesus)
veracidade das narrativas: 44-45, 64, 91,
  172, 272-273
  – verdade e veracidade: 172, 272-273
verdade e sentido: 86-88
verificabilidade da r.: 165, 197-216
  (v. maiêutica; inteligibilidade)
  – de Jesus: 215-216
  – da nossa: 216
vida de Jesus e r.: 26, 101, 114, 132, 163,
  170, 192, 219, 226-227, 228, 232,
  266-267 (v. gênese da fé na r.;
  seguimento)
vida ressuscitada: 27, 111, 219, 221, 228-
  229 (v. entusiastas; realismo)
  – como simples prolongamento seria
    uma desgraça: 247, 253-254, 277
  – importância da vida atual: 219
  – insistência de Paulo: 219-220
  – não segunda vida: 218-220
  – plenificação: 235, 247, 271
visão, visões: 23, 51, 54, 74, 89-92, 148,
  170, 172, 218, 224, 272
  – para mais de quinhentos: 170
vítimas e r.: 189, 206, 225, 230, 233, 234,
  260, 272, 274, 277-278 (v. mal)
vocabulário: 63, 69, 70, 90, 124 (v. "dentre
  os mortos", "era necessário")

Cadastre-se no site

www.paulinas.org.br

Para receber informações
sobre nossas novidades
na sua área de interesse:

• Adolescentes e Jovens • Bíblia • Biografias • Catequese
• Ciências da religião • Comunicação • Espiritualidade
• Educação • Ética • Família • História da Igreja e Liturgia
• Mariologia • Mensagens • Psicologia
• Recursos Pedagógicos • Sociologia e Teologia.

Telemarketing 0800 7010081

Impresso na gráfica da
Pia Sociedade Filhas de São Paulo
Via Raposo Tavares, km 19,145
05577-300 - São Paulo, SP - Brasil - 2017